150 Jahre
Kohlhammer

Sefik Tagay,
Ellen Schlottbohm,
Marion Lindner

Posttraumatische Belastungsstörung

Diagnostik, Therapie und Prävention

Verlag W. Kohlhammer

Dieses Werk einschließlich aller seiner Teile ist urheberrechtlich geschützt. Jede Verwendung außerhalb der engen Grenzen des Urheberrechts ist ohne Zustimmung des Verlags unzulässig und strafbar. Das gilt insbesondere für Vervielfältigungen, Übersetzungen, Mikroverfilmungen und für die Einspeicherung und Verarbeitung in elektronischen Systemen.

Die Wiedergabe von Warenbezeichnungen, Handelsnamen und sonstigen Kennzeichen in diesem Buch berechtigt nicht zu der Annahme, dass diese von jedermann frei benutzt werden dürfen. Vielmehr kann es sich auch dann um eingetragene Warenzeichen oder sonstige geschützte Kennzeichen handeln, wenn sie nicht eigens als solche gekennzeichnet sind.

Es konnten nicht alle Rechtsinhaber von Abbildungen ermittelt werden. Sollte dem Verlag gegenüber der Nachweis der Rechtsinhaberschaft geführt werden, wird das branchenübliche Honorar nachträglich gezahlt.

1. Auflage 2016

Alle Rechte vorbehalten
© W. Kohlhammer GmbH, Stuttgart
Gesamtherstellung: W. Kohlhammer GmbH, Stuttgart

Print:
ISBN 978-3-17-026068-9

E-Book-Formate:
pdf: ISBN 978-3-17-026069-6
epub: ISBN 978-3-17-026070-2
mobi: ISBN 978-3-17-026071-9

Für den Inhalt abgedruckter oder verlinkter Websites ist ausschließlich der jeweilige Betreiber verantwortlich. Die W. Kohlhammer GmbH hat keinen Einfluss auf die verknüpften Seiten und übernimmt hierfür keinerlei Haftung.

Inhalt

Vorwort		11
1	Einleitung	13
2	Historie der Psychotraumatologie	14
	2.1 Historische Entwicklung der Psychotraumatologie	14
	2.2 Historische Entwicklung der Traumafolgestörungen in den Klassifikationssystemen psychischer Störungen	21
3	Die Begriffe Belastung, Stress und kritische Lebensereignisse	24
4	Der Traumabegriff nach den internationalen Klassifikationssystemen psychischer Störungen	26
	4.1 Der Traumabegriff im ICD-10	26
	4.2 Der Traumabegriff im DSM-IV	27
	4.3 Der Traumabegriff im DSM-5	28
5	Epidemiologie traumatischer Ereignisse	30
6	Traumaeinteilung in Klassen	35
	6.1 Häufigkeiten der verschiedenen Traumaklassen	37
7	Entwicklungswege nach einem Trauma	38
8	Risikofaktoren für Traumafolgestörungen	40
9	Traumafolgestörungen	43
	9.1 Die Posttraumatische Belastungsstörung (PTBS)	44
	9.1.1 Beschreibung des Störungsbildes	44
	9.1.2 Kriterien für eine PTBS nach DSM-IV und ICD-10	46
	9.1.3 Kriterien für eine PTBS nach DSM-5	47
	9.1.4 Traumafolgestörungen im ICD-11	51
	9.1.5 Epidemiologie	51
	9.1.6 Prognose und Verlauf der PTBS	52
	9.1.7 Komorbidität der PTBS	53
	9.2 Die komplexe PTBS/DESNOS	54

9.3	Die Akute Belastungsstörung	55
9.4	Andauernde Persönlichkeitsänderung nach Extrembelastung	59

10 Diagnostik von Traumafolgestörungen ... 61
- 10.1 Strukturierte und standardisierte Interviews ... 61
- 10.2 Selbstbeurteilungsverfahren/Fragebögen ... 63
  - 10.2.1 Diagnostik dissoziativer Symptome und Störungen ... 67
  - 10.2.2 Differentialdiagnostik und Komorbidität ... 68
  - 10.2.3 Diagnostik gesundheitsbezogener Lebensqualität (HRQOL) ... 68
  - 10.2.4 Diagnostik körperlicher Beschwerden ... 69
  - 10.2.5 Diagnostik von Krankheitsverhalten und Krankheitsverarbeitung ... 70
  - 10.2.6 Diagnostik von sozialer Unterstützung ... 70

11 Ätiologie der Traumafolgestörungen ... 72
- 11.1 Zwei-Faktorentheorie des Lernens von Mowrer ... 72
- 11.2 Kognitives Modell der PTBS von Ehlers und Clark ... 73
  - 11.2.1 Gedächtnis für das traumatische Ereignis ... 74
  - 11.2.2 Bewertung des Ereignisses und seiner Konsequenzen ... 74
  - 11.2.3 Dysfunktionale Verhaltens- und Verarbeitungsstile ... 75
  - 11.2.4 Kognitive Verarbeitung während des Traumas ... 76
  - 11.2.5 Durch das Modell erklärte Eigenschaften der PTBS ... 76
  - 11.2.6 Empirische Überprüfung ... 77
- 11.3 Behavioral/kognitive Konzeptualisierung der PTBS nach Foa und Kollegen ... 78
  - 11.3.1 Die Furchtstruktur ... 78
  - 11.3.2 Kognitive Faktoren ... 79
  - 11.3.3 Modifikation der Angstreaktion ... 79
  - 11.3.4 Modifikation der Bedeutungselemente ... 82
  - 11.3.5 Empirische Überprüfung ... 82
- 11.4 Duale Repräsentationstheorie von Brewin und Kollegen ... 84
  - 11.4.1 Emotionale Verarbeitung des Traumas ... 84
  - 11.4.2 Unterschiedliche Resultate emotionaler Verarbeitung ... 85
  - 11.4.3 Vorhersagen über den Verlauf der Traumaverarbeitung ... 87
  - 11.4.4 Revision der dualen Repräsentationstheorie ... 87
  - 11.4.5 Empirische Überprüfung ... 88
- 11.5 Psychodynamisch-kognitive Konzeptualisierung nach Horowitz ... 89
  - 11.5.1 Empirische Überprüfung ... 92
- 11.6 Modell der basalen Annahmen von Janoff-Bulman ... 92
  - 11.6.1 Beschreibung der einzelnen Grundannahmen ... 93
  - 11.6.2 Charakteristika der Grundannahmen ... 94
  - 11.6.3 Empirische Überprüfung ... 95
- 11.7 Multifaktorielles Rahmenmodell nach Maercker ... 97
  - 11.7.1 Risiko- bzw. Schutzfaktoren ... 97
  - 11.7.2 Ereignisfaktoren ... 97

		11.7.3	Aufrechterhaltungsfaktoren	98
		11.7.4	Ressourcen oder gesundheitsfördernde Faktoren	98
		11.7.5	Posttraumatische Prozesse und Resultate	98
	11.8	Integratives Ätiologiemodell nach Tagay		99
		11.8.1	Entstehungsbedingungen der PTBS	99
		11.8.2	Aufrechterhaltende Bedingungen der PTBS	101
	11.9	Neurobiologie der PTBS		103
		11.9.1	Hypothalamus-Hypophysen-Nebennierenrinden-Achse	103
		11.9.2	Sympathisches Nervensystem	104
		11.9.3	Hippocampus	105
		11.9.4	Tierstudien	107
		11.9.5	Amygdala	107
		11.9.6	Kausales Modell der PTBS	108
		11.9.7	Genetik	109
		11.9.8	Epigenetik	110
12	Therapeutische Interventionen bei Traumafolgestörungen			112
	12.1	Ziele der Behandlung		112
	12.2	Kontraindikationen		113
	12.3	Therapeutisches Setting		114
	12.4	Stabilisierung und Ressourcenaktivierung		115
	12.5	Traumafokussierte kognitiv-verhaltenstherapeutische Verfahren (TF-KVT)		117
		12.5.1	Expositionsverfahren	117
		12.5.2	Kognitive Therapie nach Ehlers und Clark	119
		12.5.3	Forschungsergebnisse zur Effektivität von TF-KVT	121
	12.6	Eye Movement Desensitization and Reprocessing (EMDR)		123
		12.6.1	Forschungsergebnisse zur Effektivität von EMDR	125
	12.7	Narrative Verfahren		127
		12.7.1	Forschungsergebnisse zur Effektivität von Narrativen Verfahren	129
	12.8	Psychodynamische Therapieverfahren		129
		12.8.1	Psychodynamisch imaginative Traumatherapie (PITT)	130
		12.8.2	Mehrdimensionale psychodynamische Traumatherapie (MPTT)	130
		12.8.3	Forschungsergebnisse zur Effektivität von Psychodynamischen Verfahren	130
	12.9	Ego-State-Therapie		131
	12.10	Entspannungsverfahren und Körpertherapien		132
	12.11	Pharmakotherapie		133
		12.11.1	Forschungsergebnisse zur Effektivität von Pharmakotherapie bei PTBS	134
	12.12	Integration und Neuorientierung nach einer Traumabehandlung		135
		12.12.1	Posttraumatische Reifung	136

13 Psychosoziale Ressourcen ... 139
13.1 Resilienz ... 139
13.2 Das Salutogenese-Konzept: Sense of Coherence ... 140
13.3 Protektive Faktoren ... 140
13.4 Soziale Unterstützung ... 141
13.5 Mentalisierung und soziale Kompetenz ... 141
13.6 Bindungsverhalten und Bindungsstile ... 142
13.7 Selbstwert und Selbstwirksamkeitserwartungen ... 142

14 Prävention ... 143
14.1 Primäre Prävention ... 143
14.2 Akuthilfe ... 145
14.3 Sekundäre Prävention ... 146
    14.3.1 Psychological Debriefing ... 146
    14.3.2 Psychopharmakologische Interventionen ... 147
    14.3.3 Traumafokussierte kognitiv-verhaltenstherapeutische Frühinterventionen ... 148
14.4 Tertiäre Prävention ... 150
14.5 Großschadensfälle ... 150

15 Traumafolgestörungen bei speziellen Personengruppen ... 152
15.1 Traumafolgestörungen bei Kindern und Jugendlichen ... 152
    15.1.1 Epidemiologie ... 152
    15.1.2 Verlauf ... 153
    15.1.3 Komorbidität ... 154
    15.1.4 Risikofaktoren ... 154
    15.1.5 Entwicklungstrauma-Störung ... 155
    15.1.6 Diagnostik ... 156
    15.1.7 Therapie der PTBS ... 157
15.2 Traumafolgestörungen bei älteren Menschen ... 157
    15.2.1 Epidemiologie ... 157
    15.2.2 Verlauf der Traumatisierung ... 158
    15.2.3 Diagnostik ... 159
    15.2.4 Psychotherapie ... 159
15.3 PTBS bei Menschen in helfenden Berufen ... 161
    15.3.1 Polizisten ... 161
    15.3.2 Feuerwehrleute ... 162
    15.3.3 Rettungswagenpersonal ... 162
    15.3.4 Mitarbeiter im Gesundheitswesen ... 163
    15.3.5 Rettungskräfte ... 164
15.4 PTBS bei Menschen mit Migrationshintergrund ... 166
    15.4.1 Epidemiologie zu Migration und Gesundheit ... 166
    15.4.2 Migration und Trauma ... 166
    15.4.3 Trauma- und PTBS-Prävalenz ... 167
    15.4.4 Flüchtlinge ... 168
    15.4.5 Sequentielle Traumatisierung ... 168

		15.4.6	Psychotherapeutische Ansätze	170
	15.5	Trauma und PTBS bei Essstörungen		170
		15.5.1	Epidemiologie	170
16	Literatur			175
17	Stichwortverzeichnis			207

Vorwort

Die meisten Menschen werden im Laufe ihres Lebens mit belastenden Ereignissen konfrontiert, die weitreichende Auswirkungen auf ihre Gesundheit und ihr Wohlergehen haben können. Eine Folge einer solchen Traumatisierung kann z. B. die Entwicklung einer psychischen Störung, wie der Posttraumatischen Belastungsstörung (PTBS), sein. Unbehandelt kann eine Traumafolgestörung das Leben einer Person massiv beeinträchtigen und zu anhaltenden Problemen im Alltag, Beruf und in zwischenmenschlichen Beziehungen führen.

Vor dem Hintergrund der aktuellen weltpolitischen Lage mit der massiven Destabilisierung des Nahen und Mittleren Ostens, den Kriegen in Syrien, im Irak und in der Ukraine, mit Hunderttausenden Toten und vielen Millionen Flüchtlingen, sowie mit der Vertreibung von Menschen aus ihren Heimatgebieten gewinnt dieses Thema an besonderer Bedeutung. Die sozialen Medien und die Tagespresse berichten täglich über die Gräueltaten terroristischer Vereinigungen, die jegliche Vorstellungskraft von Gewalt und Verbrechen an Menschen im 21. Jahrhundert sprengen. Menschen werden Opfer oder Zeugen von Terroranschlägen, sind den Leiden und dem Elend von Kriegen ausgesetzt und sehen sich schließlich zur Flucht in ein fremdes Land gezwungen. Kommen sie dort an, sind sie mit weiteren schweren Belastungen konfrontiert, wie der Ablehnung und Diskriminierung durch Einheimische, Verständigungsproblemen aufgrund von Sprachbarrieren und einer ungewissen Zukunft. Die sequentielle Traumatisierung im Sinne von Hans Keilson setzt sich bei den Flüchtlingen über viele Jahre fort. Diese Menschen weisen also zumeist multiple Traumatisierungen auf und bedürfen entsprechender Unterstützungssysteme, Beratung und Therapien. Daher widmet sich ein Kapitel dieses Lehrbuches gezielt dem Thema Flüchtlinge und Migranten.

Im Gesamten soll dieses Buch eine wissenschaftlich und empirisch fundierte systematische Einführung in die Geschichte, Diagnostik, Ätiologie, Therapie, Prävention sowie Risiko- und Schutzfaktoren von Traumafolgestörungen, im Besonderen der PTBS, liefern. Dazu werden nach einem Abriss über die Historie der Psychotraumatologie zunächst das Störungsbild der PTBS, wie auch das der komplexen PTBS, der Akuten Belastungsstörung und der Andauernden Persönlichkeitsänderung nach Extrembelastung detailliert beschrieben und in ihren klinischen Kontexten dargestellt. Da diese Störungen häufig nicht richtig erkannt und somit nicht adäquat behandelt werden, ist die Durchführung einer umfassenden und validen Diagnostik von enormer Wichtigkeit, denn nur so kann eine passende Therapie geplant und erfolgreich ausgeführt werden. Daher sollen in diesem Rahmen die entsprechende Methodik vermittelt und verschiedene Diagnoseinstrumente nahegebracht werden. Anschließend werden unterschiedliche Entstehungsmodelle für Traumafolgestörungen betrachtet. Hierbei finden sowohl psychodynamisch orientierte als auch kognitiv-verhaltenstherapeutische Ansätze sowie Befunde aus der Neurobiologie Beachtung. Darauf folgt die Vorstel-

Vorwort

lung aktueller Behandlungskonzepte für Traumafolgestörungen, die hinsichtlich ihrer Effektivität diskutiert werden. Ein Schwerpunkt liegt dabei auf den kognitiv-verhaltenstherapeutischen Ansätzen, aber auch psychoanalytisch orientierte und therapiebegleitende Interventionen werden betrachtet. Mit den Möglichkeiten, einer PTBS vorzubeugen oder die Chronifizierung einer schon vorhandenen Traumafolgestörung zu verhindern, befasst sich das Kapitel Prävention. Schließlich soll mittels einer intensiven Auseinandersetzung mit den Risiko- und Schutzfaktoren der PTBS der Frage nachgegangen werden, warum einige Menschen nach Traumatisierungen psychische Störungen entwickeln und andere nicht. Denn das Erleben traumatischer Ereignisse führt nicht bei jedem Menschen unweigerlich zu einer psychischen Störung, im Gegenteil können Menschen gestärkt aus einer Lebenskrise hervorgehen.

Den Abschluss des Buches bildet die gesonderte Behandlung spezieller Themenfelder der Psychotraumatologie, wie der bereits oben erwähnte Zusammenhang zwischen Trauma und Migration oder die Beziehung zwischen Essstörungen und Trauma, die aufgrund einer hohen Prävalenz von körperlichen und emotionalen Missbrauchserlebnissen in dieser Gruppe von Interesse ist. Des Weiteren werden Traumatisierungen bei älteren Menschen, bei denen eine PTBS häufig unerkannt bleibt, bei Kindern und Jugendlichen, die Besonderheiten bezüglich der Symptomatik zeigen können, und bei Menschen mit helfenden Berufen betrachtet, die aufgrund ihrer dauernden Konfrontation mit Katastrophen und belastenden Schicksalen eine besondere Risikogruppe darstellen.

Dieses Lehrbuch richtet sich an Studierende der Psychologie und der Medizin, wie auch an bereits klinisch oder wissenschaftlich tätige Ärzte/-innen und Psychologen/-innen sowie alle anderen Fachkräfte in der Versorgung von Menschen mit psychischen Störungen, die ihr Wissen auf dem Feld der Psychotraumatologie erweitern bzw. vertiefen möchten. Sie sollen dazu sensibilisiert und befähigt werden, mögliche Anzeichen für eine Traumatisierung zu erkennen und richtig einzuordnen, um entsprechende Behandlungsmaßnahmen einleiten zu können.

Allen, die zum Gelingen dieses Buches beigetragen haben, sei herzlich gedankt. Besonders möchten wir uns bei Herrn Matthias Lühr für die engagierte Mithilfe bedanken sowie beim Kohlhammer Verlag für die wertvolle Unterstützung. Hier gilt unser herzlicher Dank insbesondere dem Lektorat von Frau Celestina Filbrandt und Herrn Dr. Ruprecht Poensgen!

Dieses Buch widmen wir den vielen Tausend Ezidinnen und Eziden, die Opfer des Völkermords am 03.08.2014 im Nordirak (Shingal) durch den sogenannten Islamischen Staat wurden.

Essen, im Herbst 2015
Sefik Tagay, Ellen Schlottbohm, Marion Lindner

1 Einleitung

Psychische Traumata hinterlassen unbehandelt oft lebenslang Spuren in Form von zahlreichen Beschwerden mit unterschiedlich einschneidenden Beeinträchtigungen in der Gesundheit, der Lebensqualität und in sozialen Beziehungen. Häufig wird eine Traumafolgestörung mit den damit einhergehenden Beschwerden nicht erkannt. Menschen verfügen in der Regel über genügend Selbstheilungskräfte, um auch schwere traumatische Situationen und Erlebnisse adäquat zu bewältigen. Jedoch unterscheiden sich Menschen stark darin, wie sie traumatische Erlebnisse wahrnehmen, bewerten und verarbeiten. Manche Personen erleben objektiv betrachtet schlimmste Ereignisse, ohne dass danach psychische Beeinträchtigungen auftreten. Hier stellt sich die interessante Frage, warum diese Menschen nicht erkranken. Andere fühlen sich dagegen durch scheinbar »kleine Ereignisse« traumatisiert oder verletzt und entwickeln danach posttraumatische Symptome. Der Zusammenhang zwischen realem Ereignis, der Traumasituation, psychischer Disposition der Person und weiteren Einflussvariablen wie Risiko- und Schutzfaktoren entscheidet letztlich, ob eine Traumatisierung erfolgt, wie schwer sie ausfällt und wie stark die Folgen sind.

Die empirische Datenlage und die klinische Beobachtung fallen eindeutig aus: Traumatisierung führt oft zu einem tiefen Riss in der Lebensgeschichte der Betroffenen. Besonders nach Extremtraumatisierungen ist vieles nicht mehr so, wie es vorher war; Interessen, Einstellungen, Alltagsgewohnheiten, soziale Beziehungen, Werthaltungen und Überzeugungen sind durcheinandergeraten bzw. gestört. Das traumatische Ereignis stellt oftmals erst den Anfang einer psychischen Verletzung dar. Die Traumatisierung ist meist dauerhaft, ob nach einer schweren Naturkatastrophe, nach einem schweren Verkehrsunfall, nach Flucht, Kriegserlebnissen, Folter oder einer lebensbedrohlichen Erkrankung.

2 Historie der Psychotraumatologie

2.1 Historische Entwicklung der Psychotraumatologie

Psychotraumatische Ereignisse und ihre Folgen gehören seit jeher zu den Grunderfahrungen der Menschen. Die Menschheitsgeschichte war von Anfang an auch eine Geschichte individuellen Unglücks und kollektiver Katastrophen. Kriege, interpersonelle Gewalt, Naturkatastrophen und Epidemien mit schweren seelischen Erschütterungen und schmerzlichen Verlusten sind schon in den ältesten Schriften dokumentiert (Mythos von Gilgamesch, Altes Testament, Ilias von Homer). Schon immer hat es aber auch Versuche gegeben, die negativen Folgen psychischer Traumatisierung zu bearbeiten, abzumildern oder auszugleichen. Die Auseinandersetzung mit seelischer Verletzung fand bzw. findet bis heute auf verschiedenen Ebenen statt, wie beispielsweise in gesellschaftlich anerkannten Trauerritualen, mythologischen und religiösen Erzählungen, der Entwicklung der Heilkunde in der Kulturgeschichte vieler Völker, bildnerischen und literarischen Darstellungen sowie in philosophischen Reflexionen (Peterson et al., 1991).

Die wissenschaftliche Konzeptualisierung von Traumafolgestörungen nahm in der Chirurgie ihren Anfang. Von der Neurologie wurde dann die Frage nach den Traumafolgen weiter aufgegriffen, in der auch der Begriff der »**traumatischen Neurose**« geprägt wurde. Schließlich nahm der Begriff des Psychotraumas dann langsam einen Eingang in die psychosomatisch-psychologischen Fächer. Schon seit Anbeginn bestimmten zwei zentrale Fragen den wissenschaftlichen Diskurs: Sind die Menschen, die nach Gewaltereignissen seelisch mehr oder weniger zerstört sind, wirklich krank oder bilden sie sich ihr Leiden nur ein, vielleicht auch motiviert durch ein Interesse an Rente oder anderen Formen finanzieller Zuwendung? Und zweitens: Wenn sie krank sind, handelt es sich um eine körperlich-neurologische Erkrankung oder um eine psychologische Störung?

Berichte über die Auswirkungen traumatischer Erlebnisse sind in der Literatur vielfach dokumentiert. Ein anschauliches Beispiel findet sich im Tagebuch vom englischen Schriftsteller Samuel Pepys (1633–1703), der Zeuge des Londoner Großbrandes des Jahres 1666 geworden war; dabei wurden 75 % der Fläche der City of London zerstört. Sechs Monate später schrieb er: »Wie merkwürdig, dass ich bis zum heutigen Tag keine Nacht schlafen kann, ohne von großer Angst vor dem Feuer erfasst zu werden; und in dieser Nacht lag ich bis fast zwei Uhr morgens wach, weil mich die Gedanken nicht losließen.« (Daly, 1983, S. 66). Aus der Beschreibung werden die zentralen posttraumatischen Symptome erkennbar, wie z. B. die immer wiederkehrenden Gedanken an das Ereignis, die ständige Angst, wieder Opfer des Feuers zu werden, und eine erhöhte Wachsamkeit und Unruhe, die sich u. a. in einer Schlafstörung manifestiert.

Die Vorstellung, dass traumatische Erfahrungen psychische Folgeerscheinungen bewirken können, entwickelte sich in der medizinisch-psychologischen Diskussion im späten 19. Jahrhundert. So gab es dann auch erste systematische Beschreibungen der Symptome, die nach traumatischen Erlebnissen auftreten können, wie z. B. ungewolltes Wiedererleben des Traumas durch Flashbacks oder Alpträume, Anzeichen erhöhten Erregungsniveaus oder Schreckhaftigkeit und Schlafstörungen, wobei hier bezweifelt wurde, ob das Trauma-Ereignis selbst als wesentliche Ursache für die Symptomatik entscheidend war. Vielmehr wurden organische Ursachen für zentral gehalten. Im Jahre 1866 wurden von dem englischen Chirurgen Erichsen die psychologischen Probleme nach Eisenbahnunfällen sehr eindrucksvoll beschrieben mit der ganzen Symptompalette, wie wir sie aus der Beschreibung der posttraumatischen Störungen kennen (Erichsen, 1866). Diese Symptome versuchte er durch Rückenmarksprellungen zu erklären, was zu dem Begriff des »**railway spine syndrome**« führte. Dem widersprach sein chirurgischer Kollege Page (1883), der Ähnlichkeiten zur Hysterie (z. B. Symptome wie Lähmungen) sah und eher psychologische Gründe für Symptome nach traumatischen Ereignissen annahm. Die mit dem »railway spine syndrome« verbundenen Symptome wie Angst, Gedächtnis- und Konzentrationsstörungen, Schlafstörungen, belastende Träume, Irritierbarkeit und eine Vielzahl somatischer Erscheinungen verstand er als Folge ungünstiger psychologischer Entstehungsmechanismen. Der deutsche Neurologe Hermann Oppenheim (1889) schlug wenig später den Begriff der »traumatischen Neurose« vor und vermutete anatomische Veränderungen des Gehirns als Ursache.

> **Definition, Neurose**: Sammelbegriff für eine Vielzahl von psychischen Störungen und Erscheinungsformen, deren Ursachen je nach psychologischer Richtung (z. B. Psychoanalyse, Verhaltenstherapie) uneinheitlich gesucht werden.
> Heute im DSM-IV nicht mehr verwendeter (da diskriminierender) Begriff, von dem schottischen Arzt W. Cullen (1776) eingeführt (Häcker & Stapf, 2009). Er verstand darunter eine Nervenkrankheit, ohne anatomisch-pathologischen Befund. Der Umfang der damit gesammelten psychischen Störungen wird von der theoretischen Position der Autoren bestimmt. Aus psychoanalytischer Sicht sind Neurosen ein unbewusster Widerstand und die neurotischen Symptome lediglich Äußerungen psychodynamischer Konflikte. Dagegen werden von verhaltenstherapeutisch orientierten Autoren die neurotischen Konflikte selbst in den Vordergrund gestellt und als gelernte Fehlsteuerung interpretiert. Gemeinsam gilt ihnen die Neurose als Nichtbewältigung fundamentaler Lebensaufgaben. Eine grundlegende Theorie der Neurose stammt von Sigmund Freud. Nach ihm ist die Neurose das Resultat einer unvollständigen Verdrängung von Impulsen aus dem Es durch das Ich.

Wie **Tabelle 2.1** demonstriert, verwiesen als Erste Pierre Briquet (1859), Herbert Page (1883) und Jean-Martin Charcot (Charcot & Richer, 1887) auf die psychischen Folgen traumatischer Erlebnisse. Im Jahre 1859 beschrieb der französische Psychiater Briquet Patienten mit hysterischen Symptomen und nahm bei einem großen Teil seiner Patienten traumatische Erlebnisse als Ursache der Erkrankung an. Auch der berühmte Neurologe Charcot (1825–1893) erforschte den Zusammenhang zwischen Traumatisierungen und hysterischen Symptomen. Charcot war entgegen der damaligen Lehrmeinung der Auffassung, dass traumatische Lähmungen nicht ausschließlich die Folge von Läsionen des Nervensystems seien, sondern in einem durch traumatische Erlebnisse ausgelösten Nervenschock begründet seien und damit eine psychische Ursache hätten.

Tab. 2.1: Historische Entwicklung der Psychotraumaforschung

Jahr	Autor	Begriff	Erläuterungen
1859	Briquet	Traumatische Hysterie	Traumatische Erlebnisse oft als Ursache der Erkrankung
1866	Erichsen	Railway spine syndrome	Eisenbahnunfälle führten zu typischen posttraumatischen Symptomen, Rückenmarksprellungen sah Erichsen als die eigentlichen Ursachen an
1871	Da Costa	Irritable heart	Erste Beobachtungen über pseudokardiale Symptome bei Soldaten, die somatisch begründet wurden
1883	Page	Traumatische Hysterie	Die Folgen von Psychotraumata sind rein psychologisch
1887	Charcot & Richer	Traumatische Hysterie	Die Folgen von Psychotraumata sind rein psychologisch
1889	Janet	Posttraumatische »Dissoziation«	Vor dem Hintergrund unbewusster Vorerfahrungen führt das Psychotrauma zu hysterischen Reaktionen und dissoziativen Phänomenen. Die Folgen von Psychotraumata sind rein psychologisch
1889	Oppenheim	Traumatische Neurose	Die Folgen von Psychotraumata sind anatomische Veränderungen des Gehirns
1895	Breuer & Freud	Traumatische Hysterie	Die Ursache der Hysterie liegt in der Kindheitstraumatisierung durch sexuellen Missbrauch
1917	Mott	»Kriegsneurose« »Shell-shock«	Für viele Militärärzte galten die psychischen Symptome der Soldaten im Krieg (hysterische Blindheit, Stummheit, Stottern, Lähmungen, Zittern) zumindest teilweise als Produkte von Simulation
1968	Niederland	»Überlebenden-Syndrom« KZ-Syndrom »survivor-syndrom«	Das Überleben selbst wird als konfliktreich erlebt. Die Folgen von Psychotraumata sind rein psychologisch
1974	Burgess & Holmstrom	Vergewaltigungstraumasyndrom	Die Folgen von Psychotraumata sind rein psychologisch
1992a	Herman	Komplexe posttraumatische Störungen	Die Folgen von Psychotraumata sind rein psychologisch

Definition, Hysterie: Der Begriff der Hysterie (von griechisch hystera: Gebärmutter, verwandt mit lat. uterus) hat mit der Zeit einen solchen Wandel durchgemacht, wie kaum ein anderer Begriff aus der psychologischen Krankheitslehre. Bei der Hysterie handelt es sich um körperliche Beschwerden (z. B. Krampfanfälle, Arm- oder Beinlähmung, Ausfall der Sinnesorgane wie Stimmlähmung, Blindheit, Taubheit) ohne erkennbare medizinische

> Ursache. Im antiken Griechenland wurde die Ausbildung hysterischer Symptome auf die Wanderschaft der Gebärmutter zurückgeführt. Die Hysterie wurde vom griechischen Arzt Hippokrates (460–377 v.Chr.) erstmals beschrieben, der davon ausging, dass das Leiden von der Gebärmutter ausgehe, die im Körper herumkrieche und wahlweise die Organe befalle. Deshalb könnten nur Frauen hysterisch sein – was sich später als Unfug erwies. Erst Breuer und Freud postulierten 1895 gemeinsam, dass Hysterie eine Neurose sei und ihren Ursprung in unbewussten seelischen Konflikten habe.

Pierre Janet (1859–1947) war französischer Psychologe, Philosoph und Psychiater in Paris. In seiner Freizeit arbeitete er als Freiwilliger im Krankenhaus von Le Havre und unternahm auf eigene Faust psychiatrische Forschungsarbeiten. Janet entwickelte ein umfassendes System der Psychologie und Psychopathologie. Er gilt als der Begründer der modernen dynamischen Psychiatrie. 1893 promovierte er über Hysterie und arbeitete ab 1894 in eigener Praxis. Zwischen 1890 und 1935 war er Inhaber des Lehrstuhls für experimentelle und vergleichende Psychologie am Collège de France. Sein Werk war eine der Hauptquellen für Freud (»Studien über die Hysterie«, Breuer & Freud, 1895) und weitere Psychoanalytiker wie Alfred Adler (1870–1937) und C.G. Jung (1875–1961). Er prägte als Erster das Wort »unbewusst«. Neben Charcot (Charcot & Richer, 1887) wies besonders Janet (1889) auf die Bedeutung der Traumata für ein Verständnis der hysterischen Symptombildung hin. Außerdem prägte Janet bereits 1889 den Begriff der »**Dissoziation**«, um zu beschreiben, wie Erinnerungen an ein Trauma vom Bewusstsein abgespalten werden und dann vom Unbewussten her psychische und körperliche Symptome hervorrufen können. Durch unzureichende Integration werden Erinnerungen an die traumatischen Erfahrungen vom Bewusstsein und der Willenskontrolle abgespalten – dissoziiert. Janet stellte fest, dass die Betroffenen nicht in der Lage waren, narrative Erinnerungen in Form einer persönlichen Geschichte über das traumatische Ereignis hervorzubringen. Er betonte als Erster, dass die Integration des Traumas in das Bewusstsein, also ein rein psychologischer Prozess, für eine Bewältigung traumatischer Erfahrungen notwendig ist und entwarf ein Phasenmodell der Traumatherapie. Janet entwickelte durch Beobachtungen und Hypnoseexperimente die Theorie der Dissoziation als dem zugrundeliegenden Mechanismus der Hysterie. Janet formulierte insofern zum ersten Mal die Auswirkungen von Traumatisierungen auf psychologische Prozesse und legte damit den Grundstein für die psychologische Analyse und Psychotherapie (Lamprecht & Sack, 2002). Trotz des enormen Umfangs seines wissenschaftlichen Werkes und trotz verbreiteter wissenschaftlicher Anerkennung, geriet Janets Modell der Dissoziation fast 100 Jahre lang in Vergessenheit.

Neben dem Konzept der Dissoziation beschrieb Janet auch postexpositorische Amnesien und Hypermnesien. Er entdeckte, dass traumatische Erfahrungen, die nicht mit Worten beschrieben werden können, sich in Bildern, körperlichen Reaktionen und im Verhalten manifestieren.

Der Wiener Neurologe Sigmund Freud (1856–1939) war der Begründer der Psychoanalyse. Freud gilt als einer der einflussreichsten Denker des 20. Jahrhunderts. Er war ab 1902 Professor in Wien und dort bis 1938 in eigener Praxis psychotherapeutisch tätig. 1938 ergriff er mit seiner Familie als Jude die Flucht vor den deutschen Nationalsozialisten nach London. Er entwickelte die Neurosenlehre und beschäftigte sich u. a. mit der Traumdeutung, der Psychologie des Alltagslebens und der Fehlleistungen, mit Kulturpsychologie, Religion, Mythologie und zeitkritischen Themen. Er hatte großen Einfluss auf die Entwicklung der Psychotherapie, Psychologie und Medizin, aber auch auf Disziplinen wie die Anthropologie, die Philosophie, die bildende Kunst und die Literatur. Seine Theorien und Methoden werden noch heute kontrovers diskutiert.

Auch Freud beschäftigte sich mit dem Krankheitsbild der Hysterie. Er orientierte sich zu Beginn seiner wissenschaftlichen Laufbahn an den Arbeiten Charcots, der intensiv über Suggestion und Hypnose bei Hysterie und traumatischen Lähmungen forschte. Freud und Josef Breuer (1895), die sich mit dem Problem des Ursprungs von Neurosen beschäftigten, übertrugen zunächst Charcots Konzept traumatischer Lähmungen auf die Hysterie insgesamt und postulierten eine eindeutige oder symbolische Verbindung zwischen hysterischen Symptomen und realen, meist sexuellen, psychischen Traumata.

Freud durchlief bei seiner Beschäftigung mit dem Begriff Traumatisierung unterschiedliche Phasen und Annahmen. Zunächst ging er davon aus, dass jeder hysterischen Störung eine reale traumatische Erfahrung, v. a. ein frühkindlicher sexueller Missbrauch, vorausgeht (Breuer & Freud, 1895). Als er 1897 im Verein für Psychiatrie und Neurologie in Wien in seinem Vortrag »Zur Ätiologie der Hysterie« am Beispiel von 18 von ihm behandelten Fällen sexuelle Traumatisierungen als Quelle der späteren Neurose angab, stieß er auf eisiges Schweigen und offene Ablehnung durch seine Kollegen. Drohende gesellschaftliche Ächtung bewirkte, dass Freud seine Thesen bereits ein Jahr später widerrief, dass hysterische Symptome auf frühe sexuelle Traumatisierungen zurückzuführen seien. Er distanzierte sich von seiner Trauma-Theorie und entwickelte die Trieblehre. In dieser erklärte er die realen traumatisierenden Erfahrungen seiner »hysterischen« Patientinnen zu sexuellen Wunschphantasien.

Immer wieder waren und sind es Katastrophen, welche die Aufmerksamkeit verstärkt auf die psychischen Folgen traumatischer Ereignisse lenken. Mit dem Beginn der Industrialisierung und dem Ausbau des Verkehrsnetzes stieg auch die Zahl der Arbeits- und Eisenbahnunfälle. Zu den ersten systematischen Untersuchungen der Katastrophenpsychologie gehören die Arbeiten von Edward Stierlin (1909), der die psychischen Nachwirkungen eines großen europäischen Mienenunglücks im Jahre 1906 untersuchte. Ein weiteres folgenschweres Unglück ereignete sich 1942 in Boston, als bei einem Feuer im Cocoanut Grove Night Club 492 Menschen ums Leben kamen. Adler (1943) schilderte die »post-traumatischen psychischen Komplikationen« der Überlebenden des **Bostoner Cocoanut Grove-Brandes**. Adlers Artikel ist insofern von besonderer Bedeutung, als er explizit auf traumabedingte Alpträume, Schlaflosigkeit, Kognitionen und Vermeidungsverhalten eingeht.

Nach diesen frühen Entdeckungen wurde es weitgehend still in der medizinisch-psychologischen Diskussion psychischer Traumafolgen. Weiteren Anstoß für die psychotraumatologische Forschungsarbeit gaben Kriege – hier insbesondere der Erste (1914–1918) und Zweite Weltkrieg (1939–1945) sowie der Vietnamkrieg (1964–1975) –, aber auch Katastrophen und soziale Bewegungen, wie beispielsweise die Feminismusbewegung in den USA in den 1970er Jahren. Im Laufe der Erforschung von Traumafolgestörungen wurde klar, dass die psychischen Syndrome, an denen die Opfer von Vergewaltigungen, häuslicher Gewalt und Inzest litten, den Syndromen der Kriegsopfer entsprachen.

Es hat schon immer Formen der psychischen Traumatisierung nach schockauslösenden, lebensbedrohlichen Ereignissen unterschiedlichster Art in der Menschheitsgeschichte gegeben. Ein geradezu klassisches Feld der historischen Traumaforschung ist die besonders im Ersten Weltkrieg, welcher über neun Millionen Menschenleben forderte, massiv aufgetretene »Kriegsneurose« (weitere Synonyme: »Frontneurose«, »Gefechtsneurose«, »Schützengrabenneurose«, »Granatenschock«). Die Betroffenen wurden häufig als »Kriegshysteriker«, als Schwächlinge diffamiert oder als »Kriegszitterer« bezeichnet.

Die psychischen Auswirkungen von **kriegsbedingten Traumatisierungen** wie Zittern, vorübergehende Lähmungen, unkontrollierte Affekte, Apathie wurden lange Zeit als Simulation abgetan. Die vorherrschende Meinung war, dass psychische Reaktionen auf traumatische Ereignisse normalerweise vorübergehend sind und dass daher nur Personen mit labilen Persönlichkeiten, bereits bestehenden neurotischen Konflikten oder Geisteskrankheiten chronische Symptome entwickeln. Während des Ersten Weltkrieges begannen einzelne Militärpsychiater, die Symptome psychologisch zu behandeln, was zu teilweise überraschenden Erfolgen führte (Salmon, 1919). Frederick Mott (1919) und Ernest Southard (1919) dokumentierten die neurologischen und psychologischen Auswirkungen kriegsbedingter Traumata.

Im Zweiten Weltkrieg, der mehr als 55 Millionen Menschen das Leben kostete, sahen und behandelten Kliniker Tausende von Kriegsopfern (Soldaten, Zivilisten und insbesondere Kinder) mit psychiatrischen Störungen. In ihrem einflussreichen Buch »Men under Stress« zählten Grinker und Spiegel (1945) die Symptome von zurückgekehrten Kriegsteilnehmern auf, die unter »**Gefechtsneurosen**« litten. Diese Symptome bestanden aus Unruhe, Aggressionen, Depressionen, Gedächtnisstörungen, Überaktivität des Sympathikus, Konzentrationsstörungen, Alkoholismus, Alpträumen, Phobien und Misstrauen.

Zu den schlimmsten Traumata zählen wohl die Gewaltakte, die den Opfern gezielt und systematisch zugefügt werden. Der Holocaust, bei dem allein mehr als 6 Millionen Juden von den Nationalsozialisten ermordet wurden, bildete dabei in seiner ungeheuren Dimension und kalten Systematik einen schrecklichen Höhepunkt der bisherigen Menschheitsgeschichte. Lange Jahre hindurch verstand man unter Psychotraumatologie v. a. die wissenschaftliche Beschäftigung mit den psychischen Folgen von Internierung, Folter und Verfolgung. Die Therapie von Opfern des Holocaust zeigt, wie lange die Traumatisierung bei vielen Betroffenen nachwirkt. Das bezieht sich auf das individuelle Erleben der Holocaust-Überlebenden ebenso wie auf ihre Partnerschaftsdynamik und die Nachwirkungen des Traumas auf die zweite und sogar dritte Generation (Ludewig-Kedmi et al., 2002).

Im Laufe der Zeit wurden dann nach den beiden Weltkriegen und mit Blick auf die Probleme der Holocaust-Überlebenden viele diagnostische Bezeichnungen für die Symptome nach traumatischen Erlebnissen vorgeschlagen wie z. B. »**Überlebenden-Syndrom**« (survivor-syndrom) oder »**Kampf- oder Kriegsneurose**« (combat/war neurosis; Übersicht bei Gersons & Carlier, 1992; Bohleber, 2000).

Nach dem Zweiten Weltkrieg entstand eine große Zahl von Studien, die das »**Konzentrationslager-Syndrom**« beschreiben. Zum ersten Mal wurde erforscht, welche verheerenden Nachwirkungen Krieg, Gefangenschaft und schließlich Genozid bei den überlebenden Zivilisten hatten. Auch hier wurden neben anhaltenden Veränderungen der Persönlichkeit die gleichen Symptome von Traumafolgestörungen beobachtet. Jean Amery (1912–1978) wie auch Primo Levi (1919–1987), beide überlebten den Holocaust, schildern eindrücklich die erlebten Traumatisierungen in ihren Werken. Jean Amery schreibt in seinem Buch »Jenseits von Schuld und Sühne. Bewältigungsversuche eines Überwältigten«: »Wer gefoltert wurde, bleibt gefoltert, wer der Folter erlag, kann nicht mehr heimisch werden in der Welt. Die Schmach der Vernichtung lässt sich nicht austilgen. Das zum Teil schon mit dem ersten Schlag im vollen Umfang, aber schließlich in der Tortur eingestürzte Weltvertrauen wird nicht wiedergewonnen« (1966, S. 70). Beide

Schriftsteller setzten ihren schrecklichen Erlebnissen durch Suizid ein Ende – Jahrzehnte nach der Folter –, da sie durch einen Zusammenbruch des Weltvertrauens nicht wieder heimisch werden konnten.

Die inzwischen geläufige Bezeichnung »Überlebenden-Syndrom« (survivor-syndrom) führte der deutsch-amerikanische Psychiater William Niederland erst 1968 ein. Zum ersten Mal wurde damit ein klinischer Begriff gefunden, der eindeutig die Verfolgung als pathogen identifiziert und verschiedene Symptome zusammenfasst. In seinem Buch »Folgen der Verfolgung: Das Überlebenden-Syndrom – Seelenmord« (1980) beschreibt er die typischen Symptome eindrücklich: Dazu zählen Angst, Erinnerungsstörungen, chronisch depressive Zustände, Aggression, Isolation und Rückzug in sich selbst, psychotische Symptome, Störungen des Identitätsgefühls, psychosomatische Symptome und »Überlebensschuld«, bei der das Überleben selbst konfliktreich und als Verrat erlebt wird.

In den 1950er- und 1960er-Jahren wurden die psychischen Folgen von Natur- und Industriekatastrophen (Brandkatastrophen, Gasexplosionen, Erdbeben, Tornados u. a.) zunehmend untersucht. Bis in die 1970er-Jahre wurden berufsunfähig gewordene Menschen mit traumatischen Erlebnissen als Rentenneurotiker abqualifiziert. Die Echtheit der berichteten Symptome wurde ihnen abgesprochen und eine Simulationstendenz mit dem Wunsch nach finanzieller Entschädigung unterstellt (»Kompensationsneurose«).

Sexuelle Traumatisierungen sowie Missbrauch in der Kindheit rückten im letzten Drittel des 20. Jahrhunderts immer stärker ins Zentrum psychologischer Forschung (Amann & Wipplinger, 2005). Die seelischen und körperlichen Verletzungen sowie die langfristigen psychischen und sozialen Folgen wurden ebenso diskutiert wie die gerichtliche Aufarbeitung der Taten. Die jahrzehntelangen Anstrengungen der Frauenbewegung sowie die einschlägige Forschung haben schließlich den Umgang der Öffentlichkeit und auch der Behörden mit den Opfern sexueller Gewalt deutlich geändert.

Im Jahr 1974 veröffentlichen Burgess und Holmstrom einen einflussreichen Artikel über das »**Vergewaltigungstraumasyndrom**«. Ihr Bericht basiert auf Interviews, die sie innerhalb eines Jahres mit 146 Vergewaltigungsopfern geführt hatten. Ihre Analyse brachte sie zu dem Schluss, dass sich die Folgen, unter denen die Vergewaltigungsopfer leiden, in eine akute Phase und in eine langfristige Phase einteilen lassen. Die akute Phase wurde durch eine allgemeine physische Angegriffenheit durch den Überfall, Spannungskopfschmerzen, Schlafstörungen, Alpträume, gastrointestinale Schmerzen, urogenitale Beschwerden, Ängste, Wut und Schuldgefühle charakterisiert. Die langfristige Phase ging mit bewältigungsbezogenen Alpträumen, Vermeidungsverhalten, Ängsten und sexuellen Störungen einher. Inzwischen belegt eine Reihe von Studien, dass häusliche Gewalt weltweit als eines der größten Gesundheitsprobleme vor allem für Frauen und Kinder gilt (WHO, 2013). Neben akuten körperlichen und seelischen Verletzungen kommt es häufig zu chronischen psychischen und psychosomatischen Beschwerden. Die amerikanische Psychiaterin und Pionierin auf dem Gebiet der Psychotraumatologie Judith Herman stellt in ihren Arbeiten heraus, dass der gesellschaftliche und wissenschaftliche Diskurs über Traumafolgestörungen von einer spezifischen Dynamik des Verdrängens und Vergessens geprägt ist. Diese Dynamik beschreibt sie sehr anschaulich in ihrem Buch »Narben der Gewalt« (Herman, 1992b).

Ende des 20. und Anfang des 21. Jahrhunderts brachte eine Serie verheerender Unglücksfälle (z. B. Zugunglück von Eschede 1998, der Brand der Tunnelbahn von Kaprun 2000), die weltweiten Terroranschläge (11. September 2001, Madrid 2004, London 2005), die Hurricanes in Amerika (z. B. Hurricane Katrina 2005), der Afghanistan- (2001) und Irak-Krieg (2003) mit Hunderttausenden Toten, die kriegerischen Umwälzungen im Nahen und Mittleren Osten seit 2011, der Völkermord an den Eziden im August 2014 im Nordirak durch den sogenannten Islamischen Staat, die katastrophalen Überschwemmungen in Mitteleuropa vom August 2002, der Tsunami in Südasien 2004 und das Aufdecken von jahrelangem sexuellem Missbrauch und Vergewaltigung in Österreich (Fall Natascha Kampusch 2006, Fall Elisabeth Fritzl 2008) die seelischen Folgen der Traumatisierung mehr ins Bewusstsein der breiten Öffentlichkeit. Damit einhergehend kam es auch zu einer deutlichen Zunahme an Forschungsarbeiten.

Zusammenfassung

Die ersten Eisenbahnunfälle im 19. Jahrhundert, die beiden Weltkriege und die Erfahrungen amerikanischer Soldaten in Vietnam führten jeweils zu einer Fülle von Forschungsarbeiten über Ätiologie und Behandlung der daraus resultierenden psychischen Störungen. Der erstarkende Feminismus im Amerika der 1970er Jahre lenkte die Aufmerksamkeit der Öffentlichkeit auf die psychischen Folgen von sexuellem Kindesmissbrauch und Vergewaltigung und inspirierte zahlreiche Studien hierzu.

Inzwischen hat sich die Auffassung durchgesetzt, dass auch Personen mit stabiler Persönlichkeit klinisch bedeutsame psychische Symptome entwickeln können, wenn sie außergewöhnlich schrecklichen Erlebnissen ausgesetzt sind. Hierzu hat u. a. die Beobachtung beigetragen, dass viele Veteranen des Vietnamkrieges langwierige psychische Probleme entwickelten und dass die psychischen Auswirkungen sexueller Gewalt im Rahmen der Frauenbewegung verstärkt thematisiert wurden.

Für die Symptome, die in der Folge traumatischer Erlebnisse auftreten, wurden zunächst eine Vielzahl diagnostischer Bezeichnungen vorgeschlagen, z. B. »Schreckneurose«, »Kampf- oder Kriegsneurose«, »Granatenschock« oder »Überlebendensyndrom«. Es wurde lange bezweifelt, dass das traumatische Ereignis die wesentliche Ursache für die Symptome darstellt. Das Spektrum der Annahmen zur Ätiologie der Störung reichte damals wie heute von einer rein neurobiologischen (Oppenheim, 1889) bis zu einer vorwiegend psychologischen Ätiologie (Freud, 1921; Horowitz, 1976).

2.2 Historische Entwicklung der Traumafolgestörungen in den Klassifikationssystemen psychischer Störungen

Vor dem Hintergrund der wissenschaftlichen Arbeiten des amerikanischen Militärpsychologen Kardiner (1941) wurde in die erste Version des Diagnostischen und Statistischen Handbuchs Psychischer Störungen (DSM; ▶ Tab. 2.2) die Diagnose der »**gross stress reaction**« aufgenommen, die sich auf die Folgen extremer Belastungssituationen bezog und die Erfahrung der amerikanischen Militärpsychiater aus dem Zweiten Weltkrieg (1939–1945) sowie dem Koreakrieg (1950–1953) reflektierte (APA, 1952). Trotz der Aufmerksamkeit, die das posttraumatische Stress-Syndrom inzwischen auch international gewonnen hatte, und entgegen der steigenden Anzahl wissenschaftlicher Arbeiten zu diesem Themenkomplex wie beispielsweise über die Folgen der beiden Weltkriege und des Holocaust in Deutschland, wurde die Diagnose im DSM-II (APA, 1975) in dieser Form nicht beibehalten, sondern durch die Kategorie »vorübergehende kurzfristige Auffälligkeiten, die mit situativen Belastungen im Zusammenhang stehen« (**transient situational disturbance**) ersetzt.

Erst 1980 wurden die Akute Belastungsstörung (ABS, engl. Acute stress disorder) und die Posttraumatische Belastungsstörung (PTBS, engl. Posttraumatic stress disorder) von der Amerikanischen Psychiatrischen Gesellschaft (APA, 1980) als offizielle diagnostische Entitäten akzeptiert und die Störungsbilder im Diagnosemanual DSM-III unter den Angsterkrankungen aufgenommen. Diese Entwicklung war auch eine Folge des großen Engagements vieler Vietnamveteranen und deren Familien, das nicht nur zu einem breiten öffentlichen Interesse führte, sondern v. a. auch zu einer Intensivierung der Forschung über die Langzeitfolgen extremer Belastungen. Die Anerkennung der PTBS als offizielle Diagnose in der psychiatrischen Nomenklatur im Jahre 1980 führte geradezu zu einer Explosion verschiedenster wissenschaftlicher Untersuchungen zu dem Thema, wie Menschen auf überwältigende Geschehnisse reagieren. Es zeigte sich, dass Gewalterfahrungen das seelische, körperliche und soziale Gleichgewicht eines Menschen erheblich stören und zu gesundheitlichen Problemen unterschiedlicher Art und Ausprägung führen können. Diese offizielle Anerkennung der posttraumatischen Symptome und Leidenszustände als eigenständige psychische Störung stellt einen Meilenstein in der Geschichte der Psychotraumatologie dar. Damit wurde auch der Aufbau von Präventions- und Behandlungseinrichtungen wesentlich erleichtert. Eine wachsende Zahl an wissenschaftlichen Studien untersuchte in der Folge Epidemiologie, Verlauf und Folgen der Störungen, spezifische Risikofaktoren, Hochrisikogruppen und Schutzfaktoren (Seidler, 2013). Mit diesen Erkenntnissen geriet die Wahrnehmung von Gewalt als wichtiger Faktor für gesundheitliche Störungen zunehmend in das Bewusstsein der Öffentlichkeit und auch der Kostenträger. Erst seit 1993 sind die Diagnosen der Posttraumatischen Störungen auch im Internationalen Klassifikationssystem (ICD-10) der Weltgesundheitsorganisation vertreten (WHO, 1993).

Tab. 2.2: Entwicklung der Traumafolgestörungen nach den Klassifikationssystemen (DSM & ICD-10)

Jahr	Klassifikation	Traumafolgestörung	Erläuterungen
1952	DSM-I	• Massive Stressreaktion • Schwere Belastungsreaktion	Die Folgen von Psychotrauma sind rein psychologisch
1975	DSM-II	• Anpassungsreaktion • Durchgangsstörung	Die Störung ist das Resultat einer mangelnden Anpassungsfähigkeit der betroffenen Person
1980	DSM-III	• Akute Stressreaktion • Posttraumatische Stressreaktion	Traumafolgestörungen basierten in erster Linie auf Untersuchungen an Vietnam-Veteranen und der Feminismusbewegung in den USA der 1970er Jahre
1987	DSM III-R	• Akute Stressreaktion • Posttraumatische Stressreaktion	Es wird nicht mehr von einer Reaktion, sondern von einer Störung des Betroffenen gesprochen
1994	DSM-IV	• Akute Belastungsstörung • Posttraumatische Belastungsstörung	Erstmals wird hierbei beim Traumaereignis auch die subjektive Einschätzung des Betroffenen berücksichtigt

Tab. 2.2: Entwicklung der Traumafolgestörungen nach den Klassifikationssystemen (DSM & ICD-10) – Fortsetzung

Jahr	Klassifikation	Traumafolgestörung	Erläuterungen
2013	**DSM-5**	• Reaktive Bindungsstörung mit Hemmung • Störung des Sozialverhaltens mit Enthemmung • Posttraumatische Belastungsstörung • Akute Belastungsstörung	Traumafolgestörungen werden in einer eigenen Sektion, unter »Trauma-related disorders« aufgeführt
1993	**ICD-10**	• Akute Belastungsreaktion • Posttraumatische Belastungsstörung • Andauernde Persönlichkeitsänderung nach Extrembelastung	Die psychischen Folgen massiver Belastung werden klassifikatorisch zu den Reaktionen auf schwere Belastungen und Anpassungsstörungen gerechnet. Eine pathogenetische Interpretation findet nicht statt

DSM = Diagnostic and statistical manual of mental disorders
ICD = International Statistical Classification of Diseases and Related Health Problems

Zusammenfassung

Vor allem die Beschäftigung mit den schweren und anhaltenden psychischen Erkrankungen der Vietnamveteranen, aber auch die erstarkende Frauenbewegung, der es gelang, die sexualisierte Gewalt in Alltag und Familie zu thematisieren, führten in der dritten Fassung des DSM 1980 zur Einführung der Akuten Belastungsstörung und der PTBS-Diagnose (APA, 1980).

Die Akute Belastungsstörung und die PTBS sind die heute gebräuchlichen Diagnosen für posttraumatische Störungen, die in den derzeit aktuellen Diagnosemanualen DSM-IV bzw. DSM-5 (APA, 1994 bzw. 2013) und ICD-10 (WHO, 1993) enthalten sind. In der ICD-10 kommt noch die »Andauernde Persönlichkeitsänderung nach Extrembelastung« hinzu.

3 Die Begriffe Belastung, Stress und kritische Lebensereignisse

In der gegenwärtigen Forschung besteht die Tendenz, den Begriff »Trauma« bis zur Unabgrenzbarkeit auszuweiten und inflationär zu verwenden, indem z. B. jede belastende Lebenssituation als Trauma bezeichnet wird (McNally, 2003; Rosen, 2006). Umgangssprachlich werden viele Situationen als »traumatisch« beschrieben, z. B. Scheidung, Verlust des Arbeitsplatzes oder eine nicht bestandene Prüfung. In einer Feldstudie zeigte sich jedoch, dass solche »schwachen« Stressoren nur bei 0.4 % der Betroffenen zu den charakteristischen Symptomen einer Posttraumatischen Belastungsstörung führen (Stein et al., 1997a). Es ist daher sehr wichtig, die Begriffe Belastung, Stress, kritische Lebensereignisse – und Trauma – sorgfältig zu verwenden:

Psychische Belastung wird definiert als die Gesamtheit der erfassbaren Einflüsse, die von außen auf den Menschen zukommen und auf ihn einwirken (Häcker & Stapf, 2009). Der Begriff beschreibt also Situationen und nicht Eigenschaften von Personen.

Untrennbar verbunden mit dem Begriff Belastung ist der Begriff »**Stress**«, der längst Teil der Umgangssprache geworden ist (Selye, 1984). Außergewöhnliche körperliche oder psychische Belastungen führen zu Stress, wobei die auslösenden Ereignisse nicht nur negativ, sondern auch positiv empfunden werden können. Im Allgemeinen wird zwischen zwei verschiedenen Formen von Stress unterschieden. Es gibt den anregenden, angenehm positiven Stress, auch Eustress (eu=gut) genannt. Demgegenüber steht der negative, unangenehm belastende Stress, nämlich der »Distress« (dis=ungünstig, negativ).

Unter negativem Stress versteht man das Erleben von Ereignissen, die als Bedrohung für das psychische Wohlbefinden wahrgenommen werden. Die Ereignisse werden Stressoren genannt, die durch sie ausgelösten Verhaltensweisen Stressreaktionen. Insgesamt jedoch wird der Begriff Stress im wissenschaftlichen Kontext unscharf verwendet, daher wäre eine eindeutige Anwendung der Terminologie wünschenswert. Denn oft wird nicht ersichtlich, ob »Stress als Reiz« oder »Stress als Reaktion« zu verstehen ist (Birbaumer & Schmidt, 2006).

Gefahren für die Gesundheit gehen vorwiegend von Distress-Situationen aus, insbesondere solchen, die mit Angst, Ärger oder depressiven Empfindungen einhergehen (Kiecolt-Glaser et al., 2002). Nachgewiesene Stressoren sind Schmerz, Lärm, Hitze, körperliche Anstrengungen, Zeitdruck, tägliche Ärgernisse (»daily hassles«) und hohe soziale Dichte (»crowding«) in Räumen, auf Plätzen oder im Wohnbereich. Außerdem sind viele Stressoren in der Arbeitswelt nachgewiesen, wie etwa Überforderung, unklares Feedback im Leistungsbereich, hohe Verantwortung, soziale Konflikte, Konkurrenzdruck und Diskriminierung. Stressoren wirken sich umso stärker aus, je intensiver sie sind, je länger sie dauern, je schlechter sie vorhersagbar sind und je weniger kontrollierbar bzw. beeinflussbar sie erscheinen (Goldstein & Kopin, 2007).

Kritische Lebensereignisse wurden seit den 1960er Jahren in der Stress- und Copingforschung in Verbindung mit dem Auftreten psychischer Störungen, insbesondere Depressionen, Suchterkrankungen und

Angststörungen, verstärkt untersucht (Biondi, 2001; Lazarus & Folkman, 1984). Sie stellen Veränderungen in der sozialen Lebenssituation einer Person dar, die durch eine Anpassungsleistung beantwortet werden müssen. Zu den kritischen Lebensereignissen zählen u. a. die Geburt eines Kindes, Scheidung, Umzug oder Arbeitslosigkeit (Smith & Grabowski, 2007).

Der Einfluss von kritischen Lebensereignissen auf die mentale und körperliche Gesundheit war der Gegenstand eingehender Forschung. Sie begann in den 1960er Jahren mit der Entwicklung der »**Social Readjustment Rating Scale**« (Lebensereignis-Skala), einer einfachen Methode zur Einschätzung des Ausmaßes an Anpassung, die sowohl angenehme als auch unangenehme Lebensveränderungen erfordern (Holmes & Rahe, 1967; Miller & Rahe, 1997). Mittels der Social Readjustment Rating Scale werden potentiell belastende, d. h. kritische, Lebensereignisse auf ihren subjektiven Belastungsgrad bzw. Anpassungsaufwand hin eingeschätzt, indem ihnen eine Zahl zwischen 1 und 100 zugeordnet wird. Seit Jahrzehnten konnte der Befund mehrfach repliziert werden, dass der Tod einer wichtigen Bezugsperson und die Scheidung bzw. Trennung vom Partner zu den Ereignissen zählen, die die meisten Stresspunkte aufweisen (▶ Tab. 3.1). Inzwischen wurde das Ereignis »Tod einer wichtigen Bezugsperson« als potentiell traumatisches Ereignis (PTE) in zahlreiche Trauma-Checklisten aufgenommen (Breslau et al., 1998).

Tab. 3.1: Social Readjustment Rating Scale (modifiziert nach Holmes & Rahe, 1967).

Platz	Stressor	Punkte
1	Tod des Ehepartners	100
2	Scheidung	73
3	Trennung vom Partner	65
4	Zwangsaufenthalt im Gefängnis oder einer anderen Institution	63
5	Tod eines nahen Verwandten	63
6	Schwere körperliche Verletzung oder Krankheit	53
27	Beginn/Ende der Ausbildungszeit	26
33	Schulwechsel	20
42	Weihnachten	12
43	Geringere gesetzliche Vergehen	11

4 Der Traumabegriff nach den internationalen Klassifikationssystemen psychischer Störungen

Seit mindestens 150 Jahren werden für den Traumabegriff Definitionsvorschläge vorgenommen, die zu verschiedenen nebeneinander existierenden Traumadefinitionen geführt haben. Bis heute existiert keine universell gültige Traumadefinition, was u. a. auf unterschiedliche Forschungstraditionen und -strategien zurückzuführen ist (Friedmann et al., 2004).

In den beiden derzeit gültigen Klassifikationssystemen psychischer Störungen DSM-5 und ICD-10 beginnen die Diagnosekriterien einer Traumafolgestörung mit einer Definition des auslösenden traumatischen Ereignisses. Die Definition traumatischer Ereignisse ist insofern wichtig, da die jeweiligen Kriterien die Basis verschiedener epidemiologischer Studien bilden. Je nachdem, ob strengere oder weiter gefasste Kriterien angewendet werden, ergeben sich unterschiedliche Traumatisierungs- und Störungshäufigkeiten. Das wiederum hat Auswirkungen auf die Frage nach dem psychologischen Handlungsbedarf infolge einer Traumatisierung, sowie auf die Bewertung der Effektivität von Präventionsmaßnahmen und Interventionen.

4.1 Der Traumabegriff im ICD-10

Im ICD-10 (Dilling et al., 2011) wird ein traumatischer Stressor als ein belastendes Ereignis mit außergewöhnlicher Bedrohung oder katastrophenartigem Ausmaß beschrieben. Die WHO definiert »Trauma« in der ICD-10 wie folgt (Dilling et al., 2011, S. 124): »Die Betroffenen sind einem kurz- oder langanhaltenden Ereignis oder Geschehen von außergewöhnlicher Bedrohung oder mit katastrophalem Ausmaß ausgesetzt, das nahezu bei jedem tiefgreifende Verzweiflung auslösen würde.«

Diese Definition verdeutlicht zwar die notwendige Schwere des Ereignisses, bleibt aber bei der Beschreibung der traumatischen Reaktion recht allgemein (»tiefgreifende Verzweiflung«) ohne Konkretisierung des Erlebens. Die Traumadefinition der ICD-10 wird daher vielfach kritisiert, da die subjektiven Reaktionen auf eine vergleichbare Traumatisierung durchaus unterschiedlich sein können. In das Stressorkriterium der ICD-10 hat die besondere Bedeutung der subjektiven Empfindungen keinen Einzug erhalten. Ferner macht diese unscharfe Definition die Operationalisierung des Begriffes Trauma-Exposition sehr schwer.

4.2 Der Traumabegriff im DSM-IV

Im DSM-IV (APA, 1994) wird ein psychisches Trauma wie folgt definiert (Saß et al., 1998, S. 487): »Das traumatische Ereignis beinhaltet das direkte persönliche Erleben einer Situation, die mit dem Tod oder der Androhung des Todes, einer schweren Verletzung oder einer anderen Bedrohung der körperlichen Unversehrtheit zu tun hat oder die Beobachtung eines Ereignisses, das mit dem Tod, der Verletzung oder der Bedrohung der körperlichen Unversehrtheit einer anderen Person zu tun hat oder das Miterleben eines unerwarteten oder gewaltsamen Todes, schweren Leids oder Androhung des Todes oder einer Verletzung eines Familienmitgliedes oder einer nahe stehenden Person« (Ergänzung Autoren: Kriterium A1, objektives Ereignis). Die Reaktion der Person auf das Ereignis muss »intensive Angst, Hilflosigkeit oder Entsetzen« umfassen (Ergänzung Autoren: Kriterium A2, subjektives Erleben).

In der Traumadefinition des DSM-IV wird deutlich, dass nicht infolge jeder lebensbedrohlichen Situation eine posttraumatische Symptomatik entsteht. Erst wenn der Betroffene intensive Furcht, Hilflosigkeit oder Entsetzen erlebt, stellt diese Reaktion ein Risiko für die Entwicklung einer Posttraumatischen Belastungsstörung dar. In diesen Fällen kann es neben dem Gefühl der Hilflosigkeit zu einer »Erschütterung des Selbst- und Weltverständnisses« (Fischer & Riedesser, 1998) kommen. Ähnlich beschreiben Ehlers und Clark (2000) das begleitende Gefühl als »seelische Niederlage«, wobei es hier zu einem wahrgenommenen Verlust der Autonomie und Selbstständigkeit führt. Die Definition verdeutlicht außerdem, dass beide Kriterien, das traumatische Ereignis und die psychische Reaktion darauf, erst ein psychisches Trauma charakterisieren (Kriterium A). Demnach ist das traumatische Ereignis im DSM-IV sowohl durch Merkmale des Traumaereignisses (objektive Parameter) als auch durch die Reaktionen der betroffenen Person (subjektive Parameter) während der Trauma-Exposition gekennzeichnet. Das A-Kriterium hat damit eine »Gatekeeper«-Funktion für die Diagnose einer Posttraumatischen Störung (Breslau & Kessler, 2001). Zunächst handelt es sich um ein potentiell traumatisches Ereignis, doch wenn beide Aspekte der Traumadefinition erfüllt sind, liegt ein traumatisches Ereignis (TE) vor. Es gibt gute Belege dafür, dass das subjektive Erleben von (Lebens-)Gefahr einer der bedeutendsten Prädiktoren für die Entwicklung einer Posttraumatischen Belastungsstörung ist (March, 1993).

Auf Grundlage von Forschungsergebnissen, die zeigen, dass auch nach milderen und weit verbreiteten Stresserlebnissen, wie zum Beispiel Autounfällen, posttraumatische Symptome auftreten (Norris, 1992), wurde dieses sehr enge Traumakriterium im DSM-IV angepasst. Das Trauma wird nicht mehr als »außergewöhnliches Ereignis« im Sinne der ICD-10 beschrieben, sondern als potentielle oder reale Todesbedrohung, ernsthafte Verletzung oder Bedrohung der körperlichen Unversehrtheit bei sich oder anderen. Sowohl nach ICD-10 als auch nach DSM-IV kann auch die Beobachtung solcher Ereignisse eine posttraumatische Störung hervorrufen. Das DSM-IV führt eine Liste von Ereignissen auf, die potentielle Traumata darstellen (▶ **Kasten 4.1**).

Kasten. 4.1: Beispiele für potentiell traumatische Ereignisse nach DSM-IV (Saß et al., 1998)

Direkt erlebte Ereignisse (persönlich erlebt)

- kriegerische Auseinandersetzungen
- gewaltsame Überfälle (Vergewaltigung, Angriff, Raub)
- Entführung
- Geiselnahme
- Terroranschlag
- Folterung
- Kriegsgefangenschaft
- Gefangenschaft in einem Konzentrationslager
- natürliche oder durch Menschen verursachte Katastrophen
- schwere Autounfälle
- Diagnose einer lebensbedrohlichen Krankheit

Beobachtete Ereignisse (Zeuge/Konfrontation)

- schwere Verletzung oder unnatürlicher Tod einer anderen Person durch gewalttätigen Angriff, Unfall, Krieg oder Katastrophe
- unerwartete Konfrontation mit einem toten Körper oder Körperteilen

Ereignisse, die bei anderen auftraten und von denen man erfahren hat

- gewaltsamer Überfall
- schwerer Unfall oder schwere Verletzung eines Familienmitglieds oder einer nahe stehenden Person
- Nachricht über den plötzlichen unerwarteten Tod eines Familienmitglieds oder einer nahe stehenden Person
- Nachricht, dass das eigene Kind eine lebensbedrohliche Krankheit hat
- schwere interpersonale Gewalt wie Folterung, Konzentrationslagerhaft oder Krieg

4.3 Der Traumabegriff im DSM-5

Mit dem Erscheinen des DSM-5 (APA, 2013) wurde der Traumabegriff weiter ausgedehnt. Es gibt nicht mehr die Unterteilung in A1 und A2. Die subjektive Einschätzung des Betroffenen (A2 Kriterium) ist entfallen. Im DSM-5 werden vier Situationen beschrieben, bei deren Auftreten von einem traumatischen Ereignis gesprochen wird: a) wenn die Person das Trauma selbst erlebt; b) wenn die Person als Zeuge beobachtet, wie andere mit einem Trauma konfrontiert werden; c) wenn die Person erfährt, dass das Leben von Angehörigen oder engen Freunden bedroht wurde, d) wenn die Person über extrem traumatische Inhalte informiert wird (Kapfhammer, 2014; Casey et al., 2013).

Zusammenfassung

Sowohl in der ICD als auch im DSM ist das Vorhandensein eines traumatischen Ereignisses ätiologische Voraussetzung für die Diagnose einer Traumafolgestörung (Breslau & Kessler, 2001). Die diagnostischen Kriterien für ein traumatisches Ereignis sind in beiden Diagnosesystemen ähnlich, aber nicht einheitlich definiert. In das Stressorkriterium der ICD-10 hat die besondere Bedeutung des subjektiven Erlebens im Gegensatz zum DSM-IV keinen Einzug erhalten. Die DSM-IV-Traumadefinition hingegen ist konkreter und präziser mit den Kriterien A1 und A2 operationalisiert. Weltweit lehnt sich die Forschung daher zumeist an die Traumadefinition des DSM-IV an (Wilson & Keane, 2004). Im DSM-5 entfällt das A2 Kriterium wieder aufgrund nicht ausreichend nachgewiesener Vorhersagevalidität für die Entwicklung einer PTBS (APA, 2013).

5   Epidemiologie traumatischer Ereignisse

Die große Mehrheit der Menschen ist irgendwann von einem traumatischen Ereignis betroffen. Mittlerweile liegen zahlreiche epidemiologische Repräsentativerhebungen hierzu vor. **Tabelle 5.1** liefert eine Übersicht über die wichtigsten Studien.

Tab. 5.1: Ergebnisse epidemiologischer Studien zur Traumahäufigkeit

Studie	Traumaprävalenz (in %)	
	Frauen	Männer
Kessler et al., 1995: *National Comorbidity Survey, USA* N= 5877; Alter: 15–54 Jahre	51.2	60.7
Breslau et al., 1998: *Detroit Area Survey of Trauma, USA* N= 2181; Alter:18–45 Jahre	87.1	92.2
Creamer et al., 2001: *Australian National Survey of Mental Health and Well-being, Australien* N= 10641; Alter: ≥18 Jahre	49.5	64.6
Van Ameringen et al., 2008: *Repräsentative Bevölkerungsstichprobe, Kanada* N= 2991; Alter: ≥18 Jahre	73.4	78.5
Maercker et al., 2008: *Repräsentative Bevölkerungsstichprobe, BRD* N= 2426; Alter: 14–93 Jahre	28.0	20.9
De Vries & Olff, 2009: *Repräsentative Bevölkerungsstichprobe, Niederlande* N= 1087, Alter: 18–80 Jahre	80.8	80.7

Die meistzitierten Studien zur Frage nach der Traumatisierung von Frauen und Männern sind die epidemiologischen Arbeiten von Kessler et al. (1995) und Breslau et al. (1998). Beide Untersuchungen belegen, dass der großen Mehrzahl der Menschen irgendwann in ihrem Leben mindestens ein traumatisches Ereignis widerfährt (▶ Tab. 5.2).

In beiden Studien wird übereinstimmend berichtet, dass Männer häufiger Traumata erleben als Frauen. Es zeigen sich jedoch geschlechtsspezifische Unterschiede in der Art der Traumatisierung. Im Bereich der interpersonellen Gewalt sind Frauen bedeutend häufiger von sexuellem Missbrauch und Vergewaltigung betroffen. Männer hingegen erfahren mehr körperliche Gewalt ohne sexuellen Inhalt. Auch von Traumata, die nicht absichtlich durch Menschen verursacht werden (z. B. Unfall), sind Männer häufiger betroffen als Frauen. Der Tod einer wichtigen Bezugsperson wird in beiden Gruppen mit rund 60 % angegeben. In der Studie von Breslau et al. (1998) war der gewalttätige Angriff am engsten mit PTBS assoziiert.

Die größte epidemiologische Studie zur Prävalenz traumatischer Ereignisse und posttraumatischer Störungen ist die »Australian National Survey of Mental Health and Well-Being«, in der eine Zufallsstichprobe von 10 641 Personen untersucht wurde (Creamer et al., 2001). Rund 65.6 % der Männer und 50.9 % der Frauen gaben an, mindestens einem traumatischen Ereignis in ihrem Leben ausgesetzt gewesen zu sein. Die Autoren fanden wider Erwarten keinen Geschlechtseffekt hinsichtlich der 12-Monats-PTBS-Prävalenz. Die PTBS war jedoch bei Frauen und Männern gleichermaßen am stärksten mit Vergewaltigung und sexuellem Missbrauch verbunden.

Olff und Kollegen (2007) stellen in ihrer Übersichtsarbeit mehrere Geschlechtsunterschiede in der Frage der Traumahäufigkeit fest. Während Männer häufiger von physischer Gewalt, Unfällen und natürlichen Katastrophen betroffen sind, berichten Frauen signifikant mehr Vergewaltigungen in der Kindheit und im Erwachsenenalter sowie mehr Erleben von lebensbedrohlichen Erkrankungen (▶ Tab. 5.2).

Tab. 5.2: Traumaprävalenz nach Geschlecht (nach Olff et al., 2007)

Potentiell traumatische Ereignisse (Mehrfachnennungen möglich)	männlich %	weiblich %	gesamt %
Gewalttätige Übergriffe	28.7	25.0	26.8
Kriegserfahrung	2.2	0.7	1.4*
in Kriegssituationen Soldat oder Helfer	3.0	0.3	1.6**
Androhung oder Gebrauch physischer Gewalt	22.0	12.5	17.2*
Bedrohung mit oder Gebrauch einer Waffe	13.2	8.6	10.9
Raub	3.6	4.2	3.9
im Erwachsenenalter geschlagen	3.8	7.8	5.8
in Kindheit geschlagen	3.2	4.2	3.9
Vergewaltigung im Erwachsenenalter	0.0	5.4	2.7**
Vergewaltigung in der Kindheit	2.1	5.2	3.7*
verfolgt (Stalking)	2.4	4.4	3.4
Andere Verletzungen oder schockierende Erlebnisse	45.7	40.9	43.3
als Zivilist in Kriegssituation	15.4	17.1	16.3
Autounfall	19.3	11.6	15.5**
natürliche oder vom Menschen verursachte Katastrophen	8.3	4.0	6.1**
Feuer	8.5	6.4	7.5
Unterstützung bei Rettungsarbeiten	5.8	2.2	4.0**
Wohnsitz zerstört	2.3	2.4	2.4
unerwartetes Entdecken einer Leiche	1.2	0.9	1.0
beinahe ertrunken oder wiederbelebt worden	1.2	1.4	1.3
versucht jemanden vergeblich zu retten	2.7	1.5	2.1
lebensbedrohliche Erkrankung	11.4	10.0	10.7
ein Kind mit einer lebensbedrohlichen Erkrankung haben	3.6	7.9	5.8**
jemand Bedeutsames entführt, als Geisel genommen oder vermisst	4.0	3.3	3.7

Tab. 5.2: Traumaprävalenz nach Geschlecht (nach Olff et al., 2007) – Fortsetzung

Potentiell traumatische Ereignisse (Mehrfachnennungen möglich)	männlich %	weiblich %	gesamt %
Zeuge von Verletzungen oder schockierenden Erlebnissen	**36.1**	**28.6**	**32.4**
Zeuge eines Autounfalls, einer Naturkatastrophe oder vom Menschen verursachten Katastrophe	31.0	21.5	26.2**
beobachtet wie jemand geschlagen wurde	18.5	11.0	14.8**
Zeuge einer Vergewaltigung	1.3	1.7	1.5
Zeuge eines Suizidversuchs	7.5	4.6	6.1
Zeuge eines Mordes	3.0	0.3	1.6
Plötzlicher unerwarteter Tod einer geliebten Person	**51.4**	**56.5**	**53.9**
Verlust durch Unfall, Naturkatastrophe oder vom Menschen verursachte Katastrophe	13.6	13.5	13.6
Verlust durch kriminelle Tat	2.2	1.2	1.7
Verlust durch Suizid	10.8	10.9	10.9
Verlust durch plötzliche medizinische Bedingung	37.9	43.6	40.8
tot geborenes Kind	7.7	17.1	12.4**
irgendein Trauma	**80.7**	**80.8**	**80.7**

*p ≤ .05. **p ≤ .01. (signifikante Unterschiede zwischen männlich und weiblich)

In der kanadischen Studie von Van Ameringen et al. (2008) wurde eine repräsentative Stichprobe von 2991 Personen im Alter von mindestens 18 Jahren untersucht. 76.1 % der Teilnehmer waren von einem oder mehreren traumatischen Ereignissen betroffen (73.4 % Frauen und 78.5 % Männer). Die häufigsten Traumata waren sexuelle Belästigung, Beobachtung einer schweren Verletzung oder Tötung, ein schwerer Verkehrsunfall und die Bedrohung mit einer Waffe. Der plötzliche und unerwartete Tod einer wichtigen Bezugsperson, sexuelle Gewalt und das Mitansehen der Verletzung oder Tötung einer anderen Person zählten zu jenen Traumata, die am häufigsten mit einer PTBS in Verbindung standen. Die 1-Monatsprävalenz für PTBS lag bei 2.4 %, die PTBS-Lebenszeitprävalenz wurde auf 9.2 % geschätzt.

Im deutschen Sprachraum fallen die Häufigkeiten für traumatische Ereignisse insgesamt geringer aus als im angloamerikanischen Raum. Maercker et al. (2008) untersuchten in einer deutschen Repräsentativerhebung 2426 Personen im Alter zwischen 14 und 93 Jahren. Die Autoren fanden heraus, dass lediglich 28 % der Frauen und 20.9 % der Männer gemäß der Stressorkriterien des DSM-IV mindestens ein traumatisches Ereignis erlebt hatten. Die geringe Traumaprävalenz lässt sich damit erklären, dass den Probanden nur acht potentiell traumatisierende Ereignisse (wie z. B. Vergewaltigung, Kindesmissbrauch, schwerer Unfall) vorgegeben wurden. Nach der Auflistung der PTE folgten Fragen nach dem DSM-IV-A2-Kriterium. Anschließend sollten die Probanden das am meisten belastende Ereignis benennen. Auch für den deutschen Sprachraum lassen sich signifikante geschlechtsspezifische Unterschiede für verschiedene Traumata berichten: Vergewaltigung und sexueller Missbrauch traten bei Frauen bedeutend häufiger auf, Männer dagegen litten öfter unter schweren Unfällen und körperlicher Gewalt.

In einer niederländischen Repräsentativerhebung (N=1087) berichten de Vries und Olff (2009) ähnlich hohe Traumaprävalenzen für Frauen und Männer wie im angloamerikanischen Raum. Die PTBS-Lebenszeitprävalenz wurde mit 7.4 % festgestellt. Weibliches Geschlecht und jüngeres Alter waren am engsten mit PTBS assoziiert.

In eigenen Studien wurde an verschiedenen Stichproben das Auftreten traumatischer Ereignisse untersucht (Tagay & Senf, 2014). Wie **Abbildung 5.1** zeigt, berichtete in allen Teilstichproben die große Mehrheit der Probanden, mindestens einem potentiell traumatischen Ereignis ausgesetzt gewesen zu sein. Die klinischen Gruppen (Psychotherapiepatienten), geriatrische Patienten sowie iranische Migranten wiesen hierbei mit über 90 % die höchsten Prävalenzen auf. Ein solches Muster lässt sich auch bei der absoluten Anzahl potentiell traumatischer Erlebnisse (▶ **Abb. 5.2**) beobachten. In diesem Fall wurden im Mittel mindestens drei Erlebnisse genannt, bei Patienten mit einer Traumafolgestörung lag dieser Wert bei fünf. Zusammenfassend lässt sich feststellen, dass Patienten mit Traumafolgestörungen sowohl für das Erleben eines potentiell traumatischen Ereignisses als auch bei der Anzahl erlebter potentieller Traumata deutlich höhere Werte aufwiesen als die Vergleichsgruppen.

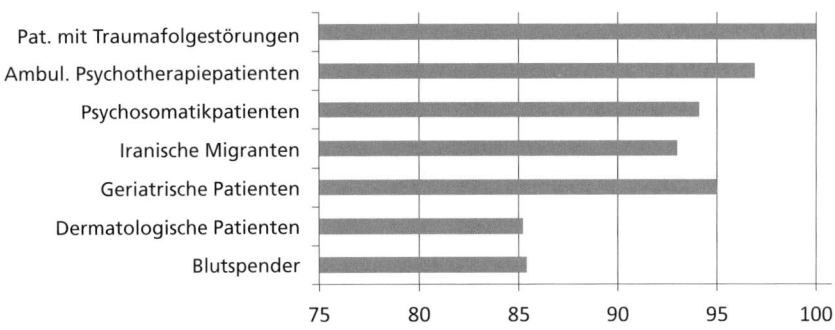

Abb. 5.1: Häufigkeit der potentiell traumatischen Ereignisse (PTE) nach Stichprobe in Prozent (nach Tagay & Senf, 2014)

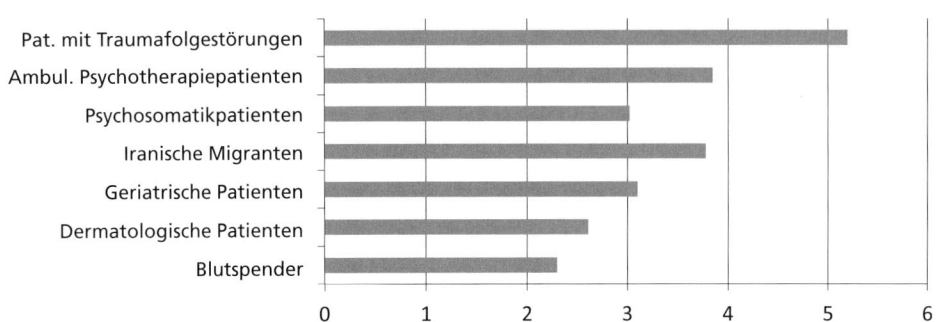

Abb. 5.2: Durchschnittliche Anzahl der erlebten potentiell traumatischen Ereignisse (PTE) nach Stichprobe (nach Tagay & Senf, 2014)

5 Epidemiologie traumatischer Ereignisse

> **Zusammenfassung**
>
> Die Lebenszeitprävalenzen für das Erleben eines traumatischen Ereignisses liegen zwischen 20 % und 90 %. Dieser Mangel an Übereinstimmung bezogen auf die Traumaraten erklärt sich zum einen durch die unterschiedliche Zusammensetzung der untersuchten Stichproben und zum anderen durch die nicht einheitlichen Vorgehensweisen bei der Datenerhebung. Während am Anfang vor allem Untersuchungen an Vietnamveteranen dominierten, liegen inzwischen in größerem Umfang auch Untersuchungen an Opfern von Verkehrsunfällen, Verbrechen, Vergewaltigungen, Arbeitsunfällen, Attentaten oder Naturkatastrophen vor. Außerdem wurden in zahlreichen Studien verschiedene Diagnoseklassifikationen herangezogen. Hinzu kommt bei standardisierten Fragebogenstudien der Einsatz von unterschiedlichen Messinstrumenten. Es ist zu vermuten, dass offene Fragen nach einem extrem belastenden Ereignis zu niedrigeren Prävalenzen führen als die Darbietung einer Liste mit konkreten Beispielen für potentiell traumatische Ereignisse. Meistens wird auch das DSM-IV-Kriterium A2, die Reaktion der Person auf das Ereignis, nicht erfragt oder nicht in die Auswertung einbezogen. Aufgrund dieser methodischen Unterschiede ist es schwierig, die resultierenden Daten zu vergleichen. Hier wäre eine allgemeingültige Vorgehensweise wünschenswert. Zusätzlich bereitet die Tatsache, dass fast alle größeren Studien an der US-amerikanischen Bevölkerung durchgeführt wurden, Probleme bei der Generalisierung der Befunde. Zumindest für einen Teil der traumatischen Ereignisse ist es offensichtlich, dass sie in verschiedenen Weltregionen oder politischen Systemen in ihrer Häufigkeit variieren. Es gibt Regionen mit häufigeren Naturkatastrophen (z. B. Iran, Japan, USA) und Länder, in denen politische Gewalt und Folterungen politischer Gegner auf der Tagesordnung stehen (z. B. Syrien, Irak, Iran, Somalia; Amnesty International, 2015). Epidemiologische Daten zur Prävalenz traumatischer Ereignisse, die nach dem Traumakriterium des DSM-5 erhoben wurden, stehen noch aus, da das DSM-5 erst im Jahr 2013 veröffentlicht wurde.

6 Traumaeinteilung in Klassen

Es gibt eine Fülle von Unterscheidungsmöglichkeiten, um traumatische Ereignisse zu klassifizieren. Maercker (1997) schlägt eine Unterteilung hinsichtlich der Verursachung vor, indem er die Traumata nach »zufälliger« oder »man-made« Verursachung unterscheidet (▶ **Kasten 6.1** und **Abb. 6.1**). Zu den »zufälligen« Traumata gehören u. a. Natur- und technische Katastrophen, Arbeits- bzw. Verkehrsunfälle oder berufsbedingte Traumata, z. B. der Polizei oder der Feuerwehr. Zu »man-made« Traumata gehören sexuelle bzw. körperliche Misshandlungen, kriminelle und familiäre Gewalt, Vergewaltigungen oder Kriegserlebnisse.

Kasten 6.1: Klassifikation der Traumata nach Verursachung

Vom Menschen verursachte Traumata (engl. man-made disasters):

Zu beurteilen ist hier, wie nahe das Opfer dem/den Verursacher/n des Traumas stand, wie massiv das Trauma war und welche Dimension es im Hinblick auf die Zerstörung der zuvor bestandenen Basisvertrauenslage hatte.

- sexuelle und körperliche Misshandlungen
- kriminelle und familiäre Gewalt
- Vergewaltigungen
- Kriegserlebnisse
- zivile Gewalterlebnisse (z. B. Geiselnahme)
- Folter und politische Inhaftierung
- Massenvernichtung (z. B. Vernichtungslagerhaft)

Nicht absichtlich durch Menschen verursachte Traumata (engl. nature-made disasters):

Hier spielen das Ausmaß und das plötzlich-unerwartete Auftreten der Katastrophe eine Rolle.

- Naturkatastrophen (Großbrände, Sturmfluten, Erdbeben)
- technische Katastrophen (Giftgaskatastrophen)
- berufsbedingte Katastrophen (Polizei, Feuerwehr)
- Arbeitsunfälle (Grubenunfälle)
- Verkehrsunfälle (Massenkarambolagen, Flugzeugabstürze)

Eine zweite Dimension bezieht sich auf die zeitliche Dauer von Traumata (▶ Abb. 6.1): Es wird zwischen kurz- oder langfristigen Traumata unterschieden. Diese Einteilungen nach kurz- vs. langfristigen Traumata und menschlich verursachten vs. zufälligen (nicht durch Menschen verursachte) Traumata sind in der Literatur üblich. Maercker und Karl (2005) fassen diese Einteilung traumatischer Ereignisse und deren Risikograd für eine Posttraumatische Belastungsstörung zusammen (▶ **Abb. 6.1**).

Eine weitere häufig verwandte Einteilung ist die in Typ-I und Typ-II-Traumata (Terr, 1991). Die **Typ-I-Traumata** implizieren Ereignisse von kurzer Dauer, die plötzlich und überraschend eintreten und eine akute Lebensgefahr beinhalten. Die **Typ-II-Traumata** dagegen sind durch Wiederholungen verschiedener traumatischer Einzelerlebnisse oder deren längerem Bestehen gekennzeichnet. Empirische Evidenzen weisen darauf hin, dass einerseits die willentlich durch Menschen verursachten Traumata und andererseits die zeitlich längerdauernden Typ-II-Traumata in vielen Fällen zu stärkerer psychosozialer Beeinträchtigung und zu einer längeren Chronifizierung psychischer Folgen mit massiver Komorbidität führen können als die nicht durch Menschen verursachten Traumatisierungen bzw. Typ-I-Traumata (Kessler et al., 1995).

		Einteilung nach Verursachung	
		Zufällige Traumata	**Absichtliche „man-made" Traumata**
Einteilung nach Erstreckung und Schwere	Typ I-Traumata	• schwere Verkehrsunfälle • berufsbedingte Traumata (z. B. Polizei, Feuerwehr, Rettungskräfte) • kurzandauernde Katastrophen (z. B. Wirbelsturm, Brand)	• sexuelle Übergriffe (z. B. Vergewaltigung) • kriminelle bzw. körperliche Gewalt • ziviles Gewalterleben (z. B. Banküberfall)
	Typ II-Traumata	• langandauernde (Natur-) Katastrophen mit Folgen (z. B. Erdbeben, Tsunami, Überschwemmungen) • technische Katastrophen (z. B. Giftgasexplosion, Flugzeugabsturz)	• wiederholter sexueller und körperlicher Missbrauch in der Kindheit bzw. im Erwachsenenalter • Kriegserleben, -gefangenschaft • Geiselhaft • mehrfache Folter, politische Inhaftierung (z. B. KZ-Haft)
	Risiko für eine PTBS	gering	mittel — hoch

Abb. 6.1: Einteilung traumatischer Ereignisse und Risikograde für die Ausbildung einer PTBS (modifiziert nach Maercker & Karl, 2005)

6.1 Häufigkeiten der verschiedenen Traumaklassen

In zahlreichen Studien wurden mit dem **Essener Trauma-Inventar (ETI)** Psychotherapiepatienten, somatisch kranke Patienten, gesunde Kontrollteilnehmer und Menschen mit Migrationshintergrund im Hinblick auf das Auftreten potentiell traumatischer Ereignisse untersucht (Tagay et al., 2007, 2008a, 2009; Tagay & Senf, 2014). Bei einer Klassifikation der traumatischen Ereignisse in drei Gruppen (non-man-made, Gewalterfahrung ohne sexuellen Inhalt und sexueller Missbrauch bzw. sexuelle Gewalt) kamen non-man-made Traumata am häufigsten vor (▶ Abb. 6.2). In der Gruppe der Patienten mit einer Traumafolgestörung wurde jedoch sexuelle Gewalt am häufigsten genannt. Es zeigen sich zudem im Bereich der sexuellen Gewalterfahrung Häufigkeitsunterschiede zwischen den Stichproben. Während die Angaben zum sexuellen Missbrauch bzw. zur sexuellen Gewalt bei nicht-klinischen Stichproben bei unter 12 % lagen, führte in etwa ein Drittel der Patienten der jeweiligen klinischen Gruppen einen Hintergrund mit sexuellem Missbrauch oder sexueller Gewalterfahrung an. Bei Patienten mit einer Traumafolgestörung betrug dieser Wert über 80 %.

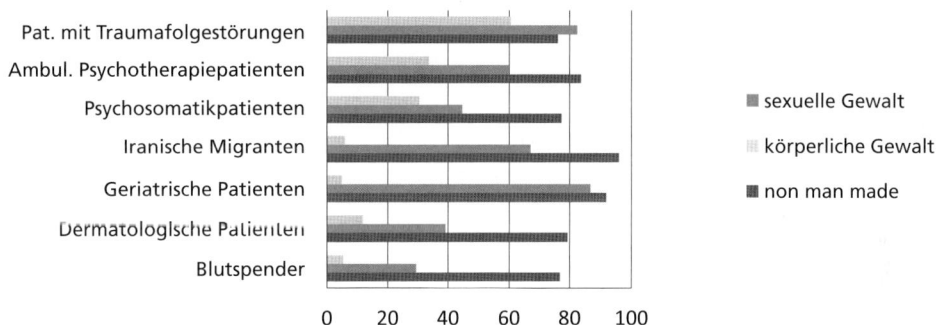

Abb. 6.2: Häufigkeit verschiedener Traumatypen (nach Tagay & Senf, 2014)
Anmerkungen: **non-man-made** = Tod einer wichtigen Bezugsperson, Naturkatastrophe, schwere Krankheit, schwerer Unfall; **körperliche Gewalt** = gewalttätiger Angriff durch Fremde bzw. Bekannte, Gefangenschaft, Folter, Aufenthalt in einem Kriegsgebiet, Vernachlässigung/Verwahrlosung; **sexuelle Gewalt** = als Kind/Jugendlicher sexueller Missbrauch durch Fremde bzw. Bekannte, als Erwachsener sexuelle Gewalt durch Fremde bzw. Bekannte

7 Entwicklungswege nach einem Trauma

Das Trauma-Modell von Tagay et al. (2013) in **Abbildung 7.1** demonstriert unterschiedliche Entwicklungswege nach einem psychotraumatischen Ereignis. Es lassen sich zwei Entwicklungswege nach einem Trauma unterscheiden. Diese können entweder psychopathologisch oder adaptiv/salutogenetisch sein. Wie **Abbildung 7.1** zeigt, gehören Traumafolgestörungen zu den wenigen psychischen Störungen, bei denen der Auslöser bekannt ist, und die daher kausal erklärt werden können. Es gilt als erwiesen, dass Traumafolgestörungen nicht die alleinigen psychischen Störungen darstellen, die nach einem traumatischen Ereignis auftreten können. Depressionen, Essstörungen, Panikstörungen oder Somatoforme Störungen können ebenfalls aus Traumatisierungen resultieren (O`Donnell et al., 2004). Allgemeine Reaktionen wie Angst, Hilf- und Hoffnungslosigkeit, aber auch Ärger, Wut oder Scham- und Schuldgefühle sind häufige Reaktionen nach traumatischen Ereignissen. Darüber hinaus treten vermehrt auch körperliche Beschwerden wie Kopfschmerzen, neurologische oder gastrointestinale Beschwerden auf (Tagay et al., 2004; Kessler et al., 1995). Die empirischen Befunde unterstreichen die Annahme, dass eine psychische Traumatisierung einen zentralen Risikofaktor für die meisten Kategorien psychischer Störungen darstellt (Grawe, 2004; Wittchen et al., 2009). Traumatische Erfahrungen können darüber hinaus zu strukturellen und funktionellen Schäden im Gehirn führen und damit die Fähigkeit des Individuums einschränken, spätere Belastungen im Leben positiv zu bewältigen (Bremner et al., 2003; Villarreal & King, 2001).

Wie epidemiologische Studien belegen, entwickelt längst nicht jede Person nach einer Traumatisierung eine Traumafolgestörung (Breslau et al., 1998; Van Ameringen et al., 2008; Maercker et al., 2008). Eine Bewältigung des Erlebten ohne pathologische Reaktionen und Folgen ist bei der großen Mehrheit der Betroffenen erkennbar. Die Entwicklung posttraumatischer Störungen hängt erheblich davon ab, wie der Betroffene das Traumaereignis wahrnimmt und bewertet, mit welchen personalen und sozialen Ressourcen dieser ausgestattet ist und ob der Betroffene nach der traumatischen Erfahrung Umstände vorfindet, die einer raschen psychosozialen Erholung förderlich sind (strukturelle Ressourcen).

Aus dem Modell geht außerdem hervor, dass die Erfahrung eines traumatischen Ereignisses nicht notwendigerweise die betroffene Person schwächen oder beeinträchtigen muss. Inzwischen liegen wissenschaftliche Studien vor, in denen betroffene Personen, die ein oder mehrere traumatische Ereignisse überstanden haben, von einem Zuwachs an persönlicher Reifung, neu definiertem Lebenssinn und selbstwahrgenommenen positiven Veränderungen berichten. Ein Teil der Personen geht gestärkt aus der Krise und Belastung heraus. Es kommt zu Veränderungen im Bereich des eigenen Lebensstils und einem neu definierten Lebenssinn (Frankl, 1973).

7 Entwicklungswege nach einem Trauma

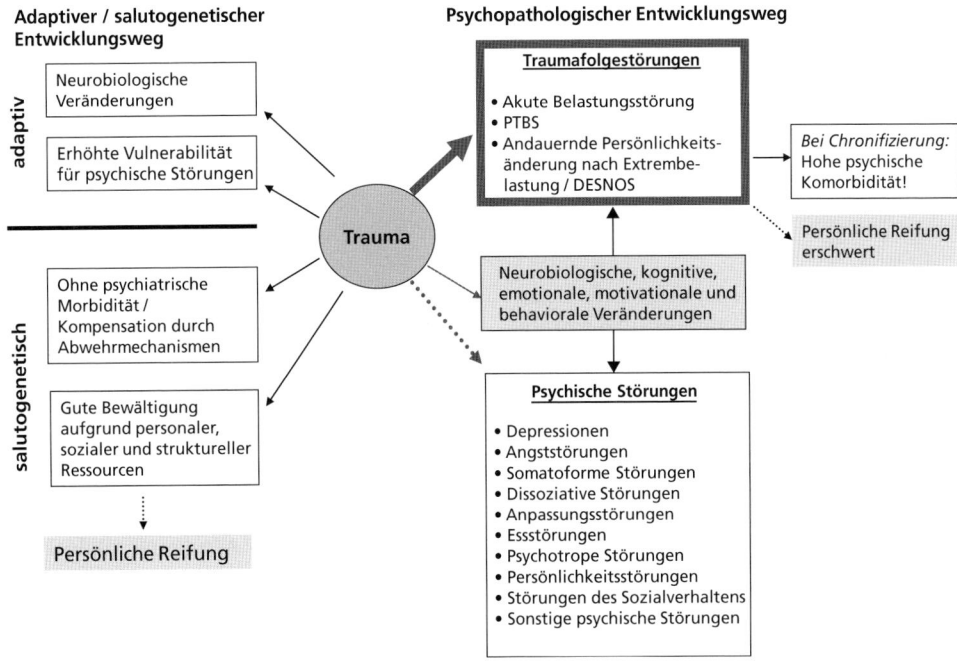

Abb. 7.1: Mögliche Entwicklungswege nach einem Trauma (Tagay et al., 2013)

8 Risikofaktoren für Traumafolgestörungen

Risikofaktoren stellen psychosoziale Belastungsfaktoren dar, die einzeln oder kombiniert auftreten und so die Entwicklung einer Traumafolgestörung wie der PTBS entscheidend beeinflussen können. Sie stehen in der Regel in einer Wechselwirkung zueinander und kumulieren über den Entwicklungsverlauf (Jacobi & Esser, 2003). Nach Ehlers (1999) stellen die reale oder wahrgenommene Lebensgefahr und der Verlust jeglicher Autonomie während der traumatischen Situation die wesentlichen Risikofaktoren für die Entwicklung einer PTBS dar.

In einer ersten umfangreichen Metaanalyse wurden 38 Studien bezüglich der Frage nach Risikofaktoren für eine PTBS geprüft (Shalev et al., 1996). Die Autoren identifizierten Risikofaktoren bezogen auf drei Bereiche:

- **Prätraumatische Vulnerabilität:** psychiatrische Familiengeschichte, weibliches Geschlecht, genetische und neuroendokrine Faktoren, Persönlichkeitsfaktoren, frühe Traumatisierung, negative Elternerfahrungen und eine geringe Bildung.
- **Peritraumatische Aspekte:** Traumaschwere, plötzliches Auftreten des Traumas, unmittelbare Reaktion nach dem Trauma (z. B. Dissoziation, Copingverhalten).
- **Posttraumatische Aspekte:** Zunahme der Symptome, fehlende soziale Unterstützung und anhaltender Stress.

Brewin et al. (2000) berichten in ihrer großen Metaanalyse über 14 Risikofaktoren für eine PTBS (▶ **Tab. 8.1**). Diesbezüglich stellten die Autoren die Traumaschwere, den anhaltenden Stress und vor allem fehlende soziale Unterstützung als die einflussreichsten Risikofaktoren für die Entwicklung einer PTBS heraus.

Tab. 8.1: Risikofaktoren für eine PTBS (nach Brewin et al., 2000)

Risikofaktoren	Anzahl der Studien	N	Effektstärke d
Ethnische Minderheit	22	8165	.05
Jüngeres Alter	29	7207	.06
Geringe Bildung	29	11047	.10
Psychiatrische Vorerkrankung	22	7307	.11
Frühere Traumata	14	5147	.12
Psychiatrische Familiengeschichte	11	4792	.13
Weibliches Geschlecht	25	11261	.13
Missbrauch in der Kindheit	9	1746	.14

Tab. 8.1: Risikofaktoren für eine PTBS (nach Brewin et al., 2000) – Fortsetzung

Risikofaktoren	Anzahl der Studien	N	Effektstärke d
Geringer sozioökonomischer Status	18	5957	.14
Geringe Intelligenz	6	1149	.18
Andere negative Kindheitserlebnisse	14	6969	.19
Schweres Trauma	49	13653	.23
Anhaltender Stress	8	2804	.32
Fehlende soziale Unterstützung	11	3276	.40

In einer dritten großen Metaanalyse erwies sich die peritraumatische Dissoziation, also dissoziatives Erleben während der Traumatisierung, als der stärkste Prädiktor für eine PTBS (Ozer et al., 2003). Bei der **Dissoziation** kommt es zu einem teilweisen oder völligen Verlust der normalen Integration von Erinnerungen an die Vergangenheit, des Identitätsbewusstseins, der unmittelbaren Empfindungen sowie der Kontrolle von Körperbewegungen. Ebenfalls treten **Derealisation** und **Depersonalisation** bei schwerer komplexer Traumatisierung gehäuft auf. Als Derealisation wird eine zeitweilige oder dauerhafte abnorme oder verfremdete Wahrnehmung der Umwelt bezeichnet. Sie steht in enger Beziehung zur Depersonalisation, bei der die eigene Person als fremd und unwirklich empfunden wird (Harvey & Bryant, 1999; Bryant, 2005).

In der Metaanalyse von Ozer et al. (2003) wurden sieben Risikofaktoren für eine PTBS identifiziert. Signifikante Prädiktoren der PTBS waren ähnlich wie bei Brewin et al. (2000) frühere Traumata (d=.17), frühere Belastungen (d=.17), psychiatrische Familiengeschichte (d=.17), wahrgenommene Lebensbedrohung (d=.26), fehlende soziale Unterstützung nach dem Trauma (d=-.28) und peritraumatische Dissoziation (d=.35).

Es gibt große individuelle Unterschiede hinsichtlich Ausprägung und Verlauf traumatischer Prozesse. Der Einfluss des Traumas hängt davon ab, wie die betroffene Person das Ereignis wahrnimmt, interpretiert und bewertet. Das subjektive Erleben der völligen Hilflosigkeit, Ohnmacht und des Ausgeliefertseins in der Traumasituation, bei dem jegliche Form von Kontrollierbarkeit bzw. Handlungsalternativen fehlen, entscheidet über die Schwere und die Folgen des Traumas. Obwohl bestimmte Situationen für alle Menschen traumatisch sind, kann in anderen Situationen die Bewältigungsfähigkeit interindividuell sehr variieren. Wie heftig, wie verstört oder wie nachhaltig ein Mensch auf ein traumatisches Ereignis reagiert, hängt daher von verschiedenen Faktoren ab (▶ **Kap. 13**). In **Kasten 8.1** sind zusammenfassend zentrale Merkmale eines Traumas aufgeführt, die die Wahrscheinlichkeit für die Entwicklung einer Traumafolgestörung besonders erhöhen.

Grundannahmen von nichttraumatisierten Personen

Nach der amerikanischen Psychologin Ronnie Janoff-Bulman (1992) bedeutet Trauma immer eine Unterbrechung der Lebenslinie, wodurch sich die Beziehung zu sich selbst, zu anderen und zur Welt negativ verändert. Traumatische Erfahrungen können die Grundannahmen des Lebens fundamental erschüttern (▶ **Kasten 8.2**). Janoff-Bulman

Kasten 8.1: Übersicht über Risikofaktoren für die Entstehung einer PTBS

- **Traumaverursachung:** absichtlich oder nicht absichtlich durch Menschen verursachte Traumata (Intentionalität/»man-made«) versus nicht durch Menschen verursachte Traumata (»non-man-made«)
- **Häufigkeit und Dauer des Traumas:** Einzeltrauma, multiple Traumata, chronische Traumatisierung
- **Täter-Opfer-Beziehung:** Bindungstrauma, Beziehungstrauma, Deprivationstrauma
- **Intensität/Schweregrad des Traumas:** Extremtrauma, kumulatives Trauma, sequentielles Trauma
- **Unmittelbarkeit der Traumatisierung:** Opfer, Zeuge (direkter Beobachter), vom Trauma über Dritte erfahren (Sekundäre Traumatisierung)
- **Traumasituation/Reaktion des Umfeldes:** Hilfe durch andere Menschen bleibt aus, weitere Menschen nicht anwesend, kulturspezifische Vorstellungen von Trauma, sozial-, kulturell- und kontextspezifische Interpretationen eines Traumas
- **Kontrollverlust**
- **unerwartetes Eintreten des Traumas**
- **existentiell starke Lebensbedrohung**
- **körperliche Folgeschäden durch das Trauma**

postuliert weiter, dass »zerstörte Grundannahmen« (»shattered assumptions«) über das eigene Selbst und die Welt eine PTBS charakterisieren (▶ Kap. 11.6).

Kasten 8.2: Grundannahmen von nicht-traumatisierten Personen nach Janoff-Bulman (1992)

- Die Welt ist hinreichend geordnet und sinnvoll.
- Die Welt ist im Grunde gerecht.
- Die persönliche Sicherheit des Individuums ist gewährleistet.
- Das Individuum kann sich selbst schützen, wenn es bedroht ist.
- Die Menschen sind im Grunde hilfreich und gut.
- Der Mensch kann auf der Grundlage der Wahlfreiheit Entscheidungen treffen und Situationen beeinflussen und kontrollieren.
- Ereignisse und Verhalten sind in einem gelernten Rahmen einschätzbar und vorhersagbar.
- Die Beziehung zum eigenen Selbst ist einschätzbar und vertraut.
- Die Beziehungen zu anderen Menschen sind einschätzbar.
- Es gibt Auswege aus bedrohlichen Situationen.

Für Folter und Gefangenschaft werden die höchsten Risikowahrscheinlichkeiten für die Entwicklung einer Traumafolgestörung berichtet. Die biopsychosozialen Folgen und Veränderungen sind meist massiv (Steel et al., 2009).

9 Traumafolgestörungen

Die Posttraumatische Belastungsstörung (PTBS, engl. Post-traumatic Stress Disorder) und die Akute Belastungsstörung (ABS, engl. Acute Stress Disorder) werden im DSM-IV den Angststörungen zugerechnet. Im DSM-5 hingegen sind Traumafolgestörungen einer eigenen Sektion zugeführt (Kapfhammer, 2014; Casey et al., 2013). In der ICD-10 bilden die PTBS (F43.1) und die Akute Belastungsreaktion (F43.0) zusammen mit der Anpassungsstörung eine eigene Störungsgruppe. Eine weitere Diagnose nach einer Traumatisierung, die der andauernden Persönlichkeitsveränderung nach Extrembelastung (F62.0), sieht nur die ICD-10 vor; diese wird der Gruppe der Persönlichkeits- und Verhaltensstörungen zugeordnet. Im Einzelnen sollen diese Traumafolgestörungen näher vorgestellt werden, wobei der Schwerpunkt auf der PTBS liegt (▶ Tab. 9.1).

Tab. 9.1: Einteilung der Traumafolgestörungen nach DSM und ICD

DSM-IV	ICD-10
Sektion: Angststörungen	**Sektion: Reaktionen auf schwere Belastungen und Anpassungsstörungen**
• **308.3** Akute Belastungsstörung DSM-IV • **309.81** Posttraumatische Belastungsstörung	• **F43.0** Akute Belastungsreaktion • **F43.1** Posttraumatische Belastungsstörung • **F43.2** Anpassungsstörungen • **F43.8** sonstige Reaktion auf schwere Belastung • **F43.9** Reaktion auf schwere Belastung, nicht näher bezeichnet
	Sektion: Persönlichkeits- und Verhaltensstörungen
	• **F62.0** andauernde Persönlichkeitsänderung nach Extrembelastung • **F62.1** andauernde Persönlichkeitsänderung nach psychischer Krankheit
DSM-5	**ICD-11 (vorläufige Vorschläge)**
Sektion: Trauma- und Stressbezogene Störungen	**Sektion: Stress assoziierte Störungen**
• **313.89** Reaktive Bindungsstörung mit Hemmung • **313.89** Störung des Sozialverhaltens mit Enthemmung • **309.81** Posttraumatische Belastungsstörung • **308.3** Akute Belastungsstörung	• Posttraumatische Belastungsstörung • Komplexe Posttraumatische Belastungsstörung • Prolongierte Trauerreaktion

9.1 Die Posttraumatische Belastungsstörung (PTBS)

9.1.1 Beschreibung des Störungsbildes

Psychotraumatische Ereignisse, die beim Menschen das Gefühl der Sicherheit und Unverwundbarkeit durchbrechen, können den Umgang mit den eigenen Gedanken, Gefühlen und der Umwelt tiefgreifend beeinträchtigen und die Wahrnehmung von der Welt als einen im Wesentlichen kontrollierbaren, sicheren und im Prinzip sinnvoll geordneten Ort stören. Körperliche und sexuelle Übergriffe, Kriegstraumata, Folter, schwere Unfälle und andere natürliche oder vom Menschen verursachte Katastrophen können zum Auslöser der PTBS werden. 1980 wurde die PTBS-Diagnose erstmals als eigenständiges Störungsbild in das amerikanische Klassifikationssystem DSM-III (APA, 1980) aufgenommen. Die PTBS besteht aus drei Symptombereichen, die im Folgenden weiter ausgeführt werden.

Symptomatik der Intrusionen

Ein zentraler Symptomkomplex der PTBS ist das ungewollte Wiedererleben (**Intrusionen**) von Aspekten des Traumas (▶ Tab. 9.2). Die Betroffenen haben die gleichen sensorischen Eindrücke (z. B. Bilder, Gerüche) und zeigen die gleichen gefühlsmäßigen und körperlichen Reaktionen wie zum Zeitpunkt des Traumas. Die Intrusionen können an Intensität stark variieren, bis hin zu dem subjektiven Eindruck, das Trauma aktuell wieder zu durchleben (Flashbacks). Die Konfrontation mit Situationen oder Dingen, die an das Trauma erinnern, wird als sehr belastend erlebt; die betroffene Person reagiert mit körperlichen Symptomen der Erregung wie z. B. Zittern, Übelkeit, Herzrasen oder Atemnot. Auf der kognitiven Ebene zeigen PTBS-Betroffene typische dysfunktionale Bewertungen und Interpretationen des Geschehens.

Symptomatik des Vermeidungsverhaltens

Die betroffene Person verwendet typische Strategien zur **Vermeidung** oder Kontrolle von belastenden Erinnerungen und Gedanken an das Trauma: Auf der Verhaltensebene vermeidet sie mögliche Auslöser der Erinnerungen (z. B. Vermeiden von Gesprächen oder Situationen, die an das Trauma erinnern könnten), auf kognitiver Ebene wird das spontane Auftreten von Intrusionen mit Flucht beantwortet: die traumatisierte Person lenkt sich ab durch eine andere Tätigkeit, sie versucht, Gedanken an das Trauma zu unterdrücken (z. B. durch vermehrten Alkohol- oder Drogenkonsum). Die Betroffenen haben katastrophisierende Befürchtungen darüber, was bei einer ungehinderten Konfrontation mit den traumatischen Erinnerungen geschehen würde. Zudem hat die betroffene Person ein deutlich vermindertes Interesse an Dingen, die vor der Traumatisierung für sie von Bedeutung waren (Hobbys, Freizeitaktivitäten usw.). Sie fühlt sich der Gemeinschaft anderer Menschen nicht zugehörig und unfähig, starke Emotionen (z. B. Liebe) zu empfinden. Auch die Zukunftsplanung verändert sich im Sinne einer Hilf- und Hoffnungslosigkeit.

Symptomatik des Hyperarousals

Symptome autonomer **Übererregung** wie Schlaf- oder Konzentrationsstörungen, übertriebene Schreckhaftigkeit, Reizbarkeit oder Aggressivität treten häufig auf. Physiologisch findet sich eine erhöhte Reagibilität auf traumarelevante Reize. Meist ist die betroffene Person unfähig, sich vor dem Einschlafen zu entspannen, oder sie fürchtet, Alpträume zu bekommen. Während Menschen mit einer PTBS gegenüber ihrer Umwelt zu einem emotional gehemmten Verhalten neigen, reagiert ihr Körper auf bestimmte physische und emotionale Stimuli so, als ob die traumatische Bedrohung noch immer präsent wäre.

Die Kriterien für eine PTBS nach DSM-IV sind in **Tabelle 9.2** ausführlich dargestellt.

Tab. 9.2: Kriterien für PTBS nach DSM-IV (APA, 1994)

Kriterium A: Traumatisches Ereignis	Die Person wurde mit einem traumatischen Ereignis konfrontiert, bei dem die beiden folgenden Kriterien vorhanden waren: • *Kriterium A1*: Die Person erlebte, beobachtete oder war mit einem oder mehreren Ereignissen konfrontiert, die tatsächlichen oder drohenden Tod oder ernsthafte Verletzung oder eine Gefahr der körperlichen Unversehrtheit der eigenen Person oder anderer Personen beinhalteten. • *Kriterium A2*: Die Person reagierte mit intensiver Furcht, Hilflosigkeit oder Entsetzen. **Beachte:** Bei Kindern kann sich dies auch durch aufgelöstes oder agitiertes Verhalten äußern.
Kriterium B: Intrusionen	Das traumatische Ereignis wird beharrlich auf *mindestens eine* der folgenden Weisen wiedererlebt: 1. wiederkehrende und eindringliche belastende Erinnerungen an das Ereignis **Beachte**: bei kleinen Kindern können Spiele auftreten, in denen wiederholt Themen oder Aspekte des Traumas ausgedrückt werden. 2. wiederkehrende, belastende Träume von dem Ereignis **Beachte**: bei Kindern können stark beängstigende Träume ohne wiedererkennbaren Inhalt auftreten. 3. Handeln oder Fühlen, als ob das traumatische Ereignis wiederkehrt **Beachte**: bei Kleinkindern kann eine traumaspezifische Neuinszenierung auftreten. 4. intensive psychische Belastung bei der Konfrontation mit internalen oder externalen Hinweisreizen, die einen Aspekt des traumatischen Ereignisses symbolisieren oder an Aspekte desselben erinnern 5. körperliche Reaktionen bei der Konfrontation mit internalen oder externalen Hinweisreizen
Kriterium C: Vermeidungsverhalten	Anhaltende Vermeidung von Reizen, die mit dem Trauma verbunden sind, oder eine Abflachung der allgemeinen Reagibilität; *mindestens drei* der folgenden Symptome liegen vor: 1. bewusstes Vermeiden von Gedanken, Gefühlen oder Gesprächen, die mit dem Trauma in Verbindung stehen 2. bewusstes Vermeiden von Aktivitäten, Orten oder Menschen, die an das Trauma erinnern 3. Unfähigkeit, einen wichtigen Aspekt des Traumas zu erinnern 4. deutlich vermindertes Interesse oder verminderte Teilnahme an wichtigen Aktivitäten 5. Gefühl der Losgelöstheit oder Entfremdung von anderen 6. eingeschränkte Bandbreite des Affekts (z. B. Unfähigkeit, zärtliche Gefühle zu empfinden) 7. Gefühl einer eingeschränkten Zukunft (Karriere, Ehe, Kinder oder normale Lebensdauer)

Tab. 9.2: Kriterien für PTBS nach DSM-IV (APA, 1994) – Fortsetzung

Kriterium D: Hyperarousal	Anhaltend erhöhte Erregbarkeit, gekennzeichnet durch *mindestens zwei* der folgenden Symptome: 1. Ein- oder Durchschlafschwierigkeiten 2. Reizbarkeit oder Wutausbrüche 3. Konzentrationsschwierigkeiten 4. übermäßige Wachsamkeit 5. übertriebene Schreckreaktion
Kriterium E: Dauer der Symptomatik	Die Störung dauert länger als einen Monat an. **Bestimme, ob:** Akut: Wenn die Symptome weniger als 3 Monate andauern. Chronisch: Wenn die Symptome mehr als 3 Monate andauern **Bestimme, ob:** Mit verzögertem Beginn: Wenn der Beginn der Symptome mindestens 6 Monate nach dem Belastungsfaktor liegt.
Kriterium F: Psychosoziale Beeinträchtigungen	Die Störung verursacht erhebliches Leiden oder Beeinträchtigungen in sozialen, beruflichen oder anderen wichtigen Funktionsbereichen.

Nach DSM-IV wird die Diagnose einer PTBS gestellt, wenn alle Kriterien (von A bis F) erfüllt sind, d. h. wenn beide Komponenten des Stressorkriteriums A erfüllt sind, mindestens ein Symptom in B, mindestens drei Symptome in C, mindestens zwei in D, und zusätzlich die Kriterien E und F zutreffen. Das Kriterium E dient der zeitlichen Einordnung der Störung. Hier wird ferner zwischen einer akuten und chronischen PTBS unterschieden. Als zusätzliches Kriterium F wurde im DSM-IV das Vorliegen einer klinisch bedeutsamen Belastung in sozialen, beruflichen oder anderen wichtigen Bereichen eingeführt.

9.1.2 Kriterien für eine PTBS nach DSM-IV und ICD-10

In der **Tabelle 9.3** werden die Diagnosekriterien für die PTBS nach DSM-IV und ICD-10 gegenübergestellt. Sowohl im DSM-IV (APA, 1994) als auch in der ICD-10 (Dilling et al., 2011) ist das Vorhandensein eines traumatischen Ereignisses ätiologische Voraussetzung für die Diagnose einer PTBS. Dies gilt auch für alle weiteren Traumafolgestörungen.

Tab. 9.3: Kriterien für PTBS nach DSM-IV und ICD-10

Kriterien	PTBS nach DSM-IV	PTBS nach ICD-10
Traumatisches Ereignis	• Ereignis, das schwere körperliche Verletzung, tatsächlichen oder möglichen Tod oder eine *Bedrohung der physischen Integrität* der eigenen Person oder anderer Personen beinhaltet (**A1**) • Subjektive Reaktion mit intensiver *Furcht*, *Hilflosigkeit* oder *Entsetzen* (**A2**)	• Belastendes Ereignis oder eine Situation außergewöhnlicher Bedrohung oder katastrophenartigen Ausmaßes • Das Ereignis würde bei fast jedem eine tiefe Verstörung hervorrufen

Tab. 9.3: Kriterien für PTBS nach DSM-IV und ICD-10 – Fortsetzung

Kriterien	PTBS nach DSM-IV	PTBS nach ICD-10
Hinreichende Symptome	Vorliegen von Symptomen aus den Bereichen • Intrusion (mind. 1; **B**) • Vermeidung/emotionale Taubheit (mind. 3; **C**) • Autonome Übererregung (mind. 2; **D**)	Wiederholte unausweichliche Erinnerungen oder Wiederinszenierung des Ereignisses in Gedächtnis, Tagträumen oder Träumen in Zusammenhang mit einem traumatischen Ereignis, ausgeprägtes Vermeidungsverhalten sowie anhaltende Symptome einer erhöhten physischen Erregung
Dauer der Störung	Mindestens 4 Wochen (**E**)	Keine Angaben
Beginn der Störung	Keine Beschränkung (**E**) Spezifikation des verzögerten Beginns, wenn die Symptomatik ab 6 Monate nach dem Trauma einsetzt	Innerhalb von 6 Monaten nach dem Trauma
Klinische Beeinträchtigung	Durch Symptomatik bedingte klinisch bedeutsame Beeinträchtigung in wichtigen Lebensbereichen (**F**)	Keine Angaben

Die Hauptkriterien für das Vorliegen einer PTBS nach der ICD-10-Klassifikation umfassen das Erleben eines Ereignisses von außergewöhnlicher Bedrohung mit nachfolgender Symptombildung in Form von Intrusionen (Wiedererleben des traumatischen Ereignisses in z. B. Bildern, Geräuschen, Träumen), Vermeidungsverhalten und anhaltendem physiologischem Hyperarousal (z. B. Schlafstörungen, Reizbarkeit, erhöhte Schreckhaftigkeit). Die Symptome treten innerhalb eines Zeitraums von sechs Monaten nach dem belastenden Ereignis auf. Nach den DSM-IV-Kriterien wird eine Persistenz der Symptome über eine Zeitspanne von mindestens einem Monat gefordert.

Die in der ICD-10 beschriebenen PTBS-Symptome sind denen des DSM-IV ähnlich. Laut ICD-10 ist jedoch das Vorliegen von »wiederholten unausweichlichen Erinnerungen oder Wiederinszenierungen des Ereignisses in Gedächtnis, Tagträumen oder Träumen« nach einem traumatischen Ereignis hinreichend zur Diagnose der PTBS. Während also nach DSM-IV intrusives Wiedererleben des Traumas nicht einmal ein notwendiges Kriterium für die Diagnose darstellt, wird es in der ICD-10 als zentraler Aspekt angesehen. Nach ICD-10 kann eine PTBS nur dann diagnostiziert werden, wenn sie innerhalb von sechs Monaten nach dem Trauma aufgetreten ist. Diese Beschränkung steht im Kontrast zum DSM-IV, welches eine Form der PTBS mit verzögertem Beginn (»late-onset PTSD«; ab 6 Monate nach dem Trauma) spezifiziert. Die ICD-10 differenziert die Dauer der Symptomatik nicht, laut DSM-IV muss sie seit mindestens vier Wochen bestehen.

Insgesamt sind die DSM-IV-Kriterien strenger, was sich auch durch empirische Befunde bestätigen lässt. In einer großen Stichprobe fanden Andrews et al. (1999) eine PTBS-Prävalenz von 7 % nach der ICD-10 und eine von 3 % nach dem DSM-IV. Die Übereinstimmung zwischen den beiden diagnostischen Systemen betrug lediglich 35 %.

9.1.3 Kriterien für eine PTBS nach DSM-5

Im DSM-5 (APA, 2013) ist das **Stressorereignis** weiterhin ätiologische Voraussetzung für die Diagnose einer PTBS. Das Stressorkriterium A2, also die Reaktion der betroffenen Person mit Furcht, Hilflosigkeit oder Entsetzen, ist jedoch entfallen. Einzelne Studien konnten nachweisen, dass A2 nur einen geringen prognostischen Zugewinn zu A1 für die Frage der Entwicklung einer PTBS besaß (Breslau & Kessler, 2001).

Im DSM-5 werden für die PTBS vier Symptomcluster spezifiziert. Das Symptomcluster der Vermeidung und Verringerung der Reagibilität im DSM-IV wurde hierfür in »Vermeidung von traumaassoziierten Stimuli« und »negative Veränderungen in traumaassoziierten Gedanken und Stimmungen« aufgeteilt. Neu hinzugefügt wurde eine Zusatzkodierung zu dissoziativen Symptomen (Depersonalisation, Derealisation). Die Unterscheidung zwischen »akut« und »chronisch« ist aufgehoben. Für Kinder unter sechs Jahren werden eigene Diagnosekriterien aufgeführt. Die veränderten Kriterien für PTBS werden im Hinblick auf Faktorenstruktur und Symptomcluster bereits kontrovers diskutiert. Die PTBS-Prävalenzen fallen nach den Kriterien des DSM-5 im Allgemeinen höher aus als nach den Kriterien des DSM-IV (Casey et al., 2013; Gentes et al., 2014; Zelazny & Simms, 2015; Tsai et al., 2015a, b).

Für die Diagnose der Posttraumatischen Belastungsstörung (PTBS) wird im DSM-5 zunächst unterschieden, ob die Betroffenen älter als sechs Jahre sind oder jünger. Entsprechend liegen hierfür unterschiedliche Kriterien vor. Für alle Betroffenen, die älter als sechs Jahre sind, gelten im DSM-5 die folgenden Diagnosekriterien in **Kasten 9.1**.

Kasten 9.1: Kriterien für PTBS nach DSM-5 (APA, 2013, S. 271)[1]

A: Die Person war über einen oder mehrere der unten genannten Wege tatsächlichem oder drohendem Tod, schwerwiegenden Verletzungen oder sexueller Gewalt ausgesetzt:

1. Direktes Erleben des traumatischen Ereignisses.
2. Beobachtung des Ereignisses bei anderen.
3. Davon erfahren, dass das traumatische Ereignis einem engen Familienmitglied oder einem engen Freund zugestoßen ist. Im Falle des tatsächlichen oder drohenden Todes eines Familienmitglieds oder Freundes muss dies durch ein gewaltsames Ereignis oder einen Unfall geschehen sein.
4. Wiederholte oder extreme Konfrontation mit aversiven Details des traumatischen Ereignisses (z. B. Ersthelfer sammeln menschliche Überreste, Polizisten sind wiederholt Details von Kindsmissbrauch ausgesetzt).

Beachte: Kriterium A4 trifft nicht zu bei Exposition durch elektronische Medien, Fernsehen, Filme oder Bilder, es sei denn diese Exposition ist arbeitsbezogen.

B: Es bestehen eines (oder mehrere) der folgenden mit dem traumatischen Ereignis assoziierten Intrusionssymptome, die nach dem Auftreten des traumatischen Ereignisses begonnen haben:

1. **Wiederholte, unwillkürliche und aufdrängende belastende Erinnerungen** an das traumatische Ereignis.

---

[1] Übersetzung von Sefik Tagay

Beachte: Bei Kindern älter als sechs Jahre kann wiederholt Spielen auftreten, in dem Themen oder Aspekte des traumatisches Ereignisses ausgedrückt werden.
2. **Wiederholte belastende Träume**, bei denen der Inhalt und/oder die Gefühle des Traums mit dem traumatischen Ereignis assoziiert sind.
Beachte: Bei Kindern können furchterregende Träume ohne wiedererkennbaren Inhalt auftreten.
3. **Dissoziative Reaktionen (z. B. Flashbacks)**, in denen sich die Person so fühlt oder so verhält, als ob das traumatische Ereignis wieder stattfinden würde. (Solche Rektionen können auf einem Kontinuum erscheinen, bis hin zu einem vollständigen Verlust des Bewusstseins für die vorliegende Umgebung).
Beachte: Bei Kindern kann traumaspezifische Nachstellung im Spiel auftreten.
4. Ausgeprägte oder anhaltende psychische Belastung **bei Konfrontation mit internalen oder externalen Reizen**, die einen Aspekt des traumatischen Ereignisses symbolisieren oder ihm ähneln.
5. Deutliche **physiologische Reaktionen auf internale oder externale Reize**, die einen Aspekt des traumatischen Ereignisses symbolisieren oder ihm ähneln.

C: Anhaltende **Vermeidung** von Stimuli, die mit dem traumatischen Ereignis assoziiert sind, die nach dem Auftreten des traumatischen Ereignisses begonnen hat, erkennbar an einem oder beiden der folgenden Aspekte:

1. Vermeidung (oder Versuch der Vermeidung) von mit dem traumatischen Ereignis eng verbundenen belastenden Erinnerungen, Gedanken oder Gefühlen.
2. Vermeidung (oder Versuch der Vermeidung) von externalen Hinweisreizen (Personen, Orte, Gespräche, Aktivitäten, Gegenstände, Situationen), die belastende mit dem traumatischen Ereignis eng verbundene Erinnerungen, Gedanken oder Gefühle hervorrufen.

D: Negative Veränderungen in **Kognitionen** und **Stimmung, die mit dem traumatischen Ereignis assoziiert sind** und nach dem Auftreten des traumatischen Ereignisses begonnen oder sich verschlechtert haben, erkennbar an einem (oder mehreren) der folgenden Aspekte:

1. Unfähigkeit, einen wichtigen Aspekt des traumatischen Ereignisses zu erinnern (typischerweise aufgrund von dissoziativer Amnesie und nicht anderen Faktoren wie Kopfverletzung, Alkohol oder Drogen).
2. Anhaltende und übersteigerte negative Überzeugungen oder Erwartungen in Bezug auf die eigene Person, andere Personen oder die Welt (z. B. »Ich bin schlecht«, »Man kann niemandem vertrauen«, »Die Welt ist gänzlich gefährlich«, »Mein gesamtes Nervensystem ist für immer zerstört«).
3. Anhaltende verzerrte Gedanken über die Ursache oder die Folgen des traumatischen Ereignisses, die dazu führen, dass der Betroffene sich selbst oder andere beschuldigt.
4. Anhaltender negativer emotionaler Zustand (z. B. Angst, Horror, Ärger, Schuld oder Scham).
5. Deutlich verminderte/s Interesse oder Teilnahme an wichtigen Aktivitäten.
6. Gefühle der Losgelöstheit oder Entfremdung von Anderen.

7. Anhaltende Unfähigkeit, positive Emotionen zu erleben (z. B. Unfähigkeit, Freude, Zufriedenheit oder liebevolle Gefühle zu empfinden).

E: Deutliche **Veränderungen in der Erregbarkeit und den Reaktionen** verbunden mit dem traumatischen Ereignis, die nach dem Auftreten des traumatischen Ereignisses begonnen oder sich verschlechtert haben, erkennbar an einem (oder mehreren) der folgenden Aspekte:

1. Reizbarkeit und Wutausbrüche (auch bei geringer oder fehlender Provokation), typischerweise in Form verbaler oder physischer Aggression gegenüber Personen oder Gegenständen.
2. Leichtsinniges oder selbstzerstörerisches Verhalten.
3. Hypervigilanz.
4. Übersteigerte Schreckhaftigkeit.
5. Konzentrationsprobleme.
6. Schlafstörungen (z. B. Ein- oder Durchschlafschwierigkeiten oder unruhiger Schlaf).

F: Die Beschwerden (Kriterien B, C, D und E) halten länger als einen Monat an.
G: Das Störungsbild verursacht in klinisch bedeutsamer Weise Leiden oder Beeinträchtigung in sozialen, beruflichen oder anderen wichtigen Funktionsbereichen.
H: Das Störungsbild geht nicht auf die physiologische Wirkung einer Substanz (z. B. Medikamente, Alkohol) oder einen anderen medizinischen Faktor zurück.

Bestimme, ob:
Mit dissoziativen Symptomen: Die Symptome erfüllen die Kriterien der PTBS und zusätzlich, in Reaktion auf das traumatische Ereignis, erlebt der Betroffene anhaltend oder wiederkehrend eines der folgenden Symptome:

1. **Depersonalisation**: Anhaltende oder wiederholte Erfahrungen des Gefühls der Entfremdung von den eigenen mentalen Prozessen oder des eigenen Körpers und das Gefühl, ein außenstehender Beobachter davon zu sein (z. B. Gefühl, in einem Traum zu sein; Gefühl der Unwirklichkeit des eigenen Selbst oder des Körpers oder als ob die Zeit langsam verstreicht).
2. **Derealisation**: Anhaltende oder wiederholte Erfahrungen der Unwirklichkeit der Umgebung (z. B. die Umwelt wird als unwirklich, traumartig, entfernt oder verzerrt wahrgenommen).

Beachte: Um diesen Untertyp zu verwenden, dürfen die dissoziativen Symptome nicht auf die physiologische Wirkung einer Substanz (z. B. Blackouts, Verhalten während einer Alkoholintoxikation) oder einen anderen medizinischen Faktor (z. B. komplex partielle Anfälle) zurückzuführen sein.

Bestimme ob:
Mit verzögertem Beginn: Wenn die diagnostischen Kriterien nicht spätestens sechs Monate nach dem Ereignis vollständig erfüllt sind (auch wenn einige Symptome unmittelbar auftreten).

9.1.4 Traumafolgestörungen im ICD-11

Das internationale Klassifikationssystem psychischer Störungen (ICD-10) ist für Europa verbindlich. ICD-11 befindet sich im Revisionsprozess und erscheint voraussichtlich 2016. Traumafolgestörungen sind in einer neuen Sektion zusammengeführt, der »Disorders specifically associated with stress«.

Demnach wird die PTBS stark vereinfacht klassifiziert. Das Traumakriterium besteht weiterhin. Hinzu kommen sechs Symptomkriterien (Alpträume, Flashbacks, Vermeidung von Gedanken oder Gefühlen, Vermeidung von Menschen, Orten oder Gegenständen, verstärkte Schreckreaktionen und übermäßige Wachsamkeit).

Unter den Neuerungen ist die Akute Belastungsreaktion nicht mehr im ICD-11 enthalten. Es sollen aber die »komplexe PTBS« und die »Prolongierte Trauerreaktion« als neue Diagnosen hinzukommen.

9.1.5 Epidemiologie

Seit der Einführung der PTBS in DSM-III liegt viel gesichertes Wissen über das Auftreten und den Verlauf posttraumatischer Symptome vor. In der Allgemeinbevölkerung kommen traumatische Ereignisse häufig vor. Die Trauma-Prävalenzen variieren in der Literatur zwischen 20.0 % und 90.0 % (z. B. Creamer et al., 2001, ▶ Kap. 5). Die epidemiologischen Untersuchungen sind bislang nicht zu einer einheitlichen Einschätzung der Trauma- und PTBS-Prävalenz gekommen. Die Häufigkeit einer PTBS ist v. a. abhängig von der Art des Traumas. Bestimmte Traumata wie Vergewaltigung oder Folter führen häufiger zu einer PTBS (etwa zu 50 %) als beispielsweise Naturkatastrophen oder Verkehrsunfälle (ca. zu 4.5 %). In Abhängigkeit von der Art des Traumas und einer ganzen Reihe weiterer prä-, peri- und posttraumatischer Variablen (z. B. frühere Traumatisierungen, Traumaschwere, mangelnde soziale Unterstützung) entwickeln in der Allgemeinbevölkerung etwa 5–10 % der Menschen eine PTBS. Frauen haben bei vergleichbarer Traumaerfahrung ein etwa doppelt so hohes Risiko an einer PTBS zu erkranken wie Männer (10–13 % vs. 5–6 %; Perkonigg et al., 2000; Tolin & Foa, 2006).

Die verschiedenen Traumata unterscheiden sich in der Häufigkeit, der Intensität, der Invasivität, der Dauer, der Vorhersagbarkeit und der Kontrollierbarkeit. Die meist zitierten internationalen Arbeiten zu dieser Frage stammen von Kessler et al. (1995) und Breslau et al. (1998). Auch wenn die meisten Menschen irgendwann mindestens ein traumatisches Ereignis in ihrem Leben erfahren, entwickelt nur die Minderheit eine Traumafolgestörung. Trotzdem zählt die PTBS zu den häufigeren psychischen Störungen in der Allgemeinbevölkerung, wobei die Lebenszeitprävalenz zumindest in den USA bei 7–11 % liegt (Kessler et al., 1995; Breslau et al., 1998). Für Deutschland fallen die Prävalenzschätzungen für die PTBS insgesamt geringer aus als für die USA. In einer repräsentativen Befragung betrug die Einjahresprävalenz der PTBS 2.3 % (Maercker et al., 2008). Die Einmonatsprävalenz wird in einer weiteren Repräsentativerhebung mit 1.3–1.9 % bei den unter 60-Jährigen angegeben (Frommberger et al., 2014).

Wie aus **Tabelle 9.4** ersichtlich, variieren die Prävalenzen für PTBS insgesamt stark voneinander. Während im angloamerikanischen Raum eher höhere PTBS-Prävalenzen berichtet werden, fallen diese im europäischen Raum eher geringer aus. In der Mehrheit der epidemiologischen Studien weisen Frauen höhere Raten für PTBS auf als Männer.

Generell fallen die PTBS-Prävalenzen in Hochrisikopopulationen deutlich höher aus, die Angaben reichen bis über 80 % bei Flüchtlingen (Lindert et al., 2008).

Tab. 9.4: PTBS-Prävalenzen im Vergleich

Studie	Männer %	Frauen %	Gesamt %	Alter	Stichprobe N	DSM
Helzer et al., 1987	0.5	1.3	1.0	18+	2493	DSM-III
Davidson et al., 1991a	0.9	1.7	1.3	18–95	2985	DSM-III
Breslau et al., 1991	5.6	11.3	9.2	21–30	1200	DSM-III-R
Norris, 1992	–	–	5.1	18+	1000	DSM-III-R
Resnick et al., 1993	–	12.3	–	–	4008	DSM-III-R
Kessler et al., 1995	5.0	10.4	7.8	15–54	8098	DSM-III-R
Breslau et al., 1998	10.8	18.3	–	18–45	2181	DSM-IV
Perkonigg et al., 2000	0.4	2.2	1.3	14–24	3021	DSM-IV
Creamer et al., 2001	1.3	1.6	1.3	18+	10641	DSM-IV
Rosenman, 2002	1.6	1.3	1.5	18+	10641	DSM-IV
Frans et al., 2005	3.6	7.4	5.6	18–70	1824	DSM-IV
Van Ameringen et al., 2008	–	–	9.2	18+	2991	DSM-IV
De Vries & Olff, 2009	–	–	7.8	18–80	1087	DSM-IV

9.1.6 Prognose und Verlauf der PTBS

Eine unbehandelte PTBS weist eine hohe Chronifizierungsrate auf (Kessler et al., 1995). Meist zeigt sich die posttraumatische Symptomatik schon kurz nach der Traumatisierung. Bei der Mehrheit der betroffenen Personen klingen die Symptome im ersten Jahr ab, in ca. 30 bis 40 % der Fälle nimmt die PTBS einen chronischen Verlauf. Die Störung ist oft besonders schwer und lang andauernd, wenn das Trauma durch Menschen verursacht wurde (z. B. Folterung, Vergewaltigung).

Traumatisierte Personen, bei denen einmal eine PTBS diagnostiziert wurde, haben ein dreifach erhöhtes Risiko, später bei einer erneuten Traumakonfrontation wieder eine PTBS zu entwickeln im Vergleich zu Personen, die nach einer erstmaligen Traumatisierung keine PTBS entwickelten (Breslau et al., 2008).

Obwohl in den meisten Fällen die posttraumatische Symptomatik kurz nach dem Traumaereignis einsetzt, zeigen insbesondere Untersuchungen an älteren Menschen, dass eine PTBS unterschiedliche Verläufe nehmen und somit auch verzögert auftreten kann (Cook & O'Donnell, 2005; van Zelst et al., 2003). Viele ältere Menschen haben nach traumatischen Erfahrungen im Krieg und in der Nachkriegszeit zunächst keine PTBS entwickelt, über lange Zeit ihres Erwachsenenlebens hinweg haben sie unberührt davon gelebt (Radebold, 2000). Im Alter können die traumatischen Erfahrungen jedoch eine bedeutsame Aktualität bekommen. Eine solche Chronizität einer PTBS ist gut dokumentiert, dabei wird von Symptomen berichtet, die mehr als 50 Jahre bestehen können (Heuft et al., 2006). Früher genutzte Bewältigungsformen können sehr erfolgreich gewesen sein, wie auch gewisse Sinnzuschreibungen den Älteren in der Vergangenheit sehr gut gedient haben können (▶ Kap. 15.2).

9.1.7 Komorbidität der PTBS

Bei einer PTBS ist in der Regel eine hohe **Komorbidität** von bis zu 90 % festzustellen (de Vries & Olff, 2009; Breslau et al., 1998; Creamer et al., 2001). Depressionen, Angststörungen, Somatoforme Störungen, aber auch Suchterkrankungen und Persönlichkeitsstörungen sind die häufigsten komorbiden psychischen Störungen. Chronisch traumatisierte Patienten, die fachärztliche/psychotherapeutische Hilfe aufsuchen, benennen bei der Beschreibung ihrer Beschwerden vorwiegend depressive oder Angstsymptome sowie körperliche Beschwerden, sodass ein Zusammenhang mit einer psychischen Traumatisierung zunächst schwer eruiert werden kann. Der Bezug zu einem Traumaereignis ist oft Jahre danach weder für die Betroffenen noch für die behandelnden Ärzte und Psychologen auf Anhieb erkennbar. Die PTBS wird demnach häufig von anderen psychischen Störungen überlagert oder stellt sich phänomenologisch in Form anderer Störungen dar. Es ist eine gängige klinische Beobachtung, dass sich traumatisierte Patienten mit einer PTBS mit körperlichen Beschwerden in ärztliche Behandlung begeben (Rückenschmerzen, Schlafstörungen etc.), ohne dass die traumabedingte Genese der Beschwerden zur Sprache kommt. Daher wird die PTBS in der klinischen Praxis oft übersehen bzw. nicht adäquat diagnostiziert (Brady et al., 2000; Switzer et al., 1999; Zimmerman & Mattia, 1999; Friborg et al., 2013).

Es gibt bislang wenige empirische Befunde zu der Frage, welche psychische Störung der anderen vorausgeht. Die Befunde hierzu sind widersprüchlich. Verschiedene Autorengruppen (Kessler et al., 1995; Breslau et al., 1997) fanden retrospektiv heraus, dass affektive Störungen und Substanzmissbrauch meist einer PTBS folgen. Einige Ergebnisse implizieren jedoch, dass Drogenmissbrauch bei jungen Erwachsenen auch eine Risikovariable für Traumatisierung und die Entwicklung einer PTBS darstellt (Giaconia et al., 1995). In einer prospektiven Studie erhöhte eine PTBS das Risiko von Schmerzen, Konversionssymptomen und Somatisierung (Andreski et al., 1998). Einige Befunde besagen jedoch auch, dass eine prätraumatisch bestehende psychische Störung (insbesondere eine affektive Störung) das Risiko, nach Traumatisierung eine PTBS zu entwickeln, steigert (Breslau et al., 1991; Breslau et al., 1997).

Problematisch ist bei allen diesen Ergebnissen die Tatsache, dass einige komorbide Störungen Symptomüberlappungen mit einer PTBS aufweisen. Jedes der beschriebenen PTBS-Symptome kann auch aufgrund anderer Störungen auftreten: Das Wiedererleben, v. a. die sich aufdrängenden Gedanken, findet man auch bei Zwangsstörungen. Vermeidungsverhalten ist eine Gemeinsamkeit aller Angststörungen und Übererregung ist das Leitkriterium für die Generalisierte Angststörung. Einige Aspekte der Übererregung, wie Nervosität und Schlaflosigkeit, sind außerdem Symptome affektiver Störungen.

Die PTBS ist nicht die einzige psychiatrisch relevante Folgeerkrankung nach einer Traumaexposition. In Übereinstimmung mit früheren Studien bestätigte eine Studie von O'Donnell et al. (2004), dass eine vor dem Trauma bestehende Depression das Risiko, eine PTBS zu entwickeln, deutlich erhöht (Breslau et al., 1991; Connor & Davidson, 1997). Eine bestehende Depression scheint zudem das Risiko, einem traumatischen Ereignis oder stresserzeugenden Lebensereignissen ausgesetzt zu sein, zu erhöhen (Kendler et al., 1999). Umgekehrt kann eine bestehende PTBS das Risiko, erstmalig eine Depression auszubilden, steigern (Kessler et al., 1995). Diese Zusammenhänge unterstützen die Hypothese, dass beide Erkrankungen durch ein gemeinsames **diathetisches Vulnerabilitätsmodell** zu erklären sind (Breslau et al., 2000). Übereinstimmend wird deshalb in vielen Forschergruppen davon ausgegangen, dass Persönlichkeitsvariablen und demographische Variablen eine kritische Rolle in der Entwicklung beider Erkrankungen spielen.

9.2 Die komplexe PTBS/DESNOS

Der Begriff komplexe PTBS wurde von Judith Herman (1992a) eingeführt, die damit ein besonderes Störungsbild als Folge wiederholter, lang andauernder, schwer traumatischer Erfahrungen beschrieb. Dazu können Kriegserfahrungen, Erfahrungen von Folter und Konzentrationslager gehören, aber auch oft unterschätzte innerfamiliäre Traumatisierungen. Insbesondere nach interpersonalen Traumatisierungen durch sexualisierte Gewalt konnte das Störungsbild festgestellt werden (Newman et al., 1997; Roth et al., 1997). Für das DSM-IV wurde das Konzept der komplexen PTBS von Judith Herman (1992a) vorgeschlagen, das eine große Übereinstimmung mit der andauernden Persönlichkeitsänderung nach Extrembelastung aufweist. Im DSM-IV wird die komplexe PTBS unter dem Namen »Disorders of Extreme Stress Not Otherwise Specified« (*DESNOS*) aufgeführt. DESNOS wurde jedoch nicht als eigenständige Achse-II-Diagnose im DSM-IV aufgenommen, sondern als eine besondere Form der PTBS nach frühen, wiederholten und schweren Traumata in der Kindheit erfasst. In mehreren Untersuchungen wurde eine sehr hohe Komorbidität zwischen einer PTBS und DESNOS gefunden (Roth et al., 1997; van der Kolk et al., 1996). Im Vergleich zu den üblichen PTBS-Kriterien ist bei DESNOS das Selbstbild eine zentrale Komponente. Eine veränderte Wahrnehmung des Selbst, die Veränderung der Beziehung zur Welt sowie die Dysregulation von Affekten oder weitere Symptome können die Folge einer komplexen Traumatisierung sein (Courtois, 2004).

Nach Hermann (1992a) sind dabei folgende Symptome-/Veränderungsbereiche bei der komplexen PTBS vorhanden:

- Gestörte Affekt- und Impulsregulation
- Dissoziative Symptome (z. B. Derealisation, Depersonalisation, Amnesie)
- Somatisierung
- Beeinträchtigtes Identitätsgefühl
- Beziehungsstörungen (z. B. Schwierigkeiten, Beziehungen aufrecht zu erhalten)
- Reviktimisierungsneigung
- Veränderung von Lebenseinstellung, allgemeiner Sinnverlust.

Pelcovitz et al. (1997) und Luxenberg et al. (2001) haben für DESNOS ähnliche Störungsbereiche wie bei der komplexen PTBS vorgeschlagen (▶ **Kasten 9.2**).

Kasten 9.2: Kriterien für DESNOS nach Pelcovitz et al. (1997)

- **PTBS-Symptome** (Intrusionen, Vermeidungsverhalten, Hyperarousal)
- **Veränderungen der Affekt- und Impulsregulation** (Verminderte Fähigkeit, mit Ärger umzugehen, Schuldgefühle, Scham, Suizidalität, Risikoverhalten, selbstverletzendes Verhalten)
- **Störungen der Aufmerksamkeit und des Bewusstseins** (Amnesie, dissoziative Symptome wie Depersonalisation, Derealisation)
- **Somatisierung** (hypochondrische Ängste, vermehrte somatoforme Beschwerden)
- **Veränderungen der Beziehungen** (Schwierigkeiten, sich anderen Menschen nahe zu fühlen, Vertrauensverlust in Beziehungen, Reviktimisierungsneigung)
- **Veränderungen im Wertesystem** (Sinnverlust, Verzweiflung, Hoffnungslosigkeit, Verlust von Grundüberzeugungen und Wertesystem)

Während die komplexe PTBS als eigene Diagnose im DSM-5 nicht enthalten ist, wird sie in die ICD-11 in die Sektion der Traumafolgestörungen »Disorders specifically associated with stress« (Trauma und stressbedingte Störungen) aufgenommen werden.

9.3 Die Akute Belastungsstörung

Das der »Akuten Belastungsreaktion« nach ICD-10 (F43.0) entsprechende Syndrom heißt im DSM-IV »Akute Belastungsstörung« (DSM-IV: 308.3). Mit dieser Bezeichnung wird bereits angedeutet, dass die Anforderungen zur Diagnosestellung im Akutbereich nach einem traumatischen Erlebnis im DSM-IV höher liegen.

Im ICD-10 wird der Begriff Störung vermieden, indem die Symptome als **Akute Belastungsreaktion** (ABR) bezeichnet werden. Die **ABR** entwickelt sich in der Regel innerhalb weniger Minuten nach dem Trauma und ist geprägt durch ein gemischtes und rasch wechselndes Zustandsbild: Nach anfänglicher Betäubung werden Symptome, wie Angst, Ärger, Verzweiflung oder sozialer Rückzug bis hin zum dissoziativen Stupor beobachtet. Eine Einengung der Aufmerksamkeit und Desorientierung unterschiedlichen Ausmaßes sind häufig. Die Symptomatik klingt meistens innerhalb weniger Stunden ab. Auch wenn der Stressor persistiert, sollten die Symptome in der Regel nach drei Tagen kaum mehr vorhanden sein. Nicht selten bleibt eine teilweise oder vollständige psychogene Amnesie für diese Episode bestehen (Dilling et al., 2011).

Die **Akute Belastungsstörung** (ABS) gemäß DSM-IV ist durch ähnliche Auslöser und Symptome gekennzeichnet wie eine PTBS, Hauptunterscheidungsmerkmale sind der Zeitfaktor und eine ausgeprägte dissoziative Symptomatik. Entweder während oder nach dem traumatischen Ereignis erlebt die Person mindestens drei der folgenden dissoziativen Symptome (Kriterium B): Taubheit der Gefühle, die Abwesenheit emotionaler Reaktionen, eine reduzierte Wahrnehmung der Umgebung, Derealisation, Depersonalisation oder dissoziative Amnesie. Bei der ABS beginnt die Problematik unvermittelt nach einem traumatischen Ereignis, maximal 4 Wochen danach und sie dauert höchstens vier Wochen an, womit im DSM-IV durch diese Diagnose der gesamte Akutbereich abgedeckt wird. Bei Persistenz der Symptomatik kann nach frühestens einem

Monat die Diagnose einer PTBS gestellt werden. Die Störung muss in klinisch bedeutsamer Weise Leiden verursachen, die normale Funktionsfähigkeit deutlich beeinträchtigen und die Person daran hindern, notwendige Tätigkeiten auszuführen (Kriterium F). Die Kriterien für eine ABS nach DSM-IV sind in **Tabelle 9.5** zusammengestellt. Danach wird die Diagnose ABS gestellt, wenn die Kriterien A bis H erfüllt sind.

Tab. 9.5: Kriterien für eine Akute Belastungsstörung (ABS) nach DSM-IV

Kriterium A: Traumatisches Ereignis	Die Person wurde mit einem traumatischen Ereignis konfrontiert, bei dem die beiden folgenden Kriterien erfüllt waren: • *Kriterium A1*: Die Person erlebte, beobachtete oder war mit einem oder mehreren Ereignissen konfrontiert, die den tatsächlichen oder drohenden Tod oder eine ernsthafte Verletzung oder Gefahr der körperlichen Unversehrtheit der eigenen Person oder anderer Personen beinhalteten. • *Kriterium A2*: Die Person reagierte mit intensiver Furcht, Hilflosigkeit oder Entsetzen.
Kriterium B: Dissoziationen	Entweder während oder nach dem extrem belastenden Ereignis zeigte die Person *mindestens drei* der folgenden dissoziativen Symptome: • subjektives Gefühl von emotionaler Taubheit, von Losgelöstsein oder Fehlen emotionaler Reaktionsfähigkeit, • Beeinträchtigung der bewussten Wahrnehmung der Umwelt (z. B. »wie betäubt sein«), • Derealisationserleben, • Depersonalisationserleben, • dissoziative Amnesie (z. B. Unfähigkeit sich an einen wichtigen Aspekt des Traumas zu erinnern).
Kriterium C: Intrusionen	Das traumatische Ereignis wird ständig auf *mindestens eine* der folgenden Arten wiedererlebt: • wiederkehrende Bilder, Gedanken, Träume, Illusionen, Flashback-Episoden, • das Gefühl, das Trauma wiederzuerleben, • starkes Leiden bei Reizen, die an das Trauma erinnern.
Kriterium D: Vermeidungsverhalten	Deutliche Vermeidung von Reizen, die an das Trauma erinnern (z. B. Gedanken, Gefühle, Gespräche, Aktivitäten, Orte oder Personen).
Kriterium E: Angstsymptome und Hyperarousal	Deutliche Symptome von Angst oder erhöhtem Arousal (z. B. Schlafstörungen, Reizbarkeit, Konzentrationsschwierigkeiten, Hypervigilanz, übertriebene Schreckreaktionen, motorische Unruhe).
Kriterium F: Leiden oder psychosoziale Beeinträchtigungen	Die Störung verursacht in klinisch bedeutsamer Weise Leiden oder Beeinträchtigungen in sozialen, beruflichen oder anderen wichtigen Funktionsbereichen oder beeinträchtigt die Fähigkeit der Person, notwendige Aufgaben zu bewältigen, z. B. notwendige Unterstützung zu erhalten oder zwischenmenschliche Ressourcen zu erschließen, indem Familienmitgliedern über das Trauma berichtet wird.
Kriterium G: Dauer der Symptomatik	Die Störung dauert mindestens zwei Tage und höchstens vier Wochen und tritt innerhalb von vier Wochen nach dem traumatischen Ereignis auf.
Kriterium H: Körperliche Wirkung oder medizinischer Krankheitsfaktor	Das Störungsbild geht nicht auf die direkte körperliche Wirkung einer Substanz (z. B. Droge, Medikament) oder eines medizinischen Krankheitsfaktors zurück, wird nicht besser durch eine kurze Psychotische Störung erklärt und beschränkt sich nicht auf die Verschlechterung einer bereits vorher bestehenden Achse-I- oder Achse-II-Störung.

Die ABS gilt als Risikofaktor für die Entwicklung einer PTBS, muss jedoch nicht zwangsläufig dazu führen (Bryant & Harvey, 1997; Harvey & Bryant, 1999). Eine PTBS kann auch ohne vorausgegangene ABS entstehen. Ihr Auftreten ist in der überwiegenden Zahl der Fälle kein Vorhersagefaktor für spätere Langzeitfolgen (Bryant, 2005; Marshall et al., 1999). Als mögliches Kriterium für die mangelnde Sensitivität wird von einigen Autoren die **Dissoziation** diskutiert (Bryant & Harvey, 1997). Sie argumentieren, dass etwa 30 bis 60 % der PTBS-Betroffenen, die durch die ABS nicht erfasst werden, nur auf Grund fehlender dissoziativer Symptome keine Diagnose erhalten. Andere Studien belegen jedoch, dass dissoziative Symptome ein bedeutender Prädiktor späterer PTBS sein können (Ozer et al., 2003). Insgesamt stellt sich die Befundlage zur Rolle der Dissoziation sehr inkonsistent dar (Classen et al., 1998; Harvey & Bryant, 1999). Bryant und Harvey (2003) nennen Geschlechtsunterschiede als eine mögliche Erklärung der divergierenden Befunde. Sie kommen zu dem Schluss, dass sowohl die peritraumatische Dissoziation als auch die Diagnose der ABS eine spätere PTBS bei Frauen sehr viel zuverlässiger vorhersagen kann als bei Männern. In **Tabelle 9.6** sind die Kriterien für ABS und PTBS in der Zusammenschau gegenüber gestellt.

Tab. 9.6: Diagnostische Kriterien für ABS und PTBS nach DSM-IV im Vergleich

Kriterium	Akute Belastungsstörung (ABS)	Posttraumatische Belastungsstörung (PTBS)
Trauma	• A1: Lebensbedrohliches Ereignis • A2: Angst, Hilflosigkeit oder Entsetzen	• A1: Lebensbedrohliches Ereignis • A2: Angst, Hilflosigkeit oder Entsetzen
Dissoziation	*Mindestens drei:* • Wie betäubt sein • Beeinträchtigte Wahrnehmung • Depersonalisation • Derealisation • Dissoziative Amnesie	
Intrusion	*Mindestens eins:* • Wiederkehrende Bilder, Gedanken oder Verzweiflung • Konsequente Belastung nicht vorgeschrieben • Intrusive Erscheinungsform nicht vorgeschrieben	*Mindestens eins:* • Wiederkehrende Bilder, Gedanken oder Verzweiflung • Konsequente Belastung vorgeschrieben • Intrusive Erscheinungsform vorgeschrieben
Vermeidung	»deutliche« Vermeidung von: • Gedanken, Gefühlen oder Orten	*Mindestens drei:* • Vermeidet Gedanken oder Gespräche • Vermeidet Personen oder Orte • Amnesie • Vermindertes Interesse • Entfremdung von Anderen • Eingeschränkter Affekt • Gefühl von eingeschränkter Zukunft

Tab. 9.6: Diagnostische Kriterien für ABS und PTBS nach DSM-IV im Vergleich – Fortsetzung

Kriterium	Akute Belastungsstörung (ABS)	Posttraumatische Belastungsstörung (PTBS)
Hyperarousal	»deutliche« Erregung, inklusive: • Ruhelosigkeit, Schlaflosigkeit, Irritierbarkeit, Hypervigilanz, und Konzentrationsschwierigkeiten	Mindestens zwei: • Reizbarkeit oder Wutausbrüche • Hypervigilanz • Ausgeprägte Schreckhaftigkeit • Konzentrationsstörungen • Schlafstörungen
Dauer	Mindestens 2 Tage und höchstens 1 Monat nach Traumaereignis Dissoziative Symptome können auch nur während des Traumas vorhanden sein	Mindestens 1 Monat nach Traumaereignis
Beeinträchtigung	klinisch bedeutsame Beeinträchtigung in wichtigen Lebensbereichen	klinisch bedeutsame Beeinträchtigung in wichtigen Lebensbereichen

Während bei der PTBS die genaue Anzahl der Symptome definiert ist, muss bei der ABS lediglich ein Symptom jeder Kategorie vorhanden sein. Zudem müssen die Betroffenen während des Ereignisses oder danach mindestens drei dissoziative Symptome aufweisen.

Diagnostik

Nur eine Minderheit der von traumatischen Ereignissen Betroffenen entwickeln langfristig eine PTBS. In der postakuten Situation ist es daher notwendig einzuschätzen, ob der Betroffene das Ereignis aus eigenen Kräften bewältigen kann oder ob das Risiko für die Entwicklung einer PTBS besteht. Es gilt, Risikopersonen zu identifizieren, bei denen Programme zur Frühintervention sinnvoll erscheinen, um die Wahrscheinlichkeit einer späteren Chronifizierung zu senken (► Kap. 14).

Bei diagnostischen Ansätzen in der Akutphase nach traumatischen Ereignissen ist zu beachten, dass eine Erfassung von Symptomen unmittelbar nach dem Ereignis wenig aussagekräftig ist (Watson & Shalev 2005; National Collaborating Centre for Mental Health, 2005). Fast alle Betroffenen entwickeln nach dem Traumaereignis zunächst Symptome, sodass das Symptomlevel kurz nach dem Ereignis keinen zuverlässigen Indikator für den weiteren psychotraumatischen Verlauf darstellt (Gray & Litz 2005; Watson & Shalev, 2005). Eine deutliche Belastung über mehrere Wochen nach dem Ereignis stellt jedoch einen Prädiktor für spätere PTBS dar (Gray & Litz, 2005).

Bei einem ersten Screening sollten v. a. individuelle Risikofaktoren, die in der Biographie der Betroffenen liegen (wie frühere Traumatisierungen, vorbestehende psychische Probleme) oder Aspekte der traumatischen Situation abgeklärt werden. Im Folgenden gilt es, die herausgefilterten »Risikopersonen« bzgl. ihrer Symptomentwicklung zu beobachten. Die meisten Screeningansätze fokussieren auf das Aufdecken extremer psychologischer Belastung in der Folge des Ereignisses (National Collaborating Centre for Mental Health, 2005).

Neben der Diagnose der ABS lassen sich Risikopersonen auch mithilfe von Instrumenten zur Früherkennung identifizieren. Im Bereich der posttraumatischen Symptomatik existiert eine Vielzahl von validierten Screeninginstrumenten (▶ Kap. 10). Zuletzt wurden vor allem auf der Basis bewährter Verfahren Kurzverfahren zu Screeningzwecken entwickelt (Meltzer-Brody et al., 1999). Zumeist handelt es sich jedoch nicht um Instrumente, die zur prospektiven Abschätzung von Risikopatienten entwickelt wurden, sondern um diagnostische Screenings, die das Vorhandensein einer PTBS zum Zeitpunkt der Erfassung abklären sollen.

9.4 Andauernde Persönlichkeitsänderung nach Extrembelastung

Langanhaltende Extremtraumatisierung, wie z. B. Gefangenschaft und Folter mit drohender Todesgefahr, Vernichtungslager, Geiselnahme oder wiederholte sexuelle Misshandlung, können zu einer dauerhaften Persönlichkeitsänderung führen. Das ICD-10 hat dieser Veränderung der Persönlichkeit eine eigene Kategorie gewidmet, nämlich die der **Andauernde Persönlichkeitsänderung nach Extrembelastung** (ICD-10: F62.0; Dilling et al., 2011). Diese Traumafolgestörung kann sich aus einer PTBS entwickeln und wird gemäß ICD-10 als irreversible Folge der extremen Belastung angesehen. Die Persönlichkeitsänderung äußert sich in einem Muster unflexiblen und unangepassten Verhaltens, das die zwischenmenschlichen, privaten und beruflichen Beziehungen erheblich beeinträchtigt. Typisch ist eine feindliche oder misstrauische Haltung der Welt gegenüber, sozialer Rückzug sowie ein andauerndes Gefühl der Leere, der Sinnlosigkeit oder Hoffnungslosigkeit. Störungen des Selbstwertgefühls sowie ein andauerndes Gefühl von Ohnmacht und Hilflosigkeit beeinträchtigen das Leben erheblich. Häufig erleben sich die betroffenen Personen als verändert oder als endfremdet gegenüber anderen Menschen. Die Diagnose darf erst gestellt werden, wenn eine solche Persönlichkeitsänderung über mindestens zwei Jahre besteht. Die diagnostische Validität dieser Störung wird kontrovers diskutiert (Beltran et al., 2008; Krysinska, 2010). Eine Zusammenfassung der Kriterien für die Diagnose der andauernden Persönlichkeitsänderung nach Extrembelastung findet sich in **Kasten 9.3**.

Kasten 9.3: Diagnostische Kriterien der andauernden Persönlichkeitsänderung nach Extrembelastung (nach ICD-10: F62.0)

A: Anhaltende Änderung in der Wahrnehmung, in der Beziehung und im Denken der Betroffenen in Bezug auf ihre Umgebung und sich selbst nach einer Extrembelastung.

B: Ausgeprägte Persönlichkeitsänderung mit unflexiblem und unangepasstem Verhalten mit *mindestens zwei* der folgenden Symptome:

1. Feindliche oder misstrauische Haltung gegenüber der Welt.
2. Sozialer Rückzug.
3. Gefühl von Leere und/oder Hoffnungslosigkeit.

4. Gefühl von Nervosität oder von Bedrohung ohne äußere Ursache, gelegentlich verbunden mit der Neigung zu exzessivem Trinken oder einem Gebrauch psychotroper Substanzen.
5. Entfremdungsgefühl, unter Umständen verbunden mit dem Eindruck einer emotionalen Betäubung.

C: Deutliche Störung der sozialen Funktionsfähigkeit oder subjektives Leiden der Betroffenen mit negativen Auswirkungen auf ihre Umgebung.

D: Keine anamnestischen Hinweise auf vorbestehende Persönlichkeitsstörungen, die die augenblicklichen Persönlichkeitseigenschaften erklären könnten.

E: Die Persönlichkeitsänderung muss seit **mindestens zwei Jahren** bestehen.

F: Die beschriebene Störung kann den chronischen Verlauf einer Posttraumatischen Belastungsstörung darstellen. Eine anhaltende Persönlichkeitsänderung sollte dennoch nur angenommen werden, wenn nach einer mindestens zweijährigen Posttraumatischen Belastungsstörung ein Zeitraum von nicht weniger als zwei Jahren besteht, in dem die oben angegeben Kriterien erfüllt waren.

10 Diagnostik von Traumafolgestörungen

Zur Diagnostik von Traumafolgestörungen werden verschiedene, sich ergänzende Verfahren eingesetzt. Grundsätzlich ist zwischen Diagnoseinstrumenten und Screening-Skalen zu unterscheiden. Erstere liegen meist als strukturierte klinische Interviews vor, die systematisch nach einem spezifischen Klassifikationssystem die Symptomatik des Störungsbildes abfragen. Die Durchführung eines strukturierten oder standardisierten Interviews ist zur zuverlässigen Diagnostik und Störungsklassifikation unentbehrlich. Strukturierte Interviews werden als »Goldstandard« zur diagnostischen Sicherstellung von psychischen Störungen bewertet. Für einen zuverlässigen Einsatz von diagnostischen Interviews sollten ausreichend klinische Erfahrung und Wissen zu Traumafolgestörungen vorliegen. Mittels Selbstbeurteilungsverfahren können weitere wichtige Informationen gewonnen werden, die nicht ohne Weiteres mithilfe von Interviews erfasst werden können.

Im Folgenden soll ein kurzer Überblick über die meistgenutzten strukturierten und standardisierten Interviews gegeben werden. Anschließend folgt ein Überblick über die wichtigsten Selbstbeurteilungs- und Screeningverfahren und zuletzt eine kurze Zusammenfassung psychologischer Verfahren.

10.1 Strukturierte und standardisierte Interviews

Inzwischen gibt es eine Vielzahl strukturierter Interviews, z. B. das **Composite International Diagnostic Interview (CIDI,** Wittchen et al., 1991) oder das **Diagnostische Interview bei Psychischen Störungen (DIPS,** Margraf et al., 1994), welche Traumafolgestörungen nach den internationalen Klassifikationssystemen psychischer Störungen (DSM-IV und ICD-10) valide erfassen. Das vielleicht am weitesten verbreitete dieser Instrumente ist das **Strukturierte Klinische Interview für DSM-IV (SKID,** Wittchen et al., 1997). Der Erfassung posttraumatischer Symptome dient die PTBS-Sektion. Die Möglichkeit zur Erfassung diagnostischer Kriterien einer Akuten Belastungsstörung bietet das SKID nicht. Speziell zur Diagnose einer PTBS wurde die **Clinician-Administered PTSD-Scale (CAPS,** Blake et al., 1995) entwickelt. Die deutsche Validierung der CAPS wurde von Schnyder und Moergeli (2002) vorgenommen.

Standardisierte Interviews lassen im Unterschied zu strukturierten Interviews dem Kliniker keinen Beurteilungsspielraum. Hier sind alle Schritte der Datenerhebung und der Auswertungsprozedur standardisiert, indem ausschließlich die Antworten der Patienten kodiert werden. Das Zusammenfügen von Symptomen und Syndromen zur Diagnose ist durch explizite Algorithmen vorgegeben und kann somit auch mithilfe von Computern erfolgen. Kritisch ist anzumerken, dass bei dieser Art der Datenerfassung Fehlerquellen wie Antworttendenzen oder widersprüchliche Angaben des Patienten nicht berücksichtigt werden können. Als Folge kann sich unter Umständen eine erhebliche Validitätsminderung der Diagnosen ergeben. Zu den standardisierten Interviews zählen das **Diagnostic Interview Schedule (DIS)** von Robins et al. (1981) und das **Composite International Diagnostic Interview (CIDI)** der WHO (Wittchen et al., 1991).

Strukturierte und standardisierte Interviews gelten zwar als der Goldstandard für die Sicherung der Diagnosestellung, erlauben jedoch keine Aussage über die Symptomintensität. Ferner eignen sich Strukturierte Interviews nicht ohne Weiteres für funktionale Analysen der auslösenden und aufrechterhaltenden Faktoren. Obwohl strukturierte Interviews für die Untersuchung von Traumafolgestörungen hilfreich sind, sind sie doch sehr kostenintensiv und zum schnellen Screening wenig geeignet. In **Tabelle 10.1** findet sich eine Aufstellung der häufig angewandten, klinisch-strukturierten und standardisierten Interviews zur Diagnostik von Traumafolgestörungen.

Tab. 10.1: Strukturierte und standardisierte Interviews

Verfahren	Kürzel	Diagnose-Bereich	Autoren, Jahr
Englischsprachig			
PTSD Symptom Scale-Interview	PSS-I	nach DSM-III-R	Foa et al., 1993
PTSD-Interview	PTSD-I	nach DSM-III	Watson et al., 1991
Structured Interview for PTSD	SIP	nach DSM-IV	Davidson et al., 1997a
Clinician-Administered PTSD Scale	CAPS	nach DSM-IV und 8 weitere psychische Symptome, die häufig im Zusammenhang mit PTBS auftreten	Blake et al., 1995
Diagnostic Interview Schedule	DIS	nach DSM-III	Robins et al., 1981
Deutschsprachig			
Diagnostisches Interview bei Psychischen Störungen	DIPS	Psychische Störungen in Anlehnung an DSM-III-R	Margraf et al., 1994
Strukturiertes klinisches Interview für DSM-IV	SKID	Psychische Störungen in Anlehnung an DSM-IV	Wittchen et al., 1997
Internationale Diagnosen Checklisten für DSM-IV und ICD-10	IDCL	Gesamtbereich psychischer Störungen nach DSM-IV bzw. ICD-10	Hiller et al., 1997
Diagnostisches Expertensystem für Klinische Störungen (DSM-IV u. ICD-10)	DIA-X	Gesamtbereich psychischer Störungen nach DSM-IV bzw. ICD-10	Wittchen & Pfister, 1997
Clinician-Administered PTSD Scale	CAPS	DSM-IV	Schnyder & Moergeli, 2002
Das Münchener Composite International Diagnostic Interview (DSM-IV u. ICD-10)	M-CIDI	Gesamtbereich psychischer Störungen nach DSM-IV bzw. ICD-10	Wittchen et al., 1996
Interview zur komplexen Posttraumatischen Belastungsstörung	I-kPTBS	Unspezifisch	Boroske-Leiner et al., 2008
Essener Trauma-Inventar	ETI	ABS und PTBS nach DSM-IV	Tagay & Senf, 2014

10.2 Selbstbeurteilungsverfahren/Fragebögen

Alternativ zu strukturierten Interviews existieren inzwischen zahlreiche validierte Selbstbeurteilungsverfahren bzw. Screeninginstrumente, die größtenteils im angloamerikanischen Raum entwickelt wurden. Screeningverfahren gelten aufgrund ihres geringen Zeitaufwands als eine ökonomische Methode zur Psychodiagnostik (Williams et al., 2002). Sie können wichtige Informationen über das gesamte Symptomspektrum sowie über Symptomhäufigkeit, -intensität und Beeinträchtigungsgrad geben. Diese Fragebögen eignen sich zwar nicht zur primären Diagnosestellung, können aber als Screening wertvolle Hinweise auf eine mögliche Traumafolgestörung geben. Zudem können sie den klinischen Eindruck weiter objektivieren und dienen der Verlaufskontrolle von Behandlungen. Ihr Vorteil liegt weiterhin in der einfachen Anwendung, der meist raschen Auswertung und dem geringen Zeit- und Materialaufwand. Außerdem kann mithilfe von Fragebögen die Intensität der Symptomatik besser erhoben und verglichen werden. Im Forschungsbereich bieten solche Verfahren die Grundlage für die Vergleichbarkeit von Daten. In den letzten 30 Jahren verwendeten die meisten empirischen Studien im Forschungsfeld der Psychotraumatologie standardisierte Fragebögen. Zahlreiche Studien zeigen, dass unterschiedliche Selbsteinschätzungsfragebögen zu stark schwankenden Trauma- und PTBS-Prävalenzen führen (Ruggiero et al., 2006; Weathers & Keane, 2007).

Die große Mehrheit der heute verwendeten Selbstbeurteilungsverfahren zur posttraumatischen Symptomatik wurde in den 1980er und 1990er Jahren entwickelt. Bisher vorliegende psychometrische Instrumente unterscheiden sich stark in ihrer Länge, der Erfassung von Traumaklassen, der Erfassung des Schweregrads des klinischen Leidens bzw. der posttraumatischen Symptome. Breslau und Kessler (2001) demonstrieren, dass die Aufnahme von weiteren potentiell traumatischen Ereignissen in den Trauma-Check-Listen zu einer höheren Identifikation traumatischer Ereignisse führt und damit auch zu einer höheren Traumaprävalenz.

Ein weitreichendes Problem besteht darin, dass zahlreiche Instrumente einen Mangel an externer Validität (Generalisierbarkeit) aufweisen, da sie nur an sehr homogenen und kleinen Stichproben (z. B. Vietnamveteranen oder nur Frauen) validiert wurden (▶ Tab. 10.2). Weiterhin handelt es sich bei der großen Mehrheit der bisherigen deutschsprachigen Traumainventare um Übersetzungen aus dem Englischen, die überwiegend nicht validiert sind. Nur wenige Instrumente berücksichtigen tatsächlich alle Kriterien gemäß DSM-IV oder ICD-10 vollständig, in den meisten Fällen wird lediglich die posttraumatische Symptomatik gemessen (Wilson & Keane, 2004). **Tabelle 10.2** gibt eine Übersicht über gebräuchliche internationale Instrumente, die an Risikopopulationen validiert wurden.

Tab. 10.2: Eine Auswahl an validierten Fragebögen

Instrumente	Abkürzung	Autoren, Jahr	Stichproben
Distressing Event Questionnaire	DEQ	Kubany et al., 2000	• Vietnamveteranen • Frauen
PTSD Check List	PCL	Blanchard et al., 1996	• Kriegsveteranen

Tab. 10.2: Eine Auswahl an validierten Fragebögen – Fortsetzung

Instrumente	Abkürzung	Autoren, Jahr	Stichproben
Penn Inventory	PI	Hammarberg, 1992	• Kriegsveteranen • Opfer v. Naturkatastrophen
Davidson Trauma Scale	DTS	Davidson et al., 1997b	• Frauen • Kriegsveteranen • Hurricane-Opfer
Impact of Event Scale-Revised	IES-R	Maercker & Schützwohl, 1998	• ehemals politisch Inhaftierte der DDR • Kriminalitätsopfer
Posttraumatic Diagnostic Scale	PDS	Foa et al., 1997	• verschiedene Risikopopulationen

In **Tabelle 10.3** wird erkennbar, dass die große Zahl der Traumafragebögen in den USA entwickelt wurde, nur wenige Traumafragebögen wurden in Deutschland entwickelt und validiert.

Tab. 10.3: Standardisierte Fragebögen für Erwachsene (eine Auswahl)

Fragebogen	Abkürzung	Autor, Land	Jahr
The Mississipi Scale	TMS	Keane et al., USA	1988
The Penn Inventory	PI	Hammarberg, USA	1992
The Minnesota Multiphasic Personality Inventory	MMPI-2	Butcher, USA	1989
Keane PTSD Scale	PK	Keane et al., USA	1994
Self-Rating Scale for PTSD	SRS-PTSD	Carlier et al., USA	1998
Traumatic Stress Schedule	TSS	Norris, USA	1990
Peritraumatic Dissociative Experience Questionnaire	PDEQ	Marmar et al., USA	1994
Traumatic Events Questionnaire	TEQ	Vrana & Lauterbach, USA	1994
Trauma History Questionnaire	THQ	Green, USA	1996
PTSD-Checklist	PCL-C	Weathers et al., USA	1993
Posttraumatic Diagnostic Scale	PDS	Foa et al., USA	1997
Impact of Event Scale-Revised	IES-R	Weiss & Marmar, USA	1997
Posttraumatic Stress Scale	PTSS–10	Raphael et al., USA	1989
Kölner Trauma-Inventar	KTI	Fischer & Schedlich, BRD	1995

Tab. 10.3: Standardisierte Fragebögen für Erwachsene (eine Auswahl) – Fortsetzung

Fragebogen	Abkürzung	Autor, Land	Jahr
Aachener Fragebogen zur Traumaverarbeitung	AFT	Flatten et al., BRD	1998
Essener Trauma-Inventar	ETI	Tagay et al., BRD	2007

In den AWMF-Leitlinien für Posttraumatische Belastungsstörung (Flatten et al., 2011a) werden sieben Fragebögen zur Diagnostik von Traumata und Traumafolgestörungen empfohlen, davon sind der AFT und das ETI genuin deutschsprachige Verfahren (▶ Tab. 10.4).

Tab. 10.4: Deutschsprachige standardisierte Fragebögen zu Traumafolgestörungen für Erwachsene (Flatten et al., 2011b)

Selbsteinschätzungsfragebogen	Abkürzung	Klassifikationssystem	Autoren
Impact of Event Scale-Revised	IES-R	unspezifisch	Maercker & Schützwohl (1998)
Posttraumatic Diagnostic Scale	PTDS	DSM-IV	Griesel et al. (2006)
Posttraumatische Stress Skala-10	PTSS-10	unspezifisch	Stoll et al. (1999)
Breslau Skala	BS	unspezifisch	Breslau et al. (1999)
PTSD-Symptom Scale Self-Report	PSS-SR	unspezifisch	Foa et al. (1993)
Aachener Fragebogen zur Traumaverarbeitung	AFT	DSM-IV	Flatten et al. (1998)
Essener Trauma-Inventar	ETI	DSM-IV	Tagay et al. (2007)

Im Folgenden werden einige der im deutschsprachigen Raum zur Verfügung stehenden Instrumente näher vorgestellt.

Die große Zahl der Selbstbeurteilungsverfahren misst ausschließlich die posttraumatischen Symptomkomplexe wie Intrusion, Vermeidung und Hyperarousal. Die international größte Verbreitung hierzu findet die **Impact of Event Scale** in der revidierten Form (**IES-R**, Weiss & Marmar, 1997). Allerdings erlaubt diese Skala keine diagnostische Zuordnung auf direktem Wege, da die 22 Items der IES-R nicht vollständig mit den 17 DSM-IV-Symptomen übereinstimmen. Der Fragebogen dient lediglich der Messung des Schweregrades der posttraumatischen Symptomatik. Von Maercker und Schützwohl (1998) liegt eine deutsche Validierung mit guten testdiagnostischen Kennwerten vor. Die Autoren schlagen eine logistische Regressionsformel vor, mit deren Hilfe ein Cut-off-Wert gebildet werden kann. Dadurch kann eine Entscheidung getroffen werden, ob ein PTBS-Fall vorliegt oder nicht. Auch wenn die posttraumatische Symptomatik in der IES-R hoch ausfällt, bedeutet dies nicht zwangsläufig, dass das Kriterium A, das Zeitkriterium (E) und die Beeinträchtigung in wichtigen Funktionsbereichen (F) erfüllt sind, da diese nicht gemessen werden. Studienergebnisse mittels IES-R deuten auf eine Überschätzung der PTBS-Prävalenz hin. Dies lässt den Schluss zu, dass die

Spezifität dieses Bogens nicht ausreichend ist, wie verschiedene Studien belegen (Boals & Hathaway, 2010; Lees-Haley et al., 2001).

Als eines der wenigen Instrumente zeigt die **Posttraumatic Diagnostic Scale (PDS)** eine vollständige Übereinstimmung mit dem DSM-IV. Der Fragebogen ist jedoch nur auf die PTBS begrenzt und berücksichtigt nicht die dissoziative Symptomatik (Foa et al., 1997), die bei der Diagnose einer ABS relevant wird. Eine deutsche Validierung der PDS steht noch aus.

Boals und Hathaway (2010) fanden heraus, dass die beiden Fragebögen Impact of Event Scale (IES; Horowitz et al., 1979) und **PTSD-Checklist (PCL**; Weathers et al., 1993) zu viele Falsch-Positiv-Fälle produzieren, wenn sie als alleinige diagnostische Instrumente herangezogen werden. Ruggiero und Mitarbeiter (2006) kommen zu ähnlichen Ergebnissen für die IES-R und die PCL. Beide Instrumente führten zu unterschiedlichen Prävalenzen und Symptomausprägungen.

Breite Anwendung findet auch die **Posttraumatische Stress Skala (PTSS-10)**, die ursprünglich als Instrument zur Erfassung posttraumatischer Belastungsreaktionen entwickelt wurde und in modifizierter Form zunehmend als Screeninginstrument zur Identifizierung der PTBS verwendet wird (Weisaeth, 1989). Das Instrument misst das Vorliegen von 10 Symptomen in den letzten 7 Tagen, z. B. »Schlafstörungen«, »Alpträume über die Ereignisse« oder »Stimmungsschwankungen«. Hinsichtlich interner Konsistenzen sowie konvergenter und divergenter Validität wurde die PTSS-10 auch in einer deutschen Übersetzung evaluiert (Stoll et al., 1999). Im Gegensatz zu anderen Verfahren bleibt die PTSS-10 jedoch unspezifisch und differenziert nicht hinsichtlich der PTBS-Symptombereiche wie Intrusion, Vermeidung und Hyperarousal. Diese nicht rein PTBS-spezifischen Symptome lassen sich nicht ausreichend mit der Diagnose einer PTBS in Zusammenhang bringen. Die PTSS-10 erfasst weder die diagnostischen Kriterien der PTBS nach dem DSM-IV noch nach der ICD-10. Die mangelnde Spezifität der PTSS-10 birgt, wie die IES-R oder PCL und andere vergleichbare Instrumente, demnach die Gefahr, dass es zu einer hohen Zahl von Falsch-Positiv-Fällen kommt und somit die PTBS-Prävalenz deutlich überschätzt wird, wie mehrere Studien hierfür auch Nachweise erbracht haben.

Als genuin deutschsprachige Trauma-Instrumente können das **Kölner Trauma-Inventar (KTI**, Fischer & Schedlich, 1995), der **Aachener Fragebogen zur Traumaverarbeitung (AFT**, Flatten et al., 1998) und das **Essener Trauma-Inventar (ETI**, Tagay et al., 2007) aufgeführt werden.

Der Aachener Fragebogen zur Traumaverarbeitung (AFT; Flatten et al., 1998) umfasst 29 Items, die den DSM-IV-Kriterien für PTBS sowie dem Kriterium B der ABS entsprechen. Das Instrument wurde als Screening-Bogen für den Einsatz auf chirurgischen Unfallstationen entwickelt. Eine Validierung dieses Instrumentes steht allerdings noch aus. Der AFT berücksichtigt hierbei nur das Kriterium A2 (subjektive Bewertung von Angst, Hilflosigkeit oder Entsetzen), das nur einen geringen prädiktiven Wert für eine Traumafolgestörung besitzt (Breslau & Kessler, 2001). Die Literatur liefert Hinweise darauf, dass die Messung des Kriteriums A1 bedeutsamer ist als die des Kriteriums A2. Ferner erlaubt der AFT nicht, eine Unterscheidung von ABS oder PTBS zu treffen, da das Zeitkriterium (E) nicht operationalisiert ist. Der AFT bildet somit nicht alle Kriterien für PTBS und Akute Belastungsstörung vollständig ab und birgt ebenfalls die Gefahr einer Überschätzung der Anzahl der Traumafolgestörungen.

Das Essener Trauma-Inventar (Tagay et al., 2007) ist ein reliables und valides Screeninginstrument zur Erfassung psychotraumatischer Ereignisse und posttraumatischer Störungen. Mittlerweile liegt es in 14 Sprachen vor (Tagay et al., 2007; Hauffa et al., 2010; Tagay & Senf, 2014). Soweit aus der Literatur ersichtlich, gibt es bislang weder im angloamerikanischen noch im deutschsprachigen Raum ein psychometrisches Screeninginstrument, das gleichzeitig PTBS und Akute Belastungsstörung nach DSM-IV vollständig erfasst (Blake et al., 1995; Kubany et al., 2000; Wilson & Keane, 2004). Die Items sind so formuliert, dass sie bei allen körperlichen und psychischen Krankheitsbildern und auch bei Gesunden eingesetzt werden können. Die Validierung an diversen klinischen und nicht-klinischen Stichproben, wie Psychotherapiepatienten, somatisch Kranken und Blutspendern, ergab gute bis sehr gute Reliabilitäts- und Validitätskennwerte. Aufgrund der sehr guten Sensitivität und Spezifität ist es möglich, traumatisierte Personen von nicht traumatisierten valide zu unterscheiden (Tagay & Senf, 2014).

Neben einer kategorialen Diagnostik der PTBS und der Akuten Belastungsstörung erlaubt das ETI auch eine Auswertung zur Bestimmung von Schweregraden der posttraumatischen Symptomatik, welche insbesondere zur Verlaufsdiagnostik sowie zur Beurteilung des Therapieeffektes herangezogen werden können. Da Traumafolgestörungen zu den häufigeren psychischen Störungen zählen, eine hohe psychiatrische Komorbidität aufweisen, in der klinischen Praxis oft übersehen und nicht adäquat behandelt werden, ist sowohl bei akut als auch bei chronisch traumatisierten Patienten ein Screening mit dem ETI zu empfehlen. Insbesondere die Berücksichtigung verschiedener Traumaarten sowie der psychosozialen Einschränkungen ermöglicht eine differenzierte Diagnostik und Indikationsstellung für eventuell notwendige therapeutische Maßnahmen. Die Erfassung der verschiedenen Traumaarten und der beiden Traumafolgestörungen mittels des ETI eignet sich sowohl für den Bereich der Versorgung als auch für die Forschung.

10.2.1 Diagnostik dissoziativer Symptome und Störungen

Menschen mit schweren interpersonellen Gewalterfahrungen zeigen häufig die Symptome einer komplexen PTBS, die sich auch in dissoziativen Symptomen äußert, wie Derealisation oder Depersonalisation (Vermetten et al., 2007; Nijenhuis, 2001). Bei der Akuten Belastungsstörung werden nach DSM-IV mindestens drei dissoziative Symptome verlangt. Daher sollten auch Verfahren verwendet werden, die dissoziative Symptome und Störungen messen. In **Tabelle 10.5** sind Verfahren zur Diagnostik dissoziativer Symptomatik aufgeführt, die eine häufige Anwendung finden.

Tab. 10.5: Diagnostik dissoziativer Symptome und Störungen

Verfahren	Abkürzung	Beschreibung	Autor, Jahr
Strukturiertes Klinisches Interview für DSM-IV Dissoziative Störungen	SKID-D	Ermöglicht Diagnosestellung Dissoziativer Störungen	Gast et al., 2000
Dissociative Experience Scale	DES	Erfassung dissoziativer Symptome, 4 Subskalen	Bernstein & Putnam, 1986
Fragebogen zu dissoziativen Symptomen	FDS	Deutsche Adaption der DES, um Symptome somatischer Dissoziation erweitert	Freyberger et al., 1999

10.2.2 Differentialdiagnostik und Komorbidität

Traumafolgestörungen treten selten alleine auf. Die Komorbidität mit weiteren psychischen Störungen variiert zwischen 70 und 100 % (Kessler et al. 1995; Creamer et al., 2001; de Vries & Olff, 2009; Van Ameringen et al., 2008). Bei Traumafolgestörungen treten komorbid besonders häufig depressive Symptome, Angsterkrankungen und somatoforme Beschwerden auf. Daher empfiehlt sich immer eine Breitbanddiagnostik, mit der das ganze Spektrum der hohen Komorbidität psychischer Störungen bei PTBS untersucht wird. Im Weiteren sollen daher Testverfahren zu den verschiedenen Bereichen, die im Kontext der Traumatisierung stehen können, kurz benannt werden. **Tabelle 10.6** fasst einige Verfahren zusammen, die störungsspezifisch oder störungsunspezifisch psychische Beschwerden bzw. psychische Störungen valide messen.

Tab. 10.6: Ausgewählte Selbstbeschreibungsverfahren zur Messung der psychischen Belastung

Verfahren	Abkürzung	Erfasster Bereich	Autor, Jahr
Symptom Checklist – 90 Items - Revidierte Version	**SCL-90-R**	Symptombeschwerden	Derogatis & Cleary, 1977; Franke, 1995
Brief Symptom Inventory	**BSI**	Kurzform der SCL-90-R	Franke, 1995
Beck Depressions-Inventar	**BDI**	Depressivität	Beck et al., 1961; Hautzinger et al., 1994
Hospital Anxiety and Depression Scale – Deutsche Version	**HADS-D**	Angst, Depressivität	Zigmond & Snaith, 1983; Herrmann & Buss, 1994
General Health Questionnaire	**GHQ-36/12**	Affektive Symptome (Angst/Depressivität)	Goldberg & Williams, 1988
State-Trait-Angst Inventar	**STAI**	Angst (Zustands- und Persönlichkeitsmerkmal)	Laux et al., 1981
Gesundheitsfragebogen für Patienten	**PHQ-D**	Psychische Störungen nach DSM-IV	Löwe, 2001

10.2.3 Diagnostik gesundheitsbezogener Lebensqualität (HRQOL)

Traumafolgestörungen beeinflussen auch die **gesundheitsbezogene Lebensqualität** (engl. Health-related quality of life, **HRQOL**). Zahlreiche Studien belegen eine stark reduzierte Lebensqualität von traumatisierten Personen (Pupo et al., 2015; Haagsma et al., 2012; Bajor et al., 2013). Gemäß der allgemeinen Definition der HRQOL zeigen sich Auswirkungen von Gesundheit, Krankheit und Behandlung auf das tägliche Leben, besonders auf die Bereiche der körperlichen und psychischen Verfassung, der allgemeinen Leistungsfähigkeit, der sozialen Beziehungen, der eigenen sozialen Rolle und der beruflichen und materiellen Situation (Hasford, 1991). Nach Fayers (2004) lassen sich die folgenden Dimensionen der HRQOL zuordnen: körperliche Funktionsfähigkeit, allgemeine Gesundheit, körperliche Symptome, emotionale Funktionsfähigkeit, kognitive Funktionsfähigkeit, Rollenfunktion, soziales Wohlbefinden und sexuelle Funktionsfähigkeit.

Unter den Fragebögen zur HRQOL unterscheidet man solche, welche allgemeine, krankheitsübergreifende (engl. »generic instruments«) Aspekte der HRQOL messen, von denen, die krankheitsspezifische (engl. »specific instruments«) Aspekte erheben. Allgemeine Messinstrumente erlauben Vergleiche zwischen unterschiedlichen Gruppen von Personen und Störungen (Gesunde, Patienten mit anderen Krankheitsbildern, Patienten aus anderen Ländern und Kulturen). Sie sind unabhängig von Alter, Erkrankung und spezifischer Behandlung einsetzbar. Nachteilig ist jedoch, dass sie oft nicht sensitiv genug sind, um Unterschiede in einer speziellen Patientengruppe festzustellen und auch nicht, um Veränderungen nach einer Behandlung abzubilden (Bullinger, 2000). Bei krankheitsspezifischen Fragebögen werden hingegen Probleme, Bedürfnisse und Erwartungen einer klar definierten Patientengruppe erfasst, die Sensitivität ist dabei hoch. **Tabelle 10.7** fasst international gebräuchliche Lebensqualitätsfragebögen zusammen.

Tab. 10.7: Internationale Instrumente zur Erfassung subjektiver Gesundheit und Lebensqualität

Verfahren	Abkürzung	Erfasster Bereich	Autor, Jahr
Fragebogen zum Gesundheitszustand	SF-36	Subjektive Gesundheit	Bullinger & Kirchberger, 1998
WHO Quality of Life Assessment Instrument	WHOQOL-100	Lebensqualität	WHOQOL Group, 1994
European Organization for Research and Treatment of Cancer Quality of Life Questionnaire	EORTC-QLQ-C30	Lebensqualität bei Krebspatienten	Montazeri et al., 1999
Fragebogen zur Lebenszufriedenheit	FLZ	Lebenszufriedenheit	Henrich & Herschbach, 1998

10.2.4 Diagnostik körperlicher Beschwerden

Der Zusammenhang von Trauma und einer erhöhten Morbidität für körperliche Beschwerden bzw. Erkrankungen ist sehr gut durch zahlreiche Studien belegt (Moeller-Bertram et al., 2014; Tagay et al. 2004; Tagay et al., 2010; Kuwert et al., 2015). Unbehandelt entwickeln Traumatisierte im Verlauf somatoforme Beschwerden. Zu Beginn der Psychotherapie treten traumatisierte Patienten häufig wegen körperlicher Beschwerden in Kontakt mit dem Therapeuten, ohne dass die traumabedingte Genese der Beschwerden zur Sprache kommt (Nakell, 2007). Zahlreiche Verfahren liegen zur Messung von körperlichen Beschwerden vor. **Tabelle 10.8** führt diese Instrumente auf.

Tab. 10.8: Instrumente zur Erfassung von Schmerz und Beschwerden des alltäglichen Lebens

Verfahren	Abkürzung	Erfasster Bereich	Autor, Jahr
Screening für somatoforme Störungen	SOMS-2	Somatoforme Beschwerden	Rief & Hiller, 2008
Beschwerden-Liste	BL	Erkrankungs-/Behandlungsspezifische Beschwerden	von Zerssen, 1976
Deutscher Schmerzfragebogen der DGSS	DSF	Schmerz	Nagel et al., 2002
Kieler Schmerz-Inventar	KSI	Schmerz, Schmerzverarbeitung	Hasenbring, 1994

10.2.5 Diagnostik von Krankheitsverhalten und Krankheitsverarbeitung

Betroffene von Traumafolgestörungen zeigen vielfach ein ungünstiges Krankheitsverhalten. Es kommt zu Veränderungen in den Kognitionen und dem Gesundheitsverhalten. Für die Therapie kann es hilfreich sein, diese Ebenen mithilfe von Fragebögen zu erfassen (▶ Tab. 10.9).

Tab. 10.9: Instrumente zur Erfassung von Gesundheitsverhalten und Krankheitsverarbeitung

Selbstbeschreibungsverfahren	Abkürzung	Erfasster Bereich	Autor, Jahr
Freiburger Fragebogen zur Krankheitsverarbeitung	FKV	Krankheitsverarbeitung	Muthny, 1989
Trierer Skalen zur Krankheitsverarbeitung	TSK	Krankheitsverarbeitung	Klauer & Filipp, 1993
Hamburger Krankheitsbewältigungsinventar	HKI	Krankheitsverarbeitung	Zaun, 2002
Fragebogen zur Erhebung von Kontrollüberzeugungen zu Krankheit und Gesundheit	KKG	Kontrollüberzeugungen	Lohaus & Schmitt, 1989

10.2.6 Diagnostik von sozialer Unterstützung

Ein Mangel an sozialer Unterstützung stellt den stärksten Risikofaktor für die Entwicklung einer Traumafolgestörung dar (Shalev et al., 1996; Brewin et al., 2000). Daher empfiehlt es sich, das Ausmaß der sozialen Unterstützung zu erheben (▶ Tab. 10.10).

Tab. 10.10: Instrumente zur Erfassung von sozialen Belastungen und sozialer Unterstützung

Selbstbeschreibungsverfahren	Abkürzung	Erfasster Bereich	Autor, Jahr
Fragebogen zur sozialen Unterstützung	F-SOZU	Soziale Unterstützung	Sommer & Fydrich, 1991
Skalen zur Sozialen Unterstützung bei Krankheit	SSUK	Soziale Unterstützung	Ramm & Hasenbring, 2003

11 Ätiologie der Traumafolgestörungen

Viele Autoren haben sich damit beschäftigt, welche Mechanismen und Faktoren letztlich dafür verantwortlich sind, dass es zur Ausbildung einer PTBS nach einem traumatischen Ereignis kommen kann. Dabei stand immer wieder die Frage im Vordergrund, warum einige Menschen nach einem solchen Erlebnis eine Störung entwickeln und andere nicht. Die zahlreichen Ätiologiemodelle lassen sich teilweise nach der therapeutischen Ausrichtung ihrer Autoren unterteilen. So gibt es eher psychodynamisch orientierte Modelle, wie beispielsweise von Horowitz (1974), und eher kognitiv-verhaltenstherapeutische Modelle, wie z. B. von Ehlers und Clark (2000). Zudem hat es viel Forschungsarbeit auf dem Gebiet der neurobiologischen Korrelate von PTBS gegeben. Im Folgenden werden einige einflussreiche Theorien und Modelle vorgestellt.

11.1 Zwei-Faktorentheorie des Lernens von Mowrer

Frühere Autoren (z. B. Keane et al., 1985) zogen zur Erklärung der Entwicklung von posttraumatischen Belastungsstörungen die **Zwei-Faktoren-Theorie des Lernens** von Mowrer (1939) heran. Mowrer (1939) postuliert, dass bei der Ausformung von Verhalten zwei Arten des Lernens eine Rolle spielen, nämlich zum einen die **klassische Konditionierung** und zum anderen die **operante Konditionierung**.

Die Paarung eines unkonditionierten Stimulus mit einer gefährlichen oder schmerzhaften Situation führe dazu, dass bei Auftreten dieses nun konditionierten Stimulus der Betroffene entsprechend Gefahr oder Schmerz antizipiert. Diese Antizipation löst dann Angst aus (klassische Konditionierung). Im zweiten Schritt entwickelt der Betroffene Verhaltensweisen, die ihm dabei helfen, diese Angst zu reduzieren bzw. zu beseitigen. Dies kann z. B. Flucht vor der Situation oder Vermeidung des Auftretens einer solchen Situation sein. Ist das Verhalten erfolgreich, wird es verstärkt und bleibt in der Zukunft bestehen (operante Konditionierung).

Übertragen auf die PTBS bedeutet dies, dass sensorische Eindrücke, die zum Zeitpunkt eines traumatischen Ereignisses vorlagen, in der Folge zu Hinweisreizen für dieses Erlebnis werden können. Wird der Betroffene also mit einem solchen Reiz konfrontiert, entwickelt er starke Angst, die er durch eine Meidung dieses Stimulus zu reduzieren versucht. Auf diese Weise lernt er nicht, dass dieser Reiz nun nicht mehr mit realer Gefahr verbunden ist, und behält seine Angst davor sowie das damit gekoppelte Vermeidungsverhalten bei.

Mit diesem Modell lassen sich die PTBS-Kernsymptome der Übererregung und der Vermeidung sehr gut erklären, des Weiteren verdeutlicht es, wieso eine so große Vielfalt an Reizen zur Ausbildung von Angstreaktionen führen kann. Allerdings bringt es keinen Aufschluss über das dritte Kernsymptom, die Intrusionen, also über einen wichtigen Aspekt, der die PTBS von anderen Angststörungen unterscheidet. Ebenso bleiben kognitive Prozesse wie die Bewertung des traumatischen Erlebnisses und seiner Konsequenzen für die eigene Person ohne Beachtung. Schließlich kann anhand dessen auch nicht die Frage beantwortet werden, wieso manche Menschen, die ein traumatisches Ereignis erlebt haben, eine PTBS entwickeln und andere nicht.

11.2 Kognitives Modell der PTBS von Ehlers und Clark

Ehlers und Clark (2000) postulieren in ihrem **kognitiven Modell** der PTBS, dass die Interpretationen des traumatischen Ereignisses und seiner Konsequenzen bedeutsam für die Entwicklung der Störung sind. Hiernach bildet sich eine chronische PTBS nur dann heraus, wenn der Betroffene das Trauma so verarbeitet, dass er es als eine schwere Bedrohung in der Gegenwart wahrnimmt. Es wird angenommen, dass Personen mit einer PTBS im Gegensatz zu Personen, die sich von einem traumatischen Ereignis psychisch erholen, nicht in der Lage sind, das Erlebnis als ein zeitbegrenztes, bereits vergangenes Ereignis zu sehen. Die Ursache hierfür liege neben der Bewertung des Erlebnisses und seiner Folgen in den Charakteristika des **Traumagedächtnisses**. Die Grundannahmen des Modells finden sich zusammengefasst in **Abbildung 11.1**.

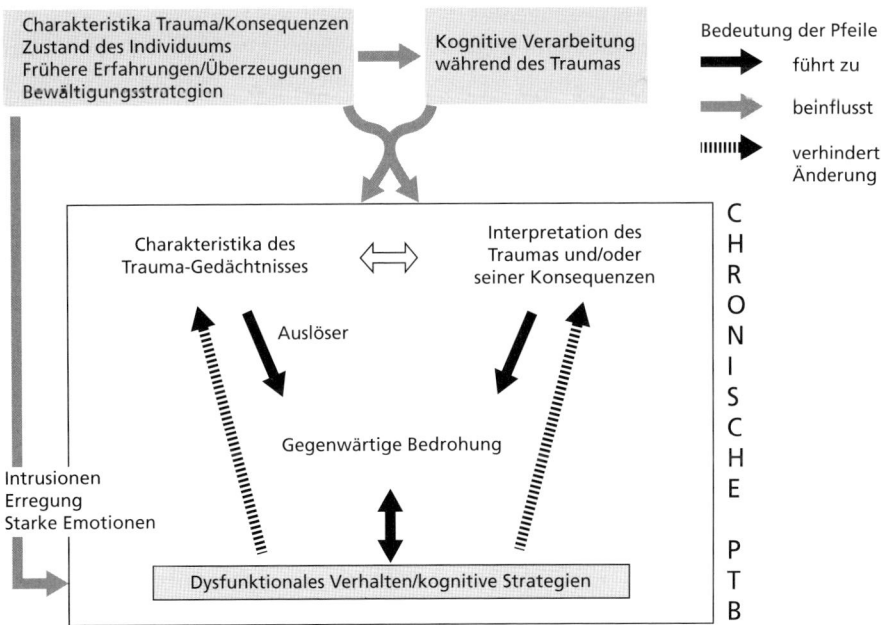

Abb. 11.1: Kognitives Modell der PTBS nach Ehlers und Clark (2000)

11.2.1 Gedächtnis für das traumatische Ereignis

Intrusive Erinnerungen, ausgelöst durch äußere oder innere Stimuli, treten zumeist in der Form von sensorischen Eindrücken auf, nicht in Form von Gedanken. So können einer Person z. B. plötzlich Bilder von Gegenständen, die sie zum Zeitpunkt des Ereignisses gesehen hat, ins Bewusstsein gelangen, ohne dass sie diese in einen sinnvollen Zusammenhang bringen kann. Die Erinnerungen zeigen sich unzureichend elaboriert und losgelöst von ihrem Kontext, wodurch sie nicht als Teil eines vergangenen Erlebnisses wahrgenommen werden, sondern das Gefühl eines gerade jetzt stattfindenden Ereignisses auslösen. Das Trauma ist nicht in die Autobiographie des Betroffenen eingebettet. Es können auch Emotionen, die das Trauma begleitet haben, wiedererlebt werden ohne jegliche Information über deren Ursache. Der unwillentliche Abruf von Gedächtnisinhalten, die durch Hinweisreize aktiviert werden, ist bei Personen mit PTBS ein herausragendes Symptom. Das intentionale Erinnern zeigt sich demgegenüber bei ihnen aufgrund der mangelnden Integration von Informationen in den Kontext erschwert.

Durch verschiedene Faktoren wird die Wahrscheinlichkeit für das Auftreten von intrusiven Erinnerungen erhöht. Dazu gehören zum einen hoch konditionierte Reiz-Reiz und Reiz-Reaktions-Verbindungen. Ehlers und Clark (2000) nennen das Beispiel eines Entführten, der eine ausgeprägte Assoziation zwischen dem Geräusch der sich nähernden Schritte seiner Entführer und dem anschließenden Klopfen an seine Zellentür aufgebaut hat. Dies führte im Nachhinein dazu, dass das Hören von Fußschritten die Intrusion des Klopfgeräusches hervorrief. Da das Klopfen an die Tür ein Anzeichen für Gefahr dargestellt und die Schritte das Klopfen angekündigt hatten, wurden diese als eine wichtige Information abgespeichert.

Zum anderen werden intrusive Erinnerungen bei Menschen mit PTBS durch eine Vielzahl verschiedener Hinweisreize aktiviert. Diese sind zumeist nicht semantisch mit dem traumatischen Ereignis verbunden, sondern ähneln häufig lediglich solchen Stimuli, die zum Zeitpunkt des Ereignisses zugegen waren. Der Grad der Ähnlichkeit muss dafür nach objektiven Kriterien nicht besonders hoch sein, es liegt also eine geringe Stimulusdiskrimination vor. Zudem ist die Wahrnehmungsgrenze für diese Stimuli stark reduziert, wodurch sie schneller wahrgenommen werden als andere Reize. Beides sorgt dafür, dass Intrusionen mit einer hohen Frequenz auftreten.

11.2.2 Bewertung des Ereignisses und seiner Konsequenzen

Die Bewertung des traumatischen Ereignisses löst bei den Betroffenen Belastungen in der Gegenwart aus. Das Erlebte wird oftmals übergeneralisiert, was zu der Einschätzung führen kann, dass überall Gefahr lauert und Orte, die früher vielleicht als sehr sicher wahrgenommen wurden, auf einmal mit starker Bedrohung verbunden werden. Auch kann das Ausmaß tatsächlicher Gefahr bzw. die Wahrscheinlichkeit einer drohenden Gefahr überschätzt werden, wie z. B. beim Autofahren. Diese Einschätzung wird evtl. sogar mit der eigenen Person in Zusammenhang gebracht, im Sinne der Überzeugung: »Ich ziehe gefährliche Situationen an«.

Aber nicht nur das Ereignis selbst, sondern auch seine Folgen werden laut Ehlers und Clark (2000) in dysfunktionaler Weise bewertet. So können die PTBS-Symptome selbst vom Betroffenen als Anzeichen dafür interpretiert werden, dass er nicht normal ist, keine Kontrolle mehr über sich hat und alles noch schlimmer wird. Dies kann auch Implikationen für den Umgang mit anderen Menschen mit sich bringen, insofern als der

Betroffene die Befürchtung haben kann, nicht mehr fähig zur Aufrechterhaltung sozialer Kontakte zu sein oder anderen vielleicht sogar zu schaden. Die verunsicherten Reaktionen von Personen aus dem eigenen Umfeld, die nicht wissen, wie sie mit dem Traumatisierten umgehen sollen und deswegen das Ansprechen des Traumas lieber vermeiden, können als Abgrenzung und Distanzierung missverstanden werden. Der Betroffene denkt evtl., dass keiner für ihn da ist oder glaubt sogar, dass die anderen ihm die Schuld an dem Ereignis geben. Dadurch wird das Vertrauen zu sich selbst und zur Umgebung grundlegend erschüttert. Darüber hinaus besteht die Möglichkeit, dass gesundheitliche Konsequenzen aufgrund z. B. schwerer Verletzungen als unüberwindbar interpretiert werden mit der angenommen Folge des Verlustes des Arbeitsplatzes und somit des finanziellen Ruins.

11.2.3 Dysfunktionale Verhaltens- und Verarbeitungsstile

In den Momenten, in denen durch intrusives Wiedererleben der Eindruck einer gegenwärtigen Bedrohung entsteht, kommt es zu physiologischen Reaktionen sowie starken Emotionen wie Angst (vor Gefahr), Ärger (über andere oder sich selbst), Scham (aufgrund des Brechens eigener Standards), Trauer (über einen Verlust) oder Schuld (aufgrund der eigenen Verantwortung). Um diese Affekte zu reduzieren oder um ihnen gänzlich zu entgehen, wendet der Betroffene verschiedene Strategien sowohl kognitiver als auch behavioraler Art an. Daraus folgt letztlich jedoch, dass die Störung weiterhin aufrechterhalten wird.

Menschen mit PTBS versuchen z. B. Gedanken an das Trauma zu unterdrücken, sich von solchen Gedanken so gut wie möglich abzulenken oder an das Ereignis ohne emotionale Beteiligung zu denken und dabei die emotional am stärksten belastenden Aspekte auszulassen. Dies führt jedoch im Gegenteil dazu, dass intrusive Erinnerungen noch viel häufiger auftreten und eine tiefere Verarbeitung des Traumas mitsamt der Herstellung einer Verbindung zu Kontext und Autobiographie nicht stattfinden kann. Auch die Überprüfung dysfunktionaler Annahmen darüber, was passieren wird, wenn man an das Trauma denkt, wird verhindert.

Andauernde Verhaltensweisen, die ausgeführt werden, um drohende Gefahr abzuwenden oder sich dieser gar nicht erst auszusetzen, sogenanntes **Sicherheitsverhalten**, haben den Effekt, dass der Betroffene keine **korrigierenden Erfahrungen** macht. Wenn eine Person z. B. den Ort eines Unfalls konsequent meidet oder nur noch bewaffnet auf die Straße geht, um sich gegen potentielle Angreifer verteidigen zu können, erfährt sie nicht, dass besagter Ort nicht mehr mit Gefahr verbunden ist bzw. wird sie nicht lernen, sich auch ohne eine Waffe in der Öffentlichkeit sicher zu fühlen. Eine Neubewertung des Traumas oder seiner Konsequenzen kann also nicht einsetzen.

Auch der Missbrauch von Substanzen wie Alkohol oder Medikamenten wird häufig als **Copingstrategie** angewandt, die wiederum korrigierenden Erfahrungen und einer Veränderung des Traumagedächtnisses im Weg steht. Durch die Aufgabe von Aktivitäten oder das Meiden von bisher wichtigen Menschen wird des Weiteren der Eindruck des Betroffenen bestätigt, dass er zu einer anderen Person geworden ist, und die Befürchtung aufrechterhalten, dass andere negativ auf ihn reagieren. Ebenfalls interferiert Dissoziation während des Erinnerns an das Trauma mit einer tieferen Elaboration und der Integration in das autobiographische Gedächtnis.

Zusammengefasst halten die genannten Strategien, die eigentlich der Belastungsreduzierung dienen sollen, die PTBS also durch drei verschiedene Mechanismen aufrecht: sie produzieren selbst PTBS-Symptome, sie verhindern eine Veränderung der negativen

Bewertungen und eine Modifikation des Traumagedächtnisses.

11.2.4 Kognitive Verarbeitung während des Traumas

Ehlers und Clark (2000) postulieren, dass die kognitive Verarbeitung während des Traumas Einfluss auf die zwei Prozesse nimmt, die das Gefühl einer ernsthaften gegenwärtigen Bedrohung hervorrufen, also auf die Bewertung des Traumas und seiner Folgen sowie auf die Art des Traumagedächtnisses. Der Prozess des **mentalen Aufgebens** führe dazu, dass sämtliche psychische Autonomie verloren scheint und das Gefühl, nicht mehr menschlich zu sein, einsetzt. Daraus folgt eine extrem negative Sicht auf sich selbst, z. B. durch das Gefühl, wertlos zu sein oder nicht mit Stress umgehen zu können.

Des Weiteren spielt es eine wichtige Rolle, ob **kontextuell** und **informationsgeleitet** verarbeitet wird. Mit kontextueller Verarbeitung ist eine Fokussierung auf die Bedeutung der Situation gemeint, eine organisierte Verarbeitung, bei der das Ereignis analysiert und in seinen Kontext eingebettet wird. Bei informationsgeleiteter Verarbeitung hingegen wird die Aufmerksamkeit auf die sensorischen Eindrücke und die Details der Situation gerichtet, ohne diese in einen Zusammenhang zu stellen, was häufig zu Verwirrung und Überwältigung führen kann. Personen, die einen solchen Verarbeitungsstil zeigen, haben eine größere Wahrscheinlichkeit, eine PTBS zu entwickeln, da der willentliche Abruf von Informationen dadurch erschwert wird und die Erinnerung nur geringfügig von anderen Erinnerungen diskriminiert werden kann. Auch die Unfähigkeit, während des Traumas eine selbstbezogene Perspektive einzunehmen oder emotionale Taubheit fördern die mangelnde Integrierbarkeit ins autobiographische Gedächtnis.

Die kognitive Verarbeitung selbst wird wiederum von verschiedenen Faktoren beeinflusst, wie der Dauer und Vorhersagbarkeit des Traumas, der früheren Traumaerfahrungen, der Art des Copings während des Traumas, den intellektuellen Fähigkeiten, den Grundannahmen über sich und die Welt und von dem eigenen Zustand während des Traumas bzgl. der Ausprägung von Erregung, Angst und Anspannung sowie evtl. Alkoholisierung.

Unterschiedliche Faktoren üben auch einen Einfluss auf die folgenden Bewertungen des Traumas und seiner Konsequenzen aus, so z. B. der wahrgenommene Kontrollverlust während des Ereignisses, der gesundheitliche Zustand danach, die Reaktionen anderer Menschen sowie bestehende Grundannahmen und frühere Erfahrungen.

11.2.5 Durch das Modell erklärte Eigenschaften der PTBS

Ehlers und Clark (2000) betonen, dass durch ihre Theorie diverse Eigenschaften der PTBS erklärt werden können. Der vielfach beobachtete verzögerte Beginn der Störung komme dadurch zustande, dass entweder das Trauma oder dessen Folgen erst mit einigem zeitlichen Abstand ihre erschreckende Bedeutung erhalten. Z. B. kann es vorkommen, dass Rettungskräfte erst dann intrusive Erinnerungen an das Beseitigen von Kinderleichen nach einem Unfall entwickeln, wenn ihre eigenen Kinder das Alter der betroffenen Kinder erreicht haben. Eine andere Möglichkeit für das verzögerte Einsetzen einer PTBS ist die erst späte Konfrontation mit Traumastimuli, z. B. nach einem langen Krankenhausaufenthalt.

Auch für die Erfahrung vieler PTBS-Betroffener, dass sich Sprechen oder Nachdenken über das Erlebte nicht als hilfreich erweisen, bieten Ehlers und Clark (2000) eine Erklärung an. Diese Personen ließen z. B. beim Berichten des traumatischen Ereignisses die am meisten belastenden Aspekte aus oder ließen generell keine oder nur wenige Emotionen währenddessen zu. Nachdenken wiederum finde häufig nur in Form von Ruminationen statt, wobei darüber spekuliert werde, wie das Ereignis hätte verhindert werden können, anstatt das eigentliche Geschehnis oder die dabei aufgetretenen Gedanken und Gefühle zu berücksichtigen.

Der auf Grundlage der Theorie entwickelte Therapieansatz für PTBS von Ehlers und Clark (2000) wird in **Kapitel 12.5.2** vorgestellt.

11.2.6 Empirische Überprüfung

Verschiedene Forschungsarbeiten verfolgten das Ziel, die Gültigkeit des kognitiven Modells von Ehlers und Clark zu untersuchen. Dabei widmeten sie sich unterschiedlichen Teilaspekten der Theorie. Die folgenden drei Studien überprüften die Rolle von informationsgeleiteter (perzeptueller) gegenüber kontextueller Verarbeitung. Lyttle et al. (2010) ließen 50 Opfer von gewaltsamen Auseinandersetzungen im Rahmen des Nordirlandkonfliktes, von denen die Hälfte die Kriterien einer PTBS erfüllte, sowohl eine Wortstamm-Komplettierungsaufgabe als auch einen Wort-Assoziationstest bearbeiten. Es zeigte sich, dass die Probanden mit PTBS gegenüber denen ohne PTBS ein stärkeres perzeptuelles und ein niedrigeres kontextuelles Priming für traumarelevante Wörter aufwiesen. Zudem ergab sich in der PTBS-Gruppe eine signifikante Korrelation zwischen Dissoziation während der Aufgabenbearbeitung und perzeptuellem Priming für traumarelevante Wörter. Kindt et al. (2008) fanden mithilfe zweier Experimente, in denen durch das Ansehen eines aversiven Films analoge PTBS-Symptome bei gesunden Studenten ausgelöst werden sollten, heraus, dass eine nachträgliche informationsgeleitete Verarbeitung des Films gegenüber einer kontextuellen Verarbeitung zu mehr Intrusionen führte. Bezüglich der Art der Enkodierung, also der Verarbeitung während des Films, zeigte sich, dass nicht informationsgeleitete Verarbeitung einen negativen Einfluss, sondern hingegen kontextuelle Verarbeitung einen positiven Einfluss auf die PTBS-Symptomatik ausübte. Allerdings traf dies weder für die Häufigkeit von Intrusionen noch für deren negative Bewertung, sondern lediglich für die Unterdrückung von Intrusionen zu.

Der Methode der **Analogstudie** bedienten sich ebenfalls Regambal und Alden (2012), um festzustellen, dass die Betrachtung eines Films über einen tödlich verlaufenden Autounfall die Einschätzung der Wahrscheinlichkeit für das tatsächliche Eintreten eines solchen Unfalls bei den Probanden erhöhte und dieser Anstieg sowohl positiv korreliert war mit dem Auftreten von Intrusionen als auch mit negativen Bewertungen der Intrusionen bzw. negativen Copingstrategien. Die vor dem Film bestehenden Wahrscheinlichkeitseinschätzungen wiesen zudem einen positiven Zusammenhang mit informationsgeleiteter Verarbeitung auf. Eine Pfadanalyse bestätigte das von den Autoren angenommene Modell, nach dem höhere vorbestehende Wahrscheinlichkeitseinschätzungen zu einer stärker informationsgeleiteten Verarbeitung führen, was wiederum negative Reaktionen auf Intrusionen vorhersagt. Diese Reaktionen standen sowohl im Zusammenhang mit der Häufigkeit von Intrusionen als auch mit Veränderungen in den Wahrscheinlichkeitseinschätzungen. Die Ergebnisse dieser drei Studien zum Verarbeitungsstil traumarelevanter Informationen unterstützen somit die Annahme von Ehlers und Clark (2000), dass PTBS-Patienten eher informationsgeleitet als kontextuell verarbeiten.

Der Einfluss von negativen Bewertungen des traumatischen Ereignisses und seiner Folgen auf die Aufrechterhaltung der PTBS-Symptomatik war Gegenstand einer Arbeit über weibliche Opfer von sexuellen Übergriffen (Fairbrother & Rachman, 2006). Die wahrgenommene Schwere des Übergriffs stand im Zusammenhang mit der Ausprägung der Symptome und sagte diese voraus, dabei wiesen die Bewertungen der Folgen des Übergriffs für die Sicht auf die eigene Person, die eigene Welt und die eigene Zukunft zusätzliche Vorhersagekraft auf. Zudem korrelierten die Einschätzungen der Bedeutung der PTBS-Symptome mit deren Ausprägung. Auch in einer Untersuchung an Probanden, die in der Notaufnahme eines Krankenhauses arbeiten (Laposa & Alden, 2003), fanden sich signifikante Zusammenhänge zwischen negativen Kognitionen über die eigene Person und die Welt sowie negativen Bewertungen von intrusiven Erinnerungen, Rumination und Unterdrückung von Intrusionen einerseits und der Schwere posttraumatischer Symptome andererseits. Das Ausmaß an peritraumatischer Dissoziation zeigte zwar keine signifikante Korrelation mit allen drei PTBS-Kernsymptomen, aber wohl mit der intrusiven Symptomatik.

Eine kritischere Auseinandersetzung mit der Ehlers und Clark-Theorie erfolgte durch Lancaster et al. (2011). Sie stellten die These des Modells in Frage, dass es mangelhaft integrierte Erinnerungen seien, die zur Aufrechterhaltung einer PTBS führen, und richteten den Fokus stattdessen auf das Konzept der Zentralität von Ereignissen. Dieses besagt, dass Erinnerungen an traumatische Erlebnisse besonders stark ins autobiographische Gedächtnis integriert werden und als eine Art Referenzpunkt die generelle Sicht auf sich selbst und die Welt beeinflussen. In der Tat fanden die Autoren heraus, dass sowohl posttraumatische Kognitionen als auch die Zentralität des Ereignisses stark mit posttraumatischen Symptomen im Zusammenhang standen.

11.3 Behavioral/kognitive Konzeptualisierung der PTBS nach Foa und Kollegen

Foa und Kozak (1986) entwickelten ein theoretisches Rahmenmodell zur Erklärung der Mechanismen der Furchtreduktion durch eine Expositionstherapie. Dieses Modell wurde schließlich in einer weiteren Arbeit von Foa et al. (1989) auf die PTBS übertragen.

11.3.1 Die Furchtstruktur

Foa und Kozak (1986) orientierten sich an der Analyse der **Furchtstruktur** von Lang (1977, 1979). Danach wird Angst als ein Netzwerk im Gedächtnis repräsentiert, das drei verschiedene Arten von Informationen enthält: erstens Informationen über die gefürchtete Situation bzw. die gefürchteten Stimuli, zweitens Informationen über verbale, physiologische und behaviorale Reaktionen auf die Stimuli sowie drittens interpretative Informationen über die Bedeutung dieser Stimuli und Reaktionen. Für eine Person, die beispielsweise in einen schweren Autounfall verwickelt war, könnte die Sirene eines Rettungsfahrzeugs oder das Autofahren selbst einen angstauslösenden Stimulus darstellen. Sie hat während des Unfalls evtl. mit intensivem Herzrasen und der Angst zu sterben reagiert. Beide Arten von Informationen würden dann als extrem bedrohlich interpretiert werden. Die Signalisierung von Gefahr dient dem Zweck, Flucht- oder Vermeidungsverhalten vorzubereiten, weshalb physiologische Aktivität initiiert wird, um den gefürchteten Stimuli bzw. Reaktionen zu entkommen. Das hat zur

Folge, dass betroffene Personen in permanenter Angst vor eben diesen Reizen leben und jegliche Konfrontation mit ihnen zu vermeiden suchen bzw. nach Möglichkeit vor ihnen fliehen.

Im Fall von PTBS können Furchtstrukturen je nach den Eigenschaften des traumatischen Erlebnisses Unterschiede in ihrer Größe, also der Anzahl der abgespeicherten Informationen, und in der Intensität der Reaktionen darauf aufweisen, was sich letztlich auf ihre Aktivierbarkeit durch externale oder internale Reize auswirkt (Foa et al., 1989). Je mehr Stimuli die Struktur enthält, desto wahrscheinlicher ist eine Konfrontation mit einem oder mehreren davon im alltäglichen Leben, sodass die Furchtstruktur relativ leicht zu aktivieren ist und dadurch verstärkt posttraumatische Symptome auftreten. Zusätzlich beeinflusst die Intensität der Reaktion zum Zeitpunkt des traumatischen Erlebnisses die Symptomausprägung. So ist davon auszugehen, dass eine Person, die während des Ereignisses eine Bedrohung ihres Lebens wahrgenommen hat, besonders stark betroffen ist. Einen kritischen Punkt stellt dabei die Verletzung von Sicherheitsannahmen dar. Wird z. B. eine Frau in einem sicher geglaubten Umfeld wie dem eigenen Zuhause oder von einer ihr vertrauten Person vergewaltigt, so ist nach Foa et al. (1989) davon auszugehen, dass sie in der Folge eine stärkere Symptomatik aufweist als beispielsweise bei einer Vergewaltigung durch eine fremde Person an einem als gefährlich eingeschätzten Ort. Durch ein solches Erlebnis erhalten die entsprechenden Reize eine neue Bedeutung, werden nicht mehr länger mit Sicherheit, sondern mit Gefahr assoziiert und werden so Teil der Furchtstruktur.

11.3.2 Kognitive Faktoren

Foa et al. (1989) diskutieren verschiedene kognitive Faktoren, die eine Rolle bei der Manifestation einer PTBS spielen könnten und beziehen sich dabei unter anderem auf das Modell der **erlernten Hilflosigkeit** von Peterson und Seligman (1983), das einen Erklärungsansatz für die **emotionale Taubheit** und Passivität vieler Menschen mit traumatischen Erfahrungen liefert. Die Unkontrollierbarkeit des Einsetzens und der Beendigung der Ereignisse sowie der Geschehnisse selbst sei ausschlaggebend für nachfolgende kognitive, behaviorale und motivationale Defizite. Aus der Erfahrung von Hilflosigkeit und Unkontrollierbarkeit in einer speziellen Situation erwächst die generalisierte Annahme, dass auch zukünftige Situationen nicht zu kontrollieren sind und somit jegliche Reaktion sinnlos ist. Vor diesem Hintergrund können auch die häufig bei Traumaopfern bestehenden Schuldgefühle verstanden werden. So sind diese nach Foa et al. (1989) als ein Versuch zu werten, die wahrgenommene Kontrollierbarkeit zurückzuerlangen. Indem eine Person sich intensiv damit auseinandersetzt, was sie in der entsprechenden Situation falsch gemacht hat und auf welche Weise sie für das traumatische Ereignis selbst verantwortlich ist, führt sie sich vor Augen, dass die Situation kontrollierbar gewesen wäre und zukünftig durch ein anderes Verhalten weitere Katastrophen verhindert werden können.

Neben der Unkontrollierbarkeit werden auch die Unvorhersagbarkeit sowie die Schwere der Konsequenzen eines Ereignisses als wichtige Einflussfaktoren auf die Entwicklung und Persistenz einer PTBS herangezogen.

11.3.3 Modifikation der Angstreaktion

Was pathologische Furchtstrukturen von »normalen« Strukturen unterscheidet, sei nach Foa und Kozak (1986) ihre Resistenz gegenüber Modifikation. Damit Angst dennoch reduziert werden kann, müssen zwei Bedingungen zutreffen. Angstrelevante Informationen müssen durch eine Aktivierung des Furchtgedächtnisses verfügbar gemacht werden und es müssen neue Informationen kognitiver und zugleich affektiver Art in die Struktur integriert werden, die inkompatibel mit den bereits bestehenden Informationen sind. Auf diese Weise wird eine neue Erinnerung geformt, durch die auch eine Veränderung auf emotionaler Ebene eintreten kann.

Eine Aktivierung des Furchtgedächtnisses kann durch eine Konfrontation mit angstauslösenden Stimuli entweder imaginativ oder in vivo erfolgen. Wichtig dabei ist, dass das zur Konfrontation ausgewählte Material den im Furchtgedächtnis abgespeicherten Informationen entspricht. Da die Furchtstrukturen bei PTBS-Patienten in der Regel sehr umfangreich sind, bereitet es keine großen Schwierigkeiten, entsprechende Stimuli zu finden, allerdings ergibt sich das Problem, dass nie die komplette Struktur in Gänze zugänglich gemacht werden kann. Sobald bei einem Patienten Angst induziert wurde, soll diese so lange ausgehalten werden, bis schließlich eine Habituation an die Stimuli erfolgt (▶ **Kap. 12**). Je nachdem, wie stark die Angst ausgeprägt ist, dauert dieser Prozess unterschiedlich lange. Es ist entscheidend, die Exposition so lange durchzuführen, bis der Patient die Erfahrung macht, dass die Angst tatsächlich selbstständig nachlässt und eine Vermeidung des oder eine Flucht vor dem Stimulus nicht notwendig ist. Diese mit seiner bisherigen Gedächtnisspur inkompatible Information kann dann in die Furchtstruktur integriert werden. Wird die Exposition zu früh abgebrochen und der Patient mit fortbestehender Angst aus der Konfrontation entlassen, so bestärkt dies die Einschätzung des Patienten, dass die fraglichen Stimuli in Zukunft weiterhin vermieden werden müssen.

Bei Personen, die von einer Expositionsbehandlung profitieren, wurden folgende Beobachtungen gemacht. Zunächst treten physiologische Reaktionen auf, die auf eine Aktivierung von Furcht schließen lassen und die Patienten berichten über ein subjektives Erleben von Angst. Des Weiteren habituieren diese Reaktionen innerhalb einer Sitzung und schließlich lässt sich eine Habituation über die einzelnen Sitzungen hinweg feststellen, insofern als sich die Intensität der anfänglichen Reaktion auf die Furcht auslösenden Stimuli von Sitzung zu Sitzung verringert. Diese Befunde können möglicherweise als Indikatoren für emotionale Verarbeitung interpretiert werden.

Der Erfolg einer solchen Behandlung wird umso höher ausfallen, je besser die eigentlich gefürchtete Situation in der Konfrontation abgebildet werden kann. Es ist aber auch wichtig darauf zu achten, dass den angstrelevanten Reizen tatsächlich Aufmerksamkeit entgegen gebracht wird. Falls sich der Patient während der Sitzung abzulenken versucht oder sich in irgendeiner Art und Weise von den Stimuli abwendet, so führt dies zwar zu einer Angstreduktion in diesem konkreten Augenblick, allerdings wird sich dieser Effekt nicht auf die nächste Sitzung übertragen, da keine korrigierende Erfahrung gemacht worden ist. Dies ist der Grund dafür, warum Konfrontationen im alltäglichen Leben nicht zu einer Reduktion der Symptomatik führen. Neben einer schnellen Flucht kann eine stark ausgeprägte Angstreaktion bewirken, dass durch eine Verengung des Aufmerksamkeitsfokusses wichtige Informationen nicht wahrgenommen werden, wie z. B. das eigentlich sehr freundliche Verhalten von Menschen, die generell mit Gefahr assoziiert werden. Zudem kann dieses freundliche Verhalten fälschlicherweise als bedrohlich interpretiert werden, wenn der Betroffene z. B. Hintergedanken unterstellt.

Ein Bespiel für ein durch Therapie verändertes Furchtnetzwerk gibt **Abbildung 11.2**.

11.3 Behavioral/kognitive Konzeptualisierung der PTBS nach Foa und Kollegen

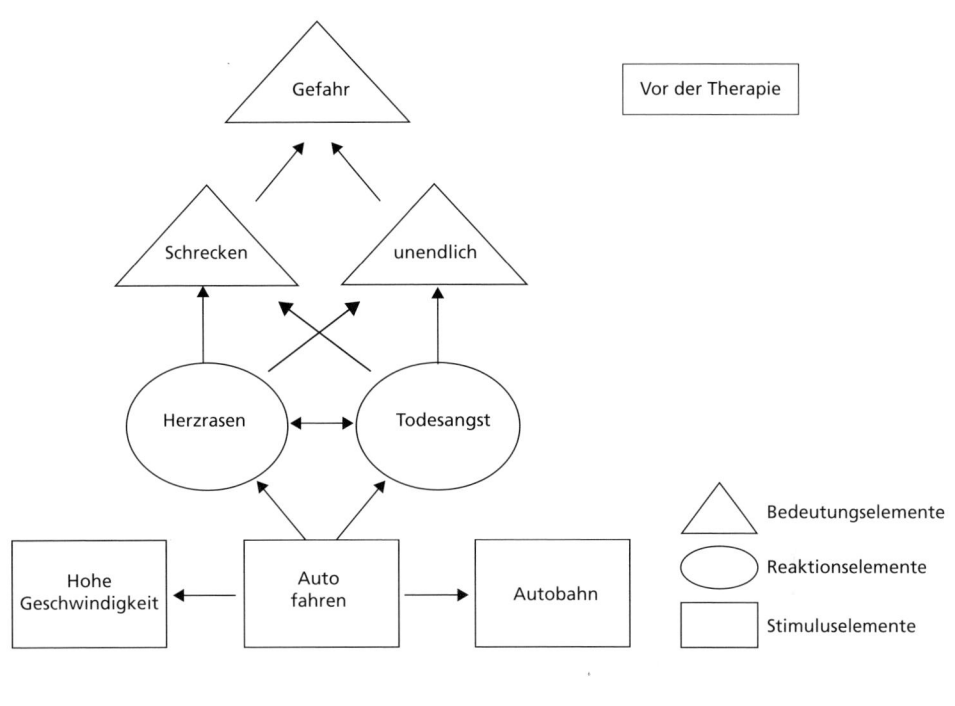

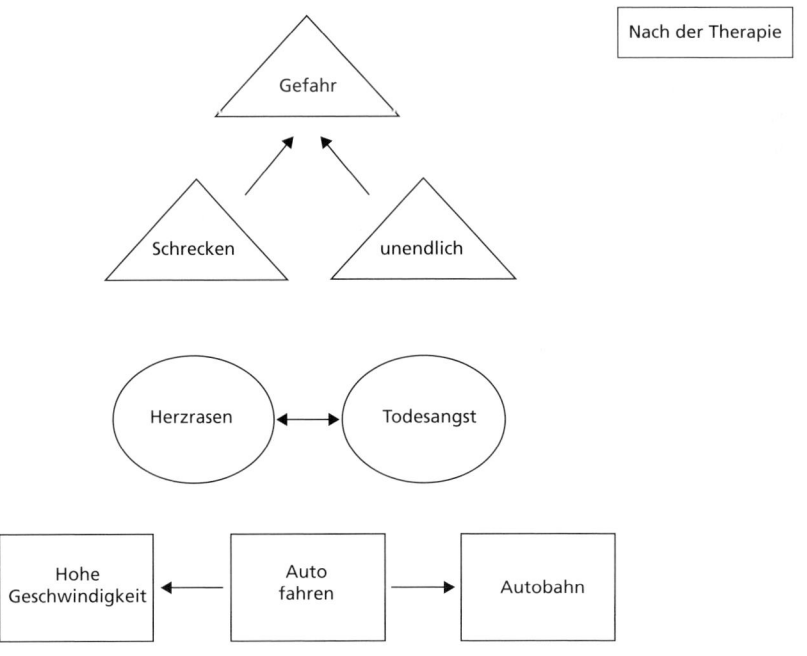

Abb. 11.2: Furchtnetzwerk vor und nach emotionaler Verarbeitung, modifiziert nach Foa & Kozak (1986)

11.3.4 Modifikation der Bedeutungselemente

Eine **Konfrontationsbehandlung** kann über Modifikationen in den Reaktionselementen einer Angststruktur hinaus auch Veränderungen der Bedeutung der Stimuli bzw. Reaktionen bewirken. Dabei soll zum einen die Wahrscheinlichkeit für das Eintreten einer gefürchteten Situation realistischer wahrgenommen und zum anderen die Valenz eines Stimulus oder einer Angstreaktion verändert werden. Im Falle einer spezifischen Phobie ist die übertriebene Angst, die mit einem Reiz verbunden ist, z. B. einer Spinne oder einem engen Raum, durch die Expositionsbehandlung reduzierbar. Bei Patienten mit PTBS ist dies in der Regel nicht möglich, da die Ereignisse, die bei ihnen die Störung ausgelöst haben, zumeist mit einer tatsächlichen Bedrohung oder Gefahr verbunden waren. Aber es kann durch eine Therapie erreicht werden, der hohen Erregung, die beim Erleben von Intrusionen auftritt, ihre Aversivität zu nehmen. Beispielsweise können Patienten die Befürchtung haben, dass die Angst immerwährend und absolut unerträglich ist, und sie dadurch verrückt werden. Eine Korrektur dieser Annahme erfolgt Foa und Kozak (1986) zufolge im Rahmen einer wiederholten Konfrontation mit angstbesetztem Material durch die Erfahrung, dass die Angstreaktion im Laufe einer Sitzung selbstständig nachlässt.

Bei manchen Personen, die ein traumatisches Ereignis erlebt haben, bestehen die Symptome für einen relativ geringen Zeitraum, bei manchen chronifizieren sie sich. Foa et al. (1989) nennen verschiedene Faktoren, denen sie einen Einfluss auf diese Unterschiede zuschreiben. Darunter fallen die Intensität der in der Situation erlebten Angstreaktion sowie der Umfang der in der Furchtstruktur enthaltenen angstbesetzten Stimuli. Es wird angenommen, dass zur Modifikation besonders großer Strukturen sehr viele Konfrontationssitzungen erforderlich sind, damit eine hohe Vielfalt an Situationen abgedeckt werden kann. Es kann aber auch ein hohes Ausmaß an Vermeidung im Alltag dafür verantwortlich sein, dass aufgrund fehlender emotionaler Verarbeitung die Symptome persistieren.

Ein weiteres Problem liegt in der Wahrnehmung von Sicherheit. Anstatt eine Situation als unbedenklich einzustufen, die keinerlei Hinweise auf Gefahr enthält, benötigen viele PTBS-Patienten die Anwesenheit von Signalen, die explizit Sicherheit suggerieren. Da dies mit großer Wahrscheinlichkeit nur in den seltensten Fällen gegeben ist, befinden sich diese Personen in ständiger Alarmbereitschaft.

11.3.5 Empirische Überprüfung

Aus dem Modell von Foa und Kozak (1986) lässt sich ableiten, dass bei PTBS-Patienten eine verstärkte Aufmerksamkeitshinwendung zu traumarelevanten Informationen besteht. Zur Überprüfung dieser Annahme wurde in vielen Studien eine modifizierte Version des Stroop-Tests eingesetzt, bei der Probanden traumaspezifische und traumaunspezifische Wörter präsentiert werden und sie die Farbe, in der diese Worte erscheinen, benennen sollen. Es stellte sich heraus, dass Personen mit einer PTBS im Gegensatz zu oder in stärkerem Ausmaß als traumatisierte Personen ohne PTBS oder gesunde Kontrollpersonen bei Trauma-Wörtern eine längere Reaktionszeit bis zur Nennung der Farbe aufwiesen als bei neutralen, positiven oder negativen Worten ohne Traumabezug. Dieser Effekt konnte für Vergewaltigungsopfer (Cassiday et al., 1992), für Vietnamveteranen (Kaspi et al., 1995; McNally et al., 1993; Vrana et al., 1995, McNally et al., 1990), für Opfer von Verkehrsunfällen (Harvey et al., 1996; Bryant & Harvey, 1995) und eines Fährenunglücks (Thrasher et al., 1994) nachgewiesen werden. Er deutet auf eine verstärkte Aufmerksamkeit für traumarelevante Informationen bei PTBS-Patienten hin.

Vrana und Kollegen (1995) fanden in ihrer Studie zudem einen Gedächtniseffekt für PTBS-Wörter. Sowohl bei einer Aufgabe zur freien Wiedergabe der zuvor präsentierten Wörter als auch bei einem Wiedererkennungstest wurden mehr Wörter mit Traumabezug erinnert als neutrale Wörter. Allerdings zeigte sich nur bei der freien Wiedergabe ein signifikanter Gruppenunterschied, insofern als PTBS-Patienten mehr Traumawörter nannten als Probanden ohne PTBS.

Eine Methode zur Erfassung potentieller Verzerrungen im impliziten Gedächtnis wurde von Jacoby und Kollegen entwickelt (1988), die sogenannte Lärm-Beurteilungsaufgabe (**noise judgement task**). Hintergrund dieser Aufgabe ist die Annahme, dass das subjektive Erleben einer bestimmten Situation durch Erinnerungen beeinflusst wird. So hatten Teilnehmer eines Experiments, denen verschiedene Wörter für eine Dauer von 30 oder 50 Millisekunden auf einem Bildschirm präsentiert wurden, den Eindruck, dass die Wörter, die ihnen zuvor schon einmal dargeboten worden waren, für eine längere Zeit auf dem Bildschirm zu sehen waren als vorher noch nicht gezeigte Wörter (Witherspoon & Allan, 1985). Jacoby et al. (1988) schlussfolgern daraus, dass in ähnlicher Weise ein Hintergrundrauschen, das einen zuvor bereits präsentierten Satz begleitet, bei gleicher Lautstärke als leiser wahrgenommen wird als eines, das einen noch unbekannten Satz begleitet. Dieser Ansatz wurde in einer Studie auf PTBS-Patienten übertragen (Amir et al., 1996). Vietnamveteranen mit und ohne PTBS wurden neutrale sowie kampfbezogene Sätze präsentiert. Bei einer hohen Lautstärke zeigten die Veteranen ohne PTBS die erwartete Verzerrung von unbekannten Sätzen gegenüber bekannten, unabhängig vom Inhalt der Sätze. Für die Veteranen mit PTBS hingegen fand sich ein anderer Effekt, sie beurteilten die Lautstärke des Rauschens bei bekannten kampfbezogenen Sätzen als leiser als das Rauschen bei unbekannten kampfbezogenen Sätzen. Dies galt nicht für neutrale Sätze. Die Autoren interpretieren dies als einen Hinweis auf das Vorliegen einer impliziten Erinnerungsverzerrung speziell für traumarelevantes Material bei PTBS-Patienten.

Des Weiteren hat der von Foa und Kozak (1986) beschriebene Therapieansatz zur Behandlung von PTBS weitreichende Überprüfung erfahren und gilt als einer der effektivsten in diesem Bereich (▶ **Kap. 12.5**). Jedoch ist noch nicht hinreichend geklärt, welche konkreten Mechanismen für den Therapieerfolg verantwortlich sind. Die Autoren postulieren, dass für eine effektive Therapie sowohl (1) eine Aktivierung der Furchtstruktur als auch (2) korrigierende Erfahrungen in Form von Habituation innerhalb der Sitzungen und (3) zwischen den Sitzungen gegeben sein müssen. In einer Studie von van Minnen und Hagenaars (2002) wurden diese drei Variablen überprüft. Die Probanden absolvierten neun wöchentliche Sitzungen Expositionstherapie und gaben während jeder Sitzung alle zehn Minuten die Ausprägung ihrer Angst an. Aus diesen Daten wurden Parameter für die drei potentiellen Einflussfaktoren für die ersten beiden Sitzungen berechnet. Es zeigte sich, dass nach Kontrolle der anfänglichen Symptomausprägung nur die Habituation zwischen den Sitzungen mit der PTBS-Symptomschwere am Therapieende korrelierte. Wodurch dieser Rückgang der Angst von einer Sitzung zur nächsten allerdings letztlich bedingt ist, ob durch Habituation oder einen anderen Mechanismus, wie z. B. eine Neubewertung des traumatischen Ereignisses, lässt sich nicht mit Sicherheit feststellen (Brewin & Holmes, 2003).

11.4 Duale Repräsentationstheorie von Brewin und Kollegen

Mit der Entwicklung der **dualen Repräsentationstheorie** der PTBS unternahmen Brewin et al. (1996) den Versuch, Modelle der Informationsverarbeitung, worunter sie beispielsweise das von Foa und Kozak (1986; ▶ Kap. 11.3) zählen, und sozial-kognitive Theorien, wie die von Horowitz (1974; ▶ Kap. 11.5), zu integrieren. Sie betonen, dass sie mit der Theorie Lücken schließen wollen, die von anderen Theorien und Modellen offen gelassen worden seien; so z. B. die Frage danach, warum manche Personen eine PTBS entwickeln und andere nicht, wie eine PTBS mit verzögertem Beginn entsteht und wie genau soziale Unterstützung im Prozess der Verarbeitung eines traumatischen Erlebnisses wirkt. Zudem heben sie hervor, dass auf Grundlage ihrer Theorie Vorhersagen bzgl. des Verlaufs der Traumaverarbeitung getroffen werden können.

Die ursprüngliche Version der dualen Repräsentationstheorie postuliert (Brewin et al., 1996), dass eine traumatische Erfahrung in verschiedenen Repräsentationsformen im Gedächtnis gespeichert wird. Dabei handelt es sich zum einen um verbal zugängliche Erinnerungen (**verbally accessible memory, VAM**) und zum anderen um situational zugängliche Erinnerungen (**situational accessible memory, SAM**). VAMs entstehen durch bewusste Verarbeitung der entsprechenden Informationen und verfügen über Verknüpfungen zum Kontext, in den das Ereignis eingebettet war, sowie zum autobiographischen Gedächtnis. Sie sind hoch selektiv, da durch starke Angst zum Zeitpunkt der Enkodierung der Aufmerksamkeitsfokus eingeengt und die Gedächtniskapazität reduziert war. VAMs beinhalten Informationen über sensorische Wahrnehmungen und physiologische Reaktionen während des Ereignisses als auch über dessen subjektive Bedeutung. Sie können intentional abgerufen und sprachlich wiedergegeben werden. Demgegenüber stellen SAMs das Resultat unbewusster Verarbeitung dar. Sie können nicht willentlich abgerufen werden, sondern gelangen auf dem Wege automatischer Aktivierung durch externale oder internale Stimuli, die eine hohe Ähnlichkeit zu bestimmten Aspekten der ursprünglichen traumatischen Situation aufweisen, ins Bewusstsein. Im Gegensatz zu VAMs können SAMs nicht im Nachhinein modifiziert werden, z. B. durch Neubewertungen des traumatischen Erlebnisses oder durch Verknüpfungen mit anderen Gedächtnisinhalten. **Abbildung 11.3** zeigt einen graphischen Überblick der Theorie.

11.4.1 Emotionale Verarbeitung des Traumas

Ähnlich wie Horowitz (1974) beschreiben auch Brewin et al. (1996) eine initiale Phase der emotionalen Verarbeitung des Erlebten durch den Betroffenen. Während dieses Prozesses, der überwiegend bewusst abläuft, werden Repräsentationen vergangener und imaginierter zukünftiger Ereignisse sowie die bewusste Wahrnehmung damit zusammenhängender körperlicher Reaktionen aktiv im Gedächtnis bearbeitet. Dabei unterstützen aktivierte SAMs den Prozess, indem sie detaillierte Informationen über sensorische und physiologische Aspekte des Ereignisses bereitstellen, z. B. in Form von Flashbacks. Des Weiteren müssen diese Informationen durch die Suche nach Bedeutung und durch Ursachenattributionen in die bestehenden Gedächtnisstrukturen integriert werden. Das Ziel dieses Verarbeitungsprozesses stellt eine Rückerlangung des Gefühls von Sicherheit und Kontrolle und eine Anpassung der eigenen Ziele und Erwartungen dar, woraus eine Reduktion der negativen Emotionen resultieren soll. Bei diesen negativen Emotionen handelt es sich nicht nur um konditionierte

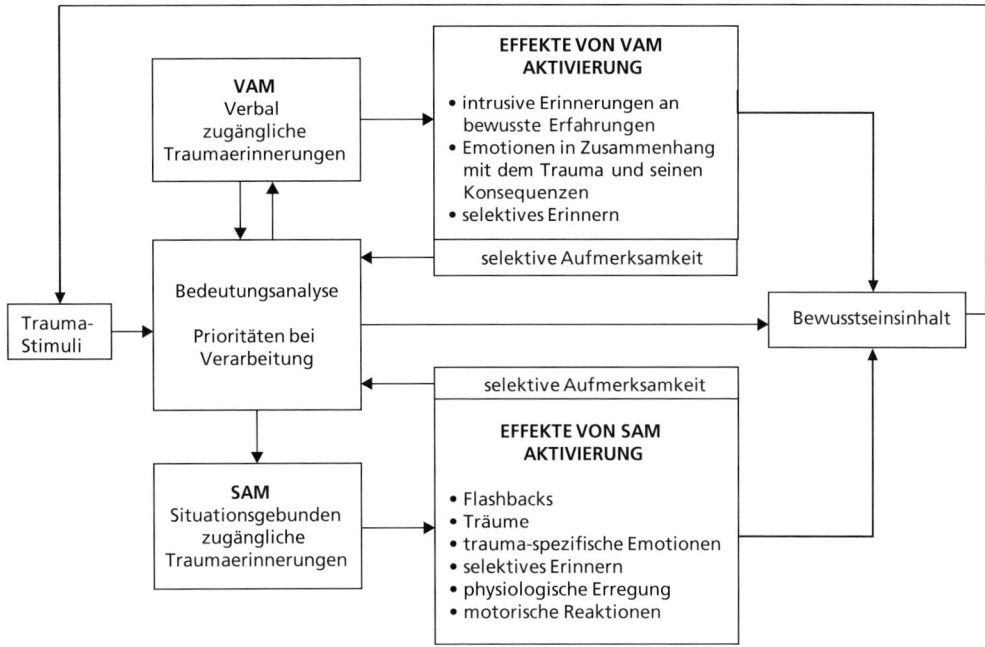

Abb. 11.3: Kognitive Verarbeitung von Traumastimuli nach Brewin et al. (1996)

Emotionen, die während des Ereignisses erlebt wurden und durch entsprechende Stimuli wieder neu ausgelöst werden, sondern auch um sogenannte sekundäre Emotionen, die aus den Konsequenzen und Implikationen des Erlebten für die Zukunft resultieren. Darunter fallen Traurigkeit über einen Verlust, Ärger über sich selbst oder andere Menschen, denen evtl. Schuld an dem Ereignis zugeschrieben wird, Angst vor ähnlichen Ereignissen in der Zukunft oder das Gefühl eigener Schuld.

Ein weiteres Ziel der emotionalen Verarbeitung besteht in der Hemmung der automatischen Aktivierung von SAMs, indem diese mit zusätzlichen Informationen angereichert oder durch neue SAMs ersetzt werden, die die alten blockieren. Möglich werden soll dies durch die Verknüpfung ihrer Inhalte mit veränderten körperlichen Reaktionen, wie einem reduzierten Erregungsniveau, mit neuen Bewusstseinsinhalten, wie z. B. dem oben erwähnten Sicherheitsgefühl oder durch Neubewertung der Bedeutung des Ereignisses.

11.4.2 Unterschiedliche Resultate emotionaler Verarbeitung

Die beschriebene emotionale Verarbeitung läuft nicht bei allen Personen, die ein traumatisches Ereignis erlebt haben, auf die gleiche Weise ab und führt nicht in allen Fällen zu dem angestrebten Ergebnis. Abhängig von der Schwere und Dauer des Ereignisses, seiner persönlichen Bedeutung, der Entwicklung sekundärer Emotionen wie Schuld und Scham und der Verfügbarkeit sozialer Unterstützung postulieren Brewin et al. (1996) drei mögliche Verläufe.

Den ersten bezeichnen sie als Beendigung bzw. **Integration**. In diesem Fall ist das Ereignis komplett verarbeitet und in die bisherigen Gedächtnisinhalte und Grundannahmen integriert worden. Eventuell weiter bestehende Intrusionen können toleriert werden, da sie nicht mehr mit starken negativen Affekten verbunden sind, und Habituation kann einsetzen. Ein Gefühl von Sicherheit ist wieder hergestellt, Ziele und Erwartungen bzgl. der Zukunft sind an die neue Situation angepasst worden und werden realistisch eingeschätzt. Durch soziale Unterstützung wird Hilfe bei der Neubewertung des Ereignisses zuteil und der Betroffene wird emotional aufgefangen. Die Autoren gehen davon aus, dass keine Aufmerksamkeitsbiases und verzerrten Erinnerungen bzgl. traumarelevanter Stimuli mehr bestehen. Dieser Ausgang der emotionalen Verarbeitung stellt sich unter folgenden Bedingungen ein: Die Diskrepanzen zwischen den bisher bestehenden Grundannahmen (siehe Modell der basalen Annahmen von Janoff-Bulman ▶ Kap. 11.6) und den Informationen durch das traumatische Ereignis sind relativ gering, es besteht adäquate soziale Unterstützung und der Betroffene verfügt über die Fähigkeit, das Auftreten von SAMs zu tolerieren.

Der zweite mögliche Verlauf ist die **chronische emotionale Verarbeitung**, die eintritt, wenn es sich um ein langandauerndes, sehr schweres Trauma handelt, das starke Auswirkungen auf das Sicherheitsgefühl und die Einschätzung der eigenen Person hat. Eventuell ist die betroffene Person noch zu jung, um die Bedeutung des Traumas richtig einzuordnen, oder das traumatische Ereignis hält nach wie vor an. Gefördert wird der Verlauf der chronischen emotionalen Verarbeitung durch erhebliche Unterschiede zwischen den vorbestehenden Grundannahmen und den Traumainformationen, durch das Fehlen oder die nur geringe Verfügbarkeit von sozialer Unterstützung, die mangelnde Fähigkeit, das Eindringen von SAMs ins Bewusstsein zu verhindern, oder durch belastende sekundäre Emotionen. Dies alles führt dazu, dass keine effektive Verarbeitung des Erlebten möglich ist. Chronische emotionale Verarbeitung kann sich durch ein anhaltend erhöhtes Erregungsniveau, Aufmerksamkeits- und Erinnerungsverzerrungen, kognitive und behaviorale Vermeidung und Angst- und Panikreaktionen auszeichnen. Zudem ist die Entwicklung von komorbiden psychischen Störungen wie Depression oder Substanzmissbrauch möglich. Des Weiteren kann es vorkommen, dass die PTBS-Symptome selbst auf belastende Art und Weise missinterpretiert werden, z. B. als Hinweis auf eine neurologische Erkrankung oder als Anzeichen für totalen Kontrollverlust über die eigenen Gedanken.

Die dritte Variante der Reaktion auf ein traumatisches Ereignis schließlich bildet die **frühzeitige Hemmung von Verarbeitung**. Diese Hemmung resultiert aus der anhaltenden Anstrengung des Betroffenen, die Reaktivierung von aversiven SAMs und VAMs zu vermeiden. Beispielsweise kann nach Ansicht der Autoren die wiederholte Anwendung von Strategien wie gezielte Aufmerksamkeitsabwendung von traumarelevanten Stimuli zu einer Automatisierung dieses Verhaltens führen. Daraus folgt, dass keine aktive emotionale Verarbeitung und keine intrusiven Gedanken mehr auftreten. Allerdings bleiben die unverarbeiteten traumarelevanten SAMs weiterhin zugänglich und können unter bestimmten Umständen, wie dem Eintreten einer ähnlichen Situation oder dem Erleben eines ähnlichen emotionalen Zustands, reaktiviert werden. Dieser dritte Verlauf ist geprägt von weiterhin vorhandenen Aufmerksamkeits- und Erinnerungsbiases, da die Priorität von traumaassoziierten Stimuli hoch bleibt, von einem verschlechterten Gedächtnis für Traumainhalte, einer phobischen Vermeidung traumarelevanter Situationen und evtl. durch Anzeichen von Somatisierung. Frühzeitige Hemmung von Verarbeitung tritt mit hoher Wahrscheinlichkeit auf, wenn die Diskrepanzen zwischen Grundannahmen und Traumainformationen hoch sind, soziale Unterstützung kaum oder gar nicht vorhanden ist und der Betroffene die Fähigkeit besitzt, das Auftreten von SAMs zu vermeiden. Letzteres kann auch durch Dissoziation während des Ereignisses gefördert werden.

11.4.3 Vorhersagen über den Verlauf der Traumaverarbeitung

Der Verlauf der Traumaverarbeitung sei nach Brewin et al. (1996) zum einen von der Schwere des Traumas sowie der seit dem Ereignis vergangenen Zeit abhängig. Nach einem leichten Trauma sind lediglich für ein paar Tage Intrusionen zu erwarten, halten diese länger an, besteht eine erhöhte Wahrscheinlichkeit für die spätere Entwicklung einer psychischen Störung. Demgegenüber werden nach einem sehr schweren Trauma Intrusionen, die mehrere Wochen oder Monate anhalten, als normal angesehen und erst bei Überschreiten dieser Zeitspanne muss von einem komplizierten Verlauf ausgegangen werden. Bei Personen, die allerdings nach einer schweren Traumatisierung kaum Anzeichen von Intrusionen zeigen, liegt die Vermutung einer frühzeitigen Hemmung von Verarbeitung nahe, woraus wiederum eine psychische Störung resultieren kann. Der zweite Faktor, der Hinweise auf den Verlauf der Traumaverarbeitung gibt, stellt nach Brewin et al. (1996) die Beurteilung und Einordnung der Bedeutung des Traumas dar sowie die Fähigkeit, intrusive Gedanken und Bilder zu tolerieren, was wiederum von der psychiatrischen Vorerfahrung, von sekundären Emotionen und der sozialen Unterstützung beeinflusst wird.

11.4.4 Revision der dualen Repräsentationstheorie

In einer Arbeit aus dem Jahr 2010 nehmen Brewin und Kollegen eine Revision ihrer dualen Repräsentationstheorie vor, um sie in ein Modell des neuronalen Systems von gesunder Erinnerung einzubetten. In dieser Theorie werden alle Prozesse der Verarbeitung des traumatischen Ereignisses und der Entstehung von Intrusionen bestimmten Hirnarealen zugeordnet. Die wichtigsten Veränderungen bestehen darin, dass die Konzepte von situational accessible memory (SAM) und verbally accessible memory (VAM) durch die Konzepte von **contextual memory** (**C-memory**, kontextgebundene Erinnerung) mit korrespondierenden C-Repräsentationen (**C-rep**) und **sensation based memory** (**S-memory**, empfindungsbasierte Erinnerung) mit korrespondierenden S-Repräsentationen (**S-rep**) ersetzt werden.

Bei C-memory handelt es sich um abstrakte, kontextuell gebundene Erinnerungen, die allozentrisch und unabhängig von der ursprünglichen räumlichen Perspektive abgespeichert werden. Anders als VAMs definieren sie sich nicht durch verbale Zugänglichkeit. Auf neuronaler Ebene werden sie durch den medialen temporalen Kortex unterstützt, der auch für das deklarative Gedächtnis verantwortlich ist, und weisen eine Verbindung zum Hippocampus auf, über den die Informationen über den Kontext des Ereignisses verfügbar sind. Dadurch ist eine sinnvolle Interpretation des Erlebten möglich und die Bildung von abstrakten Repräsentationen, wie beispielsweise Imaginationen aus einer anderen räumlichen Perspektive.

S-memory hingegen beinhaltet sensorische Details und Informationen über den affektiven Zustand und die körperlichen Reaktionen während des Ereignisses, die egozentrisch und in der räumlichen Perspektive abgespeichert sind, in der das Ereignis tatsächlich erlebt wurde. Sie können entweder bottom-up durch externale oder internale Stimuli aktiviert werden oder top-down durch Repräsentationen des Ereignisses auf einer höheren Ebene. Sie weisen keinen Bezug zum Hippocampus auf, wodurch die Information nicht mit ihrem Kontext verbunden ist. Im Gegensatz zu SAMs spielen sie auch beim Gedächtnis von gesunden Personen eine Rolle.

S-reps und C-reps unterscheiden sich in diesem Modell nicht durch die Art der Information (z. B. sensorisch oder verbal wie bei SAMs und VAMs), sondern repräsentieren unterschiedliche Aspekte der Information, die sich aus der unterschiedlichen Art der Verarbeitung ableiten. In einer extremen Stresssituation kommt es zu einer Verengung des Aufmerksamkeitsfokusses und einem Verlust der hippocampalen Funktion. Dadurch kann weniger Information in bewusst zugänglicher Form abgespeichert werden. Da die Information aus Sicht der Relevanz für das Überleben aber extrem wichtig ist, wird sie in Form sensorischer Bilder erfasst. Durch das Auftreten von Flashbacks nach dem Ereignis wird sichergestellt, dass die Information nach Beendigung der Gefahr in größerer Tiefe verarbeitet werden kann. Bei gesunden Personen ist der Theorie zufolge eine S-rep immer assoziiert mit einer C-rep, wodurch der Kontext der Information zur Verfügung gestellt und die top-down-Kontrolle erhöht wird. Bei einer pathologischen Enkodierung des traumatischen Ereignisses werden entsprechend stärkere S-reps und schwächere C-reps ausgebildet mit einer beeinträchtigten Verbindung zwischen ihnen, sodass es immer wieder zu ungewollten Intrusionen kommt. Durch kognitive und behaviorale Vermeidung und eine fehlende Aufmerksamkeitshinwendung zu den Intrusionen bleibt die mangelnde Integration von S-reps und C-reps bestehen.

11.4.5 Empirische Überprüfung

Es wurden verschiedene Versuche unternommen, die Gültigkeit der dualen Repräsentationstheorie zu überprüfen. Dabei wurde zumeist das Design einer Analogstudie verwendet, bei der aversive Filme oder Bilder zur Erzeugung von Intrusionen bei gesunden Probanden eingesetzt werden. Pearson (2012) präsentierte einen solchen Film seinen Versuchspersonen und fügte dabei in eine Version auditorische Kommentare ein, die weitere Hintergrundinformationen zu den gezeigten Bildsequenzen lieferten. Eine Gruppe sah den Film mit, eine andere Gruppe ohne diese Kommentare. Bei der Auswertung der über die folgenden sieben Tage angefertigten Intrusionstagebücher stellte sich heraus, dass die Gruppe mit den zusätzlichen Informationen mehr Intrusionen bzgl. des Films gezeigt hatte als die Vergleichsgruppe. Zugleich hatte sie den Film aber als genauso emotional und selbstrelevant eingeschätzt und nach dem Film denselben Anstieg an negativer Affektivität verzeichnet wie die andere Gruppe. Ähnliche Resultate lieferte der Gebrauch von aversiven Bildern, die entweder im Kontext von »Krieg« bzw. »Verbrechen« oder ohne einen solchen Rahmen präsentiert wurden (Pearson et al., 2012). Die Autoren werten diese Ergebnisse als Evidenz gegen die duale Repräsentationstheorie, da hier die Darbietung von Kontextinformationen zu einem Anstieg an intrusiven Erinnerungen führte, während Brewin et al. (2010) postulieren, dass Intrusionen in Folge eines traumatischen Ereignisses ein Resultat unzureichender kontextueller Verarbeitung seien und einer mangelhaften Integration von S-reps und C-reps.

Brewin selbst (Brewin & Burgess, 2014) reagierte auf diese Interpretation der Ergebnisse, indem er auf ein Missverständnis bzgl. des Begriffs »Kontext« verwies. Damit sei in der dualen Repräsentationstheorie nicht eine größere Menge an Informationen über das traumatische Ereignis gemeint, sondern der eigene, persönliche und räumliche, Kontext des Betroffenen. Durch das Einfügen der auditorischen Kommentare sei in der Studie von Pearson (2012) mehr Nähe zu den Inhalten des Films geschaffen worden, sodass sich die Probanden weniger gut davon haben distanzieren können und das Bewusstsein für ihren eigenen Kontext geschwächt worden sei. Auf diese Weise würde also sogar weniger kontextuell verarbeitet als bei einem Fehlen der Kommentare. Pearson (2014) verwies jedoch darauf, dass eine stärkere emotionale Involvierung der Studienteilnehmer dieser Gruppe durch die Erfassung von Selbstrelevanz, Stimmungsänderung und wahrgenommener Emotionalität des Films ausgeschlossen werden konnte.

Pearson (2012) und Pearson et al. (2012) führen als mögliche Erklärung für ihre Ergebnisse eine höhere Sensitivität für Triggerung durch externale und internale Hinweisreize in der Gruppe der Teilnehmer mit zusätzlichen Informationen an. Durch die größere Menge an Eindrücken während der Darbietung des aversiven Materials würden mehr verschiedene Assoziationen geschaffen, die dann in der Folge wieder durch entsprechende Hinweisreize aktiviert werden könnten.

Brewin und Burgess (2014) schlagen im Gegenzug verschiedene Methoden vor, mit denen die duale Repräsentationstheorie adäquat überprüft werden könnte. Dazu gehört die Erfassung der Fähigkeit von Personen, sich die Lage von Objekten zu merken, die sie entweder aus derselben oder aus einer anderen Perspektive heraus gesehen haben, also die Fähigkeit, eine allozentrische gegenüber einer egozentrischen Sichtweise einzunehmen. Die Autoren postulieren, dass solche vorbestehenden kognitiven Eigenschaften, die mit einer erhöhten hippocampalen Funktion in Zusammenhang stünden, einen Schutzfaktor vor der Entwicklung einer PTBS darstellen könnten. Eine weitere Möglichkeit sei der Einsatz von bildgebenden Verfahren zum Vergleich von strukturellen und funktionalen neuronalen Korrelaten von Flashbacks mit den Gehirnstrukturen, die der dualen Repräsentationstheorie zufolge Zusammenhänge zu S-reps und C-reps aufweisen. Bisher wurden solche oder ähnliche Ansätze allerdings noch nicht von unabhängigen Arbeitsgruppen verfolgt.

11.5 Psychodynamisch-kognitive Konzeptualisierung nach Horowitz

Eine sozial-kognitive psychodynamisch orientierte Theorie zur Entstehung der PTBS stammt von Horowitz (1974). Ihm zufolge gibt es verschiedene Arten der Reaktion auf ein traumatisches Ereignis. Einerseits komme es gewöhnlich zu einem zwanghaften Wiederholen des Traumas in Form von Intrusionen, im Gegensatz dazu würden aber auch häufig die Vermeidungsstrategien der gedanklichen **Verleugnung** und der emotionalen Taubheit auftreten. Diese verschiedenen Reaktionen könnten bei einer betroffenen Person sowohl gleichzeitig als auch nacheinander vorliegen. Obwohl der Ablauf bei jedem Menschen prinzipiell variiere, stellt Horowitz (1974) ein allgemeines **Phasenmodell** der Stressreaktion vor.

Als erste Reaktion auf das Erlebnis kommt es zu einem Aufschrei, der durch intensive Gefühle wie Angst, Trauer oder Wut sowie durch physiologische Reaktionen gekennzeichnet ist. Dies ist vor allem dann der Fall, wenn das Ereignis plötzlich und unerwartet eintritt. Es kann sich im Gegenteil dazu aber auch eine fassungslose Benommenheit einstellen mit der Unfähigkeit zur Wahrnehmung von Gefühlen. Daran kann sich eine Phase der Verleugnung oder emotionalen Taubheit anschließen, in der das belastende Ereignis abgewehrt wird. Darauf folgt eine Phase, in der sich Anstürme intensiver Gefühle und Zwanghaftigkeit stetig mit Vermeidungsverhalten abwechseln. In dieser Zeit sieht sich der Betroffene mit starken

Intrusionen konfrontiert, die er mittels Verleugnung und einem Gefühl der Gefühllosigkeit immer wieder abzuwehren versucht. Idealerweise setzt abschließend eine Phase des Durcharbeitens und der intensiven Auseinandersetzung mit den Emotionen ein. Diese ist geprägt von einer stärkeren kognitiven Verarbeitung und Gefühlsstabilität, während Intrusionen und unkontrollierbare Emotionen in den Hintergrund treten. Ein wichtiges Ziel dieses Prozesses ist es, die Bedeutung und die Konsequenzen, die das Ereignis mit sich bringt, zu akzeptieren.

Diese von Horowitz (1974) postulierten Phasen der posttraumatischen Reaktion können in vielen Fällen ohne größere Auffälligkeiten oder Probleme durchlaufen werden, es können aber auch pathologische Reaktionen auftreten (▶ Abb. 11.4). So ist es möglich, dass das Erlebnis direkt zu Beginn zu einem Gefühl der Überwältigung führt, woran sich Panikgefühle und Erschöpfung anschließen. Die Phase des Wechsels zwischen Intrusionen und Abwehr kann sich als eine Überflutung mit intensiven Emotionen darstellen, auf die mit extremer Vermeidung reagiert wird. Letztlich können daraus psychosomatische Reaktionen und auch Persönlichkeitsveränderungen resultieren. Eine Fortsetzung des normalen Lebensweges, der im Falle eines positiven Verlaufs der Stressreaktion angenommen wird, wäre dann nicht möglich und der Betroffene wäre auf professionelle Hilfe angewiesen.

Horowitz (1974) lehnt sich bei der Formulierung seiner Theorie von psychischer Traumatisierung an das Konzept der energetischen Überlastung von Freud an, indem er ein Modell der **Informationsüberlastung** konzipiert. Bei den Informationen handelt es sich in diesem Modell um Kognitionen und Emotionen bezüglich des Traumas. Die Aufgabe der betroffenen Person ist es hiernach, diese adäquat zu verarbeiten, denn nur dann ist es möglich, den Zustand ständiger Belastung oder Anfälligkeit für wiederkehrende Belastungen zu beenden. Der Prozess der Verarbeitung besteht sowohl in einem Abwehren von Informationen als auch in einer zwanghaften Wiederholung dieser. Die Emotionen werden anders als bei Freud nicht als Druck oder Erregungsableitung interpretiert, sondern als Reaktion auf kognitive Konflikte, die sich aus der scheinbaren Unvereinbarkeit von bisherigen Grundüberzeugungen über die Welt und sich selbst und dem tatsächlich Erlebten ergeben. Dieses Erlebte stellt die bisherigen Weltansichten des Betroffenen in Frage, sodass Angst, Wut oder Trauer ausgelöst werden. Diese Gefühle aktivieren dann entsprechend Abwehr-, Kontroll- und Bewältigungsverhalten.

Jeder Mensch hat laut Horowitz (1974) ein bestimmtes Bild von der Welt, tief verwurzelte Annahmen über seine Umwelt und sich selbst, die sich in der frühen Kindheit herausbilden. Dazu gehört zum Beispiel der Wunsch nach Unversehrtheit, das Gefühl von Unverletzlichkeit und das eigene Rollenverständnis. Wenn einer Person ein traumatisches Ereignis widerfährt, das eine Gefahr für ihr Leben darstellt und nach dem sie sich evtl. zusätzlich mit Schuldgefühlen konfrontiert sieht, widerspricht dies ihren bisherigen Vorstellungen und Annahmen. Sie fühlt sich dann verletzbar, nimmt die Welt als unsicher wahr und zieht auch ihr eigenes Selbstkonzept in Zweifel. Die neuen Erfahrungen treten also in einen Konflikt mit den verinnerlichten Konzepten und erzeugen dadurch belastende Emotionen. Als Konsequenz versucht der Betroffene, jegliche Gedanken an das Erlebnis sowie an dessen Konsequenzen zu vermeiden oder zumindest einzuschränken. Diese Abwehr von traumaassoziierten Gedanken führt dazu, dass das Erlebte nicht vollständig verarbeitet und ins autobiographische Gedächtnis integriert werden kann. Trotzdem werden die Informationen abgespeichert, da ihr Inhalt für die Person zu bedeutungsvoll ist, um ihn schlicht zu vergessen. Die Informationen bleiben somit aktiv. Aus dieser Aktiviertheit folgt eine wiederholte Repräsentation dieser Inhalte in

11.5 Psychodynamisch-kognitive Konzeptualisierung nach Horowitz

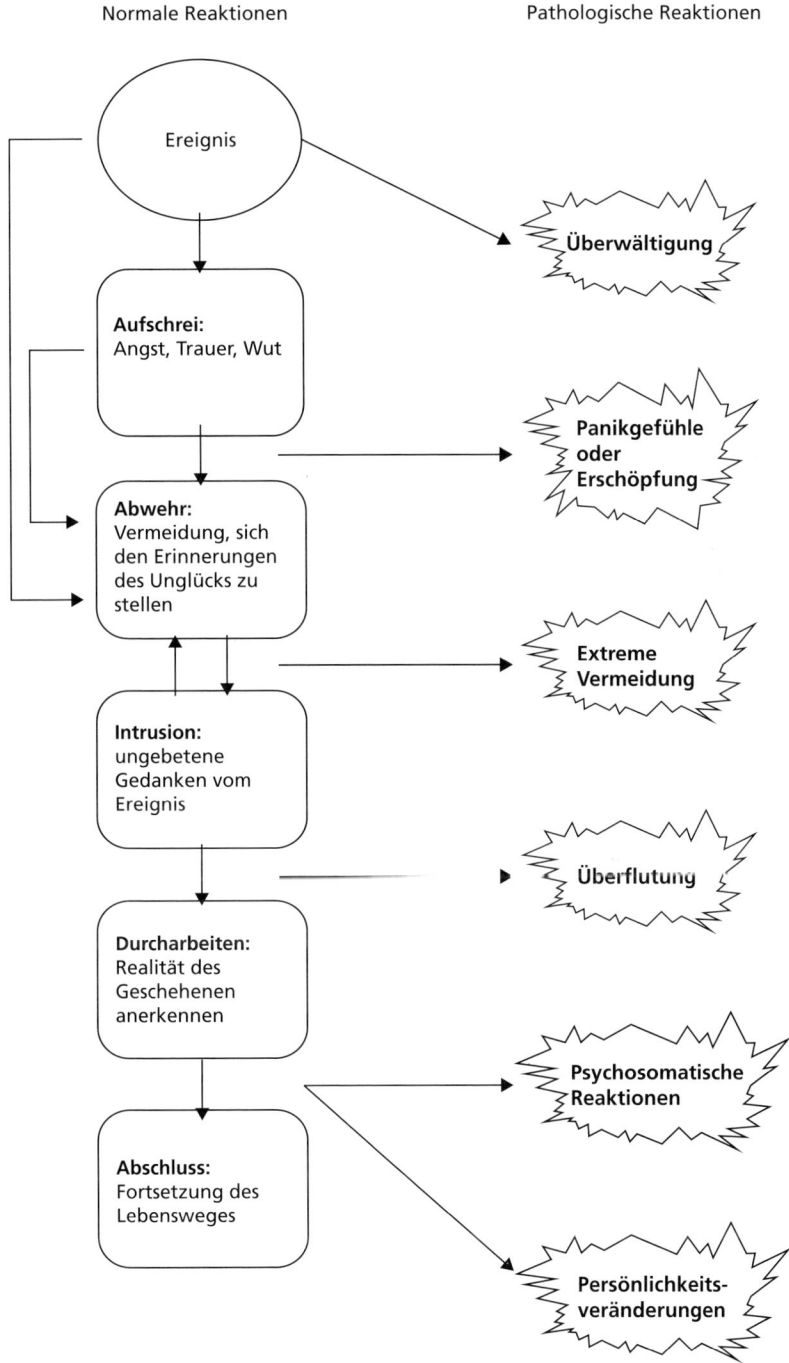

Abb. 11.4: Normale und pathologische Phasen posttraumatischer Reaktionen (nach Horowitz, 1997, S. 147)

Form von sich aufdrängenden, ungewollten Erinnerungen, die so lange andauern bis die Verarbeitung abgeschlossen ist. Danach werden die gespeicherten Bilder aus dem aktiven Gedächtnis gelöscht.

Die intrusiven Gedanken haben Horowitz (1974) zufolge sowohl adaptive als auch maladaptive Anteile. Günstig sei, dass durch sie die Verarbeitung der Informationen fortgesetzt werde. Dysfunktional würden sie allerdings dann, wenn ihre Unkontrollierbarkeit Verunsicherung und Angst auslöst oder sie durch ihren Inhalt Schmerz und Leid beim Betroffenen verursachen. Zudem beanspruchen sie massiv seine kognitiven Kapazitäten, sodass die Bewältigung der alltäglichen Anforderungen stark erschwert ist. Auch die Vermeidung von belastenden Gedanken kann positive und negative Aspekte haben. Zum einen sorgt sie dafür, dass die Person nicht von einem Schwall belastender Erinnerungen überschwemmt wird und somit der Gefahr eines Zusammenbruchs ausgesetzt ist, sondern die Inhalte des traumatischen Ereignisses dosiert und Stück für Stück integriert werden können. Auf der anderen Seite kann Vermeidung aber auch eine Auseinandersetzung mit dem Geschehen und damit eine Durcharbeitung komplett verhindern. Des Weiteren besteht die Gefahr, dass auf problematische Verhaltensweisen wie Alkoholmissbrauch zurückgegriffen wird, um mit deren Hilfe eine Vermeidung der belastenden Inhalte überhaupt zu ermöglichen.

Das Ziel des Verarbeitungsprozesses besteht in der Auflösung des Konflikts zwischen den biographisch herausgebildeten Annahmen und Überzeugungen einer Person bezüglich sich selbst und ihrer Rolle in verschiedenen Kontexten einerseits und den damit im Widerspruch stehenden neuen Erfahrungen andererseits. Diese Erfahrungen müssen in die vorhandenen Annahmen sowohl kognitiv als auch emotional integriert werden, erst dann kann die Belastung nachlassen. Im Falle eines Überwiegens der dysfunktionalen Aspekte der einzelnen Komponenten des Prozesses, die eine erfolgreiche Integration nicht zulassen, muss die betroffene Person psychotherapeutische Hilfe in Anspruch nehmen.

11.5.1 Empirische Überprüfung

Die Hypothesen von Horowitz (1974) bezüglich des Prozesses der Verarbeitung neuer inkongruenter Informationen nach einer Traumatisierung wurden in zwei Studien von Jind (2001) und Jind et al. (2010) gezielt überprüft. Hierbei konnte gezeigt werden, dass die kognitive Verarbeitung kurz nach dem traumatischen Erlebnis am stärksten war und dann mit zunehmender Zeit nachließ. Zudem war sie stark mit Intrusionen, Vermeidung und Hypervigilanz verbunden (Jind, 2001). Darüber hinaus lagen Assoziationen zwischen einem stärkeren Ausmaß an kognitiver Verarbeitung und negativeren Annahmen über sich und die Welt vor (Jind et al., 2010).

Weitere Studien zur Überprüfung der Veränderungen von Grundannahmen nach einem traumatischen Ereignis finden sich in der nachfolgenden Darstellung des Modells der basalen Annahmen von Janoff-Bulman (▶ Kap. 11.6).

11.6 Modell der basalen Annahmen von Janoff-Bulman

Einen sehr ähnlichen Ansatz wie Horowitz (1974) verfolgt Janoff-Bulman (1989). Sie geht davon aus, dass aufgrund der Reaktionen, die Menschen auf belastende Ereignisse zeigen, Rückschlüsse auf ihre Annahmen über sich und die Welt möglich sind. Da ein traumatisches Ereignis einen Angriff auf die eigene Unversehrtheit darstellt und im Anschluss häufig das Gefühl einer erhöhten Vulnerabilität zurückbleibt, folgert Janoff-Bulman (1989), dass vor einem solchen Erlebnis eine implizite Überzeugung von Unverletzbarkeit vorherrscht, die sich durch Interaktionen mit verantwortungsvollen und berechenbaren Fürsorgepersonen in der Kindheit herausbildet.

Die Autorin postuliert ein Modell mit drei primären Kategorien von zentralen **Grundannahmen**, die sie in insgesamt acht einzelne Annahmen unterteilt. Diese sind in **Kasten 11.1** zusammengefasst:

Kasten 11.1: Grundannahmen des Modells der basalen Annahmen

wahrgenommenes Wohlwollen der Welt

- **Wohlwollen der unpersönlichen Welt**
- **Wohlwollen von Menschen**

Sinnhaftigkeit der Welt

- Gerechtigkeit
- Kontrollierbarkeit
- Zufall

Wertigkeit des Selbst

- Selbstwert
- Selbstkontrollierbarkeit
- Glück

11.6.1 Beschreibung der einzelnen Grundannahmen

Bei der ersten Kategorie handelt es sich um das wahrgenommene Wohlwollen der Welt, das weiter differenziert wird in das Wohlwollen der unpersönlichen Welt und das Wohlwollen von Menschen. Im ersten Fall stellt sich die Frage, in welchem Ausmaß gute und schlechte Dinge in der Welt passieren. Jede Person hat Janoff-Bulman (1989) zufolge eine implizite Vorstellung davon, wie Positives und Negatives in der Welt verteilt ist, also wieviel Gutes und wieviel Schlechtes passiert. Die zweite Annahme bezieht sich auf die Gesinnung und Einstellung von Menschen. Hiernach geht eine Person zu einem bestimmten Grad davon aus, dass die meisten Mitmenschen friedliche und gutmütige Absichten haben oder aber davon, dass sie anderen gegenüber feindlich gesinnt sind und sich rücksichtslos verhalten.

Die zweite Kategorie beschreibt die Sinnhaftigkeit der Welt. Sie beinhaltet Annahmen darüber, warum gute und schlechte Ereignisse in der Welt passieren bzw. darüber, wem sie passieren. Die drei möglichen Prinzipien sind hier Gerechtigkeit, Kontrollierbarkeit und Zufall. Eine Person, die von der Gerechtigkeit der Welt überzeugt ist, nimmt an, dass der Charakter eines Menschen über seine Erlebnisse entscheidet. Ist ein Mensch moralisch und fair, so wird ihm überwiegend Gutes in seinem Leben wiederfahren; böswillige Menschen hingegen haben entsprechend mit negativen Ereignissen zu rechnen. Janoff-Bulman (1989) zitiert zur Veranschaulichung Lerner's (1980) »**just world theory**«, der zufolge Menschen das Bedürfnis haben, an eine gerechte Welt zu glauben, in der jeder das bekommt, was er verdient, und verdient, was er bekommt.

Das Prinzip der Kontrollierbarkeit besagt indes, dass das Verhalten einer Person über ihre Erfahrungen bestimmt. Menschen haben nach dieser Auffassung die Möglichkeit, Verhaltensweisen zu zeigen, die sie vor schlimmen Ereignissen beschützen. Durch das eigene Verhalten wird die Welt somit kontrollierbar, denn nicht der eigene Charakter, sondern die selbst ausgeführten Handlungen entscheiden über das Auftreten von Ereignissen.

Das letzte Prinzip in dieser Kategorie, das des Zufalls, postuliert, dass es keine festen Regeln gibt, nach denen sich Schlechtes und Gutes in der Welt verteilen. Weder die Persönlichkeit eines Menschen noch sein Verhalten haben einen Einfluss darauf, was passiert. Nach dieser Annahme stellt sich die Welt also nicht sinnhaft und bedeutungsvoll, sondern als allein vom Zufall regiert dar, was in der Folge ein Gefühl von Verletzbarkeit fördert.

Die grundlegenden Annahmen der dritten Kategorie, Wertigkeit des Selbst, bilden Parallelen zu den Annahmen aus der zweiten Kategorie, indem die Überzeugungen über die in der Welt herrschenden Prinzipien zur Verteilung positiver und negativer Ereignisse auf die eigene Person übertragen werden. Der erste Aspekt des Selbstwerts beschreibt, ob sich eine Person eher als einen guten und korrekten Menschen oder eher als schlecht und unmoralisch wahrnimmt. Die zweite Annahme, die der Selbstkontrollierbarkeit, betrifft das Ausmaß, in dem eine Person Verhaltensweisen zeigt, durch die sie die Geschehnisse ihres Lebens zu beeinflussen, also beispielsweise schlimmen Ereignissen vorzubeugen, versucht. Die dritte Annahme über das persönliche Glück schließlich bezeichnet den Grad, zu dem sich eine Person eher als vom Pech verfolgt oder vom Glück gesegnet empfindet. Analog zur Annahme des Zufalls in der Kategorie der Sinnhaftigkeit der Welt stellt sich diese Einschätzung völlig unabhängig vom subjektiven Wert und Verhalten der Person dar.

Das individuelle Gefühl der Verletzbarkeit ergibt sich letztendlich aus der Kombination der Annahmen aus den drei Kategorien. Ist eine Person der Ansicht, dass die Welt eher ein wohlwollender Ort ist, an dem überwiegend gute Dinge passieren, und glaubt sie an das Prinzip der Gerechtigkeit und betrachtet sich selbst als einen moralischen Menschen, so vertraut sie diesem Modell zufolge darauf, von schlimmen Ereignissen verschont zu bleiben. Sieht sie sich andererseits bei fester Überzeugung vom Prinzip der Gerechtigkeit als einen schlechten Menschen an, so würde sie annehmen, dass ihr vor allem negative Ereignisse wiederfahren. In ähnlicher Weise würde sich eine Person, die die Welt als kontrollierbar erachtet und nach ihrem subjektiven Eindruck alles dafür tut, schlechten Ereignissen vorzubeugen, als eher wenig vulnerabel empfinden. Beim Glauben an das Prinzip des Zufalls dürfte eine Person, die sich als glücksverwöhnt betrachtet, sich unabhängig von ihrem Charakter und ihrem Verhalten in Sicherheit wägen.

11.6.2 Charakteristika der Grundannahmen

Die Grundannahmen innerhalb einer Kategorie schließen sich nicht im Sinne eines entweder-oder-Prinzips gegenseitig aus. Vielmehr kann jeder Mensch mehrere oder alle Annahmen gleichzeitig als zutreffend erachten, nur in jeweils mehr oder weniger starkem Ausmaß.

Die basalen Annahmen werden in diesem Modell als in der Regel stabil und änderungsresistent angesehen. Wie die wissenschaftlichen Paradigmen aus der Theorie von Kuhn (1962) unterliegen auch sie nur äußerst langsamen, graduellen Veränderungen. Alltägliche äußere Eindrücke, die minimale Inkongruenzen zu den ausgebildeten Überzeugungen aufweisen, werden assimiliert, zumeist unbemerkt, sodass die basalen Annahmen nicht instabil oder inkohärent werden. Ein Ereignis, das jedoch mit der Bedrohung des Lebens oder mit einer Gefahr für die körperliche Unversehrtheit verbunden ist, erzeugt eine so große Inkongruenz, dass die basalen Annahmen nicht mehr ohne Weiteres aufrecht erhalten werden können. Der Betroffene steht in diesem Fall vor der Aufgabe, die aus dieser Erfahrung resultierenden neuen Informationen in seine bisherigen Grundannahmen über die Welt zu integrieren und diese miteinander in Einklang zu bringen, was nur durch eine Veränderung und Anpassung der Annahmen möglich ist.

Laut Janoff-Bulman (1989) gibt es verschiedene Strategien, über die dies erreicht werden kann. Dabei unterscheidet sie zwei grundlegende Wege. Beim ersten handelt es sich um Strategien, die bei der neu zu integrierenden Information ansetzen und zum Ziel haben, diese assimilierbar zu machen. Beispiele hierfür sind Selbstbeschuldigungen und positive Reinterpretationen des Ereignisses.

Selbstbeschuldigungen treten zumeist so massiv auf, dass sie nicht mehr als objektiv angemessen bezeichnet werden können. Sie beziehen sich entweder auf den eigenen Charakter, z. B. einen Unfall verursacht zu haben, weil man ein schlechter Mensch ist, oder auf das Verhalten in einer bestimmten Situation, wie beim Autofahren nicht genug aufgepasst zu haben. Im letzten Fall erscheinen die Selbstvorwürfe weniger stabil, global und generalisiert, da eine Verhaltensweise prinzipiell modifizierbar ist. Durch das Gefühl, in einer ähnlichen Situation durch anderes Handeln dem Ereignis vorbeugen zu können, kann sogar das Kontrollempfinden erhöht und gleichzeitig das Gefühl von Verletzbarkeit reduziert werden. Diese Strategie beinhaltet somit durchaus adaptive Aspekte.

Im Falle der Reinterpretation des Traumas werden die positiven Aspekte des Ereignisses beleuchtet und in den Vordergrund gerückt, wie beispielsweise die Gewinnung von Selbstkenntnis, eine Neuordnung der Prioritäten oder die Neubewertung des eigenen Lebens.

Die zweite Art von Strategien zur Integration von inkongruenten Informationen in die bestehenden Grundannahmen, zu der Verleugnung und intrusive wiederkehrende Gedanken gehören, setzt beim Prozess der Integration an. Werden wichtige Aspekte des traumatischen Ereignisses verleugnet, so verhindert dies einen radikalen Umbruch der bestehenden Grundannahmen und ermöglicht im Gegenteil, dass die erinnerten Informationen nacheinander, in einem graduellen Prozess, integriert werden können, wobei Stabilität und Kohärenz gewahrt bleiben. Durch Verleugnung wird also die Geschwindigkeit reguliert, mit der Veränderungen der Grundannahmen von statten gehen. Intrusive Gedanken hingegen weisen, wie von Horowitz (1974) postuliert, darauf hin, dass die neuen Informationen im aktiven Gedächtnis verwahrt bleiben, bis sie schließlich komplett durchgearbeitet worden sind. Verleugnung und Intrusionen wechseln sich nach dieser Vorstellung miteinander ab, indem die Verleugnung dann einsetzt, wenn die Intrusionen zu überwältigend werden.

11.6.3 Empirische Überprüfung

Das Modell der basalen Annahmen war Gegenstand vieler Forschungsarbeiten. In mehreren Studien, die zum großen Teil die von Janoff-Bulman entwickelte **World Assumptions Scale** (1989) zur Messung von Grundannahmen eingesetzt hatten, konnten Unterschiede hinsichtlich der generellen Einstellungen zwischen Personen gefunden werden, die in der Vergangenheit Opfer eines traumatischen Ereignisses geworden waren, und Personen, die kein solches Ereignis erlebt hatten.

Magwaza (1999) untersuchte südafrikanische Traumaopfer, die entweder den Tod eines engen Familienmitglieds beobachten mussten oder Folter und Inhaftierung erlitten hatten. Diese empfanden die Welt als erschreckender und weniger bedeutungsvoll als Nicht-Traumatisierte. Jeweils über 70 % von ihnen sahen die Welt als übelwollend und als eine Quelle von Traurigkeit an, hatten Angst, dass ihnen böse Dinge wiederfahren könnten, und glaubten, dass die Ereignisse im Leben unkontrollierbar und unvorhersehbar seien. Immerhin 69 % behielten von sich selbst das Bild eines guten und wertvollen Menschen.

In einer anderen Studie (Jind et al., 2010) wiesen Eltern, die ein Kind verloren hatten, mehr negative Grundannahmen auf als Kontrollpersonen. Interessanterweise traf dies aber nur auf die Mütter zu. Israelische Kriegsveteranen mit einer Kriegsneurose (combat stress reaction) zeigten in einer Arbeit von Dekel et al. (2004) gegenüber Veteranen, die für ihren Einsatz im Krieg ausgezeichnet worden waren, und einer Veteranen-Kontrollgruppe weniger Glauben an das Wohlwollen anderer Menschen. Zugleich besaßen die Probanden mit einer PTBS ein niedrigeres Selbstwertgefühl als diejenigen ohne PTBS.

In einer weiteren Studie (Solomon et al., 1997) wurden die Probanden nach dem Grad ihrer Involvierung in einen Verkehrsunfall gruppiert. Es handelte sich bei allen um ehemalige Angehörige derselben Schule, die sich zum Zeitpunkt des Unglücks auf einem Schulausflug befunden hatten. Einer der Reisebusse war unterwegs mit einem Zug kollidiert, wobei 22 Insassen getötet und die anderen 14 schwer verletzt worden waren. Die erste Probandengruppe setze sich aus Personen zusammen, die damals Fahrgäste des verunglückten Busses gewesen waren, die zweite Gruppe hatte den Unfall von ihrem Bus aus beobachten können und die dritte Gruppe hatte sich in Bussen befunden, die eine andere Route genommen hatten und war daher mit dem Unfall nicht unmittelbar konfrontiert gewesen. Eine vierte Gruppe bildete die Kontrolle. Es zeigte sich, dass die erste Gruppe weniger Glauben an den Wohlwollen und die Gerechtigkeit der Welt sowie an persönliches Glück aufwies als die anderen Probanden. Zudem ließen sich Zusammenhänge zwischen einem hohen Ausmaß an psychischer Beeinträchtigung und einem niedrigen Selbstwert, einem gering ausgeprägten Glauben an das Wohlwollen der Welt, das Wohlwollen anderer Menschen und an Glück sowie einem starken Glauben an Zufälligkeit nachweisen.

Ähnliche Beziehungen stellten sich auch in anderen Arbeiten dar, so waren negative kognitive Einstellungen in einer Untersuchung mit dem Vorliegen einer PTBS und mit posttraumatischen Symptomen (Jind et al., 2010), in einer anderen (Pyevich et al., 2003) mit der Anzahl arbeitsbezogener traumatischer Erlebnisse bei Journalisten assoziert.

Einschränkend ist anzuführen, dass es sich in keiner der zitierten Studien um eine Längsschnittuntersuchung handelt, die die Grundannahmen der Probanden sowohl vor als auch nach dem traumatischen Erlebnis erfasst hat. Somit bleibt offen, ob wirklich Veränderungen der Annahmen eingetreten sind oder ob sich die verglichenen Gruppen aufgrund anderer Faktoren voneinander unterschieden. Zudem lagen die Ereignisse zumeist schon mehrere Jahre zurück, sodass die Teilnehmer in der Zwischenzeit noch vielen anderen Einflüssen ausgesetzt waren, die für die Ausprägung ihrer Annahmen mit verantwortlich sein könnten. Immerhin konnte in der Studie von Jind et al. (2010) demonstriert werden, dass die negativen Annahmen in dem Zeitraum von drei bis zwölf Monaten nach dem Verlust eines Kindes zunahmen, was allerdings auch wiederum nur die Frauen betraf.

Ein wesentlicher Kritikpunkt am Modell Janoff-Bulmans ist die sich daraus ableitende Schlussfolgerung, dass Menschen, die bisher überwiegend positive Erfahrungen gemacht haben und dementsprechend über sehr starke positive Grundannahmen verfügen sollten, nach einem traumatischen Ereignis die stärksten Beeinträchtigungen und Symptome aufweisen müssten. Doch tatsächlich stellt im Gegenteil eine vergangene Traumatisierung einen Risikofaktor für die Ausbildung einer PTBS nach einem weiteren Trauma dar (Brewin et al., 2000), obwohl in diesem Fall bereits eine Erschütterung der Grundannahmen stattgefunden haben müsste.

11.7 Multifaktorielles Rahmenmodell nach Maercker

Maercker (2003) erstellte ein Rahmenmodell zur Entstehung der PTBS, das verschiedene Arten von Entstehungs- und Aufrechterhaltungsfaktoren integriert, für die er direkt empirische Nachweise anführt. Das Modell geht der Frage nach, warum einige Menschen nach dem Erleben eines traumatischen Ereignisses eine PTBS entwickeln und andere nicht. Die verschiedenen Gruppen von Einflussfaktoren sind in **Abbildung 11.5** dargestellt.

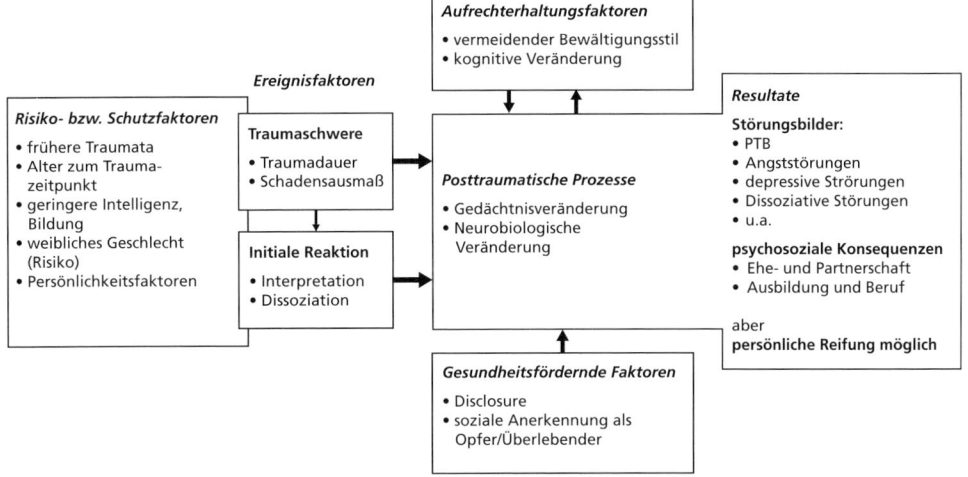

Abb. 11.5: Rahmenmodell der Ätiologie von Traumafolgen nach Maercker (2003)

11.7.1 Risiko- bzw. Schutzfaktoren

Zu den Risikofaktoren zählt Maercker (2003) eine frühe Traumatisierung in der Kindheit, ein jüngeres Alter zum Zeitpunkt der Traumatisierung, eine geringe Intelligenz bzw. Bildung und das weibliche Geschlecht. Diese Faktoren waren alle in einer 77 Studien umfassenden Metaanalyse (Brewin et al., 2000) untersucht worden. Allerdings weisen sie einen geringeren prädiktiven Wert auf als die Ereignis- und die Aufrechterhaltungsfaktoren. Es wurden auch mehrfach bestimmte Persönlichkeitseigenschaften auf ihr Risiko hin, die Entwicklung einer PTBS zu begünstigen, überprüft (Lee et al., 1995; Noelen- Hoeksema & Morrow, 1991; Breslau et al., 1995). Bisher konnte ihre Beteiligung aber noch nicht bestätigt werden.

11.7.2 Ereignisfaktoren

Als Ereignisfaktoren werden Faktoren bezeichnet, die das traumatische Erlebnis an sich charakterisieren. Hier steht zum einen die objektive Schwere des Traumas, die z. B. durch Eigenschaften wie die Dauer des Ereignisses, das Ausmaß des verursachten Schadens und den Grad der Verletzungen erfasst wird, mit dem Ausmaß der Folgen in direktem Zusammenhang (»**Dosis-Wirkungsbeziehung**«). Als weiteren, noch wichtigeren, Faktor nennt Maercker (2003) die Reaktionen während des Traumas. Die Fähigkeit, während des Ereignisses das Gefühl der eigenen Autonomie zu bewahren, stand in einer Studie von Ehlers et al. (2000) in Verbindung mit einer stärkeren Symptomreduktion durch eine nachfolgende Psychotherapie. Peritraumatische Dissoziation hingegen sagt die Ausbildung stärkerer PTBS-Symptome vorher.

11.7.3 Aufrechterhaltungsfaktoren

Intensive Lebensbelastungen, die sich nach dem traumatischen Ereignis einstellen können, wie z. B. Konflikte in der Partnerschaft, Arbeitsunfähigkeit oder körperliche sowie finanzielle Schäden, haben sich Maercker (2003) zufolge als die insgesamt einflussreichsten Faktoren für das Auftreten chronischer Traumafolgestörungen herausgestellt. Aber auch kognitiv-emotionale Veränderungen spielen nach diesem Rahmenmodell eine wichtige Rolle. Schon früh in der Literatur erwähnt wurden in diesem Zusammenhang Schuldgefühle, im Besonderen die **Überlebensschuld**, die eintreten kann, wenn eine betroffene Person ein Ereignis überlebt hat, bei dem andere verstorben sind (Horowitz, 1976). Diese Schuldgefühle werden als Re-Attribuierungsversuche interpretiert, durch die nachträglich ein Gefühl von Kontrollierbarkeit bzgl. der Verursachung des traumatischen Ereignisses geschaffen werden soll, indem der Betroffene die Verantwortung in Gänze sich selbst zuschreibt. Dies ist allerding mit einem erheblichen Leidensdruck verbunden. Maercker (2003) verweist darüber hinaus auf das Modell der kognitiven Verarbeitungstherapie (Resick & Schnicke, 1992; 1993) mit den fünf Bereichen Sicherheitsüberzeugungen, Vertrauen, Einfluss-/Machtattributionen, Intimitätsfähigkeit und Selbstachtung. Aber auch emotionale Veränderungen wie Scham, Ärger und Rache

gehören laut Maercker (2003) zu den Aufrechterhaltungsfaktoren einer PTBS.

11.7.4 Ressourcen oder gesundheitsfördernde Faktoren

Die in diesem Abschnitt genannten Faktoren sollen Betroffenen dabei helfen, das Erlebte besser zu integrieren. Das von Antonovsky (1987) entwickelte Konstrukt des **Kohärenzsinns** beschreibt die Fähigkeit einer Person, ein Ereignis einzuordnen, zu verstehen und ihm einen Sinn zu geben. Der zur Erfassung des Kohärenzsinns konstruierte Fragebogen sei eher wenig valide, jedoch würden Berichte von Konzentrationslager-Überlebenden für den hilfreichen Einfluss einer aktiven Geisteshaltung sprechen. Als im Vergleich zu prä-, peri- und weiteren posttraumatischen Faktoren wichtigster Prädiktor für die Schwere einer PTBS wird die soziale Unterstützung genannt. Demnach sei es für die Betroffenen essentiell, über das Erlebte sprechen zu können und von anderen Menschen als Opfer eines traumatischen Ereignisses anerkannt zu werden.

11.7.5 Posttraumatische Prozesse und Resultate

Die langfristigen Resultate eines traumatischen Ereignisses können psychische Störungen wie eben eine PTBS sein, die oftmals mit vielen psychosozialen Konsequenzen in Form von beruflichen Problemen, Trennungen, familiären Konflikten oder Schwierigkeiten mit Behörden einhergehen. Es ist aber auch ein positiver Verlauf im Sinne einer **posttraumatischen Reifung** (▶ Kap. 12.12.1) möglich. Dabei spielen laut Maercker (2003) verschiedene Bereiche eine Rolle. Beispielsweise können sich die Beziehungen zu anderen Menschen verbessern bzw. intensivieren, wenn ein tiefes Verbundenheitsgefühl zueinander aufgebaut wird. Häufig kommt es dazu, dass Betroffene nach einem schrecklichen Erlebnis bestimmte Dinge im Leben mehr zu schätzen wissen als zuvor und infolgedessen andere Prioritäten setzen. Eventuell sehen sie auch neue Möglichkeiten für ihr Leben und entwickeln eine starke Motivation, bisher Bestehendes zu verändern. Auch kann ein neues Bewusstsein für die eigenen Stärken entstehen, nachdem bestimmte Bewältigungsstrategien erfolgreich eingesetzt wurden und die Erfahrung gemacht wurde, ein tief erschütterndes Ereignis überstehen zu können. Weitere Veränderungen können im religiös-spirituellen Bereich einsetzen, wie z. B. ein verstärkter Glaube.

11.8 Integratives Ätiologiemodell nach Tagay

Tagay legt in seinem Integrativen Ätiologiemodell der PTBS (▶ Abb. 11.6) einen Schwerpunkt auf die Wechselwirkungsprozesse zwischen Risiko- und Schutzfaktoren. Da wahrscheinlich nicht einzelne Faktoren isoliert für die Ausbildung einer PTBS nach einem traumatischen Erlebnis verantwortlich sind, wird hier die Bedeutung des Zusammenspiels verschiedener Einflüsse betont. Diese Wechselwirkungsprozesse werden in Entstehungs- und Aufrechterhaltende Bedingungen einer PTBS unterteilt.

11.8.1 Entstehungsbedingungen der PTBS

Es kommt nach diesem Modell zur Ausbildung einer PTBS, wenn die Wirkungen der **Risikofaktoren** diejenigen der **Schutzfaktoren** überwiegen.

Arten von Risikofaktoren

Risikofaktoren wurden in einer Studie von Shalev et al. (1996) in prä-, peri- und posttraumatische Faktoren eingeteilt. Erstere entfalten ihre Wirkung als prädisponierende Personen- und Erfahrungsfaktoren, worunter u. a. weibliches Geschlecht, frühe Traumatisierungen in der Kindheit (Brewin et al., 2000) oder bestimmte genetische Dispositionen (Shalev et al., 1996) fallen (▶ Kap. 8).

Bei peritraumatischen Einflüssen handelt es sich um Charakteristika des Ereignisses selbst sowie um die unmittelbaren Reaktionen des Betroffenen in der Situation. Beispielsweise können die Schwere des Traumas, wahrgenommene Lebensbedrohung sowie die Unvorhersehbarkeit des Ereignisses die Ausbildung einer PTBS begünstigen (Shalev et al., 1996; Brewin et al., 2000; Ozer et al., 2003; Ehlers und Clark, 2000). Aus einer Studie von Geer und Maisel (1972) lässt sich zudem schließen, dass der Unkontrollierbarkeit eine noch größere Bedeutung zukommt als der Unvorhersehbarkeit. Alle Probanden dieser Untersuchung sahen Dias toter Körper. Die Teilnehmer aber, die das Dia abschalten und das Ende seiner Präsentation im Gegensatz zur Vergleichsgruppe somit nicht nur vorhersagen, sondern auch kontrollieren konnten, zeigten weniger Erregung vor und während des Experiments als die Vergleichsgruppe. Anscheinend wirkt es sich besonders aversiv aus, die Kontrolle, die man einmal besaß, wieder zu verlieren. So beurteilten Probanden, die zu Beginn einer Untersuchung die Intensität von Elektroschocks kontrollieren konnten, aber im weiteren Verlauf nicht mehr, die Schocks als schmerzvoller und weniger tolerierbar als Probanden, die diese Kontrolle nie hatten (Staub et al., 1971). Das Bedürfnis nach Kontrolle und Orientierung zählt darüber hinaus laut Grawe (2004) zu den vier universellen psychischen Grundbedürfnissen.

Auch die Unterscheidung zwischen »**man-made-**« und »**non-made-made**«-Traumata spielt für das PTBS-Risiko eine Rolle, insofern als von Menschen verursachte Ereignisse die Ausbildung einer PTBS eher begünstigen, besonders, wenn sie über einen längeren Zeitraum hinweg bestehen (Maercker, 1998; Kessler et al., 1995; ▶ **Kap. 6**).

Zur dritten Gruppe von Variablen, den posttraumatischen Faktoren, deren Effekte im Nachhinein des Erlebnisses wirksam werden, zählen die eigenen emotionalen und kognitiven Veränderungen des Betroffenen sowie die Reaktionen aus seinem Umfeld. Mangelnde soziale Unterstützung, also die fehlende Gelegenheit, über ein Erlebnis zu sprechen, sich auszutauschen und Verständnis durch andere zu erhalten, konnte als vergleichsweise wichtigster Risikofaktor für die Ausbildung einer PTBS identifiziert werden (Shalev et al., 1996; Brewin et al., 2000; Ozer et al., 2003).

Auch weitere belastende Ereignisse nach dem ersten Trauma (**kumulative Traumatisierung**) steigern im Sinne einer Dosis-Wirkungsbeziehung das Risiko für die Ausbildung einer PTBS (Brewin et al., 2000).

Arten von Schutzfaktoren

Den Risikofaktoren gegenüber stehen die Schutzfaktoren und Ressourcen einer Person. Prinzipiell kann das Fehlen von Risikofaktoren auch als Schutzfaktor interpretiert werden und umgekehrt, trotzdem sollen einige Schutzfaktoren gesondert hervorgehoben werden (▶ **Kap. 13**).

Wie die Risikofaktoren werden auch sie in dem Modell von Tagay nach ihrem zeitlichen Auftreten unterteilt. Prätraumatische Faktoren stellen z. B. ein sicherer Bindungsstil und ein stabiles soziales Umfeld dar. So sagte in einer Studie an Afghanistan- und Irakveteranen ein vermeidender Bindungsstil in Kombination mit Kampferfahrung und emotionaler Instabilität die Schwere von PTBS-Symptomen vorher. Zudem moderierte ein ängstlicher Bindungsstil die Beziehung zwischen Gewissenhaftigkeit und der PTBS-Symptomausprägung (Clark & Owens, 2012).

Daneben konnte der Zusammenhang des **Kohärenzsinns** mit posttraumatischer Symptomatik wiederholt bestätigt werden (Tagay et al., 2005, Tagay et al., 2006). Der Kohärenzsinn nach Antonovsky (1987) beinhaltet die Komponenten »Verstehbarkeit«, »Sinnhaftigkeit« und »Handhabbarkeit«. Er bildet ein Konstrukt für die Fähigkeit einer Person, ein Ereignis sinnvoll einzuordnen und es nicht als Bedrohung, sondern als Herausforderung wahrzunehmen, was mit der Einschätzung einhergeht, dass die Situation bewältigt werden kann.

Unter der **Resilienz** einer Person wird ihre Widerstandsfähigkeit gegenüber aversiven Erfahrungen verstanden. Nach Luthar et al. (2000) beschreibt Resilienz die Fähigkeit, ein hohes psychisches Adaptationsniveau trotz bestehender ernsthafter Risikofaktoren aufrechtzuerhalten. Der Nachweis der Resilienz stellte in der sogenannten Kauai-Studie (Werner & Smith, 1982) als eine der ersten Arbeiten eine Art Zufallsbefund dar. Kinder, die sozialen oder medizinischen Risikofaktoren ausgesetzt waren, hatten eine höhere Wahrscheinlichkeit, mit zunehmenden Alter Lern- und Verhaltensauffälligkeiten sowie psychische Probleme aufzuweisen. Ein Drittel dieser Kinder zeigte jedoch trotz der widrigen Lebensumstände keine derartigen Auffälligkeiten. Diese Widerstandsfähigkeit war u. a. mit bestimmten Persönlichkeitseigenschaften sowie dem Vorhandensein mindestens einer emotional stabilen Bezugsperson verbunden.

Während eines traumatischen Ereignisses können die Bewältigungsressourcen einer Person überfordert werden und zusammenbrechen. Hiernach spielt es dann eine wichtige Rolle, wie das Trauma und seine Konsequenzen bewertet werden. Ehlers und Clark (2000) zufolge kommt es dann zur Ausbildung einer chronischen PTBS, wenn der Betroffene das Trauma als eine schwere Bedrohung in der Gegenwart wahrnimmt und es ihm nicht gelingt, es als ein zeitbegrenztes und vergangenes Ereignis zu verarbeiten (▶ Kap. 11.2).

11.8.2 Aufrechterhaltende Bedingungen der PTBS

Auch bei der Aufrechterhaltung einer PTBS spielen nach Tagay Wechselwirkungsprozesse zwischen verschiedenen Kategorien von Faktoren eine wichtige Rolle. Diese sind körperlich/neurobiologischer, sozial-struktureller oder psychologischer Natur.

Wie in **Kapitel 11.9.3** ausgeführt, wurden bei Personen mit einer PTBS relativ zuverlässig verkleinerte Hippocampi gefunden. Da der Hippocampus eine bedeutende Rolle für die Gedächtniskonsolidierung und das Bilden neuer Erinnerungen einnimmt, liegt die Vermutung nahe, dass seine Volumenminderung mit den Gedächtnisauffälligkeiten von PTBS-Patienten zusammenhängt.

Auch Besonderheiten im Kortisolspiegel Betroffener stellen einen wiederholten Befund neurobiologischer Untersuchungen dar (▶ Kap. 11.9.1). Wahrscheinlich besteht bei PTBS-Patienten ein anfänglicher Hyperkortisolismus mit anschließendem kompensatorisch bedingten Hypokortisolismus.

Auf sozial-struktureller Ebene ist neben der sozialen Unterstützung durch enge Bezugspersonen auch die gesellschaftliche Anerkennung als Traumaopfer von großer Wichtigkeit (Brewin et al., 2000). Zudem können in der Folge eines traumatischen Erlebnisses Beziehungsprobleme, auch mit der Trennung von Partnerschaften, Schwierigkeiten im Beruf oder am Ausbildungsplatz und damit zusammenhängend finanzielle Einbußen auftreten (Soyer, 2006).

Vielfältige psychologische Veränderungen zeigen sich im Bereich von Kognitionen und Emotionen. Nach dem Modell der erschütterten Grundannahmen von Janoff-Bulman (1992; ▶ **Kap. 11.6**) können durch ein traumatisches Ereignis die bisher gehaltenen Annahmen über sich selbst und die Welt oftmals nicht aufrechterhalten werden. Erschien die Welt bisher als ein sicherer und gerechter Ort, ist diese Überzeugung mit der aktuellen Erfahrung nicht mehr vereinbar. Der Betroffene ist mit seiner eigenen Verletzlichkeit und der Unberechenbarkeit der Ereignisse oder anderer Menschen konfrontiert worden, woraus ein anhaltendes Gefühl von Unwohlsein und Misstrauen resultieren kann. Die Folge ist eventuell eine permanente Ängstlichkeit und Wachsamkeit und die Unfähigkeit, wieder enge Beziehungen einzugehen.

Die Erfahrung, einmal das Opfer eines Unfalls oder der Böswilligkeit anderer geworden zu sein, kann die Erwartung nach sich ziehen, dass so etwas in Zukunft häufiger passieren wird. Vielleicht werden solche Szenarien gedanklich ausgemalt und in zahlreichen Situationen bereits antizipiert. In Form katastrophisierender Gedanken wird so immer das allerschlimmste erwartet. Um sich davor zu schützen, setzt die betroffene Person möglicherweise verschiedene Strategien von Sicherheitsverhalten ein. Beispielsweise geht sie nicht mehr alleine vor die Tür, sucht bestimmte Orte nicht mehr auf oder trägt einen Talisman bei sich. Tritt ein weiteres traumatisches Erlebnis dann nicht mehr auf und empfindet die Person in Gegenwart ihrer Maßnahmen ein Gefühl von verstärkter Sicherheit, besteht die Gefahr, dass sie auf dieses Verhalten nicht mehr verzichten möchte und nicht die korrigierende Erfahrung machen kann, dass sie auch ohne diese Strategien keiner permanenten Bedrohung ausgesetzt ist (▶ Kap. 11.2).

Des Weiteren tritt bei einer PTBS eine hohe Komorbiditätsrate von bis zu 90 % auf (de Vries & Olff, 2009; Breslau et al., 1998; Creamer et al., 2001; ▶ **Kap. 9.1.7**). Unter den häufigsten komorbiden Störungen

11 Ätiologie der Traumafolgestörungen

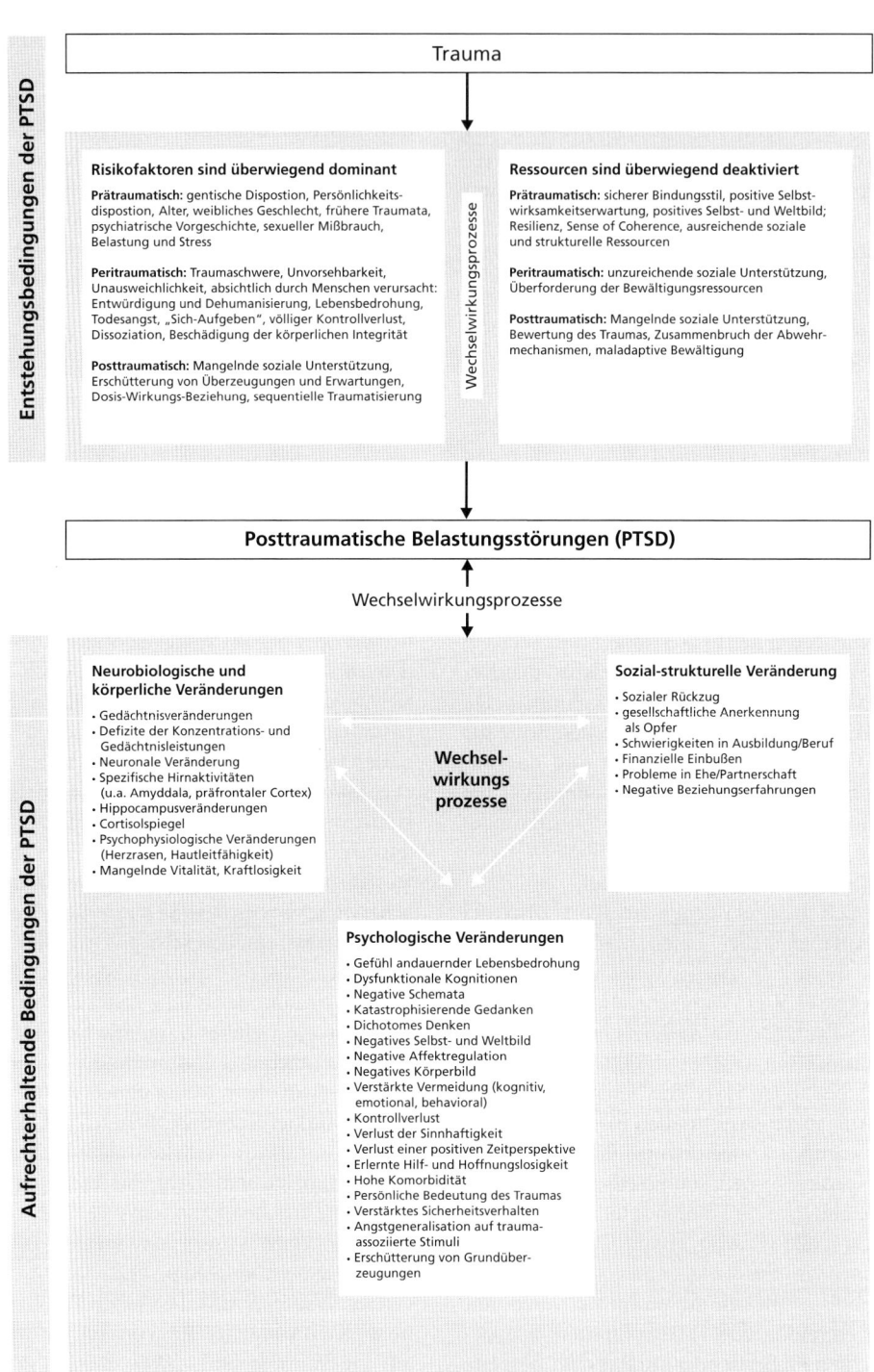

Abb. 11.6: Integratives Ätiologiemodell der PTBS nach Tagay

befinden sich Depressionen, Angststörungen und Somatoforme Störungen. Dies stellt ein Problem für die therapeutische Behandlung dar, denn werden die Symptome nicht als Folge eines traumatischen Ereignisses erkannt, findet vermutlich auch keine traumaspezifische Therapie statt, sodass die Patienten nicht optimal versorgt werden können. Da auch Suchterkrankungen zu den möglichen komorbiden Störungen gehören, besteht die Gefahr einer weiteren Verschlechterung der Symptomatik.

11.9 Neurobiologie der PTBS

Die Befunde zu neurobiologischen Veränderungen bei Menschen mit PTBS sind sehr vielfältig. Sie betreffen sowohl die Größe einiger bestimmter Hirnstrukturen, deren Funktion bzw. Aktivitätsgrad als auch Auffälligkeiten im Bereich der Hormone, Katecholamine und Aminosäuren sowie deren Wechselwirkungen untereinander. Zudem wurde immer wieder der Frage nachgegangen, welche Merkmale als prädisponierende Risikofaktoren schon vor dem Erleben eines traumatischen Ereignisses vorliegen und welche erst durch ein solches Erlebnis erworben werden. Die Befundlage stellt sich dabei in vielen Bereichen recht heterogen dar.

11.9.1 Hypothalamus-Hypophysen-Nebennierenrinden-Achse

Einen wichtigen Weg der Stressverarbeitung stellt die **Hypothalamus-Hypophysen-Nebennierenrinden-Achse (HHNA)** dar. Die evolutionäre Funktion dieser Achse besteht in der Bereitstellung von Energie im Körper, um in einer Gefahrensituation adäquat reagieren und möglichst das Überleben sichern zu können. Sobald ein Stressor auftritt, schüttet der Hypothalamus das **Corticotropin-releasing Hormon (CRH)** aus, das wiederum in der Hypophyse die Freisetzung von **Adrenocorticotropin-releasing Hormonen (ACTH)** bewirkt. In der Nebennierenrinde führt ACTH zur Ausschüttung von **Glukokortikoiden** wie **Kortisol**. Kortisol dient dazu, das Immunsystem zu hemmen, Entzündungen zu unterdrücken und in der Leber die Neubildung von Glukose anzuregen. Umgekehrt wird bei Vorliegen einer hohen Menge an Kortisol wiederum die Ausschüttung weiterer CRHs und ACTHs aus Hypothalamus und Hypophyse gehemmt, sodass nach Beendigung der Stressphase auch die Aktivität der HHNA und somit die akute Stressreaktion wieder eingestellt werden kann. Dieser Prozess wird als negatives Feedback bezeichnet (Miller et al., 2007; Sherin & Nemeroff, 2011).

In vielen Studien wurde bei Personen, die chronischem Stress ausgesetzt sind oder waren, eine erhöhte Konzentration von Kortisol in Blut, Speichel oder Urin festgestellt (Meewisse et al., 2007; Elzinga et al., 2003; Morris et al., 2012; Pervanidou et al., 2007; Delahanty et al., 2000; Miller et al., 2007). Die Ausschüttung von Kortisol ist normalerweise morgens nach dem Aufstehen am höchsten und nimmt über den Tag hinweg ab. Bei chronisch gestressten Personen zeigte sich ein niedrigeres Kortisollevel am Morgen sowie ein höheres am Nachmittag und Abend, was sich insgesamt in einer Abflachung der Kurve der Kortisolfreisetzung im Verlauf des Tages darstellt und in einem höheren Volumen über den gesamten Tag hinweg. Bei Patienten mit PTBS hingegen wurde ein verringertes Tagesvolumen von Kortisol gefunden (Morris et al., 2012; Miller et al., 2007). Dies trifft nicht nur für den Vergleich von PTBS-Patienten mit gesunden Kontrollpersonen zu, sondern auch für den Vergleich mit Personen, die zwar ebenfalls eine traumatische Situation erlebt, aber daraufhin keine PTBS entwickelt haben (Pervanidou et al., 2007; Delahanty et al., 2000; Miller et al., 2007).

Einige Studien und Metaanalysen haben eine negative Korrelation zwischen dem Kortisollevel und der Zeit, die seit der Traumatisierung vergangen ist, gefunden und somit gezeigt, dass die Kortisolkonzentration von der Dauer der PTBS abhängt (Morris et al., 2012; Miller et al., 2007). So werden unmittelbar nach der Konfrontation mit einem traumatischen Ereignis zunächst große Mengen an Kortisol ausgeschüttet, die dann allerdings im Laufe der Zeit über mehrere Monate hinweg einen Rückgang erfahren, bis das Level schließlich sogar unter dem Normalniveau liegt. Einschränkend muss jedoch erwähnt werden, dass es sich bei dem Großteil der Untersuchungen um Querschnittstudien handelt und eine Überprüfung des Kortisolspiegels über längere Zeit an ein und derselben Stichprobe nur selten realisiert wurde. Trotzdem deuten die Ergebnisse darauf hin, dass PTBS-Patienten einen anfänglichen **Hyperkortisolismus** mit anschließendem wahrscheinlich kompensatorisch bedingten **Hypokortisolismus** aufweisen (Elzinga et al., 2003; Morris et al., 2012; Miller et al., 2007).

Ebenfalls liegt bei einer PTBS eine verstärkte **negative Feedback-Sensitivität** vor, was im **Dexamethason-Suppresionstest** beobachtet werden kann. Bei diesem Test wird den Probanden das künstliche Glukokortikoid Dexamethason verabreicht, das genau wie Kortisol auf dem Wege des negativen Feedbacks die Freisetzung weiterer Kortisols aus der Nebennierenrinde blockiert. Dementsprechend wird nach dieser Behandlung eine Reduktion der Kortisolkonzentration erwartet. Es konnte nachgewiesen werden, dass bei PTBS-Patienten diese Reduktion besonders stark ausfällt, was auf eine erhöhte Sensitivität des negativen Feedbacks der HHNA bei PTBS schließen lässt (Morris et al., 2012; Miller et al., 2007).

11.9.2 Sympathisches Nervensystem

Bei der Verarbeitung akuter Stresssituationen spielt nicht nur die Aktivierung der HHNA mit der Ausschüttung von Kortisol eine bedeutende Rolle, sondern auch das sympathische Nervensystem, aus dem vermehrt Katecholamine wie **Noradrenalin** freigesetzt werden. Diese bewirken eine Anregung des Herz-Kreislaufsystems mit einer Steigerung von Blutdruck und Puls, um den Organismus in Gefahrensituationen handlungsbereit zu machen (Sherin & Nemeroff, 2011). Bei Patienten mit einer PTBS wurde eine anhaltende Hyperaktivität des Sympathikus festgestellt und somit eine dauerhaft erhöhte Noradrenalinkonzentration (Yehuda et al., 1992; Yehuda et al., 1998; Kosten et al., 1987). Diese könnte für die Symptome des Hyperarousal, der verstärkten Schreckhaftigkeit und der gesteigerten Enkodierung von angstbesetzten Erinnerungen bei einer PTBS mitverantwortlich sein (Sherin & Nemeroff, 2011). Die Produktion von Noradrenalin im Locus coeruleus und anderen noradrenergen Hirnstammkernen wird wiederum durch Kortisol gehemmt. Vor dem Hintergrund des Hypokortisolismus bei einer PTBS wurde in einigen Studien die Hypothese aufgestellt, dass durch den Mangel an Kortisol keine ausreichende Kompensation des hohen Noradrenalinlevels mehr stattfinden könne, sodass die Hyperarousal-Symptome langfristig aufrechterhalten würden (Pervanidou et al., 2007; Yehuda et al., 1998; Zohar et al., 2011).

Somit würde Hypokortisolismus also einen Risikofaktor für die Entwicklung einer PTBS darstellen. Allerdings ist unklar, ob es sich dabei um eine angeborene oder eine erworbene Eigenschaft handelt. In einer Studie von Resnick et al. (1995) wurden 37 Frauen nach einer Vergewaltigung untersucht und deren Kortisolspiegel bestimmt. Diejenigen Frauen, die bereits früher einmal einen Angriff erlebt hatten, wiesen eine niedrigere Kortisolkonzentration auf als Frauen, die dies nicht erlebt hatten, und zeigten zudem ein höheres Risiko, in Folge der Vergewaltigung eine PTBS auszubilden. In einer anschließenden Regressionsanalyse sagte allerdings nur der Faktor eines früheren Angriffs die Entwicklung einer PTBS nach der Vergewaltigung vorher, weder das Kortisollevel noch die Schwere der Vergewaltigung ergaben sich als signifikante Prädiktoren. Hiernach ließe sich vermuten, dass die Frauen, die in der Vergangenheit bereits mit einem traumatischen Ereignis konfrontiert gewesen waren, in dessen Folge einen Hypokortisolismus ausgebildet hatten und diese Kombination sie schließlich vulnerabler für die Entwicklung einer PTBS nach einer weiteren Traumatisierung werden ließ.

11.9.3 Hippocampus

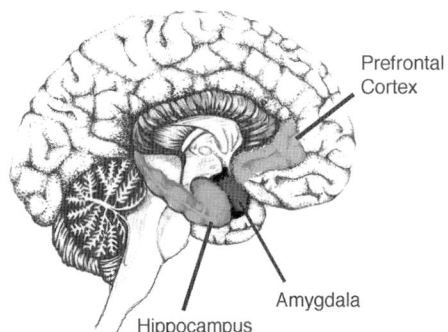

Abb. 11.7: Lage des Hippocampus, der Amygdala und des präfrontalen Kortex im menschlichen Gehirn
(Quelle: http://guardianlv.com/wp-content/uploads/2013/10/Image-showing-the-Hippocampus-in-the-human-brain.jpg)

Bezüglich der strukturellen Veränderungen im Gehirn bei Patienten mit PTBS ist als bislang einheitlichster Befund eine Verkleinerung des **Hippocampus** (▶ Abb. 11.7) festgestellt worden. Der Hippocampus stellt einen Teil des limbischen Systems dar, der eine wichtige Rolle bei der Gedächtniskonsolidierung und dem Bilden neuer Erinnerungen einnimmt. Zudem ist er für die Kontrolle von Stressreaktionen zuständig und im Rahmen der Angstkonditionierung für die Diskriminierung zwischen sicheren und unsicheren Umweltkontexten (Admon et al., 2013; Sherin & Nemeroff, 2011). In vielen Studien wurde ein signifikant verringertes Hippocampusvolumen bei PTBS-Patienten verglichen mit gesunden Kontrollpersonen gefunden (Bremner et al., 1995; Bremner, 2003; Gurvits et al., 1996; Stein et al., 1997b; Karl et al., 2006; Kitayama et al., 2005; Apfel et al., 2011; Acheson et al., 2012; Chao et al., 2013; Shu et al., 2013). Teilweise zeigte sich dieser Unterschied auch gegenüber Personen, die zwar ein traumatisches Ereignis erlebt, aber daraufhin keine PTBS entwickelt hatten (Bremner, 2003; Gurvits et al., 1996; Karl et al., 2006; Kitayama et al., 2005; Chao et al., 2013; Levy-Gigi et al., 2013; Zhang et al., 2011; Morey et al., 2012). Da traumatisierte Personen, die nicht alle Kriterien für die Diagnose einer PTBS erfüllen, zumeist trotzdem einzelne Symptome aufweisen, wurde dieser Vergleich in einer Studie nur dann signifikant, wenn die Symptomatik der Patienten mit dem Vollbild einer PTBS sehr stark ausgeprägt war (Karl et al., 2006). Traumatisierte Personen ohne PTBS weisen in derselben Metaanalyse auch geringere Hippocampusvolumina auf als Personen, die kein traumatisches Ereignis erlebt hatten.

Diese Befundlage lässt vermuten, dass nicht das dichotome Kriterium des Vorliegens oder Nicht-Vorliegens einer PTBS mit einer Volumenminderung assoziiert ist, sondern dass es einen Zusammenhang zwischen der Schwere der nach einer Traumatisierung ausgebildeten Symptome und der Größe des Hippocampus gibt. Entsprechend konnten mehrere Arbeiten negative Korrelationen zwischen Hippocampusvolumen und Ausprägung der Symptomatik feststellen (Gilbertson et al., 2002; Gurvits et al., 1996; Stein et al., 1997b; Apfel et al., 2011; Bremner, 2003; Shu et al., 2013).

Auch wenn diese Ergebnisse, wie oben beschrieben, zu denen mit dem größten Konsens zählen, so sind sie doch nicht in allen Untersuchungen bestätigt worden. In einigen Studien wurden keine hippocampalen Unterschiede zwischen Personen mit und ohne PTBS gefunden (Starcevic et al. 2014; Herringa et al., 2012; Bonne et al., 2001; Rocha-Rego et al., 2012; Niedtfeld et al., 2013) und auch keine Korrelation zwischen Stärke der Symptomatik und Hippocampusvolumen (Kasai et al., 2008; Zhang et al., 2011; Herringa et al., 2012; Bonne et al., 2001).

Es stellt sich die Frage, ob es sich bei der Verkleinerung des Hippocampus um ein bereits vor der Traumatisierung vorliegendes Merkmal handelt oder um ein durch das traumatische Ereignis erworbenes. Die Datenlage zeigt sich hierzu noch äußerst unklar. Einige Arbeiten haben mittels Zwillingsstudien versucht, diese Frage zu beantworten. Gilbertson et al. (2002) untersuchten Paare von eineiigen Zwillingsbrüdern, von denen einer im Vietnamkrieg eingesetzt worden war und der andere keine Kriegserfahrung hatte. Bei einem Teil der Zwillingspaare hatte der Kriegsveteran als Folge des Militäreinsatzes eine PTBS entwickelt, bei den restlichen lag keine solche Diagnose vor. Bei dem Vergleich der Hippocampi zeigte sich nun, dass Veteranen mit einer schweren PTBS, aber auch ihre Brüder, ein geringeres Volumen aufwiesen. Beide hatten einen signifikant kleineren Hippocampus als sowohl die Veteranen ohne PTBS als auch deren Zwillinge. Die Brüder unterschieden sich in diesem Kriterium jeweils nicht voneinander. Zudem war das Hippocampusvolumen der nicht kriegserfahrenen Zwillinge negativ korreliert mit der Schwere der PTBS-Symptome ihrer Brüder. Diese Ergebnisse deuten darauf hin, dass der verkleinerte Hippocampus der PTBS-Patienten ein angeborenes Merkmal darstellt, das sie evtl. zur Entwicklung dieser Störung prädisponiert. Allerdings wurden die Daten derselben Stichprobe in einer zweiten Studie (Kasai et al., 2008) noch einmal untersucht, diesmal unter Verwendung eines anderen Messverfahrens. Hierbei wurden nun abweichende Ergebnisse erzielt. Zwar ergab die Berechnung für die Veteranen mit PTBS noch immer verkleinerte Hippocampi im Vergleich zu den Veteranen ohne PTBS, jedoch traf dies nicht mehr auf ihre Zwillingsbrüder zu. Somit bleibt also offen, ob das reduzierte Hippocampusvolumen angeboren oder erworben ist. Allerdings muss mit Blick auf die zweite Untersuchung beachtet werden, dass hier nicht nur die Zwillinge mit schwerer PTBS, sondern alle PTBS-Patienten mit ihren Brüdern in die Analysen einbezogen wurden.

Hierdurch wird deutlich, dass unterschiedliche methodische Vorgehensweisen die Interpretation der Ergebnisse erheblich erschweren können. Dieses Problem wird auch in einer umfangreichen Metaanalyse von Karl et al. (2006) betont. Die Autoren stellten fest, dass sich die Ergebnisse verschiedener Studien in Abhängigkeit von sowohl der untersuchten Stichprobe als auch der Kriterien, nach denen einzelne Hirnstrukturen voneinander abgrenzt wurden, sowie der verwendeten Messverfahren voneinander unterscheiden.

Weitere Hinweise für die Variante eines erworbenen Zustands liefern einige Studien, nach denen die Reduzierung des Hippocampusvolumens reversibel zu sein scheint. So demonstrierten die Arbeitsgruppen um Apfel et al. (2011) und Chao et al. (2013), dass Personen mit einer remittierten PTBS größere Hippocampi aufwiesen als aktuelle PTBS-Patienten. Sie waren dadurch mit Personen vergleichbar, die nie eine PTBS entwickelt hatten. Zudem konnte gezeigt werden, dass PTBS-Patienten nach einer Behandlung mit kognitiver Verhaltenstherapie wieder genau so große Hippocampi aufwiesen wie gesunde Kontrollpersonen (Levy-Gigi et al., 2013). Auch nach pharmakotherapeutischer Gabe von SSRIs (selektive Serotonin-Wiederaufnahmehemmer) über drei bis zwölf Monate, aber nicht nach Phenytoin, konnte ein Anstieg des Hippocampusvolumens beobachtet werden (Thomaes et al., 2014). Allerdings sind auch hier die Ergebnisse uneinheitlich.

Eine Konsequenz des verkleinerten Hippocampus könnte die veränderte Aktivität der HHNA bei PTBS darstellen. Da der Hippocampus die Freisetzung von CRH aus der Hypophyse hemmt und somit die weitere Ausschüttung von Kortisol nach chronischem Stress, liegt es nahe, dass durch seine Volumenminderung die Dysregulation der HHNA mit beeinflusst wird (Sherin & Nemeroff, 2011).

11.9.4 Tierstudien

Andersherum konnte in mehreren Tierstudien aber auch eine Beteiligung von Kortisol an der Schädigung des Hippocampus nachgewiesen werden. So wurde einer Gruppe von vier Affen jeweils in eine Hippocampushälfte ein Pellet implantiert, das Kortisol ausschüttete und in die andere als Kontrollbedingung eines, das Cholesterin absonderte. Auf der Seite mit den Kortisolpellets wurden nach einem Jahr Schädigungen an den Pyramidenzellen in den CA2- und CA3-Regionen des Hippocampus festgestellt, während die Cholesterinbehandlung keine solchen Folgen zeigte. Die Gesamtgröße des Hippocampus unterschied sich in beiden Bedingungen nicht (Sapolsky et al., 1990).

In einer anderen Studie wurden Spitzhörnchen über 28 Tage sozialem Stress ausgesetzt, indem sie täglich mit einem dominanteren Spitzhörnchen konfrontiert wurden. Die untergeordneten Tiere zeigten daraufhin eine erhöhte Kortisolkonzentration im Urin und eine Atrophie der hippocampalen CA3-Pyramidenneurone im Vergleich zu Kontrolltieren, die keiner Stressbedingung ausgesetzt waren. Eine Gruppe von untergeordneten Spitzhörnchen, die während der Dauer des Experiments das Antiepileptikum Phenytoin bekam, wies ebenfalls eine gesteigerte Kortisolkonzentration auf, es erfolgte aber keine Atrophie der Hippocampusneurone (Magarinos et al., 1996).

Es wird angenommen, dass Glukokortikoide nicht auf direktem Weg die Schädigung des Hippocampus bewirken, sondern über die Ausschüttung erregender Aminosäuren wie Glutamat. Da eine Überbelastung von Neuronen mit Glutamat exzitotoxisch wirkt, also den Selbstzerstörungsmechanismus der Zellen aktiviert, könnte dies den Abbau von Nervenzellen im Hippocampus erklären. Zudem wird durch eine gesteigerte Glukokortikoidkonzentration die Sensitvität bzw. Expression von N-Methyl-D-Aspartat (NMDA)-Rezeptoren erhöht, einer Rezeptorart, an die Glutamat bindet. Der schützende Effekt von Phenytoin im Tierexperiment wird auf seine hemmende Wirkung gegenüber diesen erregenden Aminosäuren zurückgeführt (Magarinos & McEwen, 1995). Dementsprechend könnte die Gabe dieses Medikaments die Schädigung der Hippocampusneurone bei den Spitzhörnchen verhindert haben.

11.9.5 Amygdala

Der **Amygdala** (▶ Abb. 11.7) kommt bei der Erforschung der neurobiologischen Veränderungen bei PTBS eine zentrale Rolle zu, da sie wesentlich an der Entstehung von Angst und an der emotionalen Bewertung von Reizen beteiligt ist (Sherin & Nemeroff, 2011). Bezogen auf das Volumen finden sich in der Literatur uneinheitliche Ergebnisse, so beschreiben einige Studien eine Reduzierung der Größe der Amygdala bei PTBS-Patienten (Starcevic et al., 2014; Morey et al., 2012; Karl et al., 2006), während in der Mehrzahl der Untersuchungen kein Unterschied zu Kontrollpersonen berichtet wird (Gilbertson et al., 2002; Gurvits et al., 1996; Bonne et al., 2001; Rocha-Rego et al., 2012; Niedtfeld et al., 2013; Chao et al., 2013; Levy-Gigi et al., 2013). Auch Korrelationen zwischen der Schwere der PTBS-Symptomatik und dem Amygdala-Volumen lagen in einer Studie vor (Morey et al., 2012), in einer anderen nicht (Gilbertson et al., 2002). Jedoch herrscht Konsens über eine Hyperaktivität der Amygdala bei PTBS-Patienten, was sowohl bei der Präsentation von traumabezogenen Hinweisreizen als auch anderen emotionalen Stimuli nachgewiesen werden konnte (Sherin & Nemeroff, 2011; Admon et al., 2013). Da die Amygdala auch für die Stimulierung der HHNA zuständig ist (Sherin & Nemeroff, 2011), ergibt sich aus ihrer Überaktivität ein weiterer Erklärungsansatz für die Dysregulation dieses Stressverarbeitungsweges.

11.9.6 Kausales Modell der PTBS

Ein Modell, das versucht die verschiedenen Befunde zu neurobiologischen Veränderungen bei PTBS-Patienten vereinfacht zusammenzufassen, stammt von der Arbeitsgruppe um Admon (2013; ▶ Abb. 11.8). Die Autoren gehen davon aus, dass bei Personen mit PTBS schon vor der Traumatisierung strukturelle und funktionale Veränderungen von Amygdala und dorsalem anterioren cingulären Kortex (dACC) zu beobachten sind. Der dACC ist in emotionale und kognitive Prozesse, wie Handlungsüberwachung, Entscheidungsfindung und Belohnungsantizipation, involviert. Er ist eng mit dem präfrontalen Kortex (PFC), zuständig für exekutive Funktionen, verbunden (Bush et al., 2002; Duncan & Owen, 2000).

Dem Modell zufolge resultiert aus den Auffälligkeiten bezüglich Amygdala und dACC eine erhöhte Reaktivität dieser beiden Strukturen gegenüber emotionalen, insbesondere negativen, Stimuli, was sich in einer Prädisposition zu verstärkter Angstgenerierung und Angstexpression zeige. Das bedeutet, dass es sich hiernach bei dem PTBS-Kernsymptom der Übererregung um eine angeborene Eigenschaft handelt, die einen Risikofaktor für die Entwicklung einer PTBS darstellt. Im Gegensatz dazu soll eine Reduzierung des Volumens des ventromedialen PFC (vmPFC) als Konsequenz eines traumatischen Erlebnisses bei einigen Personen auftreten, begleitet von einer verschlechterten Verbindung zwischen vmPFC und Hippocampus. Dies könne nach dem Modell wiederum zu einer verminderten Fähigkeit zur Hemmung von Angst führen, was die anderen beiden PTBS-Kernsymptome des Wiedererlebens und der Vermeidung begünstige und somit die Wahrscheinlichkeit der Entwicklung einer PTBS erhöhe.

Zusammengefasst postuliert dieses Modell also, dass es sich bei Übererregung um einen schon vor der Traumatisierung bestehenden Vulnerabilitätsfaktor handle, während Wiedererleben und Vermeidung Symptome darstellten, die in Folge einer Traumatisierung erworben werden. Dieser Erklärungsansatz für die Entstehung und Aufrechterhaltung von PTBS schließt darüber hinaus die Funktionen des Nucleus accumbens (Nacc), der Insel und des dorsomedialen PFC (dmPFC) mit ein. Der Nacc, der eine zentrale Rolle im Belohnungssystem einnimmt, zeige bei einer PTBS eine reduzierte Reaktivität auf Belohnungsreize. Für die Insel, wichtig für die Überwachung innerer körperlicher Zustände, wird in diesem Modell Hyperaktivität angenommen, was zu einer veränderten Introspektionsfähigkeit der Patienten bzgl. somatischer Signale führe. Der dmPFC sei dagegen aufgrund von Unteraktivität für die emotionale Dysregulation mitverantwortlich.

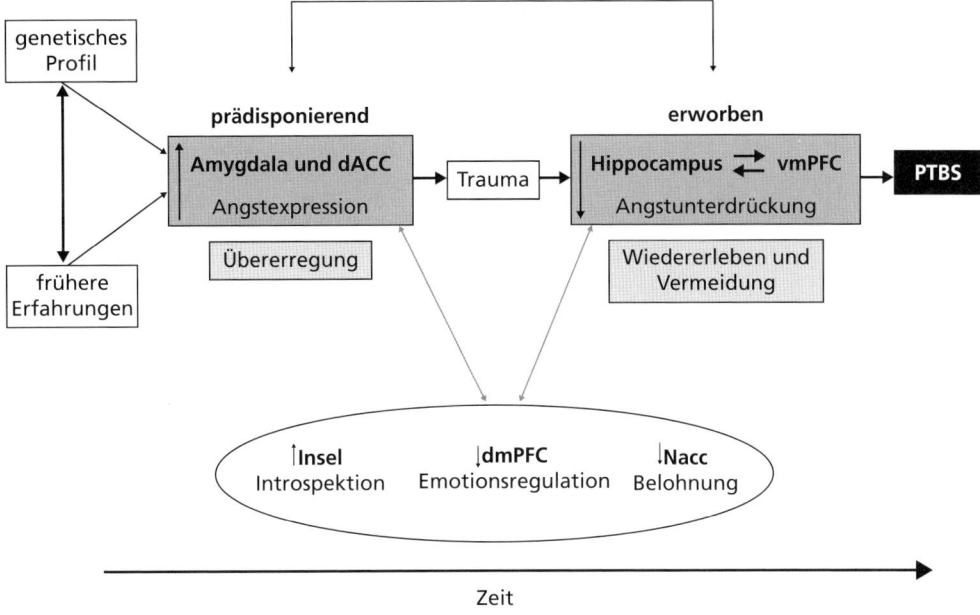

Abb. 11.8: Kausales Modell der PTBS nach Admon et al. (2013)

11.9.7 Genetik

Da die Prävalenz der PTBS eine familiäre Häufung zeigt, wurden viele Versuche unternommen, um genetische Grundlagen der PTBS zu identifizieren. Zwillingsstudien schätzen den Anteil der Varianz in der Reaktion auf ein traumatisches Erlebnis, der auf genetische Einflüsse zurückzuführen ist, auf 30 bis 35 % (True et al., 1993; Xian et al., 2000; Stein et al., 2002). Einer aktuellen Zwillingsstudie zufolge erklären erbliche Einflüsse 46 % der Varianz von PTBS (Sartor et al., 2012). Allerdings sei es laut einer Übersichtsarbeit (Skelton et al., 2012) aufgrund der multiplen Ursachen für die Entstehung einer PTBS, bei der sowohl ein traumatisches Ereignis als auch individuelle Vulnerabilität zusammen kommen müssen, weniger effektiv, mögliche Haupteffekte einzelner Gene zu untersuchen als Gen-Umwelt-Interaktionen zu betrachten.

So wurde die PTBS-Symptomatik im Erwachsenenalter von Interaktionen zwischen der Schwere von Missbrauch in der Kindheit und vier Polymorphismen von FKBP5 vorhergesagt, einem Gen, das über die Enkodierung des Proteins FKBP51 die Aktivität des **Glukokortikoidrezeptors** (GR) reguliert (Binder et al., 2008). Interaktionen zwischen einem Polymorphismus im Serotonintransporter-Gen (SLC6A4) und traumatischen Ereignissen in der Kindheit sowie im Erwachsenenalter erhöhten das Risiko für das Auftreten einer PTBS (Xie et al., 2009).

Weiterhin zeigte sich, dass sich die Dosis-Wirkungsbeziehung zwischen der Anzahl erlebter traumatischer Ereignisse und der Entwicklung einer PTBS durch den Genotyp des Gens für Catechol-O-Methyltransferase (COMT), die für den Abbau von Katecholaminen zuständig ist, moduliert wurde (Kolassa et al., 2010). Andere Kandidatengene, die potentiell mit der Entstehung von PTBS zusammenhängen, wurden u. a. im Dopaminsystem untersucht sowie in den Systemen von Gamma-Aminobuttersäure (GABA) und des Wachstumsfaktors BDNF (brain-derived neurotrophic factor; Skelton et al., 2012).

11.9.8 Epigenetik

Weiteren Gewinn für die Erforschung der Entstehung von PTBS bringt die Betrachtung von epigenetischen Faktoren. Bei der Epigenetik handelt es sich um Vorgänge, die die Genexpression und somit die Funktion von Zellen beeinflussen, ohne dass aber Veränderungen in der DNA-Sequenz auftreten. Auf diese Weise reagiert die Zelle auf äußere Umwelteinflüsse, wobei die spezifische Reaktion entweder einen Risiko- oder einen Resilienzfaktor im Hinblick auf die Entwicklung einer PTBS darstellen kann (Meaney & Szyf, 2005). Zu den epigenetischen Mechanismen gehören Histonmodifikation, nichtkodierende RNAs, Hydroxymethylierung und ATP-abhängige Chromatinveränderungen, die meisten Studien beschäftigten sich in diesem Zusammenhang aber mit der **DNA-Methylierung** bzw. -demethylierung. Diese beschreibt eine Modifikation der Cytosin-Nukleotide der DNA-Sequenz durch Transfer bzw. Entfernung einer Methylgruppe (Pape & Binder, 2014).

Da, wie oben beschrieben, die HHNA wesentlich an der Stressverarbeitung beteiligt ist, konzentrieren sich viele Untersuchungen zur Epigenetik bei PTBS auf Kandidatengene in diesem Bereich. Dabei wurden Hinweise auf langfristige Effekte von Stress und traumatischen Erlebnissen in der frühen Kindheit auf das Risiko der Ausbildung einer psychischen Störung im Erwachsenenalter gefunden (Pape & Binder 2014). So zeigten Ratten, die als Neugeborene geringe mütterliche Fürsorge erfahren hatten, eine stärkere DNA-Methylierung im Promoter des GR-Gens und damit zusammenhängend eine niedrigere GR-Expression im Hippocampus sowie eine erniedrigte negative Feedbackregulation als Ratten mit intensiver mütterlicher Fürsorge. Dies zeigte sich bei den Ratten mit wenig Fürsorge in einer erhöhten Stressreaktivität im Erwachsenenalter (Weaver et al., 2004).

McGowan et al. (2009) untersuchten diese Zusammenhänge bei Menschen, indem sie die Hippocampi von Suizidopfern mit und ohne Missbrauch in der Kindheit mit denen von Kontrollpersonen verglichen. Auch sie fanden eine erhöhte Cytosin-Methylierung und verringerte Genexpression eines Glukokortikoidrezeptors bei Suizidopfern mit Kindesmissbrauch im Gegensatz zu Probanden ohne Missbrauch und gegenüber den Kontrollpersonen. Ebenso zeigten sich, verglichen mit einer traumatisierten Kontrollgruppe ohne PTBS, bei zwei Gruppen von PTBS-Patienten, die eine mit, die andere ohne Kindesmissbrauch, unterschiedliche DNA-Methylierungsprofile, die lediglich zu 2 % Überlappungen aufwiesen. Dabei waren die Veränderungen in der missbrauchten Gruppen 2- bis 12-mal so stark wie die in der nichtmissbrauchten Gruppe (Mehta et al., 2013).

Eine andere Studie konnte Unterschiede zwischen PTBS-Patienten und gesunden Kontrollpersonen ohne Traumaexposition nachweisen, in Form von geringerer Methylierung bestimmter GR-Promoterregionen, erhöhter GR-Expression und niedrigerer Morgenkortisolausschüttung bei den PTBS-Patienten. Allerdings ergaben sich keine Unterschiede in den genannten Parametern zwischen Patienten mit aktueller oder remittierter PTBS (Labonté et al., 2014). Ähnliche Ergebnisse bzgl. der Methylierung einer Promoterregion im GR-Gen berichteten Yehuda et al. (2015) bei kriegsbeteiligten Soldaten mit PTBS verglichen mit kriegsbeteiligten Soldaten ohne PTBS. Zudem korrelierte der Grad der Methylierung negativ mit Schlafstörungen, peritraumatischer Dissoziation und psychischer Belastung.

Es wurden aber nicht nur Studien an einzelnen Kandidatengenen, wie (neben dem GR-Gen) PACAP (pituitary adenylate cyclase-activating polypeptide; Ressler et al.,

2011) und FKBP5 (Klengel et al., 2013), durchgeführt, sondern auch genomweite Untersuchungen. Uddin et al. (2010) fanden dabei unter den Genen, die eine Methylierungsveränderung aufwiesen, eine Überrepräsentation derjenigen Gene, die in Immunsystemfunktionen involviert sind.

Verschiedene Forschungsgruppen stellten sich des Weiteren die Frage nach der Vererbbarkeit epigenetischer Veränderungen. So zeigten Yehuda et al. (2014), dass bei erwachsenem Nachwuchs von Eltern mit einer PTBS Veränderungen der GR-Promoter-Methylierung vorliegen, die teilweise mit einer stärkeren Kortisol-Reduktion im Dexamethason-Suppressionstest verbunden waren. Allerdings bleibt unklar, ob diese Ergebnisse wirklich auf Vererbung oder vielleicht auf das elterliche Verhalten während der Erziehung zurückzuführen sind.

Epigenetische Konsequenzen von belastenden Lebensereignissen sind nicht zu jedem Zeitpunkt gleichermaßen zu beobachten. Kinder, die sich noch in der Entwicklung befinden, zeigen sich vulnerabler für epigenetische Veränderungen durch Umwelteinflüsse als Erwachsene (Klengel et al., 2014). Studien an Tieren (Weaver et al., 2004) und Menschen (Yehuda et al., 2013) weisen zudem darauf hin, dass diese Veränderungen reversibel sind.

Zusammenfassung

Zusammenfassend wird deutlich, dass es verschiedene Herangehensweisen gibt, mit denen die Ätiologie der PTBS aufgeklärt werden soll. Während einige Modelle sich mit der Struktur der Gedächtnisinhalte bzgl. eines traumatischen Ereignisses beschäftigen, wie bei Foa und Kollegen oder Brewin et al., steht bei anderen Theorien mehr das aktuelle Erleben der Betroffenen (Ehlers und Clark) bzw. die Diskrepanz zwischen dem Ereignis und früheren Erfahrungen (Janoff-Bulman, Horowitz) im Vordergrund. Weitere Autoren verfolgen den Ansatz, die verschiedenen Faktoren, die für die Entstehung und Aufrechterhaltung einer PTBS eine Rolle spielen, zu identifizieren und zu kategorisieren (Maercker, Tagay). Wieder andere beschäftigen sich mit den neurobiologischen Veränderungen bei PTBS-Patienten. Allen diesen Theorien wurde viel Forschungsarbeit gewidmet und es konnten Belege für essentielle Bestandteile der Modelle gefunden werden. Jedoch stellt aktuell keines von ihnen eine allumfassende und in sämtlichen Bereichen erschöpfende Theorie zur Ätiologie der PTBS dar. Somit sind weitere Untersuchungen auf diesem Gebiet notwendig, um unseren heutigen Kenntnisstand auszubauen und die Frage nach den Entstehungsmechansimen der PTBS zu beantworten.

12 Therapeutische Interventionen bei Traumafolgestörungen

Im Folgenden werden zunächst Ziele von und Voraussetzungen für eine psychotherapeutische und pharmakologische Behandlung der PTBS beschrieben. Es werden anschließend verschiedene häufig eingesetzte traumatherapeutische Interventionen vorgestellt und der aktuelle Forschungsstand zur Wirksamkeit dieser Verfahren diskutiert. Welche Verfahren jeweils eingesetzt werden, sollte für jeden Patienten immer individuell entschieden werden, da eine Indikation sowohl von traumaspezifischen Faktoren wie Art und Dauer des Traumas, als auch personenspezifischen Faktoren wie Alter, kulturellem Hintergrund oder dem Ausmaß der Symptomatik und Belastung einer Person abhängig ist.

12.1 Ziele der Behandlung

Ein übergeordnetes Ziel der psychotherapeutischen Behandlung einer PTBS ist es, die Person dabei zu unterstützen, wieder ein grundlegendes Gefühl von Sicherheit im Leben zu erlangen. Durch eine Integration des Erlebten soll die posttraumatische Symptomatik reduziert werden, sodass belastende traumabezogene Gefühlszustände nicht mehr plötzlich und unerwartet durch innere oder äußere Faktoren ausgelöst werden. Die Betroffenen sollen lernen, das Erlebnis als Teil ihrer Vergangenheit zu akzeptieren, der zwar nicht rückgängig zu machen ist, aber bewältigt werden kann, damit es Ihnen gelingt sich wieder besser auf die Gegenwart zu konzentrieren. Zum einen stellt dafür der Aufbau bzw. die Aktivierung von **Ressourcen** einen wichtigen Therapieschwerpunkt dar, zum anderen wird der Betroffene in der Regel dazu angeleitet, sich mithilfe des Therapeuten mit dem Verlauf der extremen Erlebnisse, sowie damit verbundenen Gedanken und Gefühlen konkret auseinander zu setzen, um das Trauma zu verarbeiten. Weitere Behandlungsziele beinhalten eine Reduzierung der Begleitsymptome und komorbiden Störungen wie Angst, Schlafstörungen und Depressivität, sowie eine Wiederherstellung und Verbesserung des allgemeinen psychosozialen Funktionsniveaus. Die Leitlinien zur Behandlung von Posttraumatischen Belastungsstörungen (Flatten et al., 2011a) empfehlen ein dreistufiges Behandlungskonzept aus den Bausteinen **Stabilisierung**, **Konfrontation** mit dem Trauma und **Integration** des Traumas.

In der Phase der Stabilisierung und Ressourcenorientierung soll der Patient auf die Konfrontation mit dem Trauma vorbereitet werden. Dazu werden u. a. seine Emotionsregulation und seine Fähigkeit zur Selbstfürsorge gefördert. Diese Phase schafft die Voraussetzungen für eine Konfrontationsbehandlung. In der Phase der Traumabearbeitung wird der Patient mit dem traumatischen

Ereignis konfrontiert, falls dies notwendig, sinnvoll und erwünscht ist. Dazu können Methoden wie Exposition in vivo, Narrative Verfahren oder Eye Movement Desensitization and Reprocessing (EMDR) eingesetzt werden. Zuletzt soll das Trauma integriert und als Teil der individuellen Biographie akzeptiert werden, sodass der Patient sich einerseits wieder mehr auf das »Hier und Jetzt« konzentrieren kann und andererseits in der Lage ist, neue Ziele und Lebensperspektiven zu entwickeln.

Dabei handelt es sich um einen Verlauf, der natürlicherweise nicht immer so planmäßig stattfinden kann und muss. In der Regel ist ein individueller Phasenwechsel notwendig, der sich an den aktuellen Bedürfnissen und dem psychischen Zustand des Patienten orientiert. Zum Beispiel profitieren einige Patienten bereits maximal von der Stabilisierungsphase, sodass eine Konfrontation mit dem Erlebten eher einen unnötigen Stressfaktor darstellen würde oder schlichtweg nicht mehr nötig ist. Häufiger ist aber eine Rückkehr in frühere Phasen während des Therapieprozesses, wenn etwa in der Phase der Konfrontation bemerkt wird, dass die Stabilisierungsübungen nicht ausreichend greifen, oder sich in der Phase der Neuorientierung Aspekte des Traumas herausstellen, die noch integriert werden müssen. Der Patient selbst sollte dabei immer an den Entscheidungen im Therapieverlauf beteiligt werden.

Anzumerken ist, dass die Phase der Stabilisierung in den englischen NICE-Leitlinien (National Collaborating Centre for Mental Health, 2005), anders als in den deutschen S3-Letitlinien, (Flatten et al., 2011a), nur eine untergeordnete Rolle spielt und eher beiläufig erwähnt wird. Auch in Deutschland ist in den letzten Jahren eine Debatte um das Thema Stabilisierung entstanden. Für Befürworter der Stabilisierung, gerade Therapeuten aus psychodynamischen Therapierichtungen, spielt Stabilisierung gerade bei komplex Traumatisierten eine besondere Rolle. In Anlehnung an Reddemann (2014) konzentrieren sich zahlreiche Kliniken ausschließlich auf die Stabilisierung von Traumapatienten, mit dem Ziel, die Patienten auf die ambulante Weiterbehandlung, in der dann anschließend die Konfrontation stattfinden soll, vorzubereiten. Kritiker weisen auf die Gefahr hin, dass eine zu lange Stabilisierungsphase und Ressourcenaktivierung die Vermeidung der Patienten, sich mit dem Trauma auseinanderzusetzen, möglicherweise verstärkt. Eine direkte ambulante Folgebehandlung nach stationärer Stabilisierung sei zudem nicht immer möglich. Dies könnte dazu führen, dass, durch das »Verschieben« der Konfrontation auf eine anschließende ambulante Weiterbehandlung, die letztendlich jedoch nicht erfolgt, eine Bearbeitung des Traumas nicht stattfindet. Sie beziehen sich ebenso auf Studienergebnisse, die zeigen, dass sich die traumafokussierten Verfahren, wie EMDR oder Exposition, trotz einer weniger gut abgrenzbaren Stabilisierungsphase als am wirksamsten erwiesen haben (Rosner et al., 2010; Neuner, 2008).

12.2 Kontraindikationen

Die Auseinandersetzung mit dem traumatischen Ereignis erfordert angemessene Bewältigungsmöglichkeiten und einen ausreichend stabilen Zustand des Patienten. Vor dem Einsatz traumafokussierter Verfahren muss geprüft werden, ob dies beim Patienten der Fall ist, oder ob **Kontraindikationen** vorliegen. Es lassen sich hierbei sogenannte absolute und relative Kontraindikationen für den Einsatz einer Traumatherapie unterscheiden (Flatten et al., 2011a; ▶ Tab. 12.1). Die absoluten Kontraindikationen sprechen von vornherein gegen den Einsatz von traumabearbeitenden Verfahren, da die Gefahr einer Verschlechterung der Symptomatik und des Zustandes des Patienten zu hoch ist. Werden ungeachtet dieser Indikatoren oder bei nicht ausreichender Vorbereitung traumabearbeitende Verfahren angewendet, kann dies nachweislich zu einer Destabilisierung des Patienten beitragen i. S. von Verschlimmerungen der posttraumatischen Symptomatik oder komorbiden Störungen, Ausbrüchen anderer Störungen oder Alkoholmissbrauchsrückfällen (Pitman et al., 1991). Bei vorliegenden absoluten Kontraindikationen sollte daher zunächst eine umfassende Stabilisierung durch angemessene psychotherapeutische oder pharmakologische Interventionen stattfinden (Flatten et al., 2011a; National Collaborating Centre for Mental Health, 2005). Liegen relative Kontraindikationen vor, ist ein besonders umsichtiger Einsatz der traumakonfrontierenden Verfahren erforderlich. Die Behandlung sollte dann nur von erfahrenen Therapeuten durchgeführt werden oder unter sehr geschützten Bedingungen (z. B. während einer stationären Behandlung) stattfinden (Flatten et al., 2011a).

Tab. 12.1: Absolute und relative Kontraindikationen für eine Traumatherapie (mod. nach Flatten et al., 2011a)

Absolute Kontraindikationen	Relative Kontraindikationen
Akutes psychotisches Erleben	Mangelnde Affekttoleranz
Akute Suizidalität	Anhaltende schwere Dissoziationsneigung
Schwerwiegende Verhaltensstörungen (Hochrisikoverhalten, Selbstverletzungen)	Unkontrolliert autoaggressives Verhalten
Anhaltender Täterkontakt mit Traumatisierungsrisiko	Mangelnde Distanzierungsfähigkeit zum traumatischen Ereignis
Suchtproblematik	Hohe akute psychosoziale und körperliche Belastung
Andere ausgeprägte psychiatrische Erkrankungen	

12.3 Therapeutisches Setting

Vor Beginn einer Therapie sollte in jedem Fall eine äußere Sicherheit gegeben sein. Das bedeutet, der Patient sollte im besten Falle nicht mehr in dem traumatischen Umfeld und im Täterkontakt (z. B. in einer gewaltsamen Partnerschaft) leben, wenn er sich in Therapie begibt. Ist dies nicht der Fall, kann mit dem Patienten zunächst gemeinsam überlegt werden, ob er sich vorstellen kann, seine momentane Situation zu verändern und wie ihm das gelingen könnte. Darüber hinaus sollte eine finanzielle und berufliche Sicherheit bestehen, zumindest insofern, dass der Patient sich während der Therapiezeit keine andauernden Gedanken um diese Bereiche machen muss.

Ehlers (1999) macht in ihrem Behandlungsmanual der PTBS darauf aufmerksam, dass ein Patient möglicherweise trotz der Entscheidung für eine Therapie diesbezüglich weiterhin ambivalent bleiben kann, was auch Einfluss auf die Therapie- und Änderungsmotivation haben kann. Äußern kann sich dies in Vermeidungsverhalten (z. B. den vereinbarten Termin absagen) oder in aggressivem Verhalten dem Therapeuten gegenüber (z. B. persönliche Kritik am Therapeuten). In solchen Situationen ist es für den Behandler wichtig, nicht ärgerlich oder ablehnend auf das Verhalten zu reagieren, sondern dem Patienten weiterhin zugewandt zu bleiben und Geduld und Verständnis zu zeigen. Für den Patienten ist die oftmals erstmalige bewusste Auseinandersetzung mit dem Trauma eine große Herausforderung, die sehr beängstigend sein kann. Daher ist es wichtig, ihm auch innerhalb des therapeutischen Settings Sicherheit zu vermitteln und eine tragfähige therapeutische Beziehung zu ihm herzustellen, in der der Patient sich verstanden, sicher, unterstützt und akzeptiert fühlt. Dies kann vor allem durch empathisches Verstehen, bedingungslose Wertschätzung, explizite Zusicherung von Unterstützung, Normalisierung der Reaktion auf das traumatische Ereignis sowie eine hohe Transparenz im therapeutischen Prozess realisiert werden. Zum Motivationsaufbau kann auf individuelle Kosten, die durch die Störung entstehen, wie eine aktuelle Berufsunfähigkeit oder zwischenmenschliche Probleme, aufmerksam gemacht werden. Hilfreich kann auch eine Steigerung der Selbstwirksamkeitserwartung oder die Klärung und Bearbeitung der Gründe sein, weshalb jemand einer Behandlung gegenüber ambivalent eingestellt ist.

Es ist wichtig, den Patienten immer in den Therapieprozess mit einzubeziehen. Vor allem Patienten mit Gewalterlebnissen brauchen in der Regel so viel Kontrolle über den therapeutischen Prozess wie möglich. Da traumatische Ereignisse häufig mit erlebten Grenzverletzungen in Zusammenhang stehen, kann den Patienten explizit erlaubt werden, während der Therapiesitzungen gegebenenfalls ihre Grenzen anzugeben, damit diese möglichst nicht vom Therapeuten überschritten werden. Auch der Therapeut selbst sollte von sich aus auf die Grenzen des Patienten achten, explizit nachfragen, ob er bestimmte Interventionen durchführen darf, und es würdigen, falls der Patient eine Grenze setzt und bestimmte Informationen nicht preisgeben will. Es ist wichtig, dass der Therapeut dem Patienten den Eindruck vermittelt, ausreichend belastbar und in der Lage zu sein, alle Einzelheiten des traumatischen Ereignisses mit dem Patienten zu teilen. Nicht selten überschätzen oder überfordern sich Therapeuten bei der Behandlung traumatisierter Patienten, daher sollten sie ihre eigene Belastbarkeit kritisch beobachten, eine ausreichende Psychohygiene (z. B. mithilfe von Supervision oder Intervision) betreiben und gegebenenfalls eigene Traumata bearbeitet haben.

12.4 Stabilisierung und Ressourcenaktivierung

Die erste Phase der Behandlung dient vor allem dem Aufbau einer tragfähigen therapeutischen Beziehung, in der sich der Patient sicher und unterstützt fühlt. Im Rahmen der Psychoedukation soll der Patient über die Ursache, Symptomatik und die Normalität seiner Reaktion auf ein traumatisches Ereignis aufgeklärt werden. Dabei sollten auch neurobiologische Prozesse mit einbezogen und dem Patienten auf verständliche Weise erklärt werden.

Für den weiteren Verlauf der Therapie ist eine ausreichende Affektregulation erforderlich, damit der Patient mit schwierigen Situationen in der Therapie, wie z. B. dem Erinnern besonders schmerzhafter Momente, angemessen umgehen kann. Ist diese zu Beginn der Therapie noch nicht ausreichend vorhanden, wird hierauf im ersten Abschnitt einer Therapie ein besonderer Schwerpunkt gelegt. Hierzu können **Skills** beispielsweise nach Sendera und Sendera (2012) oder aus der DBT nach Bohus und Wolf (2012) angewendet werden. Es wird zudem daran gearbeitet, mögliche selbstschädigende Verhaltensweisen (z. B. Selbstverletzungen, Alkoholkonsum, Hochrisikoverhalten) einzuschränken und Alternativstrategien, im Sinne einer besseren und funktionaleren Selbstfürsorge, zu finden. Dies beinhaltet neben einem fürsorglichen Umgang mit dem eigenen Körper auch das (Wieder-)Aufnehmen von Hobbys und sozialen Kontakten.

Patienten sollen anhand von spezifischen Techniken lernen, sich aus krisenhaften Gefühlszuständen eigenständig und auf funktionale Weise herauszuholen, Trigger frühzeitig zu erkennen und mit Symptomen wie Flashbacks und Intrusionen umzugehen. Dazu können Patienten zu **Imaginations- und Achtsamkeitsübungen** angeleitet werden, die sie auch eigenständig im Alltag anwenden können. Die Imaginationstechniken nach Reddemann (2012) sind hauptsächlich Teil der Psychodynamischen Psychotherapie von Traumafolgestörungen, finden aber auch in der kognitiven Verhaltenstherapie (KVT) zunehmend Anwendung.

Zwei häufig eingesetzte Imaginationsübungen im Traumabereich sind die Übung »**innerer sicherer Ort**« und die »**Tresor-Übung**« (Reddemann, 2012). Bei der erstgenannten Übung wird der Patient angeleitet, sich einen realen oder erdachten Ort, an dem er sich sicher und geborgen fühlt, sehr detailliert vorzustellen und zu prüfen, ob er sich dort rundum wohl fühlt. Es wird davon abgeraten, andere Menschen mit in die Imagination aufzunehmen, da diese nie nur gut und liebevoll sind, jedoch dürfen hilfreiche Wesen, z. B. aus Mythen oder Geschichten, an diesem Ort anwesend sein. Die Vorstellung dieses Ortes und das damit verbundene gute und sichere Gefühl sollen neben der Stabilisierung auch zur Selbstberuhigung bei Flashbacks und Intrusionen beitragen.

Die »Tresor-Übung« soll helfen, belastende Bilder loszulassen und sich von ihnen zu distanzieren. Der Patient soll sich einen Tresor vorstellen und ihn genau beschreiben (z. B. wo er steht, wie er aussieht und verschlossen wird). Er wird daraufhin gebeten, sich vorzustellen, wie er seine negativen Bilder dort hineinlegt und einschließt und er soll überprüfen, ob der Tresor gut genug verschlossen ist. Den Schlüssel soll er in seiner Vorstellung an einem Ort aufbewahren, der nur ihm bekannt und zugänglich ist. Somit soll der Patient die Kontrolle darüber erhalten, ob und wann er sich seine negativen Bilder anschaut, bzw. in die Lage versetzt werden, mit sich aufdrängenden Gedanken adäquat umzugehen und sie vorübergehend »einschließen« zu können.

Eine dissoziative Symptomatik ist zwar nach ICD-10 und DSM-IV kein notwendiges Kriterium für die PTBS (wohl für die ABS), kommt bei Patienten mit einer PTBS jedoch häufig vor und beeinflusst den Therapieverlauf. Sollte ein Patient während einer Therapiesitzung dissoziieren, kann der Therapeut ihn unterstützen, den Kontakt zur Realität zügig wieder herzustellen, indem er versucht, ihn zu reorientieren. Er kann Zeit und Ort nennen, den Patienten laut mit seinem Namen ansprechen, ihm Fragen stellen, ihn rückwärts zählen lassen oder nach Ankündigung ungewöhnliche Dinge tun (z. B. laut Klatschen). Für den selbstständigen Umgang mit Dissoziationen sollten im Therapieverlauf Auslösesituationen identifiziert und hilfreiche Skills zur Kontrolle der Dissoziationen erarbeitet werden.

Neben der Erlernung von Strategien zum Umgang mit Symptomen und Emotionen spielt auch die Sicht auf schon vorhandene Ressourcen eine besondere Rolle. Ein Fokus sollte darauf gelegt werden, welche Fähigkeiten und Ressourcen ein Patient schon mitbringt und wie er sie einsetzen kann. Dies stärkt das Selbstwertgefühl und Kontrollerleben.

Die Stabilisierungsphase kann je nach Dauer und Schwere der Symptomatik sowie der individuellen Ressourcenausstattung eines Patienten einzelne Therapiesitzungen oder mehrere Monate andauern. Einige Patienten sind nach dieser Phase schon ausreichend stabilisiert und ihre psychische Belastung hat so stark abgenommen, dass sie in den Alltag zurückkehren können. Die meisten anderen benötigen oder wünschen eine gezielte Traumabearbeitung.

Nachfolgend werden einige wichtige psychotherapeutische Verfahren zur Behandlung einer PTBS vorgestellt. Welches Verfahren eingesetzt wird, sollte individuell entschieden und von der Art des Traumas, der Anzahl und Ausprägung der Symptome dem Zustand des Patienten und seinen Ressourcen sowie möglichen Komorbiditäten abhängig gemacht werden. Viele der spezifischen Methoden können therapieschulenübergreifend, einzeln oder auch kombiniert, angewandt werden.

12.5 Traumafokussierte kognitiv-verhaltenstherapeutische Verfahren (TF-KVT)

Es bestehen unterschiedliche kognitiv-verhaltenstherapeutische Verfahren zur Behandlung der PTBS. Kognitiv-verhaltenstherapeutisch orientierte Verfahren variieren konfrontative und kognitive Elemente sowie Strategien zur Angstbewältigung (Foa et al., 2000). In der Regel legt eine Behandlung einen Schwerpunkt entweder auf Techniken kognitiver Umstrukturierung oder auf Expositionstechniken oder kombiniert eine der beiden Techniken mit weiteren therapeutischen Interventionen (z. B. EMDR, Narrative Expositionstherapie). Häufig angewendet werden Expositionsverfahren wie die prolongierte (»verlängerte«) Exposition sowie die kognitive Therapie nach Ehlers und Clark (2000), die in den folgenden Abschnitten ausführlicher beschrieben werden sollen und sich als besonders effektive Behandlungen der PTBS erwiesen haben.

12.5.1 Expositionsverfahren

Die **Expositionsbehandlung** (oder Konfrontationsbehandlung) ist ein in der Verhaltenstherapie häufig eingesetztes und wirksames Verfahren, das zur Behandlung unterschiedlicher Angststörungen (z. B. Phobien, Panikstörung) eingesetzt wird. Da die angstauslösenden Reize vermieden werden und dies zu einer Stabilisierung der Angstsymptomatik führt, ist das grundlegende Prinzip der Expositionsbehandlung die **Konfrontation** mit dem Reiz, um eine Reduzierung der Angst und des Vermeidungsverhaltens herbeizuführen.

Auch Patienten mit einer PTBS vermeiden Reize, die mit dem Trauma in Verbindung stehen. Neben externen Reizen, wie beispielsweise den Ort des Traumageschehens, vermeiden sie interne Reize wie die gedankliche

Auseinandersetzung mit dem Erlebten. Diese ist jedoch erforderlich, um die losen Erinnerungsstücke an das Ereignis zusammenzufügen und das Trauma zu verarbeiten (Foa & Rothbaum, 2001). Ziel der Expositionsbehandlung ist daher, dass Patienten sich mit den traumatischen Stimuli bewusst konfrontieren und eine **Habituation** (Gewöhnung) an die Gefühle ermöglicht wird, die entstehen, wenn der Patient mit diesen Reizen konfrontiert wird. Dies führt zu einer Reduzierung der Vermeidung und der Angst vor traumaassoziierten Stimuli sowie zu einer Verbindung von Gedankenteilen und losen Informationen, die das Trauma betreffen. So entsteht eine einheitliche »Geschichte«, die anschließend als Teil der Vergangenheit im Gedächtnis abgespeichert werden kann. Darüber hinaus sollten Befürchtungen des Patienten (z. B. »Ich bin Situationen hilflos ausgeliefert«) überprüft und durch neue Erfahrungen verändert werden. Es wird unterschieden zwischen einer graduierten, schrittweisen Exposition und der prolongierten, lang andauernden Exposition (Foa et al., 2007). Bei der graduierten Exposition wird eine Hierarchie von angstauslösenden Stimuli erstellt und abgearbeitet, bis der Patient sich dem für ihn schlimmsten Reiz aussetzen kann. Für die Behandlung der PTBS gilt die **prolongierte Exposition** als das am häufigsten eingesetzte und am besten untersuchte expositionsbasierte Therapieprogramm. Hier wird der Patient direkt mit dem schlimmsten angstauslösenden Stimulus konfrontiert, bis eine Habituation stattfindet und der Patient keine Angst mehr hat.

Die prolongierte Exposition erfolgt in der Regel über 9 bis 12 wöchentlich oder 14-tägig stattfindende Einzeltherapiesitzungen. Nach einer ausführlichen Diagnostik und Problemanalyse zu Beginn der Therapie wird mit dem Patienten die Vorgehensweise einer Expositionsbehandlung besprochen. Es wird zwischen Exposition in der Vorstellung (in sensu) und Exposition mit Orten, Situationen oder Menschen in der Realität (in vivo) unterschieden. Beide Interventionen sollten nur in sicherer Umgebung, also im Therapiesetting oder in ungefährlichen Situationen in der Realität, stattfinden. Wichtig bei jeder Konfrontation ist es, auf eine mögliche Destabilisierung durch die Aktualisierung traumatischer Erinnerungen direkt zu reagieren. Sollte sich der Zustand des Patienten in der Sitzung durch das Erinnern verschlechtern, oder sollte er das Gefühl bekommen die einhergehenden Gefühle und Gedanken nicht aushalten zu können, kann es sich als sinnvoll erweisen, dem Patienten zu helfen, sich z. B. durch bereits gelernte Übungen wieder zu stabilisieren.

Exposition *in sensu*: Bei der prolongierten Exposition in sensu findet die Konfrontation mit dem Trauma in der Vorstellung statt. Der Patient wird angeleitet, die schlimmste Situation des Traumas in seiner Vorstellung wieder zu erleben. Dazu wird er gebeten, sich das Ereignis bei geschlossenen Augen so detailliert wie möglich vorzustellen, sodass er sich auf allen Sinneskanälen in die Situation des traumatischen Erlebnisses zurückversetzt fühlt. Gleichzeitig soll er alles, was er in seiner Vorstellung erlebt, sowie seine Gedanken, Gefühle und körperlichen Reaktionen laut im Präsens und in der Ich-Form beschreiben, wodurch er das Gefühl bekommt, die Situation noch einmal zu erleben. Dies kann auf Tonband aufgenommen und dem Patienten zum Anhören mit nach Hause gegeben werden. Bei einem graduiertem Vorgehen beginnt der Patient zum Beispiel mit weniger detaillierten Formulierungen und soll in weiteren Durchgängen immer ausführlicher werden.

Exposition *in vivo*: Bei der Exposition in vivo sollen angstauslösende Reize, wie bestimmte Situationen, Orte und Objekte, die der Patient vermeidet, aufgesucht werden. Die prolongierte Exposition in vivo besteht aus einer lang andauernden Konfrontation mit der Situation, die am meisten Angst auslöst. Der Patient soll in dieser Situation bleiben, bis er keine Angst mehr hat. Für eine graduierte Exposition wird zunächst eine Liste zusammengestellt, auf der angstauslösende Situationen hierarchisch nach Angstniveau geordnet stehen. Begonnen wird mit dem Reiz, der am wenigsten Angst auslöst. Dieser wird gemeinsam mit dem Therapeuten aufgesucht und durchgestanden, bis die Angst langsam nachlässt und ein Habituationseffekt eingetreten ist. Zur Stabilisierung soll sich der Patient zwischen den Sitzungen auch alleine mit dem Reiz konfrontieren. Danach wird mit dem nächst schwierigeren Reiz in der Angsthierarchie fortgefahren, der wiederum aufgesucht und ausgehalten werden soll.

Neben der eintretenden Habituation und der Veränderung dysfunktionaler Befürchtungen stellt auch die Rekonstruktion des traumatischen Ereignisses einen Wirkfaktor der prolongierten Exposition dar. Bruchstückhafte Erinnerungen und Informationen zu Ort, Zeit und Ablauf des Geschehens werden miteinander verbunden, sodass Fragmente des Traumagedächtnisses zusammengefügt und das Trauma in die Biographie integriert werden kann.

Darüber hinaus hat sich auch das **Angstbewältigungstraining**, als Variante der Exposition, als hilfreich erwiesen. Ziel des Trainings ist nicht die Aktivierung der Angst durch Konfrontation, sondern das Aufzeigen von Bewältigungsmöglichkeiten, um mit der Angst umzugehen. Betroffene können hier lernen, mithilfe von Entspannungs- und Atemübungen, kognitiven Methoden und Rollenspielen mit traumaassoziierten Belastungen, Stressoren und Ängsten im Alltag besser umzugehen. Wichtig ist, dass der Patient die besprochenen Übungen zuhause umsetzt und trainiert. Eine Angstbewältigungsmethode ist das Stressimpfungstraining nach Meichenbaum (1985), bei dem die Angst- und Stresssituationen neben dem Einsatz von anderen kognitiven oder behavioralen Verfahren vor allem mithilfe von Selbstverbalisationen (»Du kannst es schaffen! Du hälst die Angst aus!«) bewältigt werden sollen.

12.5.2 Kognitive Therapie nach Ehlers und Clark

Die kognitive Therapie der PTBS basiert auf dem Modell von Ehlers und Clark (2000) (▶ **Kap. 11.2**). Es wird davon ausgegangen, dass nicht das traumatische Ereignis selbst die posttraumatische Symptomatik auslöst, sondern eine dysfunktionale Interpretation des Ereignisses. Intrusionen werden als sehr belastend erlebt, da sie von den Betroffenen auf ungünstige Weise interpretiert werden (»Ich werde verrückt«, »Ich darf nicht mehr daran denken«) und können zu kognitiven Vermeidungsstrategien (z. B. Gedankenunterdrückung, exzessives Grübeln, Dissoziation) oder dysfunktionalen Bewältigungsversuchen (z. B. Alkohol trinken, selbstverletzendes Verhalten, dysfunktionales Sicherheitsverhalten) verleiten. Das Vermeidungsverhalten gilt als Hauptursache für die Aufrechterhaltung der posttraumatischen Störung.

Obwohl die traumatische Situation vorbei ist, fühlen sich Betroffene gegenwärtig weiterhin bedroht. Daher steht die Bearbeitung Symptom aufrechterhaltender Gedanken, exzessiven Grübelns und von Verhaltensweisen wie **Vermeidung** sowie die persönliche Bedeutung des Traumas für den Betroffenen im Mittelpunkt der Behandlung. Dementsprechend sollen die subjektiven Interpretationen und dysfunktionalen Verhaltensweisen modifiziert werden (Steil & Ehlers, 2000). **Kasten 12.1** zeigt mögliche dysfunktionale Gedanken und Verhaltensweisen, die nach einem Trauma entstehen können.

Kasten 12.1: Möglche dysfunktionale Gedanken und Verhaltensweisen nach einem Trauma

Dysfunktionale Interpretationen

- »Die Welt ist gefährlich«
- »Es kann mir jederzeit wieder etwas Gefährliches zustoßen«
- »Warum denke ich immer noch daran, ich werde niemals gesund werden«
- »Ich bin an dem Ereignis selber schuld«
- »Wenn ich nicht aufpasse, werde ich wieder bedroht«
- »Ich werde verrückt«

Dysfunktionale Verhaltensweisen

- Sicherheitsverhalten, z. B. sozialer Rückzug
- Kognitive Vermeidung
- Dissoziieren
- Alkohol trinken oder Drogen konsumieren
- Selbstverletzendes Verhalten
- Exzessive Aktivitäten, z. B. exzessiver Sport

Kurzfristig können diese Bewältigungsversuche zu einer Reduzierung der Anspannung und Angst führen, langfristig jedoch verhindern sie eine angemessene emotionale Verarbeitung des Erlebten und führen zu einer Chronifizierung der Symptomatik.

Die wesentlichen Ziele der kognitiven Verhaltenstherapie sind die Bearbeitung des Traumagedächtnisses, sodass der Patient zwischen heute und früher unterscheiden kann, die Bearbeitung der Interpretationen, damit problematische Interpretationen bezüglich des Traumas und der Traumasymptomatik umstrukturiert werden, und die Bearbeitung und Reduzierung der Symptom aufrechterhaltenden dysfunktionalen Verhaltensverweisen und kognitiven Strategien.

Konkret widmet sich die Therapie nach einer ausführlichen Diagnostik, Problemanalyse und Psychoedukation zunächst der Entwicklung eines individuellen Störungsmodells, bei der die Symptom aufrechterhaltenden Faktoren herausgearbeitet werden. Zeitgleich soll das Vermeidungsverhalten erhoben und in das Störungsmodell integriert werden. Dazu gehören jegliche Verhaltensweisen, die der Betroffene ausführt, um belastende Intrusionen und andere Symptome zu bewältigen. Zur Unterstützung bei der Elaboration kann es hilfreich sein, wenn der Patient für einige Wochen ein Tagebuch führt, in dem er seine Vermeidungsstrategien protokolliert. Die Vermeidungsstrategien sollen überprüft und kritisch hinterfragt sowie langfristige Auswirkungen aufgezeigt werden, um den Patienten zu motivieren, nach adäquateren und funktionaleren Bewältigungsstrategien zu suchen und diese auszuprobieren.

Für die Bearbeitung der Kognitionen werden Techniken der kognitiven Umstrukturierung eingesetzt. Dysfunktionale Überzeugungen werden überprüft, hinterfragt und durch hilfreiche Gedanken ersetzt. Diese Überzeugungen können in ganz unterschiedlichen Bereichen entstanden sein, z. B. bezüglich der eigenen Sicherheit und Kontrolle, aber auch bezüglich (intimer) Beziehungen. Es wird davon ausgegangen, dass Betroffene nicht in der Lage sind, die traumatischen Erfahrungen mit früheren, funktionalen Überzeugungen zu verknüpfen. Die kognitive Umstrukturierung soll vor allem dazu dienen, die durch das Trauma veränderten Wahrnehmungen, Gedanken und Interpretationen zu normalisieren.

Eine zentrale Gesprächstechnik der kognitiven Umstrukturierung ist der **sokratische Dialog**. Der sokratische Dialog ist gekennzeichnet durch eine offene, flexible Haltung des Therapeuten, der den Patienten nicht versucht zu überzeugen, sondern mit ihm durch gemeinsames wertfreies Disputieren von Einstellungen, Verhaltensweisen und Argumenten nach funktionalen Interpretationsmöglichkeiten sucht sowie den Zusammenhang zwischen Gedanken und Gefühlen entdeckt. Dies soll den Patienten anregen, seine Überzeugungen zu hinterfragen, um eine ausgeglichenere Selbst- und Weltsicht wieder zu erlangen. Mithilfe der Technik »geleitetes Entdecken« regt der Therapeut den Patienten zum Entdecken von Zusammenhängen zwischen Gedanken, Gefühlen, körperlichen Reaktionen und der Umgebung an.

In der therapeutischen Arbeit mit Traumatisierten ist außerdem wichtig, die Funktionalität der dominierenden Gefühle im Rahmen der spontanen Bewältigungsversuche des Patienten zu erkennen. Oft haben PTBS-Patienten Schuld- und Schamgefühle, weil sie unfähig waren, das Trauma zu verhindern oder seinen Verlauf zu beeinflussen.

12.5.3 Forschungsergebnisse zur Effektivität von TF-KVT

Die Wirksamkeit von traumafokussierten kognitiv-verhaltenstherapeutischen Verfahren bei einer PTBS konnte vielfach bestätigt werden. Die Ergebnisse wurden bisher in verschiedenen Reviews und Metaanalysen zusammengefasst. Diese kommen einheitlich zu der Überzeugung, dass Betroffene mit PTBS von kognitiv-verhaltenstherapeutischer Therapie profitieren können (Bisson & Andrew, 2007; Van Etten & Taylor, 1998; Bradley et al., 2005). Unter den Therapiearm kognitive Verhaltenstherapie fallen dabei unterschiedliche kognitive und kognitiv-verhaltenstherapeutische Interventionen. Es wurden sowohl Langzeiteffekte der Therapie als auch vergleichsweise geringe Abbruchraten festgestellt (Ehlers et al., 2003; Van Etten & Taylor, 1998). In einer Metaanalyse von Bisson und Andrew (2007) zeigte sich die KVT, zusammen mit EMDR, anderen psychotherapeutischen Verfahren bezüglich des gesamten PTBS-Symptomspektrums überlegen. Einige Ergebnisse deuten darüber hinaus auf einen positiven Einfluss auf depressive Symptome und Ängstlichkeit hin.

Von allen kognitiv-verhaltenstherapeutischen Verfahren ist die Wirksamkeit der Expositionstherapie empirisch am besten belegt. Mehrere randomisiert-kontrollierte Therapiestudien konnten die Wirksamkeit von prolongierter Exposition bei PTBS nachweisen (Foa et al., 2005; Schnurr et al., 2007; Nacasch et al., 2011). In der aktuellsten Metaanalyse zur Wirksamkeit der prolongierten Exposition bei PTBS von Powers et al. (2010) wurden 13 randomisiert-kontrollierte Studien (RCTs) untersucht. Insgesamt zeigten sich in allen Studien deutliche Verbesserungen mit hohen Effektstärken in der Therapiegruppe im Vergleich zur Kontrollgruppe, sowohl zu Therapieende als auch zum jeweiligen Follow-up Zeitpunkt.

Zusammenfassend ist zu sagen, dass nach derzeitiger Studienlage die kognitive Verhaltenstherapie, vor allem prolongierte Exposition, sowie EMDR die erfolgversprechendsten Therapien zur Behandlung einer PTBS darstellen (Schnyder, 2014; Cloitre, 2009; Bisson & Andrew, 2007; Flatten et al., 2011a). Die traumafokussierte KVT erwies sich auch bei der Behandlung von PTBS-Patienten mit komorbiden Diagnosen (z. B. Borderline oder Sucht) als wirksam (Schnyder & Cloitre, 2015). Van Minnen et al. (2015) untersuchten den Einfluss von prolongierter Exposition auf die komorbide Diagnose bei PTBS-Patienten und stellten fest, dass diese zu einer Verbesserung oder wenigstens zu keiner Veränderung der Komorbiditäten führte. Daraus schlossen sie, dass eine Komorbidität keine Kontraindikation für prolongierte Exposition darstellt.

Tabelle 12.2 zeigt eine Übersicht der Studien zur Effektivität von Exposition und kognitiver Therapie bei PTBS gegenüber anderen Verfahren oder Wartekontrollgruppen (nach Cloitre, 2009). Die entsprechende Legende für die Effektstärken findet sich in **Tabelle 12.3**.

Tab. 12.2: Wirksamkeit der Expositionstherapie und kognitiven Therapie bei PTBS (Cloitre, 2009)

Autor	Ort	Stichprobe und Traumaart	Behandlungsbedingung	Rang der Effektstärke Prä/post
Basoglu et al., 2005	Türkei	Frauen, Naturkatastrophe	N=59 Total N=31 Ex N=28 WL	 9 4
Bryant et al., 2003	Australien	Frauen und Männer, Verkehrsunfall	N=59 Total N=20 Ex N=20 Ex+KT N=18 SB	 8 9 4
Chard, 2005	USA	Frauen, sexueller Missbrauch in der Kindheit	N=71 Total N=36 Ex+KU N=35 WL	 10 2
Duffy et al., 2007	Nordirland	Frauen und Männer, Terrorsimus und zivile Konflikte	N=58 Total N=29 KT N=29 WL	 8 3
Ehlers et al., 2003	England	Frauen und Männer, Verkehrsunfall	N=85 Total N=28 KT N=28 Selbsthilfe-Buch N=29 WL	 10 7 5
Ehlers et al., 2005	England	Frauen und Männer, Verkehrsunfall und andere	N=28 Total N=14 KT N=14 WL	 10 −3
Fecteau & Nicki, 1999	Kanada	Frauen, Verkehrsunfall	N=23 Total N=12 Ex N=11 WL	 8 2
Foa et al., 2005	USA	Frauen, sexuelle Gewalt und körperliche Gewalt	N=179 Total N=79 Ex N=74 Ex+KU N=26 WL	 8 8 6
Keane et al., 1989	USA (Vietnam-Krieg)	Männer, Krieg	N=24 Total N=11 Ex N=13 WL	 5 4
Marks et al., 1998	England	Frauen und Männer, verschiedene Traumata	N=87 Total N=23 Ex N=19 KU N=24 Ex+KU N=21 Entspannungstraining	 7 9 8 7
Monson et al., 2006	USA	Männer, Krieg	N=60 Total N=30 Ex+KU N=30 WL	 8 2
Mueser et al., 2008	USA	Frauen und Männer, verschiedene Traumata, PTBS mit schwerer Komorbidität	N=108 Total N=54 TAU+KU N=54 TAU	 7 4

Tab. 12.2: Wirksamkeit der Expositionstherapie und kognitiven Therapie bei PTBS (Cloitre, 2009) – Fortsetzung

Autor	Ort	Stichprobe und Traumaart	Behandlungsbedingung	Rang der Effektstärke Prä/post
Resick et al., 2002	USA	Frauen, sexuelle Gewalt	N=121 Total N=41 Ex+KU N=40 Ex N=40 WL	 8 8 1
Tarrier et al., 1999	England	Frauen und Männer, Kriminalität, Unfall und andere	N=72 Total N=37 KT N=35 Ex	 7 8

Beachte: Ex=Expositionstherapie, WL=Warteliste; KU=Kognitive Umstrukturierung; KT=Kognitive Therapie; SB=Supportive Beratung; TAU=treatment as usual (Standardtherapie)

Tab. 12.3: Legende der Effektstärken nach Rang (Cloitre, 2009)

Effektstärke	Rang	Bewertung
0.00–0.10	1	Sehr klein
0.11–0.20	2	Klein
0.21–0.35	3	Etwas klein
0.36–0.49	4	Etwas moderat
0.50–0.65	5	Moderat
0.66–0.79	6	Sehr moderat
0.80–1.00	7	Etwas groß
1.01–1.50	8	Groß
1.51–2.00	9	Sehr groß
2.01+	10	Extrem groß

12.6 Eye Movement Desensitization and Reprocessing (EMDR)

EMDR (engl., **eye movement desensitization and reprocessing**) ist ein von Francine Shapiro (1989, 2012) entwickeltes Verfahren zur Therapie der posttraumatischen Belastungsstörung durch bilaterale Stimulation. Durch sakkadische Augenbewegungen (oder seiten-alternierende akustische oder taktile Reize) sollen neue assoziative Verbindungen zwischen den traumatischen Erinnerungen und Kognitionen des Patienten entstehen, um eine Adaptation von belastenden Erinnerungen zu erreichen und dysfunktionale Überzeugungen, wie etwa fortlaufend hilflos oder verlassen zu sein, zu korrigieren.

Zu Beginn der Behandlung wird die Anamnese mit allen wichtigen Informationen zu den traumatischen Erfahrungen erhoben und anschließend ein Behandlungsplan erarbeitet. Wie in jeder Behandlung ist zudem die Erarbeitung einer tragfähigen, vertrauensvollen therapeutischen Allianz unverzichtbar. Anschließend werden Stabilisierungstechniken in Form von Entspannungsübungen und imaginativen Verfahren (v.a. ein »innerer sicherer Ort«; ▶ Kap. 12.4) durchgeführt und ein Stoppsignal bestimmt. Dem Patienten wird das EMDR-Verfahren ausführlich erklärt und Motivation sowie Indikation überprüft. Zeigt der Patient eine ausreichende affektive Stabilität und ist aus seiner Sicht und aus Sicht des Therapeuten bereit für die Behandlung mit EMDR, kann ein Ausgangsbild ausgesucht und das sogenannte »Standardprotokoll« durchgeführt werden. Der Ablauf des Protokolls ist immer gleich und wird in so vielen Sitzungen wie nötig strukturiert und vollständig durchgeführt. Das Standardprotokoll sieht folgendes Vorgehen vor (▶ Tab. 12.4):

Nach Auswahl eines Ausgangsbildes, welches die traumatische Erfahrung am besten repräsentiert, wird an das Stoppsignal und den inneren sicheren Ort erinnert. Nun wird das Ausgangsbild aktiviert und der Patient soll formulieren, welche negative Selbstüberzeugung dieses Bild in ihm aktuell auslöst (z.B. »Ich bin schutzlos ausgeliefert!«). Danach soll er eine positive Selbstüberzeugung nennen, die aussagt, wie er heute lieber über sich denken möchte (z.B. »Ich kann mich schützen!«). Der Patient soll die Stimmigkeit der positiven Kognitionen im Hier und Jetzt auf der **VoC** (**validity of cognition**)-**Skala** von null bis sieben einschätzen, sich dann das Ausgangsbild mit der negativen Kognition vorstellen und den aktuellen Belastungsgrad auf der **SUD** (**subjective units of disturbance**)-**Skala** von null bis zehn benennen. Danach wird er gebeten in seinen Körper hineinzuspüren und zu bestimmen, wo und wie er die Belastung wahrnimmt (z.B. Engegefühl im Brustbereich). Ist der Patient in Kontakt mit dem Ausgangsbild und den verbundenen negativen Kognitionen und Körperempfindungen, beginnt der Therapeut mit bilateralen Stimulierungen. In der Regel sind diese visueller Art, das heißt, der Therapeut bittet den Patienten, ohne Kopfbewegung auf seinen Zeigefinger zu schauen, den er vor dem Gesicht des Patienten hin und her bewegt. Währenddessen redet der Therapeut ruhig auf den Patienten ein, damit dieser in Kontakt bleibt und aufkommenden Gefühlen nachgeht. Diese Stimulationsserien werden so oft durchgeführt, bis der Patient von einer Reduktion der subjektiven Belastung berichtet. Der durch die Stimulation ausgelöste Prozess kann unterschiedlicher Art sein. Zum Beispiel kann der Patient wahrnehmen, wie das Bild langsam verblasst, oder es kommt zu einer emotionalen oder körperlichen Abreaktion wie starkem Weinen oder ausgeprägter Übelkeit. Ist die Belastung auf einen SUD-Wert von 1 oder 0 abgesunken, soll das Trauma mit der vorher formulierten oder einer besser passenden positiven Selbstüberzeugung, ebenfalls durch bilaterale Stimulierung, verknüpft werden. Dazu soll der Patient prüfen, wie stimmig sich das Ausgangsbild zusammen mit der positiven Überzeugung anfühlt und gegebenenfalls eine passendere Überzeugung suchen. Das Ziel ist ein SUD-Wert von 0 und ein VoC-Wert von 7, erst dann wird zum sogenannten Körpertest übergegangen. Der Patient soll dabei auf noch eventuell vorhandene Missempfindungen achten, während er gleichzeitig an das Trauma und die positive Überzeugung denkt. Alle noch vorhandenen negativen Körperempfindungen werden durch EMDR-Stimulierung bearbeitet.

Am Ende einer EMDR-Sitzung sollte sich der Patient in einem emotional ausgeglichenen Zustand befinden, unabhängig davon, ob eine Verarbeitung abgeschlossen ist oder nicht. Ist er noch angespannt, können Entspannungs- oder Imaginationsübungen durchgeführt werden. Ihm wird nahegelegt, ein Tagebuch über möglicherweise auftauchende Gedanken und Gefühle zu führen, sodass er sich von ihnen distanzieren und sie in der nächsten Stunde mit dem Therapeuten besprechen kann. In der nächsten Stizung wird die Belastung und die Stimmigkeit der positiven Kognition erneut überprüft. Möglicherweise ist das Ausgangsbild noch nicht gänzlich bearbeitet oder es sind neue belastende Erinnerungen aufgetreten, sodass in der nächsten Sitzung daran angeknüpft werden sollte.

Tab. 12.4: Die acht Phasen der EMDR-Therapie nach Shapiro (2012)

Phase 1	Anamneseerhebung, Diagnostik und Behandlungsplanung
Phase 2	Stabilisierung und Vorbereitung (z. B. Stoppsignal, innerer sicherer Ort)
Phase 3	Bewertung einer ausgewählten Erinnerung • Negative Selbstüberzeugung • Positive Selbstüberzeugung • Stimmigkeit der positiven Selbstüberzeugung (VoC) • Emotion • Belastungsgrad (SUD) • Lokalisieren der Körpergefühle
Phase 4	Durcharbeitung mithilfe bilateraler Stimulierung
Phase 5	Verankerung der postiven Selbstüberzeugung
Phase 6	Körpertest
Phase 7	Abschluss, ggf. Entspannungsübung
Phase 8	Nachbefragung in der nächsten Sitzung mit Neubewertung von SUD und VoC

12.6.1 Forschungsergebnisse zur Effektivität von EMDR

Die Wirksamkeit der EMDR-Therapie für PTBS bei Erwachsenen wurde vielfach belegt (McGuire et al., 2014; Shapiro, 2014; Seidler & Wagner, 2006) und gilt als ebenso effektiv wie die traumafokussierte kognitive Verhaltenstherapie (Davidson & Parker, 2001; Van Etten & Taylor, 1998; Bisson & Andrew, 2007; ▶ Tab. 12.5). Vorteile von EMDR sind die geringere Anzahl von Sitzungen, die benötigt werden, eine niedrige Drop-Out-Rate sowie der Verzicht auf zeitaufwändige Hausaufgaben für die Patienten (Ironson et al., 2002; Shapiro, 2014). EMDR hat auf verschiedene Arten von Traumatisierungen einen positiven Effekt. So zeigten sich unter anderem signifikante Verbesserungen bei der Behandlung von Soldaten und Opfern von sexualisierter oder häuslicher Gewalt (Carlson et al., 1998; Zimmermann et al., 2005; Rothbaum, 1997; Marcus et al., 1997).

Trotz der hohen Effektivität dieser Therapie konnte der Wirkmechanismus von EMDR bisher nicht abschließend geklärt werden. Es bestehen unterschiedliche Hypothesen, die z. B. einen Einfluss auf das Arbeitsgedächtnis, eine Orientierungsreaktion oder eine verstärkte Verbindung der linken und rechten Hemisphäre, was wiederum das episodische Gedächtnis beeinflussen soll, vermuten (Jeffries & Davis, 2013). Weitere Autoren gehen davon aus, dass die repetitiven Stimuli spezifische EEG-Muster hervorrufen, die sonst nur im REM-Schlaf vorkommen und mit einer beschleunigten Informationsverarbeitung zusammenhängen (Hassard, 1996; Stickgold, 2002). Sack et al. (2008) und Christman et al. (2003) stellten fest, dass die sakkadischen Augenbewegungen das Aufrufen von Erinnerungen erleichtern sowie mit einer physiologischen Entspannungsinduktion verbunden sind, also eine sogenannte Gegenkonditionierung stattfindet. Das daraus folgende reduzierte Erregungsniveau scheint die kognitive Bearbeitung des Traumas, die während der Therapie stattfindet, zu begünstigen.

Andererseits wurde in verschiedenen Studien die Notwendigkeit der bilateralen Augenbewegungen grundsätzlich angezweifelt (Schubert et al., 2011; Davidson & Parker, 2001). Die meisten und aktuellsten Befunde sprechen allerdings dafür, dass die bilaterale Stimulation einen essentiellen Bestandteil in der EMDR-Therapie darstellt (Leer et al., 2014; Schubert et al., 2011; Jeffries & Davis, 2013).

Tab. 12.5: EMDR gegenüber anderen Verfahren (nach Cloitre, 2009)

Autor	Ort	Stichprobe und Traumaart	Behandlungsbedingung	Rang der Effektstärke Prä/post
Carlson et al., 1998	USA	Männer, Krieg	N=35 Total N=10 EMDR N=13 Entspannung N=12 TAU	NA
Devilly & Spence, 1999	Australien	Frauen und Männer, verschiedene Traumata	N=23 Total N=12 EMDR N=11 Ex + KU + SIT	 10 10
Hogberg et al., 2007	Schweden	Männer, Arbeitsunfälle	N=24 Total N=13 EMDR N=11 WL	NA
Jensen, 1994	USA (Vietnam-Krieg)	Männer, Krieg	N=25 Total N=13 EMDR N=12 WL	 −4 −7
Lee et al., 2002	Australien	Frauen und Männer, nicht berichtet	N=24 Total N=12 EMDR N=12 Ex + SIT	 9 8
Marcus et al., 1997	USA	Frauen, Gewalt und Missbrauch	N=67 Total N=33 EMDR N=34 TAU	 9 8
Power et al., 2002	Schottland	Frauen und Männer, Verkehrsunfall und andere	N=105 Total N=39 EMDR N=37 Ex + KU N=29 WL	 10 8
Rothbaum et al., 2005	USA	Frauen, sexuelle Gewalt	N=72 Total N=25 EMDR N=23 Ex N=24 WL	 10 9 5
Scheck et al., 1998	USA	Frauen, sexuelle und körperliche Gewalt	N=60 Total N=30 EMDR N=30 SB	 9 5
Taylor et al., 2003	Kanada	Frauen, verschiedene Traumata	N=60 Total N=19 EMDR N=22 Ex N=19 Entspannung	 10 10 8

Tab. 12.5: EMDR gegenüber anderen Verfahren (nach Cloitre, 2009) – Fortsetzung

Autor	Ort	Stichprobe und Traumaart	Behandlungsbedingung	Rang der Effektstärke Prä/post
van der Kolk et al., 2007	USA	Frauen, interpersonelle Gewalt, Verletzung	N=88 Total N=29 EMDR N=19 SSRI N=29 Placebo	 10 10 10
Vaughan et al., 1994	Australien	Frauen und Männer	N=36 Total N=12 EMDR N=13 Ex N=11 Entspannung	 9 5 5

Beachte: Ex = Expositionstherapie; WL = Warteliste; KU = Kognitive Umstrukturierung; SB = Supportive Beratung; SIT = Stress Innoculation Therapy; TAU = Treatment as usual (Standardtherapie); NA = nicht angegeben; EMDR = Eye Movement Desensitization and Reprocessing; SSRI = Selective Serotonin Reuptake Inhibitor

12.7 Narrative Verfahren

Narrative Verfahren sollen es traumatisierten Menschen ermöglichen, über das Erlebte ausführlich zu sprechen und es dadurch in die eigene Biographie zu integrieren. Das Aufschreiben und Einbetten in den lebensgeschichtlichen Kontext der traumatisierenden Ereignisse findet in allen Varianten der narrativen Therapie statt, bezüglich Schwerpunkt und inhaltlichem Vorgehen unterscheiden sie sich in geringen Ansätzen.

Ein »**Narrativ**« oder eine »Narration« (lat. »narrare«, erzählen) bezeichnet das Erzählen von Lebensereignissen innerhalb eines zwischenmenschlichen Kontaktes, in dem ein gemeinsames Nacherleben der Ereignisse stattfinden kann. Von Betroffenen kann es als deutliche Entlastung erlebt werden, das traumatische Ereignis und damit verbundene Gefühle und Gedanken mit jemand anderem zu teilen. Das Erzählte wird darüber hinaus schriftlich fixiert, bis ein zusammenhängender Erlebnisbericht mit allen Einzelheiten entstanden ist. Davon ausgehend, dass eine Konfrontation mit den traumatischen Inhalten in Form einer schriftlichen Dokumentation zu einer Veränderung in der Verbindung zwischen Gedächtnis und Gefühlen führt, sollen narrative Verfahren Betroffenen helfen, ihre Sprachlosigkeit zu überwinden und traumatische Erlebnisse in den lebensgeschichtlichen Kontext einzubinden, um die Erinnerungen als weniger bedrohlich wahrzunehmen. Zu beachten ist hierbei eine mögliche Ambivalenz zwischen dem Bedürfnis, sich über das Erlebte mitzuteilen, und der Angst, mit dem Trauma verbundene unangenehme Gefühle, wie Schuld oder Scham, zu erleben.

Die **Testimony Therapy** wurde von zwei Psychotherapeuten aus Chile unter Pseudonym in den 1980er Jahren zur Zeit des Pinochet-Regimes in Chile entwickelt (Cienfuegos & Monelli, 1983). Mit therapeutischer Unterstützung wird Folter- und Verfolgungsopfern die Gelegenheit gegeben, ihre Erlebnisse schriftlich zu erfassen, also »Zeugnis« (engl. testimony) zu geben. Wenn die Patienten es wünschen, werden diese Berichte veröffentlicht und an Menschrechtsorganisationen, Angehörige oder Freunde weitergegeben. Neben der Bearbeitung des Traumas durch die Konfrontation führt das Teilen der Erfahrungen zu einer gesellschaftlichen Anerkennung der Traumatisierung und damit zu einer weiteren Entlastung der Betroffenen. Die Testimony Therapy ist als Kurzzeittherapie mit etwa 15 Sitzungen konzipiert.

Die **Life-Review Therapy** (Lebensrückblicktherapie) wird vornehmlich bei älteren Menschen eingesetzt. Das Konzept der Lebensrückschau von Butler (1963) beinhaltet, dass die Beschäftigung mit dem vergangenen Leben zu einer Sinnfindung, einer persönlichen Sicherheit und Akzeptanz sowie Integration des Geschehenen führen kann.

Die am häufigsten verwendete und am besten untersuchte narrative Therapie ist die **Narrative Expositionstherapie (NET**; Schauer et al., 2011). Sie wurde von Maggie Schauer, Frank Neuner und Thomas Elbert entwickelt und war ursprünglich für den Einsatz in Kriegsgebieten zur Behandlung von Kriegsflüchtlingen und Opfern von Gewalttaten vorgesehen. Sie vereint Elemente aus der kognitiven Verhaltenstherapie sowie der Testimony Therapy, bei der Betroffene ihre traumatischen Erlebnisse vollständig schriftlich dokumentieren. Um eine schnelle Hilfe für viele Menschen, z. B. in Katastrophengebieten, bieten zu können, wurde die NET so entwickelt, dass sie auch von besonders geschulten Laien ausgeführt werden kann. Mit der Zeit stellte sich die NET auch als wirksam für andere Traumata heraus. Sie wird in vielen verschiedenen Ländern, wie Afrika, Sri Lanka oder China, eingesetzt, um traumatisierten Menschen zu helfen (Jongedijk, 2014).

Eine NET-Sitzung dauert in der Regel etwa 90 Minuten. Die Sitzungsanzahl ist abhängig von dem Grad der Traumatisierung und der Symptomatik des Betroffenen und sollte, wenn möglich, zu Therapiebeginn festgesetzt werden. Es wurden erfolgreiche Therapien innerhalb von vier zweistündigen Sitzungen durchgeführt (Neuner et al., 2004a), andere Therapien mit Traumatisierten können auch 15 bis 20 Sitzungen erfordern.

Nach eingehender Anamneseerhebung und Diagnostik folgt eine ausführliche Psychoedukation bezüglich des Störungsbildes. Der Patient wird daraufhin über das Vorgehen bei der Behandlung aufgeklärt. Willigt der Patient in die NET ein, erarbeiten Therapeut und Patient zusammen eine Lebenslinie, in der die wichtigsten positiven und negativen Ereignisse im Leben grob eingeordnet werden. Hier soll das traumatische Erleben erwähnt, aber vom Patienten noch nicht wiedererlebt werden. Erst in der nächsten Phase wird der Patient gebeten, seine Lebensgeschichte in chronologischer Reihenfolge zu erzählen, während der Therapeut sie aufschreibt. Dabei wird ein Fokus auf negative, traumatische Ereignisse, sogenannte »**Hot Spots**«, gelegt, die der Patient so erlebnisnah wie möglich schildern soll. Auch damalige, mit dem Trauma verbundene Gefühle, sensorische Eindrücke und Gedanken sollen beschrieben werden. Gleichzeitig werden aktuelle Gefühle und Körperreaktionen erfragt, die durch die Erinnerungen ausgelöst werden, um den Patienten darin zu unterstützen, damalige und heutige Gefühle voneinander zu unterscheiden und den Bezug zur Gegenwart zu erhalten. In der jeweils darauffolgenden Sitzung wird die Narration erneut von Anfang an vorgelesen, wodurch der Patient die Möglichkeit bekommt, Erinnerungsfehler zu korrigieren oder über neue Erkenntnisse zu sprechen. Anschließend wird das Bearbeiten der Lebensgeschichte fortgeführt.

Gelingt eine Integration des Traumas in die Biographie, wird der Patient im Verlauf sichtlich entspannter und ruhiger. Die Bedrohlichkeit des Ereignisses für ihn lässt deutlich nach, und er kann zwischen Gegenwart und Vergangenheit unterscheiden, d. h. das Trauma als etwas »Vergangenes« wahrnehmen, über das gesprochen werden kann, welches aber aktuell keinen

Einfluss mehr auf ihn hat. Am Ende der Therapie wird der vollständige Bericht sowohl vom Patienten als auch vom Therapeuten unterschrieben.

12.7.1 Forschungsergebnisse zur Effektivität von Narrativen Verfahren

Die Testimony Therapy wurde bisher erfolgreich in Folteropfer- und Flüchtlingsbehandlungszentren eingesetzt, was in unterschiedlichen Einzelfall- und Gruppenstudien festgehalten wurde (Cienfuegos & Monelli, 1983; Agger et al., 2009; Weine et al., 1998; van Dijk et al., 2003). Jedoch fehlt es an randomisierten Kontrollgruppenstudien.

Die NET hat sich bei der Behandlung multipel traumatisierter Menschen, wie Kriegsbeteiligten, Flüchtlingen, Erdbebenopfern und Feuerwehrmännern, als wirksam erwiesen (Robjant & Fazel, 2010; Neuner et al., 2004b; Alghamdi et al., 2015; Jongedijk, 2014). Es gibt Hinweise auf langfristige Verbesserungen der PTBS-Symptomatik und eine Überlegenheit von NET gegenüber Treatment as usual (Stenmark et al., 2013) und Stress-Impfungstraining (Hensel-Dittmann et al., 2011). Als Vorteile der NET nennen Robjant und Fazel (2010) eine niedrige Drop-out-Rate, die Möglichkeit des Einsatzes in sowohl einkommensschwachen als auch einkommensstarken Ländern sowie die Indikation für chronische und akute PTBS. Viele Studien zu NET wurden jedoch nur an kleinen Stichproben durchgeführt. Kritisch anzumerken ist darüber hinaus, dass ein Großteil der Studien zu NET aus der Arbeitsgruppe der Entwickler dieser Intervention stammt. Bisher fehlt es an ausreichend unabhängigen Arbeiten, in denen diese Ergebnisse verifiziert werden.

12.8 Psychodynamische Therapieverfahren

Psychodynamische Therapien der PTBS basieren zu einem großen Teil auf Arbeiten von Mardi Horowitz. Er plädierte für eine Modifizierung der klassischen psychoanalytischen Therapie, um der Behandlung von PTBS-Patienten gerecht zu werden (Horowitz, 1976) und entwickelte einige Techniken, die zum Teil noch heute Anwendung finden. In seinem Ansatz wird davon ausgegangen, dass Personen nach einem traumatischen Ereignis ihr ursprüngliches Selbst- und Weltkonzept nicht mit dem Trauma und damit verbundenen Gedanken und Gefühlen verbinden können, was wiederum zu Symptomen wie Vermeidung und Intrusionen führe (Horowitz, 1974). Das Ziel der heutigen psychodynamischen Therapien bei der Behandlung von Traumafolgestörungen ist vorwiegend eine Verbesserung der **Emotionsregulation,** der Beziehung zu anderen sowie zur eigenen Person und eine Stärkung der Selbstheilungskräfte (Reddemann, 2009). Da davon ausgegangen wird, dass insbesondere frühe Traumatisierungen in interpersonellen Beziehungen zu einem dysfunktionalen Bindungsverhalten und einer Erschütterung des Selbstbildes und Selbstwertes geführt haben, soll dem Patienten in einer vertrauensvollen therapeutischen Beziehung eine neue, korrigierende Beziehungserfahrung angeboten werden (Schottenbauer et al., 2008). Gerade in psychodynamischen Therapien werden die drei Phasen der **Stabilisierung, Traumabearbeitung** und **Integration** durchlaufen. In Deutschland gibt es zwei gängige Verfahren, die in manualisierter Form vorliegen: die »Psychodynamisch imaginative Traumatherapie« (PITT) nach Reddemann (2014) und die »Mehrdimensionale psychodynamische Traumatherapie« (MPTT) nach Fischer (2000).

12.8.1 Psychodynamisch imaginative Traumatherapie (PITT)

Die PITT wird sowohl im stationären als auch ambulanten Setting angewendet und kann im ambulanten Rahmen bis zu 200 Stunden oder mehr benötigen. Sie integriert sowohl Elemente der angewandten Psychoanalyse und der KVT als auch imaginative Verfahren und achtsamkeitsbasierte Interventionen. Um den Patienten dabei zu unterstützen, seine Symptome aktiv zu bewältigen und sein Leben eigenständig zu gestalten, wird der Patient durch Psychoedukation und transparente Erklärungen in die Behandlungsplanung einbezogen (Reddemann, 2009, 2014). Während Abwehrmechanismen als hilfreiche Ressource gewürdigt werden, wird größtenteils auf klassische psychoanalytische Interventionen wie Deutung und Konfrontationen verzichtet. Darüber hinaus erfolgt eine umfassende Ressourcenaktivierung, um Selbstheilungsprozesse (funktionale Selbstregulation, Selbstakzeptanz, etc.) zu fördern (Reddemann, 2012).

Während des gesamten Therapieverlaufes haben Imaginationsübungen eine große Bedeutung (z. B. »innerer sicherer Ort« oder »hilfreiche Wesen«). Sie dienen der Stabilisierung und Ressourcenaktivierung und können vom Patienten auch nach der Therapie selbstständig zur Emotionsregulation durchgeführt werden. Darüber hinaus wird mit dem »Ego-State«-Ansatz (▶ Kap. 12.9) gearbeitet. Der empfohlene Therapieablauf ist im entsprechenden Manual ausführlich beschrieben (Reddemann, 2014).

12.8.2 Mehrdimensionale psychodynamische Traumatherapie (MPTT)

Die manualisierte MPTT wurde von Fischer (2000, 2007) zur Behandlung psychotraumatischer und neurotischer Störungen entwickelt. Sie umfasst bei der Akuttherapie durchschnittlich 10 Sitzungen, die Therapiedauer kann aber je nach Komplexität der Traumatisierungen und des Therapieprozesses angepasst werden. Auch hier ist das Ziel, über die Symptomreduzierung hinaus, das traumatische Erlebnis zu betrauern und räumlich sowie zeitlich zu integrieren. Bei einem positiven Verlauf sollte eine bessere Distanzierung vom Trauma stattfinden und die emotionalen und körperlichen Reaktionen des Patienten (z. B. das Erregungsniveau oder somatische Begleiterscheinungen beim Reden über die Erfahrung) an Intensität nachlassen. Eine ausführliche Beschreibung der MPTT ist im Manual von Fischer (2000) zu finden.

12.8.3 Forschungsergebnisse zur Effektivität von Psychodynamischen Verfahren

Lampe et al. (2008) evaluierten die PITT anhand von 84 stationären Traumapatienten. Diese wurden mit 43 Kontrollpersonen, die eine ambulante psychiatrische und/oder psychotherapeutische Behandlung bekamen, verglichen. Nur in der PITT-Gruppe zeigten sich signifikante Effekte zwischen Aufnahme und Entlassung bezüglich Depression, Intrusion, Vermeidung, Ängstlichkeit, Somatisierung und Selbstberuhigung. Die Effekte konnten größtenteils auch noch sechs Monate nach Therapieende nachgewiesen werden. Patienten mit schwerer chronischer Traumatisierung profitierten dabei besonders von der Behandlung.

Die Wirksamkeit der MPTT konnte in einer kontrollierten Studie von Fischer (2001) belegt werden. Hier wurden Opfer von Gewaltverbrechen entweder mit MPTT oder EMDR behandelt und mit einer Kontrollgruppe verglichen. Beide Therapierichtungen erzielten signifikante Verbesserungen bezüglich Vermeidung, Intrusion und Depression gegenüber der Kontrollgruppe.

Im Vergleich zu verhaltenstherapeutischen Traumatherapien gibt es insgesamt nur wenige Studien zur Wirksamkeit von psychodynamischen Traumatherapien. Frommberger et al. (2014) machen in ihrer Übersichtsarbeit zur Prävalenz und Therapie posttraumatischer Störungen auf das Fehlen randomisiertkontrollierter Studien zur psychodynamischen Traumabehandlung aufmerksam. Eine kontrollierte Studie von Brom et al. (1989) konnte im Gegensatz zur Wartekontrollgruppe einen positiven Einfluss von psychodynamischer Therapie auf posttraumatische Symptome zeigen. In Übersichtsarbeiten werden psychodynamische Traumatherapien aufgrund der raren Studienlage insgesamt als »möglicherweise wirksam« beurteilt (Ponniah & Hollon, 2009; Frommberger et al., 2014; Bisson et al., 2013).

12.9 Ego-State-Therapie

Die **Ego-State-Therapie** (Waktins & Watkins, 1997) ist ein häufiger Bestandteil der psychodynamischen Therapien, kann aber auch unabhängig vom angewendeten Therapieverfahren als hilfreiches Element genutzt werden. Sie beruht auf der Vorstellung, dass alle Menschen unterschiedliche innere Ich-Zustände besitzen, wie z. B. ein erwachsenes und ein kindliches Ich. Im Unterschied zur Arbeit mit dem »inneren Kind« geht die Ego-State-Therapie jedoch von mehreren unterschiedlichen inneren (kindlichen) Anteilen, anstatt nur »einem Kind« aus. Während diese inneren Anteile bei psychisch stabilen, gesunden Menschen gut miteinander in Kontakt stehen, wird davon ausgegangen, dass traumatisierte Menschen stark verletzte (kindliche) innere Anteile durch die traumatischen Ereignisse entwickelt haben. Diese führen zu dysfunktionalem Verhalten und können zu schlechter Emotionsregulation und geringer Stresstoleranz beitragen. Es sollen möglichst alle Ego-States identifiziert werden und ihre Entwicklung und ihre Aufgabe (z. B. als Schutz) gewürdigt werden, sodass die Existenz der Anteile als sinnvoll erlebt werden kann. Ziel ist es, diese inneren Anteile zu stärken und mit gesunden, erwachsenen Anteilen in Kontakt zu bringen, um so eine »Nachreifung« hervorzurufen und die Anteile wieder zu einer ganzheitlichen Persönlichkeit zu verbinden. Jeder Ego-State hat spezielle Wünsche und Sehnsüchte, die dem Patienten bewusst werden sollen, damit er ein verständnisvolles Verhältnis zu allen Anteilen entwickeln kann und die Möglichkeit bekommt, ihnen diese Wünsche zu erfüllen.

Besonders bei der Behandlung von ausgeprägten dissoziativen Störungen hat sich das Arbeiten mit Ego-States bewährt. Solche Patienten können stark unterschiedliche Ich-Zustände aufweisen, bis hin zu einer dissoziativen Persönlichkeitsstörung, in der diese Anteile nichts voneinander wissen. Durch die Therapie sollen zum einen diese Anteile möglichst funktional miteinander in Kontakt treten, zum anderen soll der Patient die Kontrolle über seine unterschiedlichen Zustände erlangen.

In einer Publikation von Watkins und Watkins (1997) berichteten die Autoren von ihren Ergebnissen bei 42 traumatisierten Patienten. Die signifikante Mehrheit der Patienten gab an, die Ego-State-Therapie als hilfreicher erlebt zu haben als frühere Therapien, das Untersuchungsdesign ermöglicht jedoch keine objektiven Aussagen zur Effektivität. Obwohl die Ego-State-Therapie in der Praxis immer mehr wahrgenommen wird, gibt es bisher keine empirischen Belege für ihre Wirksamkeit bei PTBS. Barabasz et al. (2013) untersuchten eine Abwandlung der Ego-State-Therapie, die »abreagierende Ego-State-Therapie« mit zusätzlicher Hypnose, und deren Einfluss auf die PTBS-Symptomatik in einer placebo-kontrollierten Studie. Dieser Ansatz zeichnet sich durch eine kurze Behandlungsdauer von 5 bis 6 Stunden am Stück aus, und scheint einen positiven und langfristigen Einfluss auf die posttraumatische Symptomatik zu haben.

12.10 Entspannungsverfahren und Körpertherapien

Entspannungsverfahren, wie **Autogenes Training** oder **Progressive Muskelentspannung,** sind häufig eingesetzte ergänzende Therapieverfahren bei der Behandlung unterschiedlicher Störungsbilder. In der Regel helfen sie, die Anspannung von Betroffenen zu reduzieren und die allgemeine Entspannungsfähigkeit zu verbessern. Bei der Therapie der PTBS sollte der Einsatz von Entspannungsübungen jedoch mit Vorsicht erfolgen. So sollte die Neigung zu Flashbacks und Dissoziationen sorgfältig überprüft werden, da erlebte Entspannung diese Symptome auslösen und möglicherweise verschlimmern kann.

Ebenso ergänzend zu anderen psychotherapeutischen Verfahren können Komponenten aus der Körpertherapie eingesetzt werden. Vor allem Betroffene, die durch traumatische Ereignisse wie sexuellen Missbrauch ein verzerrtes Körperbild oder einen sehr negativen Bezug zum eigenen Körper aufweisen, können davon profitieren. Zur Körpertherapie gehören zum Beispiel Physiotherapie, Massagen, das Erlernen von entspannenden Atemtechniken oder meditative Bewegungsformen wie Yoga oder Tai Chi. Entspannungsverfahren und Körpertherapien können bei entsprechender Indikation sowohl in der Stabilisierungsphase als auch in der Traumabearbeitungsphase eingesetzt werden.

Einige wenige Studien haben reine Entspannungsverfahren (v. a. Progressive Muskelentspannung) mit anderen Verfahren (EMDR, Exposition, Biofeedback, kognitive Verhaltenstherapie) in Bezug auf die Behandlung von PTBS verglichen (Taylor et al., 2003; Silver et al., 1995; Hinton et al., 2011). Bisher waren Entspannungsverfahren keinem anderen Verfahren überlegen. Als Teil eines Behandlungsprogrammes jedoch, können Entspannungsverfahren einen hilfreichen Beitrag leisten. Ein Review von Lamarche und De Koninck (2007) zu Schlafstörungen bei Patienten mit PTBS zeigte beispielsweise, dass kognitive Verhaltenstherapie in Kombination mit anderen Elementen, wie Entspannungsübungen, einen positiven Einfluss auf das Schlafverhalten der Betroffenen haben kann und somit die PTBS-Symptomatik verbessert wird. Der Einfluss von Körpertherapien auf posttraumatische Symptomatik wurde bisher kaum untersucht. Es gibt Hinweise auf einen positiven Einfluss von Yoga auf die posttraumatische und depressive Symptomatik sowie auf Stresssymptome, wie erhöhte Herzraten, bei PTBS-Patienten (Telles et al., 2010; Descilo et al., 2010).

Beim körperbezogenen Therapieansatz »**Somatic experiencing**« (SE), der in den 1970er Jahren von dem Biophysiker Peter Levine (1976, 1986, 1997; Levine & Mate, 2010) entwickelt wurde, finden die biologischen Prozesse, die während eines traumatischen Erlebnisses ablaufen, eine besondere Beachtung. Es wird davon ausgegangen, dass das durch das Ereignis in Alarmzustand gebrachte Nervensystem sich nicht mehr von alleine beruhigen kann und nicht mehr flexibel auf Situationen (mit Orientierung, Flucht oder Kampf) reagiert. Aufgrund des Traumas besteht ein anhaltendes Gefühl der Bedrohung, körperlicher Übererregung oder »Erstarrung« und auch noch Jahre später können psychische und somatische Symptome, wie Rückenschmerzen oder Migräne, auftreten, für die keine körperliche Ursache gefunden werden kann. Anhand spezieller Übungen zur Körperwahrnehmung sollen Psyche und Körper wieder miteinander in Kontakt gebracht werden, sodass der Körper wieder zu angemessenen biologischen Funktionen und Reaktionen in der Lage ist und das traumatische Erleben aufgelöst wird. Besondere Bedeutung hat hier der »**Felt Sense**«, ein konzentriertes körperliches Wahrnehmen einer Situation, Person oder eines Ereignisses (Gendlin, 1981).

Die Anwendung und Effektivität von SE ist in Deutschland recht umstritten. Die SE-Ausbildung ist nicht auf psychologische Psychotherapeuten begrenzt und nicht von allen Psychotherapeutenkammern anerkannt. In der klinischen Erfahrung konnte die Wirksamkeit von SE immer wieder belegt werden (Schubbe, 2014). Anhand einer Fallstudie wird die Anwendung und Wirksamkeit von SE beschrieben (Payne et al., 2015), klinische Studien gibt es bislang jedoch nicht.

12.11 Pharmakotherapie

Die **Pharmakotherapie** spielt bei der Behandlung posttraumatischer Störungen eine eher untergeordnete Rolle. Sie scheint nach gegenwärtigem Kenntnisstand als Monotherapie nicht ausreichend zu sein, kann aber unterstützend zur Behandlung der somatischen Begleiterscheinungen im Rahmen der drei Symptomcluster Intrusion, Vermeidung und Hyperarousal eingesetzt werden, vor allem wenn eine ausgeprägte klinische Symptomatik die therapeutische Arbeit erschwert (Flatten et al., 2011a). Darüber hinaus wird sie häufig zur Behandlung komorbider Störungen, wie Depression oder Angststörungen, oder psychotischen Erlebens eingesetzt. In vergleichenden Studien ist die Psychotherapie der Pharmakotherapie bei der Behandlung von PTBS überlegen (Van Etten & Taylor, 1998; Frommberger, 2004; van der Kolk et al., 2007), weshalb generell zunächst eine traumafokussierte Behandlung indiziert ist, bevor ein Therapieversuch mit Medikamenten durchgeführt wird.

Werden Patienten mit Psychopharmaka behandelt, ist es wichtig, sie, egal welches Medikament eingesetzt wird, über Risiken und Nebenwirkungen (z. B. Unruhe, Magen-Darm-Beschwerden, nachlassende sexuelle Appetenz) sowie bei Benzodiazepinen vor allem über das hohe Suchtpotential aufzuklären. Für alle Behandlungen mit Psychopharmaka gilt, dass erst nach 8 bis 12 Wochen ein Behandlungserfolg beurteilt werden kann und die Therapie daher mindestens so lange andauern sollte. Bei Therapieerfolg und guter Verträglichkeit sollte die Behandlung für mindestens 12 Monate fortgesetzt werden (Davidson, 2006). Abgesehen von den Benzodiazepi-

Kasten 12.2: Indikationen für eine pharmakologische Behandlung bei PTBS

> Mögliche Indikationen für eine pharmakologische Behandlung bei PTBS (laut NICE-Leitlinien; National Collaborating Centre for Mental Health, 2005):
>
> - Bei ausgeprägter klinischer Symptomatik (z. B. ausgeprägtes Hyperarousal), die die psychotherapeutische Arbeit erschwert
> - Wenn ein Patient nicht von einer traumafokussierten Therapie profitiert hat
> - Wenn ein Patient keine traumafokussierte Therapie will bzw. explizit eine pharmakologische Behandlung wünscht
> - Wenn eine traumafokussierte Therapie aufgrund drohender weiterer Traumatisierung nicht möglich ist
> - Bei vorhandener Komorbidität, die eine Mitbehandlung oder primäre Behandlung erfordert

nen kommt es beim Absetzen von Psychopharmaka nicht zu Entzugssymptomen, es können jedoch bei zu schneller Reduzierung Absetzsymptome, wie Schlafstörungen oder Probleme mit dem Magen-Darmtrakt, auftreten. Daher ist ein langsames Ausschleichen des Medikamentes sehr wichtig. Treten nach dem Absetzen oder während des Ausschleichens die ursprünglichen Symptome wieder auf, sollte eine erneute Gabe des Medikamentes bzw. eine Erhöhung der Dosis überlegt werden.

12.11.1 Forschungsergebnisse zur Effektivität von Pharmakotherapie bei PTBS

Der zurzeit einzige in Deutschland zugelassene Wirkstoff zur Behandlung der PTBS ist das Antidepressivum Paroxetin aus der Gruppe der SSRIs (Selective Serotonin Reuptake Inhibitor). Es weist eine gute Wirksamkeit bezüglich der drei Symptomcluster bei einer guten Verträglichkeit auf und sollte bei Patienten als erster Therapieversuch eingesetzt werden, sofern keine weiteren speziellen Komorbiditäten wie psychotische Symptome bestehen und eine medikamentöse Therapie indiziert ist. Neben Paroxetin stellten sich auch andere SSRIs, insbesondere Sertralin und Fluoxetin, als wirksam bezüglich des gesamten Symptomspektrums des posttraumatischen Belastungssyndroms sowie komorbider Begleitsymptome heraus. Die Wirksamkeit von SSRIs konnte in mehreren placebokontrollierten Doppelblindstudien nachgewiesen werden (Stein et al., 2006; Ipser und Stein, 2012). Asnis et al. (2004) bestätigten zudem einen Langzeiteffekt (6–12 Monate) dieser Substanzen.

Bei Unverträglichkeit oder ausbleibender Wirkung der SSRIs können trizyklische Antidepressiva (TCA) oder MAO-Hemmer (Monoaminoxidase-Hemmstoffe) bzw. die reversiblen Monoaminooxidase A-Hemmstoffe (RIMA) in Betracht gezogen werden, jedoch weisen diese ein deutlich höheres Nebenwirkungsprofil auf. Es gibt Hinweise auf einen positiven Effekt der TCAs auf die posttraumatische Symptomatik und Depressionssymptome (Kosten et al., 1991; Frank et al., 1988; Reist et al., 1989; Davidson et al., 1991b). Zur Wirksamkeit der MAO-Hemmer/RIMA ergaben sich bisher inkonsistente Befunde.

Benzodiazepine werden im klinischen Alltag primär gegen Angst- und Spannungszustände sowie Hyperarousal (v. a. Schlafstörungen) eingesetzt. Wegen ihrer entspannenden Wirkung bei guter Verträglichkeit bergen diese Medikamente eine hohe Suchtgefahr. Daher sollte Patienten, die gegenwärtig oder in der Vorgeschichte eine Suchtproblematik aufweisen, von dieser Medikation abgeraten werden. Kontrollierte Studien zum Einsatz von Benzodiazepinen bei PTBS zeigen, dass diese nicht besser wirken als Placebo, weshalb in der Regel von der Gabe von Benzodiazepinen, erst recht als Monotherapie, abgeraten wird (Braun et al., 1990; Gelpin et al., 1996; Yehuda, 2002; Friedman, 1988; Asnis et al., 2004).

Befunde zur Wirksamkeit von Antikonvulsiva bei PTBS sind uneinheitlich. Die meisten Ergebnisse gründen hauptsächlich auf offenen, unkontrollierten Studien mit kleinen Patientenzahlen und hohen Komorbiditätsraten. Zu Lamotrigin, Tiagabin und Topiramat existieren kontrollierte Placebostudien, die zum Teil positive Effekte auf die Symptomcluster Intrusionen und Vermeidung ergaben (Hertzberg et al., 1999; Berlin, 2007). Insgesamt lässt die aktuelle Studienlage jedoch keine allgemeingültigen Aussagen zu.

Ebenso wurde der Einsatz von Neuroleptika bei PTBS bislang nicht ausreichend erforscht. Lediglich zu den Wirkstoffen Risperidon, Olanzapin und Quetiapin (Ahearn et al., 2011; Ipser & Stein, 2012; Carey et al., 2012) gibt es placebokontrollierte Doppelblindstudien mit kleinen Effektstärken. Leichte Verbesserungen waren vorwiegend bezüglich intrusiver und hypervigilanter Symptome zu beobachten. Asnis et al. (2004) empfehlen den Einsatz von Neuroleptika bei vorherrschenden Flashbacks oder paranoiden Ideen.

Ausgewählte Übersichtsarbeiten und Metaanalysen zu Pharmakotherapie und PTBS kommen zu dem Schluss, dass die Wirksamkeit von Medikamenten zur Behandlung einer PTBS noch nicht ausreichend untersucht wurde und ein Großteil der vorhandenen Studien zur pharmakologischen Behandlung einer PTBS neben methodischen Mängeln vor allem zu kleine Stichproben aufweist. Somit fehlen zuverlässigen Daten, die eine Indikation bestimmter Medikamente rechtfertigen. Auch Kombinationsbehandlungen mit Psychotherapie und adjuvanter medikamentöser Therapie wurden bislang nur unzureichend untersucht (Stein et al., 2006; Pae et al., 2008).

12.12 Integration und Neuorientierung nach einer Traumabehandlung

In der Regel folgt nach einer erfolgreichen Traumabehandlung eine Phase der **Integration** und **Neuorientierung.** In diesem Abschnitt geht es darum, das traumatische Ereignis und dessen Folgen als einen Teil der Biographie zu akzeptieren und in den Lebenslauf zu integrieren. Mit dem Trauma verbundene Emotionen wie z. B. Wut auf den Täter oder Trauer um Verluste oder um bleibende Einschränkungen sollen verstanden und verarbeitet werden.

Die nachlassende Beschäftigung mit dem Trauma kann eine Neuorientierung im Leben ermöglichen. Während sich seit dem Trauma alles um das Ereignis und die daraus entstandenen Symptome gedreht hat, soll nun ein Fokus auf die Gegenwart und Zukunft gelegt werden. Es gilt einerseits nach Strategien zu suchen, um mit möglichen bleibenden Schäden, die aus dem Ereignis entstanden sind, umzugehen. Als Beispiel sei hier ein Unfallopfer mit PTBS genannt, dass körperliche Schäden davon getragen hat und aufgrund seiner Beeinträchtigungen arbeitsunfähig geworden ist. Eine Neuorientierung nach Bearbeitung der posttraumatischen Störung könnte in diesem Fall bedeuten, sich neue erfüllende Aktivitäten wie Ehrenämter oder Hobbys, die im Rahmen der Erkrankung möglich sind, zu suchen.

Des Weiteren sollten Fragen nach Zielen und Wünschen geklärt werden und die Betroffenen bei ihrer Weiterentwicklung und zukünftigen Lebensgestaltung, wie z. B. einer beruflichen Veränderung, einem Umzug oder einer Veränderung des sozialen Umfeldes, unterstützt werden. Häufig ändern sich die Prioritäten der Menschen, die ein traumatisches Ereignis erlebt haben. Sie legen mehr Wert auf Familie und Freundschaften, statt auf Arbeit und Leistung, und schätzen das Leben mehr, als sie es vor dem Ereignis getan haben.

12.12.1 Posttraumatische Reifung

Viele Menschen berichten nach einem traumatischen Ereignis von einer persönlichen Weiterentwicklung. Sie sprechen von einem neu definiertem Lebenssinn und dem Gefühl, durch das Erlebnis eine größere innere Reife erlangt zu haben (Frankl, 1973; Taylor et al., 1984; Ulich, 1987). Tedeschi und Calhoun (1995, 2004) nannten dies das Konzept der **»posttraumatischen Reifung«** (engl. posttraumatic growth). Es spiegelt die Veränderungen kognitiver Schemata, interpersoneller Beziehungen, der persönlichen Lebensphilosophie und spirituell-religiöser Einstellungen wider. Posttraumatische Reifung bedeutet, sich nicht nur von einem Trauma zu erholen, sondern auch, daran als Persönlichkeit zu wachsen. Dies bedeutet nicht, die traumatischen Ereignisse zu verleugnen oder nicht zu trauern. Im Gegenteil kann gerade durch die Beschäftigung und die Auseinandersetzung mit dem Erlebten und das Trauern eine Weiterentwicklung der Persönlichkeit und eine neue Sinnfindung entstehen. Zum Beispiel kann die Konfrontation mit dem Tod dazu beitragen, dass der Überlebende sein Leben bewusster lebt und mehr nach seinen Wünschen gestaltet. Auch wenn das Opfer eines Traumas sich später dazu entschließt, Menschen mit ähnlichen Erlebnissen zu helfen diese zu verarbeiten, kann dies seinem Leben einen tieferen Sinn verleihen. Viele Menschen, die eine Katastrophe überlebt haben, beginnen, das Leben »leichter zu nehmen« und »mehr zu genießen«, da sie die Erfahrung gemacht haben, dass das Leben sehr schnell und plötzlich enden oder durcheinandergebracht werden kann.

Die posttraumatische Reifung lässt sich testdiagnostisch mit einem von Tedeschi und Calhoun (1996) entwickelten Fragebogen, dem »Posttraumatic Growth Inventory« (dt. Version von Maercker & Langner, 2001), erfassen. Der Fragebogen bezieht sich auf fünf Bereiche posttraumatischer Reifung, die in **Kasten 12.3** näher erläutert werden.

Eine Studienübersicht zur posttraumatischen Reifung findet sich in einem Review von Zöllner und Maercker (2006). Es gibt Hinweise darauf, dass prädisponierende Charaktereigenschaften, wie Optimismus und Selbstvertrauen, sowie ein jüngeres Alter eine Rolle dabei spielen, ob jemand eine posttraumatische Reifung erlebt (Tedeshi & Calhoun, 2004; Powell et al., 2003; Taku et al., 2015). In einer Metaanalyse aus dem Jahr 2014 wurde der Zusammenhang zwischen posttraumatischer Reifung und PTBS untersucht, mit dem Ergebnis, dass das Vorhandensein und die Stärke eines Zusammenhanges vom Traumatyp und Alter der Probanden abhängig zu sein scheint (Shakespeare-Finch & Lurie-Beck, 2014).

Generell wird davon ausgegangen, dass eine posttraumatische Reifung eine längere Zeit braucht, um sich zu entwickeln (Tedeschi & Calhoun, 2004). In einer Metaanalyse von Helgeson und Kollegen (2006) konnte dies bestätigt werden, da die subjektiv wahrgenommenen positiven Veränderungen umso deutlicher mit geringerer depressiver Symptomatik, positiven Gefühlen und weniger allgemeiner psychischer Belastung einhergingen, je mehr Zeit vergangen war. Es werden daher vor allem Längsschnittstudien benötigt, die den Prozess der posttraumatischen Reifung erfassen und zugrundeliegende Vorgänge aufdecken.

Kasten 12.3: Die fünf Bereiche der posttraumatischen Reifung im Fragebogen »Posttraumatic Growth Inventory« (Tedeschi & Calhoun, 1996; Maercker & Langner, 2001)

1. *Intensivierung der Wertschätzung des Lebens*: Durch die traumatische Erfahrung werden Prioritäten neu gesetzt. Kleine, alltägliche Dinge werden mehr gewertschätzt und zwischenmenschliche Beziehungen werden wichtiger als materieller Besitz.
2. *Intensivierung der persönlichen Beziehungen*: Es können Veränderungen in persönlichen Beziehungen stattfinden. Möglicherweise fühlen sich Betroffene ihren Mitmenschen näher verbunden. Häufig empfinden sie ein erhöhtes Mitgefühl mit anderen, vor allem mit Menschen in Not. Andererseits kann es zu Distanzierungen von früheren Beziehungen kommen, in denen man sich nicht ausreichend unterstützt gefühlt hat.
3. *Bewusstwerdung der eigenen Stärken*: Die eigene Verletzlichkeit aber auch die eigene innere Stärke wird einem bewusst. Auch wenn die Sicherheit im Leben jederzeit angreifbar ist, hat man die Erfahrung gemacht, belastende Ereignisse überwinden zu können.
4. *Entdeckung von neuen Möglichkeiten im Leben*: Es wird nach neuen Zielen und Aufgaben im Leben gesucht, wie z. B. ein Wechsel des Berufes.
5. *Intensivierung des spirituellen Bewusstseins*: Durch das traumatische Erlebnis entstehen existenzielle Fragen, deren Antworten zu einem persönlichen Lebenssinn und damit zu einer größeren spirituellen Erkenntnis und inneren Zufriedenheit führen können.

Zöllner und Maercker (2006) machen darauf aufmerksam, dass die posttraumatische Reifung real, aber auch illusorisch sein kann, indem Betroffene sich beispielsweise im Nachhinein vor dem Ereignis negativer einschätzen als nach dem Ereignis. Diese illusorische Reifung kann der Selbsttäuschung und Beruhigung dienen und zu einer Vermeidung der Auseinandersetzung mit dem Thema führen. Gerade diese subjektive Sichtweise auf Veränderungen kann in Studien auch zu methodischen Schwierigkeiten führen. Posttraumatische Reifung ist ein sehr subjektives Konstrukt und nur schwer valide und objektiv zu erfassen.

Wichtig zu bemerken ist, dass selbst, wenn sich neue positive Sichtweisen gebildet haben, diese nicht dauerhaft im Alltag vorherrschen, sondern sich mit den ursprünglichen negativen abwechseln. Auch Personen, die an den traumatischen Ereignissen wachsen, erleben noch Phasen von Angst und Trauer, haben mit der posttraumatischen Reifung jedoch auch Einstellungen gefunden, mit denen sie ihr Leben trotz des Erlebten wieder in eine positive Richtung lenken können.

Zusammenfassung

Bei der Behandlung der PTBS haben sich kognitiv-verhaltenstherapeutische Verfahren sowie EMDR als am effektivsten erwiesen. Neben weiteren speziell auf Traumafolgestörungen zugeschnittenen Therapien wie NET oder PITT gibt es zahlreiche Interventionen, die in das Behandlungskonzept integriert werden und zu einer Verbesserung der

Symptomatik beitragen können. Menschen mit traumatischen Erfahrungen können im Sinne der posttraumatischen Reifung von einer persönlichen Weiterentwicklung berichten. Das Erleben und Verarbeiten eines Traumas kann zu einem neu definierten Lebenssinn und einer Neuorientierung im Leben führen.

13 Psychosoziale Ressourcen

Der Mensch ist von Anbeginn seines Lebens mal mehr, mal weniger mit psychosozialen Belastungen, kritischen Lebensereignissen und Traumata konfrontiert. Diese Belastungen betreffen die fundamentalen Situationen des menschlichen Daseins. Es stellt sich die Frage, wie der Mensch mit diesen belastenden Ereignissen umgeht. Welche Mechanismen setzt er ein, um diese erfolgreich zu bewältigen und gesund zu bleiben? Wann »kippt« der Mensch? Es stellen sich in solchen Fällen die Fragen, warum bisher bestehende Ressourcen nicht mehr funktionieren und welche Bewältigungsstrategien generell hilfreich sind für den Umgang mit Belastungen. Wie in der Literatur vielfach belegt, reagieren Menschen auf potentiell traumatische Situationen und Widrigkeiten des Lebens sehr verschieden (Werner & Smith, 1982; Laucht et al., 1997).

Die Frage, wie ein Mensch die an ihn gestellten Anforderungen erfüllen oder eben nicht erfüllen kann, ist grundlegend und zentral in der Psychotherapie von Traumafolgestörungen (▶ Kap. 12). Es geht um die Beurteilung der Balance von Belastung und Bewältigung, die aus dem Verhältnis von **Vulnerabilität** (= Verletzbarkeit, Verwundbarkeit) einerseits und **Resilienz** anderseits bestimmt wird (Senf et al., 2012). Unter Vulnerabilität werden individuelle Dispositionen gefasst, die zu Krankheit führen können (Laucht et al., 1997; Jacobi & Esser, 2003).

13.1 Resilienz

Resilienz (lateinisch: zurückspringen, abprallen) bezeichnet die relative Widerstandsfähigkeit und Flexibilität einer Person gegenüber pathogenen Lebensumständen und Ereignissen. Mit Rückgriff auf personale, soziale und strukturelle Ressourcen können diese sogar als Anlass für persönliche Entwicklungen genutzt werden. Damit verbunden ist die individuelle Fähigkeit, in Belastungssituationen handlungsfähig zu bleiben und auch schwere Belastungen oder Traumatisierungen zu bewältigen (Rutten et al., 2013).

Nach Noeker und Petermann (2008) sind an der Entwicklung von Resilienz verschiedene Faktoren beteiligt: Personale Ressourcen des Kindes (Stressverarbeitung, Selbstregulation, Motivation, Lernen), das Familiensystem (Eltern-Kind-Interaktion, Bindung, Erziehung), Ressourcen des sozialen Netzwerkes (Schule, Gleichaltrige) und gesellschaftlich-kulturelle Faktoren (Normen, Werte). Entscheidend für die Steigerung der Resilienz ist das Schaffen oder Wiedererlangen von **Ressourcen**, die sich im Allgemeinen in äußere und innere Ressourcen aufteilen lassen (Grawe, 2004).

13.2 Das Salutogenese-Konzept: Sense of Coherence

Mit dem Konstrukt Resilienz eng verbunden ist die Theorie der **Salutogenese** (Antonovsky, 1987), in der Aaron Antonovsky (1987) den Kohärenzsinn als Protektivfaktor einführte. Er stellte die Frage, wie es vielen KZ-Überlebenden gelingen konnte, die psychischen und physischen Extremtraumatisierungen weitgehend »gesund« zu überstehen: »Was hält Menschen auch in belastenden Lebenssituationen gesund bzw. was ermöglicht ihnen, Krankheit zu überwinden?«

Eine wichtige innere Ressource bezeichnete Antonovsky als »**Sense of Coherence**« (SOC = Kohärenzgefühl). Das **Kohärenzgefühl** ist ein Grundgefühl, genug Ressourcen zur Verfügung zu haben, um mit den Anforderungen des Lebens fertig zu werden. Es ähnelt damit dem, was andere Autoren als »self-efficacy« oder »generalisierte Selbstwirksamkeitserwartungen« etc. bezeichnen (Tagay, 2013). Mit dem SOC ist eine Grundorientierung gemeint, die das Ausmaß eines umfassenden, dauerhaften und gleichzeitig dynamischen Gefühls des Grundvertrauens so ausdrückt, dass die Ereignisse des Lebens strukturiert, vorhersehbar und erklärbar sind (Verstehbarkeit = Comprehensibility), entsprechende Ressourcen verfügbar sind, um den aus den stressreichen Ereignissen resultierenden Anforderungen gerecht zu werden (Handhabbarkeit = Manageability), und diese Anforderungen als Herausforderungen betrachtet werden können, für die es sich lohnt, sich zu engagieren, die es wert sind, sich ihnen zu stellen (Sinnhaftigkeit = Meaningfulness).

Mehrere Studien belegen eine negative Korrelation zwischen PTBS und SOC (Jonsson et al., 2003; Dudek & Koniarek, 2000; Tagay et al., 2009). Personen mit hoch ausgeprägtem SOC haben ein geringeres Risiko für die Entwicklung einer PTBS als Personen mit einem niedrigeren SOC. In einer großen Übersichtsarbeit korrelierte SOC negativ mit Ängstlichkeit, Depression und Traumafolgestörungen (Eriksson & Lindström, 2007).

Wenn ein Individuum in der Lage ist, zu traumatischen Ereignissen innerlich Abstand zu nehmen und diesen soweit möglich Struktur und Sinn zu geben, dann ist das nach Viktor Frankl (1998), dem Begründer der Logotherapie und Existenzanalyse, eine der wirksamsten Ressourcen bzw. protektiven Faktoren. Seine Eindrücke und Erfahrungen in den Vernichtungslagern der Nationalsozialisten verarbeitete er in seinem weltbekannten Werk »... trotzdem Ja zum Leben sagen« (Frankl, 1998).

13.3 Protektive Faktoren

Von einem protektiven Faktor geht ein gesundheitsförderlicher Einfluss aus. In der Literatur werden zwei Arten protektiver Faktoren bzw. Schutzfaktoren unterschieden (Rutter, 2006; Laucht et al., 1997):

- Schutzfaktoren auf Seiten des Individuums (sog. Personale Ressourcen, auch als Resilienz bezeichnet)
- Schutzfaktoren auf Seiten der Umwelt (sog. Soziale und Strukturelle Ressourcen)

Personale und soziale Ressourcen sind vor allem Schutzmechanismen gegen psychische Verletzungen, die dafür sorgen, dass es zwar zu seelischen Narben, nicht aber zu einer dauerhaften Störung kommt. Es liegt inzwischen Kenntnis über die protektiven Faktoren vor, die geeignet sind, Vulnerabilität zu mindern und psychische Gesundheit und Stabilität zu sichern. Die lange vorherrschende pathogenetische Orientierung der Forschung (»Was macht krank?«) wurde um die ebenso wichtige salutogenetische Perspektive (»Was hält gesund?«) ergänzt (Lösel & Bender, 1996; Senf et al., 2012).

13.4 Soziale Unterstützung

Eine oder mehrere gute soziale Beziehungen bzw. ein Netzwerk positiver sozialer Bindungen sind im Allgemeinen risikomildernd gegenüber der Entwicklung psychischer Störungen (Knoll & Schwarzer, 2005). Soziale Unterstützung ist auch ein wesentlicher protektiver Faktor bei schweren Belastungen und Traumatisierungen, wie mehrere Metaanalysen überzeugend nachweisen konnten (Brewin et al., 2000). Gerade nach dem traumatischen Ereignis ist das Vorhandensein sozialer Unterstützung einer der stärksten protektiven Faktoren.

13.5 Mentalisierung und soziale Kompetenz

Mentalisierung ist die Fähigkeit, das Verhalten anderer Menschen durch Zuschreibung mentaler Zustände zu interpretieren. Hierbei wird also nicht nur auf das Verhalten des Gegenübers eingegangen, sondern auf die eigenen Vorstellungen von dessen Überzeugungen, Gefühlen, Einstellungen etc., die dem Verhalten zugrunde liegen. Das eigene Erleben und Verhalten kann so reflexiv erfasst werden. Das Mentalisierungskonzept wurde von Fonagy et al. (2004) entwickelt. Nicht die Intelligenz an sich, sondern die dadurch begründeten kognitiven Kompetenzen und die sozialkommunikativen Fähigkeiten wirken sich günstig auf die Entwicklung auch bei traumatisierenden Lebensbedingungen aus. Kognitive Leistungsfähigkeit etwa in der Schule kann Ressource für die Selbstwertentwicklung durch Selbstbestätigung sein und damit Hilfe gegenüber negativen Erfahrungen in der Familie oder im sozialen Umfeld. Soziale Kompetenz hilft, soziale Unterstützung anzunehmen oder zu suchen (Mazza et al., 2012; Klemanski et al., 2012). In einer aktuellen Metaanalyse, in der 40 Studien eingeschlossen wurden, war die PTBS negativ mit Mentalisierung, kognitiven Kompetenzen, Emotionalität und sozialem Wissen/sozialen Kompetenzen assoziiert (Plana et al., 2014).

13.6 Bindungsverhalten und Bindungsstile

Eine stabile, emotional sichere Bindung zu einem Elternteil oder einer signifikanten Erziehungsperson gehört zu den wichtigsten und wirksamsten Schutzfaktoren gegenüber der Entwicklung einer Vulnerabilität und schützt am nachhaltigsten gegenüber schweren Belastungen und Traumatisierungen. Unsichere Bindung dagegen ist ein erheblicher Risikofaktor für PTBS (Rutten et al., 2013; Strauß, 2004).

13.7 Selbstwert und Selbstwirksamkeitserwartungen

Selbstvertrauen und damit verbunden Selbstwertgefühl helfen, Belastungen einordnen zu können und sinn- und strukturgebende kognitive Muster zu entwickeln, die dann auch die emotionale Bewältigung fördern. Zudem sind sie die Grundlage für die Entwicklung aktiv vermeidender Strategien gegenüber potentiellen schweren Belastungen. Zweifelsfrei stützen empirische Evidenzen die These, dass eine geringe Selbstwirksamkeitserwartung bzw. ein geringes Selbstwertgefühl und ein geringes Kohärenzgefühl mit schlechterem Wohlbefinden, schlechterer Lebensqualität und einer schlechteren psychischen Gesundheit einhergehen (Tagay et al., 2006; Tagay et al., 2009; Eriksson & Lindström, 2007; Luszczynska & Schwarzer, 2005). Bessere Behandlungsergebnisse sind daher eher zu erwarten, wenn bei Patienten positive Ergebniserwartungen und somit eine wahrgenommene Selbstwirksamkeit gefördert werden. Im Konzept vom Kohärenzgefühl steckt weiter die Idee, dass der Mensch als Gestalter seines Lebens angesehen wird. Er soll in die Lage versetzt werden, seine eigenen Selbstheilungskräfte zu aktualisieren. Vor dem Hintergrund der klinischen Beobachtungen sowie der empirischen Evidenzen kann davon ausgegangen werden, dass eine Aktivierung von personalen, sozialen und strukturellen Ressourcen die Selbstheilungskräfte und Bewältigungsstrategien der Patienten mit Traumafolgestörungen stärkt. Für die Psychotherapie kann es daher sehr hilfreich sein, wenn neben der Berücksichtigung der Risikofaktoren auch eine ressourcenorientierte Haltung vom Behandler eingenommen wird (▶ Kap. 12).

Zusammenfassung

Es stellt sich immer wieder die Frage, wie problematische Lebenssituationen bzw. Krisensituationen bewältigt werden und welche Auswirkungen sich aus der Art der Bewältigung auf die weitere Entwicklung ergeben. Die Erforschung der psychischen Entwicklung des Menschen war lange Zeit darauf konzentriert, die Ursachen von Fehlentwicklungen und Inkompetenz zu ergründen, d. h. primär Risikofaktoren für die Entwicklung psychischer Störungen zu identifizieren (Rutter, 2006). In den letzten 30 Jahren ist das Individuum jedoch zunehmend mit seinen Ressourcen und Möglichkeiten der Lebensbewältigung in den Blickpunkt psychotherapeutischer Behandlung und wissenschaftlicher Fragestellungen gerückt (Laucht et al., 1997; Grawe, 2004).

14 Prävention

Die **Prävention** im Bereich der Traumatologie hat die Aufgabe, Risikogruppen wie z. B. Bundeswehrsoldaten und Einsatzkräfte der Feuerwehr und Polizei auf potentiell traumatische Ereignisse vorzubereiten und langfristige Folgen, die aus dem Erleben eines traumatischen Ereignisses entstehen können, zu verhindern bzw. abzumildern. Es wird unterschieden zwischen **primärer Prävention**, die darauf abzielt, die Copingstrategien und Ressourcen der Menschen zu stärken, bevor ein traumatisches Ereignis überhaupt eingetreten ist, sowie der **Frühintervention** bzw. **sekundären Prävention**, welche die Entstehung einer manifesten PTBS nach einem Trauma verhindern soll. Dazwischen dient die **Akuthilfe** der umgehenden Betreuung von Betroffenen nach einem potentiell traumatischen Ereignis. Die **tertiäre Prävention** beinhaltet die weiterführende Diagnostik und Therapie, wenn der Verdacht auf eine behandlungsbedürftige PTBS oder andere Traumafolgestörung besteht und ein chronischer Verlauf abgewendet werden soll. Am Ende des Kapitels wird auf die Traumatisierung durch Großschadensfälle eingegangen.

14.1 Primäre Prävention

Unter primäre Prävention fallen Maßnahmen, durch die bestimmte Risikogruppen frühzeitig auf mögliche zukünftige Schwierigkeiten eingestellt werden sollen. Im Traumabereich können Personen durch eine gezielte Aufklärung sowie die Förderung von Copingstrategien und Resilienz auf den Umgang mit potentiell traumatischen Ereignissen vorbereitet werden. Präventionsprogramme in der Allgemeinpopulation, zum Beispiel zur Vorbeugung sexueller Gewalt oder Mobbing in der Schule oder am Arbeitsplatz, tragen zu einer Sensibilisierung unterschiedlicher Personen- und Altersgruppen für entsprechende Problematiken bei (Sorenson, 2002; Casey & Lindhorst, 2009; Olweus, 2008).

Aufgrund der Unvorhersehbarkeit potentiell traumatischer Ereignisse kann primäre Prävention nicht immer ausreichend stattfinden. Dennoch können vor allem bestimmte Berufsgruppen, wie Soldaten, Polizisten und Feuerwehrmänner, die tagtäglich mit traumatischen Situationen konfrontiert werden können, von primären Präventionsprogrammen profitieren. Sowohl durch eine gedankliche Auseinandersetzung als auch eine Simulation von Gefahren- und Notfallsituationen können die Abläufe und notwendigen Maßnahmen eingeübt und routiniert werden, damit Einsatzkräfte sich in deren Ausführung im Ernstfall sicher fühlen und auf die mögliche Konfrontation mit belastenden Situationen vorbereitet sind. So konnte in einer Übersichtsarbeit von Hourani et al. (2011) zur primären Prävention bei Soldaten festgestellt werden, dass eine Kombination aus Psychoedukation, Skills-Training und Stressbewältigungstechniken von den Soldaten gut angenommen wird und bezüglich der Effektivität als vielversprechend eingeschätzt werden kann.

Zur primären Prävention gehört auch das Aktivieren und Nutzen von vorhandenen Ressourcen und Schutzfaktoren. Es ist bekannt, dass bestimmte Risiko- und Schutzfaktoren die Entwicklung einer PTBS entweder begünstigen oder verhindern können (Brewin et al., 2000; Becker-Nehring et al., 2012; Ozer et al., 2003; DiGangi et al., 2013). Als Schutzfaktoren gelten zum Beispiel eine hohe Selbstwirksamkeitserwartung, frühzeitige psychologische Hilfe und soziale Unterstützung, Risikofaktoren hingegen sind beispielsweise eine mangelnde soziale Integration oder frühere kritische Lebensereignisse. Das Zusammenspiel der einzelnen Faktoren hat Einfluss darauf, wie das Individuum das traumatische Ereignis interpretiert und wie es seine Möglichkeiten, das Ereignis zu bewältigen, einschätzt.

Risikogruppen haben durch eine Stärkung der eigenen Ressourcen auch selbst Einfluss darauf, wie sie mit traumatischen Ereignissen und damit zusammenhängenden Belastungen umgehen und diese verarbeiten. Ein angemessener Stressabbau, selbstfürsorgliche Aktivitäten und regelmäßige Psychohygiene (z. B. Sport, das Ausführen von Hobbys, soziale Unterstützung, Supervision) können die individuelle Widerstandsfähigkeit steigern.

Nicht zuletzt sollte die Möglichkeit in Betracht gezogen werden, besonders vulnerable Personen aus Risikogruppen nicht für Einsätze einzuteilen, in denen ihnen ein traumatisches Ereignis widerfahren könnte, da die Wahrscheinlichkeit, psychische Symptome zu entwickeln, bei ihnen deutlich höher wäre. Wichtig ist darüber hinaus eine regelmäßige Rotation der Einsatzkräfte und die dadurch entstehende Möglichkeit einer ausreichenden Erholung.

In einer englischsprachigen systematischen Übersichtsarbeit von Skeffington et al. (2013) zur Effektivität von primären Präventionsprogrammen fanden die Autoren sieben Studien zu Interventionen, die vor dem Auftreten eines potentiellen Traumas eingesetzt wurden und in denen das psychologische Wohlbefinden nach dem Trauma (zum Beispiel durch eine Messung der Ängstlichkeit und Depressivität oder physiologischer Einheiten wie Blutdruck, Herzfrequenz und Biomarker) eine Zielvariable darstellte. Die dort beschriebenen Studien untersuchten Psychoedukationsprogramme (Benedek & Ritchie, 2006; Sharpley et al., 2008), Psychoedukation mit kombiniertem Stressbewältigungstraining (Deahl et al., 2000; Sijaric-Voloder & Capin, 2008; Wolmer et al., 2011) sowie Simulationsprogramme (Sarason et al., 1979; Arnetz et al., 2009). In einigen Studien wies die Interventionsgruppe ein geringeres Maß an Depressivität, Ängstlichkeit und Stress auf als die Kontrollgruppe. Nur in einer Studie fand auch die Messung der posttraumatischen Symptomatik statt: Wolmer et al. (2011) untersuchten fast 1500 israelische Schulkinder, die Raketenangriffen ausgesetzt waren. Die Interventionsgruppe (Psychoedukation und Stressbewältigungstraining mit Beginn etwa 3 Monate vor den Angriffen) zeigte signifikant niedrigere PTBS-Symptome im Vergleich zur Kontrollgruppe. Jedoch kann hier aufgrund fehlender Baseline-Daten keine Aussage zur Effektivität des Trainings getroffen werden; eine Einschränkung, die fast alle der genannten Studien betrifft.

Die heterogenen Untersuchungsdesigns der Studien sowie zu kleine Stichproben lassen letztendlich keinen allgemeingültigen Vergleich der Interventionen zu, wodurch keine Indikationen und Interventionsempfehlungen bestimmt werden können. Es besteht weiterer Forschungsbedarf im Bereich der Präventionsmaßnahmen zur Vorbeugung posttraumatischer Symptomatik. Die Durchführung entsprechender Studien wird jedoch erstens durch die Unvorhersehbarkeit von potentiell traumatischen Ereignissen erschwert, zweitens stellt die Rekrutierung einer ausreichenden Anzahl an Studienteilnehmern, die bis zum Zeitpunkt der Studie kein potentiell traumatisches Ereignis erlebt haben, eine große Herausforderung dar.

14.2 Akuthilfe

Anders als psychologische Frühinterventionen im Rahmen der sekundären Prävention, wie sie im nächsten Abschnitt beschrieben werden, zielt die Akuthilfe darauf ab, Menschen direkt nach Einwirkung des Traumas zu betreuen. Zum einen sollten Betroffene, die durch das Ereignis möglicherweise unter Schock stehen oder gar verletzt sind, soweit stabilisiert werden, dass sie wieder handlungs- und entscheidungsfähig werden, bzw. ausreichend medizinisch versorgt sind. Zum anderen sollten Betroffene bei praktischen Fragen und Vorgängen unterstützt werden, wie etwa der Weiterversorgung der Familie. Nachgewiesene Wirkfaktoren der Interventionen in der Akuthilfe sind nach Hobfoll et al. (2007): das Gefühl der Sicherheit, Beruhigung, Selbst- und kollektiven Wirksamkeit, das Gefühl der Verbundenheit mit anderen Menschen und Hoffnung.

Die S2-Leitlinie von Flatten et al. (2011b) und die »Psychological First Aid«-Leitlinie von Brymer et al. (2006) empfehlen Interventionsprinzipien für die Akutbehandlung hinsichtlich einzelner Individuen und Gruppen (▶ Tab 14.1). Im Kern geht es um das Herstellen von Sicherheit, dosierte Informationsvermittlung mit Hinweis darauf, dass die Betroffenen eine normale Reaktion auf ein abnormales Ereignis zeigen, emotionale Unterstützung (Empathie, Verständnis, aktives Zuhören), Aktivierung von sozialer und professioneller Unterstützung sowie eine Steigerung der Selbstwirksamkeit. Betroffene sollen die Gelegenheit bekommen, über das Geschehene zu sprechen, wenn sie es möchten.

Tab. 14.1: Interventionsprinzipien in der Akuthilfe

Brymer et al., 2006 Psychological First Aid	Flatten et al., 2011b S2-Leitlinie
• Kontakt und Bindung	• Emotionale und soziale Unterstützung
• Sicherheit und Ruhe	• Befriedigung basaler Bedürfnisse
• Stabilisierung	• Non-direktive, unterstützende Kontaktaufnahme
• Informationssammlung	• Dosierte Informationsvermittlung
• Praktische Unterstützung	• Unterstützung von äußerer und innerer Sicherheit
• Förderung sozialer Unterstützung	
• Information über Bewältigungsmöglichkeiten	
• Weitervermittlung an benötigte Dienste	

Erst nachdem eine ausreichende Akuthilfe geleistet wurde, ist eine Identifizierung von Hochrisikopersonen sinnvoll und notwendig, um anschließend entsprechende Frühinterventionen einzuleiten.

14.3 Sekundäre Prävention

Frühinterventionen, im Sinne einer sekundären Prävention, werden innerhalb weniger Tage und Wochen nach Eintreten eines potentiell traumatischen Ereignisses durchgeführt, mit dem Ziel, eine einsetzende posttraumatische Symptomatik frühzeitig zu erkennen und abzumildern, eine ABS zu behandeln und die Ausbildung einer PTBS zu verhindern. Da Menschen ganz individuell auf ein Trauma reagieren, stellt sich grundlegend die Frage, für wen eine Frühintervention indiziert ist und zu welchem Zeitpunkt nach dem Trauma sowie in welcher Form sie stattfinden sollte. Nicht jeder Mensch entwickelt nach einem traumatischen Ereignis eine Traumafolgestörung, vielmehr ist dies abhängig von der peritraumatischen Verarbeitung und der Art der Einschätzung der Konsequenzen des Traumas und ihrer Bewältigung. Nach einer Metaanalyse von Roberts et al. (2009) sollten Frühinterventionen gegenwärtig nicht routinemäßig bei jedem Betroffenen, der ein traumatisches Ereignis erlebt hat, eingesetzt werden. Zohar und Kollegen (2011) diskutieren darüber hinaus die »goldene(n) Stunde(n)« nach einem Trauma und vermuten, dass es ein bestimmtes Zeitfenster gibt, in dem eine PTBS frühzeitig verhindert werden kann.

Die englischen PTBS-Leitlinien (National Collaborating Centre for Mental Health, 2005) empfehlen Helfern, sich nach bestimmten Indikationen zu richten, wie individuelle Risikofaktoren einer einzelnen Person und das Ausmaß der Belastung bzw. der posttraumatischen Symptomatik kurz nach dem Trauma, zum Beispiel vorhandene Symptome einer ABS. In der Literatur lassen sich einige Risikofaktoren finden, die die Wahrscheinlichkeit, nach einem traumatischen Ereignis eine PTBS zu entwickeln, erhöhen können, wie z. B. fehlende soziale Unterstützung oder die Traumaschwere (Brewin et al., 2000). Insgesamt kann die aktuelle Studienlage jedoch nicht vorhersagen, wer an einer PTBS erkranken wird und wer nicht. Die bisher identifizierten Risikofaktoren bieten daher lediglich eine Richtlinie, an der sich Helfer orientieren können. Es sollte daher im Einzelfall entschieden werden, ob und welche Art der Frühintervention eingesetzt werden muss, und durch adäquate Studiendesigns überprüft werden, ob und wann bestimmte Frühinterventionen als effektiv beurteilt werden können (Forneris et al., 2013; Kearns et al., 2012).

Erschwerend kommt hinzu, dass viele Menschen erst mittel- und langfristig eine PTBS entwickeln, obwohl Sie kurz nach dem Ereignis keine spezifischen Symptome zeigten (Bryant 2011). Gibt es zunächst keine Anzeichen auf posttraumatische Symptome, empfehlen die englischen Leitlinien eine aufmerksame Beobachtung (»watchful waiting«) der Person mit Follow-up-Kontakt zum Zeitpunkt etwa einen Monat nach dem Trauma, sodass bei verzögertem Eintreten der Symptome rechtzeitig interveniert werden kann (National Collaborating Centre for Mental Health, 2005).

Frühinterventionen können unterschiedliche Maßnahmen beinhalten. Neben dem Herstellen äußerer Sicherheit, psychosozialen Hilfen, Psychoedukation und dem Einbezug von Bezugspersonen können psychologische Techniken, die zum Teil auch bei der Diagnose einer PTBS Anwendung finden, im Rahmen der sekundären Prävention eingesetzt werden. Einige der Interventionen sollen im Folgenden ausführlicher dargestellt werden.

14.3.1 Psychological Debriefing

Psychological Debriefing bezeichnet eine Frühintervention, bei der Betroffene eines traumatischen Erlebnisses schon kurz nach dem Ereignis die Möglichkeit bekommen, ausführlich über ihre kognitiven und emotionalen Reaktionen und Erfahrungen zu berichten. Dies kann im Einzel- oder Gruppensetting stattfinden und soll zu einer unmittelbaren Entlastung der Betroffenen führen, um damit die Entwicklung einer posttraumatischen Belastungsstörung zu verhindern. Die Methode Psychological Debriefing wurzelt im Ersten Weltkrieg. Das Wort »debriefing« steht in der Militärsprache für »Einsatznachbesprechung« und meint einen kurzen Bericht über die Vorkommnisse eines Soldateneinsatzes. Daraufhin entstanden mit der Zeit unterschiedliche standardisierte Programme, die neben Psychological Debriefing auch weitere Unterstützungsmaßnahmen, wie z. B. Stressbewältigungstechniken, beinhalten und in Dauer, Art und Ablauf variieren. Eingesetzt wird Psychological Debriefing beispielsweise beim von Mitchell (1983; Mitchell et al., 2003) entwickelten CISM – Critical Incident Stress Management. Das Programm beinhaltet vorbereitende und unterstützende Maßnahmen für Einsatzkräfte, die traumatischen Ereignissen ausgeliefert sein könnten oder waren, wie spezielle Schulungen oder Maßnahmen der Nachsorge.

Seit einiger Zeit wird der Einsatz von Psychological Debriefing jedoch kontrovers diskutiert. Mehrere Übersichtsarbeiten kommen nach Durchsicht kontrollierter Studien zu dem Ergebnis, dass Psychological Debriefing nicht in der Lage ist, posttraumatische Stresssymptome zu reduzieren und einer PTBS vorzubeugen (Greenberg et al., 2015; Rose et al., 2002; McNally et al., 2003; Forneris et al., 2013). In einigen Fällen kam es sogar zu einer Verschlechterung der posttraumatischen Symptomatik (Mayou et al., 2000; Bisson et al., 1997). Rose et al. (2002) diskutieren mögliche Gründe für einen negativen Effekt von Psychological Debriefing. So sehen sie zum Beispiel in der erhöhten Aufmerksamkeit auf Stresssymptome durch diese Intervention die Gefahr, dass es zu einer paradoxen Reaktion, also einer Verschlechterung der Symptome, kommt. Des Weiteren ziehen sie die Möglichkeit in Betracht, dass Psychological Debriefing den natürlichen Genesungsprozess nach einem traumatischen Ereignis stören könnte oder gar durch die frühe Exposition eine »sekundäre Traumatisierung« hervorruft. Da Psychological Debriefing sich allgemein als unwirksam und manchmal als schädlich erwiesen hat, wird heutzutage in der Regel von einem Einsatz dieser Intervention abgeraten.

14.3.2 Psychopharmakologische Interventionen

Wie bei der Behandlung einer PTBS können Medikamente als eine zusätzlich zu psychotherapeutischen Maßnahmen unterstützende Intervention bereits in der Prävention eingesetzt werden. In den »S2-Leitlinien Diagnostik und Behandlung von akuten Folgen psychischer Traumatisierung« (Flatten et al., 2011b) wird die Gabe von sedierenden Antidepressiva bei starker Unruhe und Schlafstörungen und der Einsatz von Antipsychotika bei psychotischen Symptomen empfohlen.

Von einer Behandlung mit Benzodiazepinen wird abgeraten, da Betroffene davon nicht profitieren oder sich eine solche Behandlung sogar kontraproduktiv auswirken kann (Gelpin et al., 1996; Flatten et al., 2011b). Benzodiazepine sollten daher nur in Ausnahmefällen, bei spezifischer Indikation (z. B. akuter Suizidalität) und kurzzeitig gegeben werden. Fletcher et al. (2010) geben generell zu bedenken, dass eine zu frühzeitige Gabe von Psychopharmaka den natürlichen, automatischen Regenerationsprozess nach einem Trauma stören könnte. Psychopharmaka sollen nicht die normalen und zu erwartenden Reaktionen beseitigen, sondern pathologische Reaktionen verhindern. Ist überhaupt eine pharmakologische Mitbehandlung indiziert, spielt somit auch der Zeitpunkt eine wichtige Rolle. Diskutiert wird zudem, ob Benzodiazepine, da sie zu einer reduzierten Lernfähigkeit führen, den Lernprozess der Extinktion behindern, sodass Traumaerinnerungen nicht neu bewertet werden können und die Therapie mitunter gestört werden könnte (Hellmann et al., 2011; Rosen et al., 2013).

Eine aktuelle Übersichtsarbeit von Amos et al. (2014) erfasst neun randomisiert-kontrollierte Studien, die pharmakologische Interventionen zur Prävention von PTBS nach unterschiedlichen traumatischen Erlebnissen untersuchen. Die Autoren fanden keine ausreichenden Belege für die Effektivität von Propranolol, Escitalopram, Temazepam und Gabapentin. Lediglich Hydrokortison schien einen moderaten Effekt auf die Verhinderung einer posttraumatischen Belastungsstörung und die Reduzierung posttraumatischer Symptome zu haben. Unter anderem konnte in einer Studie von Zohar et al. (2011) ein Zusammenhang zwischen der Gabe von hochdosiertem Hydrokortison innerhalb der ersten sechs Stunden nach dem traumatischen Ereignis und der Traumasymptomatik beobachtet werden. Die Kernsymptomatik der ABS ließ nach und die Wahrscheinlichkeit, auf lange Sicht eine PTBS zu entwickeln, reduzierte sich. Der genaue Wirkmechanismus ist bisher jedoch nicht geklärt.

14.3.3 Traumafokussierte kognitiv-verhaltenstherapeutische Frühinterventionen

Die traumafokussierte kognitive Verhaltenstherapie (TF-KVT) gilt derzeit als die effektivste Methode zur Behandlung von ABS und PTBS. Die Behandlung Akuttraumatisierter durch eine kognitiv-verhaltenstherapeutische Frühintervention kann, wie auch bei der Therapie der PTBS, unterschiedliche Komponenten wie Psychoedukation, Exposition, kognitive Umstrukturierung und Techniken zur Angstbewältigung beinhalten. In der Regel wird in der Behandlung ein Schwerpunkt entweder auf Techniken kognitiver Umstrukturierung oder auf Expositionstechniken gelegt. Beide Schwerpunkte sind laut einer Studie von Shalev et al. (2012) gleich wirksam, Bryant und Kollegen (2008) berichten von einer höheren Effektivität der Exposition in sensu oder in vivo im Vergleich zur kognitiven Umstrukturierung. Die Therapie umfasst etwa fünf bis zehn Sitzungen und erfolgt in der Regel innerhalb der ersten zwei bis vier Wochen nach dem Ereignis, da vorher die symptomatische Belastung häufig noch zu hoch ist, oder Betroffene noch keine Zeit für eine aufwendige Therapie aufbringen konnten.

Die präventive Wirkung kognitiv-verhaltenstherapeutischer Interventionen konnte in mehreren Studien und für unterschiedliche Traumaarten belegt werden (Bisson et al., 2004; Bryant et al., 1998, 2008; Shalev et al., 2012). Dabei wurden die besten Ergebnisse für Opfer von Verkehrsunfällen erzielt. In einer Metaanalyse von Roberts et al. (2010), in der die TF-KVT mit einer Wartekontrollgruppe und einer Gruppe mit supportiven Interventionen verglichen wurde, stellte sich die TF-KVT als einziges effektives Verfahren zur Behandlung einer ABS heraus. Ebenfalls gibt es Hinweise auf die Wirksamkeit verzögerter kognitiv-verhaltenstherapeutischer Frühinterventionen, z. B. wenn eine Behandlung nicht direkt nach dem Trauma stattfinden konnte (Shalev et al., 2012). In der Übersichtsarbeit von Forneris et al. (2013) konnte ein Effekt von kognitiver Verhaltenstherapie bei vorhandener ABS-Diagnose nachgewiesen werden. Gleichzeitig empfehlen die Autoren jedoch, eine Indikation für kognitive Verhaltenstherapie nicht von der Diagnose abhängig zu machen, sondern von möglicherweise vorhandenen bedenklichen Symptomen, falls das Vollbild einer Störung nicht erfüllt ist.

Tab. 14.2: Ausgewählte Studien zur Effektivität von Interventionen im Rahmen der sekundären Prävention bei PTBS (nach Kearns et al., 2012)

Autor, Jahr	Traumaart	Studiendesign	Wichtigste Ergebnisse
Psychological Debriefing			
Mayou et al., 2000	Verkehrsunfall	Randomisiert kontrollierte Studie (RCT) Psychological Debriefing (PD) vs. Kontrollgruppe	Interventionsgruppe hatte nach 3 Jahren noch eine PTBS-Symptomatik sowie signifikant mehr körperliche Probleme, Ängste und allgemeine psychiatrische Symptome. PD hilft nicht bei Motorradunfallopfern und kann Symptomatik verschlimmern
Bisson et al., 1997	Verbrennungen	RCT PD vs. Kontrollgruppe	Höhere PTBS-Raten in der Interventionsgruppe als in der Kontrollgruppe
Psychopharmakologische Behandlung			
Gelpin et al., 1996	Akuttraumatisierte	Kontrollierte Studie Benzodiazepine (Clonazepam oder Alprazolam) vs. Kontrollgruppe (Placebo)	Behandlung mit Benzodiazepinen war nicht effektiv, führte sogar zu höheren PTBS-Raten
Shalev et al., 2012	Verkehrsunfall, Terroranschlag und andere	RCT Escitalopram vs. Kontrollgruppe (Placebo)	PTBS-Prävalenz unterschied sich nicht zwischen Interventions- und Kontrollgruppe
Zohar et al., 2011	Akuttraumatisierte	RCT Hydrokortison (Gabe innerhalb von wenigen Stunden nach Trauma) vs. Kontrollgruppe (Placebo)	Hydrokortison reduzierte ABS- und PTBS-Symptomatik
Stein et al., 2007	Akute körperliche Verletzungen	RCT Propranolol vs. Gabapentin vs. Kontrollgruppe (Placebo)	Keines der Medikamente war dem Placebo bzgl. depressiver und posttraumatischer Symptomatik überlegen
Kognitiv-behaviorale Verfahren			
Bryant et al., 1999	Verkehrsunfall, nicht-sexuelle Gewalt	RCT Prolonged exposure (PE), PE + Angstbewältigungstraining (AT), AT bei ABS	Am Ende erfüllten deutlich mehr Personen in der AT-Gruppe die Kriterien für PTBS (56 %) als in der PE (14 %) bzw. PE+AT-Gruppe (20 %)
Bisson et al., 2004	Körperliche Verletzungen (z. B. durch Verkehrsunfall, Gewalt)	RCT Kognitiv-behaviorale Therapie (KVT; 4 Sitzungen) vs. Kontrollgruppe	Die Ergebnisse bestätigen eine Wirksamkeit der KVT. Die posttraumatische Symptomatik reduzierte sich in der Interventionsgruppe signifikant im Vergleich zur Kontrollgruppe
Ehlers et al., 2003	Verkehrsunfall	RCT Kognitive Therapie (KT) Selbsthilfebuch (SH; auf KVT basierend) Warteliste (WL)	KT war wirksamer als SH und WL bzgl. PTBS-Symptomatik, Depressivität und Angst. KT-Patienten hatten zum Follow-up-Zeitpunkt seltener eine PTBS als die anderen Gruppen

Skeffington et al. (2013) fassen zusammen, dass kognitiv-behaviorale Verfahren, vor allem mit Elementen der Exposition, in der Regel einen guten Effekt auf die posttraumatische Symptomatik haben, wenn sie individuell und über mehrere Sitzungen stattfinden sowie schon innerhalb der ersten Tage und Wochen nach dem traumatischen Ereignis durchgeführt werden.

14.4 Tertiäre Prävention

Unter die tertiäre Prävention fallen Behandlungsmaßnahmen, die eine Exazerbation der posttraumatischen Symptome und einen chronischen Verlauf der PTBS verhindern sollen. Es können dazu verschiedene effektive psychotherapeutische und pharmakologische Interventionen eingesetzt werden (▶ Kap. 12).

Kasten 14.1: Inhalt der primären, sekundären und tertiären Prävention am Beispiel von Bundeswehrsoldaten

---

Primäre Prävention:
Vor einem Einsatz: Psychoedukation, Stressimpfungstraining, Aktivierung und Verbesserung der Copingstrategien und Ressourcen, Simulation von kritischen und gefährlichen Situationen, adäquate Personalauswahl (Feststellung der Eignung)

Sekundäre Prävention:
Nach einem potenziell traumatischen Ereignis: Selbsthilfe, Hilfe durch Kameraden und Vorgesetzte, Krisengespräche und Beratung durch Ärzte/Psychologen, psychologische Diagnostik zur Erkennung akuter Belastungsstörungen und psychischer Symptomatik (Hyperarousal, Überforderung, Erschöpfungszustände), Nachbereitungsseminare, CISM, Zeit für Regeneration/Erholung (»Präventivkur«), Psychoedukation über Traumareaktion

Tertiäre Prävention:
Bei psychischen Symptomen, posttraumatischer Symptomatik: Psychotherapeutische Behandlung, Bearbeitung der Symptomatik vor Rückkehr in den Beruf

---

14.5 Großschadensfälle

Großschadensfälle, die durch Naturkatastrophen, terroristische Anschläge, technische Unfälle oder eine Kombination aus diesen Ereignissen ausgelöst werden können und eine Vielzahl von Menschen gleichzeitig betreffen, können zu schweren und multiplen Traumatisierungen führen. Dabei haben Betroffene häufig nicht nur die eigene Traumatisierung zu bewältigen, sondern auch Verluste, wie den von Bezugspersonen, zu verarbeiten, wodurch sich das Risiko für eine chronische und kompliziert verlaufende

Traumafolgestörung und andere (psychologische) Problematiken noch erhöht. Sowohl direkt als auch indirekt Beteiligte sind gefährdet, durch die Konfrontation mit dem Trauma und dessen Folgen psychische Störungen zu entwickeln. Denkt man beispielsweise an die Terroranschläge des 11. September 2001, die nicht nur Einfluss auf Überlebende, Angehörige, Augenzeugen und Helfer hatten, sondern Menschen in allen Teilen der Welt zutiefst erschütterten, wird deutlich, wie weitreichend solche Ereignisse sein können.

Im Rahmen der Akuthilfe sind bei Großschadensfällen frühzeitige und ausreichende Hilfsangebote auf mehreren Ebenen wichtig, denn häufig müssen zunächst Bedürfnisse nach Sicherheit, medizinischer Hilfe oder Wiederherstellung einer Infrastruktur erfüllt werden. Von besonderer Wichtigkeit ist hier daher zunächst ein gut ausgebautes Netzwerk von Helfersystemen, wie Notärzte und Feuerwehrmänner, die umgehend am Unfallort eintreffen können, ihre Aufgaben genau kennen und schnell ausführen können. Die Organisation und Koordination von Helfern und Maßnahmen muss schnell und zuverlässig stattfinden.

Für die psychologische, soziale und administrative Betreuung von Krisenopfern ist in Deutschland unter anderem die Psychosoziale Notfallversorgung (PSNV) zuständig. Sie entwickelte Leitlinien zu verschiedensten Krisensituationen für die Betreuung nicht körperlich verletzter Beteiligter (u. a. auch Augenzeugen, Angehörige, Einsatzkräfte). Ziel der PSNV ist die Prävention und Früherkennung von psychosozialen Folgen durch Großschadensfälle, wie Traumafolgestörungen oder andere psychische Belastungen. Zum Angebot der PSNV gehören unter anderem die Aus- und Fortbildung von Einsatzkräften, die Notfallseelsorge, die Krisenseelsorge in Schulen und Stressprävention. Weitere anschließende strukturelle und psychosoziale Hilfen hängen maßgeblich von dem Bedarf der jeweiligen Betroffenen sowie dem Ausmaß der Katastrophe ab und müssen individuell ausgewählt und eingeleitet werden.

15 Traumafolgestörungen bei speziellen Personengruppen

15.1 Traumafolgestörungen bei Kindern und Jugendlichen

15.1.1 Epidemiologie

Im Vergleich zu Erwachsenen gibt es bei Kindern und Jugendlichen nur wenige repräsentative Untersuchungen zur Epidemiologie traumatischer Ereignisse und PTBS. Die wenigen vorhandenen Untersuchungen berichten über stark schwankende Prävalenzraten (Pynoos et al., 1999; Rosner & Hagl, 2008; Schäfer et al., 2006; Simons & Herpertz-Dahlmann, 2008). Lipschitz et al. (2000) berichten für Mädchen und junge Frauen im Alter von 12 bis 21 Jahren eine Traumaprävalenz von 92.2 %, wobei die PTBS-Prävalenz mit 14.4 % in der Primärversorgung recht hoch ausfällt. Demgegenüber fanden Cuffe et al. (1998) nach dem strengen Kriterienkatalog des DSM-IV eine PTBS-Lebenszeitprävalenz von 3.5 % bei 16- bis 22-jährigen Jugendlichen und jungen Erwachsenen. Die Lebenszeitprävalenz für PTBS wird in der Altersgruppe der 14- bis 18-Jährigen mit 5 bis 10 % angegeben (Elklit, 2002; Pfefferbaum, 1997).

In einer vielzitierten amerikanischen Studie wurden 1420 Kinder im Alter von 9 bis 16 Jahren prospektiv untersucht (Copeland et al., 2007). 68.2 % berichteten von mindestens einem traumatischen Ereignis. Ältere Kinder und Jugendliche waren häufiger von einem Trauma betroffen. Die PTBS-Prävalenz fiel mit 0.4 % allerdings sehr gering aus. Gewalterfahrungen und sexuelle Traumatisierung waren am stärksten mit der Traumasymptomatik assoziiert.

Für Deutschland wurden repräsentative Prävalenzdaten zu traumatischen Erfahrungen und der PTBS bei Kindern und Jugendlichen erstmals im Rahmen der »Bremer Jugendstudie« (Essau et al., 1999) erhoben. 1035 Kinder und Jugendliche im Alter von 12 bis 17 Jahren wurden in Bremen anhand eines standardisierten Interviews nach DSM-IV befragt. Insgesamt berichteten 22.5 % der Kinder und Jugendlichen, mindestens ein Trauma erlebt zu haben. 7.3 % der Traumatisierten erfüllten die DSM-IV-Kriterien der PTBS. Die Autoren fanden bei den Befragten eine PTBS-Lebenszeitrate von 1.6 %.

Die Art des Ereignisses beeinflusst in hohem Maße die posttraumatischen Symptome. In einer dänischen Studie waren Vergewaltigung, Suizidhandlungen, Todesfälle in der Familie, schwerwiegende körperliche Erkrankungen sowie Misshandlungen oder Missbrauch am höchsten mit posttraumatischer Symptomatik verbunden (Elklit, 2002). Weitere Studien an Kindern und Jugendlichen belegen, dass Vergewaltigung und andere sexuelle Übergriffe mit der höchsten Wahrscheinlichkeit zur PTBS führen (Essau et al., 1999; Perkonnigg et al., 2000; Giaconia et al., 1995).

In mehreren Studien zeigt sich weiter, dass mehr Mädchen als Jungen von posttraumatischer Symptomatik und PTBS betroffen sind (van der Kolk, 2009; Brunner et al. 2012). Dieser Geschlechtseffekt lässt sich damit erklären, dass Mädchen ähnlich wie erwachsene Frauen mehr sexuelle Gewalt erfahren als Jungen bzw. Männer (▶ Kap. 9.1).

Das Erleben sexueller Gewalt birgt generell ein gegenüber anderen Formen der Traumatisierung 6- bis 7-fach höheres PTBS-Risiko: 80 % bzw. 50 % aller betroffenen älteren Jugendlichen oder jungen Erwachsenen entwickelten nach dem Erleben sexueller Gewalt eine PTBS (Breslau et al., 1991; Giaconia et al., 1995; Tagay et al., 2013). Auch in einer prospektiven Studie an einer repräsentativen amerikanischen Stichprobe von 1433 Kindern im Alter zwischen 11 und 17 Jahren konnten Boney-McCoy und Finkelhor (1995) die besonders schwerwiegenden Folgen sexueller Gewalt replizieren, insbesondere wenn dabei die sexuelle Gewalt durch eine vertraute Person verübt wurde (King et al., 2003).

Verschiedene Autoren diskutieren die mangelnde Übereinstimmung der Trauma- und PTBS-Prävalenzen bei Kindern und Jugendlichen (Nader, 2008; Resch & Brunner, 2004; Simons & Herpertz-Dahlmann, 2008; van der Kolk, 2009). Diese Diskrepanzen erklären sich zum Teil durch die unterschiedliche Zusammensetzung der untersuchten Stichproben. Eine Vielzahl von Studien wurde an kleinen und homogenen Stichproben durchgeführt, die auf Betroffene einer bestimmten Traumaart fokussieren (z. B. ausschließlich Überlebende von Naturkatastrophen; Foa et al., 2001). Weitere Abweichungen sind auf unterschiedliche Vorgehensweisen bei der Datenerhebung (Strukturierte Interviews, Selbstbeurteilungsverfahren, Fremdeinschätzungen durch Eltern und Lehrer) zurückzuführen. Außerdem wurden in zahlreichen Studien unterschiedliche Diagnoseklassifikationen (DSM-III, DSM-III-R, DSM-IV oder ICD-10) für die PTBS herangezogen (Nader, 2008; Steil & Füchsel, 2006; Wilson & Keane, 2004).

In nicht repräsentativen Studien, z. B. mit kriegstraumatisierten Kindern und Kindern nach physischem Missbrauch, finden sich deutlich höhere Raten von PTBS, die zwischen 25 und 75 % schwanken, wobei für Opfer sexualisierter Gewalt Häufigkeiten von bis zu 90 % berichtet werden (Salmon & Bryant, 2002).

Unter psychiatrischen stationären Patienten im Kindes- und Jugendalter scheinen traumatische Ereignisse besonders häufig zu sein: In einer psychiatrischen Klinik berichteten 93 % der hospitalisierten Jugendlichen (N=74), zumindest ein traumatisches Ereignis erlebt zu haben, 32 % erfüllten die Kriterien einer PTBS nach DSM-III-R (Lipschitz et al., 2000). In einer spezialisierten Traumaambulanz lag die PTBS-Rate bei 104 Kindern und Jugendlichen bei 22 %; bei 17 % wurde eine subklinische Form einer PTBS festgestellt.

Traumatische Erfahrungen gemäß der Definition nach DSM-IV (APA, 1994) erschüttern bei Kindern und Jugendlichen die elementaren psychischen Grundbedürfnisse von Bindung, Orientierung und Kontrolle, Selbstwerterleben und Lustgewinn erheblich im Sinne der Konsistenztheorie von Klaus Grawe (2004). In Folge des Traumas können sich Jugendliche zunehmend von sozialen Beziehungen zurückziehen, deutlichen Leistungsabfall in der Schule zeigen oder interpersonelle Schwierigkeiten entwickeln. Jüngere Kinder können sich weigern, alleine zu Hause zu bleiben, Angst vor Dunkelheit entwickeln oder vermehrt Trennungsängste zeigen (Famularo et al., 1996; Giaconia et al., 1995; van der Kolk, 2003). Zahlreiche Studien belegen weiter, dass Kinder und Jugendliche nach traumatischen Erfahrungen vermehrt körperliche Symptome entwickeln; besonders häufig treten Kopf- und Bauchschmerzen auf (Landolt, 2004; Tagay et al., 2013).

15.1.2 Verlauf

Ähnlich wie bei Erwachsenen (Kessler et al., 1995) kommt es auch bei älteren Jugendlichen in ca. 50 % der Fälle zu einer Chronifizierung der PTBS (Giaconia et al., 1995). Es handelt sich bei der PTBS also im Jugend- als auch Erwachsenenalter um eine Störung mit starkem Chronifizierungsrisiko.

Im Vergleich mit anderen Störungen, wie Depression und Zwangsstörungen, konnte gezeigt werden, dass Erwachsene mit PTBS deutlich eingeschränkter in ihrer Lebensqualität und in ihren sozialen Funktionen waren (Malik et al., 1999).

15.1.3 Komorbidität

Komorbide tritt eine PTBS bei Kindern und Jugendlichen insgesamt mit Verhaltensproblemen, schlechterer schulischer Leistung, Suizidgedanken, Depression, Drogenmissbrauch, somatoformen Störungen, interpersonellen Schwierigkeiten sowie Trennungsangst und körperlichen Beschwerden auf (Essau et al., 1999; Giaconia et al., 1995; Goenjian et al., 1995). Perkonigg et al. (2000) fanden in ihrer Repräsentativerhebung heraus, dass 87.5 % der PTBS-Erkrankten zumindest eine zusätzliche Diagnose hatten und 77.5 % zwei und mehr Diagnosen.

15.1.4 Risikofaktoren

In einer aktuellen Studie (Tagay et al., 2013) wurden 96 Therapiepatienten und 99 Schüler im Alter von 12 bis 17 Jahren zu traumatischen Ereignissen, PTBS-Symptomatik und psychischer Belastung untersucht. Für beide Gruppen stellten jüngeres Alter, weibliches Geschlecht, die Anzahl traumatischer Ereignisse sowie sexueller Missbrauch signifikante Prädiktoren für die PTBS-Symptomatik dar. Kumulative und interpersonelle Traumata zählten zu den besonders invasiven Risikofaktoren. Kultalahti und Rosner (2008) sind in ihrer Literaturübersichtsarbeit der Frage nachgegangen, welche Risikofaktoren einer PTBS im Kindes- und Jugendalter einen bedeutsamen Beitrag leisten. Wie in **Kasten 15.1** ersichtlich, werden diese in prä-, peri- und posttraumatische Faktoren eingeteilt (▶ Kap. 8).

Kasten 15.1: Risikofaktoren der PTBS im Kindes- und Jugendalter (modifiziert nach Kultalahti & Rosner 2008)

Prätraumatische Faktoren

- Jüngeres Alter
- Weibliches Geschlecht
- Minoritätenstatus
- Niedriger sozioökonomischer Status
- Prätraumatische psychische Morbidität
- Vortraumatisierung
- Familienstruktur
- Funktionsniveau

Peritraumatische Faktoren

- Stressschwere
- Wahrgenommene Lebensgefahr
- Tod und Verletzung bekannter Personen
- Ressourcenverlust (z. B. Zerstörung des Hauses)
- Umstände des Ereignisses
- Eigene Verletzung
- Emotionale Reaktion (Intensität)
- Verhalten der Eltern in der peritraumatischen Situation

Posttraumatische Faktoren

- Akute Belastungsreaktion
- Psychopathologie (Ängstlichkeit und Depressivität)
- Dysfunktionale Bewältigungsstrategien
- Mangelnde soziale Unterstützung (auch durch die Eltern)
- PTBS der Eltern
- Familiäre Faktoren
- Weitere belastende Lebensereignisse
- Wohnortwechsel

15.1.5 Entwicklungstrauma-Störung

Kinder, die chronischen interpersonellen Traumata ausgesetzt sind, entwickeln über die PTBS hinaus weitere Beschwerden. Van der Kolk (2009) fasst diese als Entwicklungstrauma-Störung auf (engl. Developmental Trauma Disorder). Wiederholte und chronisch anhaltende Traumatisierung, wie Vernachlässigung, Missbrauch, physische und sexuelle Gewalt etc., führen zu dauerhaften Schädigungen der biopsychosozialen Funktionen (Grawe, 2004). In **Kasten 15.2** sind die Kriterien der Entwicklungstrauma-Störung aufgeführt. Generalisierte negative Erwartungshaltungen (z. B. Verlust der Erwartung, durch andere geschützt zu werden), Veränderungen auf der somatischen (vermehrter Auftritt körperlicher Beschwerden), affektiven (z. B. keine Gefühle zeigen können), kognitiven (z. B. negative Selbstattribution) und behavioralen Ebene (z. B. Reinszenierung, Selbstverletzung) sind markant.

Kasten 15.2: Kriterien der Entwicklungstrauma-Störung (van der Kolk, 2009, S. 581)

A. Exposition

1. Häufige oder chronische Exposition gegenüber einer oder verschiedenen entwicklungshemmenden zwischenmenschlichen Traumatisierungen (Verlassenwerden, Vertrauensbruch, körperliche Übergriffe, sexuelle Übergriffe, Bedrohung der körperlichen Unversehrtheit, Zwangspraktiken, emotionale Misshandlung, Zeuge von Gewalt und Tod)
2. Subjektive Erfahrungen (Wut, Vertrauensbruch, Angst, Resignation, Demütigung, Beschämung)

B. Getriggertes Muster wiederholter Dysregulation als Reaktion auf Traumareize
Dysregulation (hohe oder niedrige) in Anwesenheit von Reizen, Veränderungen halten an, kehren nicht zur Baseline zurück und werden durch Bewusstmachen nicht in ihrer Intensität reduziert:

- Affektiv
- Somatisch (physiologisch, motorisch, psychosomatisch)
- Im Verhalten (z. B. Reinszenierung, Selbstverletzung)
- Kognitiv (denken, dass es wieder passiert, Verwirrtheit, Dissoziation, Depersonalisierung)
- In Beziehungen (Klammern, aufsässiges Verhalten, misstrauisch, fügsam)
- Selbstattribution (Selbsthass und -beschuldigung)

C. Anhaltende veränderte Attributionen und Erwartungen

- Negative Selbstattribution
- Misstrauen gegenüber beschützenden Bezugspersonen
- Verlust der Erwartung, durch andere geschützt zu werden
- Verlust von Vertrauen, durch soziale Institutionen geschützt zu werden
- Mangelnder Rückgriff auf soziale Gerechtigkeit/Vergeltung
- Unvermeidbarkeit der Opferrolle

D. Funktionelle Beeinträchtigungen

- Erziehung/Bildung
- Familie
- Gleichaltrige
- Rechtlich
- Beruflich

Die Entwicklungstrauma-Störung ist auch im neuen DSM-5 als eigene Diagnose in der Sektion Traumafolgestörungen nicht enthalten (▶ Kap. 9.1.3).

15.1.6 Diagnostik

Bei Betroffenen im Kindes- und Jugendalter ergibt sich insbesondere die Kontroverse, ob eine diagnostische Einschätzung auf Selbst- oder Fremdbeurteilung basieren sollte (Steil & Füchsel, 2006). Empfohlen wird soweit möglich eine direkte Befragung des Kindes selbst, da Eltern und Lehrer in empirischen Studien dazu neigen, die Belastung der Kinder im Vergleich zu deren eigenen Angaben stark zu unterschätzen (Korol et al., 1999).

Mittlerweile liegen zahlreiche Instrumente für Betroffene im Kindes- und Jugendalter vor (Nader, 2008; Wilson & Keane, 2004), die stark in der Anzahl und Auswahl der potentiell traumatischen Ereignisse (PTEs) voneinander abweichen. Manche Traumainstrumente legen den Fokus auf interpersonelle Gewalt, wie sexuellen Missbrauch (z. B. **Children's Impact of Traumatic Events Scale-Revised**, (CITES-R; Wolfe et al., 1991), andere messen differenziert unterschiedliche Traumata (z. B. **Traumatic Events Screening Inventory for Children**, (TESI-C; Ford et al., 2002). Große Unterschiede zeigen sich auch bei Diagnoseinstrumenten in Bezug auf die Traumasymptomatik. Die meisten strukturierten Interviews (z. B. **Children's PTSD Inventory**, (CPTSD; Saigh et al., 2000) und Selbsteinschätzungsverfahren (z. B. **Trauma Symptom Checklist for Children**, (TSCC; Briere, 1996)

sind an DSM-III-R oder DSM-IV angelehnt. Zur Diagnosestellung von Traumafolgestörungen sind strukturierte Interviews nach wie vor die Methode der Wahl (Cohen & the Work Group on Quality Issues, 1998; McNally, 1996). Sie sind jedoch sehr kostenintensiv und zum schnellen Screening wenig geeignet. Demgegenüber ermöglichen Fragebögen eine rasche diagnostische Einordnung und gelten aufgrund ihres geringen Zeitaufwandes als eine effektive Methode zur Psychodiagnostik (Williams et al., 2002). Sie sind daher aus ökonomischen Gesichtspunkten dem Interview vorzuziehen (Perrin et al., 2000).

Das am häufigsten verwendete Selbstbeurteilungsinstrument zu traumabezogenen Symptomen ist der **Childhood Posttraumatic Stress Reaction Index** (CPTS-RI, Frederick et al., 1992). Das 20-Item Instrument ist nach DSM-III aufgebaut und wurde über die Zeit an die DSM-IV-Kriterien angelehnt. Mithilfe des CPTS-RI kann die Schwere der Traumasymptomatik in Form eines Summenscores erfasst werden. Eine Diagnosestellung nach DSM-IV ist jedoch nicht möglich, da die Items nicht streng genug an diesen Kriterienkatalog angelehnt sind. Weiterhin enthält die CPTS-RI keine Items zur Frage der klinischen Beeinträchtigung in wichtigen Funktionsbereichen (F-Kriterium). Außerdem kann mit dieser Skala nicht geklärt werden, ob das Stressorkriterium A erfüllt ist. Diese und ähnliche Kritikpunkte lassen sich auf viele weitere Selbstbeurteilungsinstrumente übertragen: **Child PTSD Symptom Scale** (CPSS) von Foa et al. (2001) oder **Child Report** of Posttraumatic Symptoms (CROPS) von Greenwald und Rubin (1999).

Im deutschen Sprachraum liegen für Kinder und Jugendliche derzeit noch kaum validierte diagnostische Selbstbeurteilungsinstrumente vor. Bei der Mehrheit der bisher bestehenden Traumainventare handelt es sich lediglich um Übersetzungen aus dem Englischen, die noch nicht ausreichend auf ihre Validität hin überprüft worden sind (Steil & Füchsel, 2006). Tagay und Kollegen (2011) haben in Anlehnung an das Essener Trauma-Inventar (ETI; Tagay & Senf, 2014) das **Essener Trauma-Inventar für Kinder und Jugendliche (ETI-KJ)** entwickelt und validiert.

15.1.7 Therapie der PTBS

Eine Metaanalyse mit 14 randomisiert-kontrollierten Studien erbrachte die besten Therapieeffekte für psychologische Verfahren (Gillies et al., 2012). In diesen Studien wurden Patienten im Kindes- und Jugendalter mit den Traumatypen sexuelle Gewalt, häusliche Gewalt, Naturkatastrophen und Verkehrsunfälle untersucht. Bei den verwendeten psychologischen Verfahren handelte es sich um Kognitive Verhaltenstherapie (KVT), Psychodynamische Verfahren, narrative Verfahren, Beratung und EMDR. Pharmakotherapien wurden nicht berücksichtigt. Für psychologische Therapien, insbesondere die KVT, werden die besten Wirksamkeitsnachweise in der Behandlung von PTBS bei Kindern und Jugendlichen berichtet. Allerdings kann keine Aussage darüber getroffen werden, für welches Traumaereignis welche Therapie am besten ist. Eine Überprüfung der differenziellen Effekte psychologischer Therapieverfahren steht noch aus. Eine weitere aktuelle Metaanalyse bestätigt der Traumafokussierten (TF)-KVT gute Wirksamkeit für die Behandlung der PTBS (de Arellano et al., 2014).

Signifikante Therapieeffekte wurden auch in der Behandlung von komplex traumatisierten Kindern und Jugendlichen mit der TF-KVT nachgewiesen (Cohen & Mannarino, 2015). Gute Therapieeffekte der TF-KVT zeigten sich außerdem, wenn Eltern in die Therapie einbezogen wurden (Cohen & Mannarino, 2015). Bei der Behandlung von PTBS nach sexuellem Missbrauch konnten in einer weiteren Metaanalyse für die KVT moderate Therapieeffekte nachgewiesen werden (Macdonald et al., 2012).

15.2 Traumafolgestörungen bei älteren Menschen

15.2.1 Epidemiologie

Bis zu 5 % aller älteren Menschen leiden aufgrund der Erlebnisse im Zweiten Weltkrieg unter einer chronischen PTBS (Hunt & Robbins, 2001; Teegen & Meister, 2000; Maercker et al., 2008). In einzelnen Untersuchungen finden sich aber auch Häufigkeiten zwischen 10 und 20 % (Fischer et al., 2006; Kuwert et al., 2007; Favaro et al., 2006). Eine verzögerte PTBS (engl. late-onset-PTSD) gemäß DSM-IV wurde in zahlreichen Studien an Kriegsüberlebenden nachgewiesen, bei denen sogar 50 oder 60 Jahre später eine PTBS vorlag (van Zelst et al., 2003). Eine Verschlimmerung von posttraumatischen Symptomen kann z. B. als Reaktion auf Jahrestage des Traumas, veränderte Lebensbedingungen (z. B. Veränderungen in Arbeits-, sozialen und familiären Rollen) oder Belastungen und später aufgetretene traumatische Ereignisse (Tod bzw. Verlust wichtiger Bezugspersonen) auftreten (Cook & O'Donnell, 2005). Für Holocaust-Überlebende und deren Kinder sind Langzeit- und transgenerationale psychosoziale Folgen gut belegt (Yehuda et al., 2009, 2013; Vyssoki et al., 2004). Traumafolgestörungen werden bei Älteren trotzdem nach wie vor häufig übersehen (Gomez-Beneyeto et al., 2006).

Hartmut Radebold (2000, 2004) gehört zu den ersten Autoren, die sich der Generation der Kriegskinder und deren psychischen Langzeitfolgen angenommen haben. In der Arbeit mit älteren Menschen fordert er einen historisch-biographischen Blick. In dieser Gruppe ist davon auszugehen, dass ein Großteil von ihnen verschiedene Aspekte der Extremtraumatisierung (Kriegserlebnisse, Haft, Vertreibung, Flucht, extremer Hunger und wirtschaftliche Not) erlebt hat. Bei der so genannten Kriegskindergeneration geht man heute von kumulativen Erlebnissen, d. h. durchschnittlich von zwei bis vier solcher schwerwiegenden Erfahrungen aus (Radebold, 2004; Brähler et al., 2004; Heuft et al., 2006). Studien belegen konsistent die komplexen und sequentiellen Traumatisierungen nach Kriegsereignissen, die oft gewaltsamen Tod bzw. Verlust wichtiger Bezugspersonen, körperliche Verletzungen, Todesängste, Heimatverlust und Mangelernährung (Hunger, Armut) beinhalten. Durch den Krieg vaterlos aufgewachsene Personen leiden vermehrt unter psychosozialen Beschwerden und interpersonalen Problemen (Radebold, 2000; Teegen & Meister, 2000; Kuwert et al., 2007).

Spitzer und Kollegen (2008) untersuchten in einer repräsentativen Bevölkerungsstichprobe die Risiken der Traumaexposition und die Prävalenz der PTBS bei Älteren. Die Traumaprävalenz lag in der Gesamtgruppe bei 54.6 % und die ältere Kohorte hatte ein vierfach erhöhtes Risiko für traumatische Erfahrungen gegenüber den jüngeren Gruppen. Unter den traumatisierten älteren Menschen lagen die Lebenszeitprävalenz der PTBS bei 3.1 % und die 1-Monatsprävalenz bei 1.5 %. Wie aus **Tabelle 15.1** zu entnehmen, variiert die PTBS-Prävalenz bei Älteren zwischen den einzelnen Studien.

Tab. 15.1: PTBS-Prävalenz bei älteren Menschen

Studie	Jahr	N	Alter	PTBS
van Zelst et al. (Niederlande)	2003	1721	≥60	0.9 % Punktprävalenz
Creamer & Parslow (Australien)	2008	1792	≥60	0.7 % Lebenszeitprävalenz
Spitzer et al. (BRD)	2008	851	≥65	3.1 % Lebenszeitprävalenz, 1.5 % Punktprävalenz
Maerker et al. (BRD)	2008	814	60–93	3.4 % Punktprävalenz

15.2.2 Verlauf der Traumatisierung

Untersuchungen an älteren Menschen zeigen, dass eine PTBS unterschiedliche Verläufe nehmen kann (Weintraub & Ruskin, 1999; Cook & O'Donnell, 2005; van Zelst et al., 2003). Sie kann direkt nach dem Traumaereignis oder verzögert auftreten. Viele ältere Menschen haben nach traumatischen Erfahrungen im Krieg und in der Nachkriegszeit zunächst keine PTBS entwickelt. Über lange Zeit ihres Erwachsenenlebens haben sie unberührt davon gelebt (Radebold, 2000). Im Alter können die traumatischen Erfahrungen jedoch eine bedeutsame Aktualität bekommen. Die Chronizität von Traumafolgestörungen ist gut dokumentiert, dabei wird von Symptomen berichtet, die mehr als 50 Jahre bestehen (Heuft et al., 2006;

Maercker, 2002; Radebold, 2000). Früher genutzte Bewältigungsformen können sehr erfolgreich gewesen sein, wie auch gewisse Sinnzuschreibungen den Älteren in der Vergangenheit sehr gut gedient haben können. Bedingt durch die im Alter auftretenden Belastungen kann dennoch Jahrzehnte später eine PTBS entwickelt werden. Dass eine ältere Person bis ins fortgeschrittene Alter ihr Leben so gut bewältigt hat, ist Zeugnis für ihre Fähigkeit, sich anzupassen und diese kann daher im Sinne der Ressourcenaktivierung therapeutisch gut genutzt werden (▶ Kap. 13).

Diagnostisch und therapeutisch relevant sind die evidenten Schilderungen darüber, dass der transgenerationale Austausch über das Erlebte (die Zeit der Nationalsozialistischen Diktatur, der Zweite Weltkrieg, Flucht und Vertreibung sowie die wirtschaftliche Not) von Schuld- und Schamgefühlen überschattet war. Ein Großteil der heute lebenden Älteren (bis 1945 Geborene) entwickelte Vermeidungsstrategien mittels Abwehrmechanismen wie Verdrängung, Bagatellisierung oder Verleugnung, um nicht über die schreckliche Zeit und die vielen eigenen Traumatisierungen sprechen zu müssen (Maercker, 2002; Heuft et al., 2006).

15.2.3 Diagnostik

Längst gibt es gute Belege dafür, dass Patienten mit PTBS in klinischen Populationen oft nicht erkannt und nicht adäquat diagnostiziert werden, was folglich mit Fehlbehandlungen einhergeht (Gomez-Beneyeto et al., 2006; Zimmerman & Mattia, 1999). Aufgrund der Komplexität ätiologischer Zusammenhänge, der Multimorbiditäten im höheren Alter und der historisch bedingt belastenden Lebenserfahrungen (Kriegserlebnisse, Wirtschaftskrisen, Flucht und Vertreibung) findet sich diese Problematik bei Älteren mit Traumafolgestörungen noch häufiger (Averill & Beck, 2000; Cook & O'Donnell, 2005).

Vor dem Hintergrund der Unterschätzung und der Fehlbehandlungen von posttraumatischen Störungen sind diagnostische Erhebungsverfahren gerade bei älteren Menschen unerlässlich (Zimmerman & Mattia, 1999). Bei ihnen besteht eine höhere Gefahr von Fehldiagnosen, weil sie stärker dazu tendieren, körperliche Beschwerden in den Vordergrund zu rücken (Maercker, 2002; Cook & O'Donnell., 2005; Averill & Beck, 2000). Die diagnostischen Probleme bei Älteren haben ihre Ursache auch in der erhöhten diagnostischen Komplexität. Nicht nur die Anzahl der Diagnosen steigt im Alter an, diese sind auch weniger leicht voneinander abzugrenzen. Ein weiteres Problem stellt die hohe Komorbidität mit körperlichen Erkrankungen dar (Maercker, 2002; Cook & O'Donnell, 2005). Daher sollte bei Älteren eine Breitbanddiagnostik zum Einsatz kommen. Eine solche umfassende Diagnostik sollte neben der Erfassung posttraumatischer Symptome insbesondere eine historisch-biographische Anamnese sowie die Erhebung der kognitiven Funktionsfähigkeit, der körperlichen Gesundheit und Verfassung, des Suizidalitätsrisikos, der sozialen Unterstützungssysteme, aber auch der personalen und materiellen Ressourcen beinhalten.

Von großem Nutzen bei der Beurteilung der psychischen Komorbidität im Allgemeinen und der PTBS im Besonderen sind bei älteren Menschen strukturierte klinische Interviews (z. B. SKID, DIPS, ETI). Wenn weitreichende traumatische Erlebnisse vorliegen, kann eine gründliche Untersuchung mit einem PTBS-spezifischen strukturierten klinischen Interview wie der CAPS von Blake et al. (1995) oder dem ETI von Tagay und Senf (2014) vorgenommen werden.

15.2.4 Psychotherapie

Bislang fehlt es an randomisiert-kontrollierten Therapiestudien zu Posttraumatischen Belastungsstörungen bei älteren Menschen.

Dagegen wurde inzwischen eine Reihe von Einzelfallstudien zu PTBS bei Älteren veröffentlicht (Cook & O'Donnell, 2005; Kipp, 2008). Die heute lebenden älteren Menschen haben multiple Traumatisierungen erlebt. Die einmal erreichte Unabhängigkeit ist besonders im höheren Alter gefährdet. Einschränkungen darin können Gefühle von Hoffnungslosigkeit, Hilflosigkeit und Sinnleere hervorrufen. Umso wichtiger ist es daher in der Behandlung von alten Menschen, ihnen zunächst wieder ein Gefühl der Sicherheit und Kontrolle über das eigene Leben zu geben. Durch die traumatischen Lebenserfahrungen kommt es im Sinne von Grawe (2004) zu einer massiven Verletzung des Kontrollbedürfnisses des PTBS-Betroffenen. Die Förderung von Autonomie, Eigenverantwortlichkeit und Selbstachtung ist daher besonders wichtig, auch wenn Autonomie sich im hohen Lebensalter schwieriger verwirklichen lässt als im mittleren Alter (Heuft et al., 2006).

Ältere Menschen haben jahrzehntelang vor dem Ausbruch der Symptomatik gut funktioniert. Sie bringen aufgrund ihrer Lebenserfahrungen viele Ressourcen mit in die Therapie, mit deren Hilfe die **Selbstheilungskräfte** aktiviert werden können (Albani et al., 2005). Daher ist es unabdingbar, dass der Therapeut sich ein differenziertes Bild über die Stärken und positiven Seiten des Patienten und seiner sozialen Ressourcen (z. B. Soziale Unterstützung durch Familie, Partnerschaft, Freunde) macht, um diese gezielt bei Gefühlen von Sinnleere, Hoffnungslosigkeit und Machtlosigkeit einzusetzen. Grawe (2004) fordert, dass der Therapeut in seinem Bemühen, dem Patienten positive Emotionen zu vermitteln, nicht nachlässt, auch wenn er erst einmal keine sichtbare Wirkung erzielt und dafür vom Patienten nicht verstärkt wird. Bei älteren Patienten gilt die Forderung möglicherweise noch stärker als bei Patienten mittleren bzw. jüngeren Alters. Wenn beim Patienten fast immer nur starke negative Emotionen aktiviert sind, löst mit der Zeit die Therapiesituation an sich schon unangenehme Emotionen aus, die den Patienten eher in einen Vermeidungsmodus bringen. Der Therapeut sollte daher in der Arbeit mit alten Menschen anstreben, den Patienten in der Therapie betont auch positive Emotionen erleben zu lassen. Ein Mittel dazu ist z. B. Humor. Wenn der Patient in den Therapiesitzungen häufiger lachen kann, können zwischenmenschliche Beziehungen und die Umwelt als weniger bedrohlich wahrgenommen werden (Hirsch, 2004; Heuft et al., 2006).

Zusammenfassung

Die vielfältigen Verlusterfahrungen im Laufe des Prozesses des Alterns sowie Einschränkungen von psychosozialen oder kognitiven Ressourcen zur Bewältigung von Belastungen können dazu beitragen, dass traumatische Erfahrungen im höheren Lebensalter reaktiviert werden und die Symptomatik einer PTBS verzögert auftritt. In der klinischen Arbeit mit älteren Menschen sollte deshalb auch stets eine historisch-biographische Perspektive eingenommen werden. Neben den klinischen Merkmalen einer PTBS können auch affektive oder somatoforme Störungen auf frühere traumatische Erfahrungen der Kriegsgeneration zurückzuführen sein. Diagnostisch und in der Therapie älterer Menschen werden die Zusammenhänge mit traumatischen Kriegserfahrungen häufig übersehen. Verschiedene Ansätze für die Behandlung der PTBS liegen vor (▶ Kap. 12). Auch wenn hierzu noch keine durch randomisiert-kontrollierte Studien abgesicherten Effekte vorliegen, sollten therapeutische Bemühungen auch bei älteren Patienten nicht unterbleiben (Kipp, 2008).

15.3 PTBS bei Menschen in helfenden Berufen

Es liegt die Vermutung nahe, dass Angehörige von Berufsgruppen, die für die Sicherheit oder die körperliche bzw. psychische Gesundheit anderer Menschen zuständig sind, wie Feuerwehrleute, Polizisten, Rettungswagen- und Krankenhauspersonal oder Therapeuten, ein besonderes Risiko haben, an einer PTBS zu erkranken. Da sie durch ihre Arbeit permanent mit dem Leid von Menschen konfrontiert sind, mit Tod, Krankheit und Katastrophen, sind sie einer hohen Dichte potentiell traumatischer Ereignisse ausgesetzt. Im folgenden Kapitel soll diese Gruppe näher betrachtet werden.

15.3.1 Polizisten

In einer Studie an kanadischen Polizisten (Martin et al., 2009) wiesen 84 % der Teilnehmer Traumaerfahrung auf, jedoch hatten lediglich 7 % nach ihrem schlimmsten Ereignis eine volle PTBS ausgebildet. Diese war nach dem Erlebnis mit erhöhter Depressivität, einem stärkeren Inanspruchnahmeverhalten des Gesundheitssystems und geringerer Widerstandsfähigkeit verbunden. Zum Zeitpunkt der Befragung war die PTBS allerdings bei sämtlichen Betroffenen remittiert.

In einer niederländischen Untersuchung (Carlier et al., 1997) zeigten 34 % der Polizisten nach einem kritischen Ereignis PTBS-Symptome, 7 % hatten innerhalb eines Zeitraums von 12 Monaten eine PTBS entwickelt. Als Risikofaktoren für das Auftreten von Symptomen wurden u. a. die Traumaschwere, Schwierigkeiten beim Ausdruck von Gefühlen, eine zu geringe vom Arbeitgeber zugestandene Regenerationszeit, ein Mangel an Freizeitbeschäftigungen und sozialer Unterstützung, weitere traumatische Erfahrungen und Arbeitsunzufriedenheit identifiziert.

Die geringen PTBS-Prävalenzen bei hoher Expositionsrate deuten auf eine starke Resilienz von Polizisten hin. Weitere Hinweise hierauf stammen aus einer methodisch wertvollen Langzeitstudie von Alexander und Wells (1991) bzw. Alexander (1993). Sie untersuchten über drei Jahre hinweg Polizisten, die nach dem Brand auf der Bohrinsel Piper Alpha im Jahr 1988 mit der Bergung und Identifizierung von Leichen beauftragt waren. Für die Beteiligten lagen auch Daten aus Erfassungen vor der Katastrophe vor und sie wurden mit einer Kontrollgruppe verglichen, die keiner solchen Aufgabe ausgesetzt war. Es zeigten sich weder im vorher-nachher- noch im Gruppenvergleich erhöhte Raten von posttraumatischen Symptomen oder psychiatrischen Erkrankungen bei den am Einsatz beteiligten Polizisten. Zur Erklärung dieser Ergebnisse wurden die Copingstrategien der Teilnehmer sowie organisationale Faktoren herangezogen.

Auch andere Untersuchungen beschäftigten sich mit den Mechanismen und Faktoren, die für die Ausbildung von PTBS bei Polizisten eine Rolle spielen. So fanden Maguen et al. (2009) heraus, dass der Zusammenhang sowohl von arbeitsbezogenen kritischen Vorfällen als auch von sonstigen negativen Lebensereignissen mit PTBS-Symptomen zum Teil durch das Arbeitsumfeld vermittelt wird. Als entsprechende Stressoren werden hier u.a. defekte Ausrüstung, Schwierigkeiten im Tagesgeschäft, wenig Rollenklarheit, Probleme mit Mitarbeitern und Diskriminierung genannt. Marmar et al. (2006) erstellten ein Modell, mit dem sie 39.7 % der Varianz in PTBS-Symptomen erklären und fanden fünf signifkante Variablen: höherer peritraumatischer Stress, stärkere peritraumatische Dissoziation, stärkeres problemlösungsorientiertes Coping, mehr Stress bei der Routinearbeit und weniger soziale Unterstützung.

15.3.2 Feuerwehrleute

Viele Studien an Feuerwehrleuten stammen aus dem asiatischen Raum und untersuchen die Konsequenzen einer Naturkatastrophe auf die Beteiligten. Dabei ergaben sich teils unterschiedliche PTBS-Prävalenzen.

Nach einem Erdbeben in Taiwan wurden für 21.4 % der Feuerwehrleute PTBS-Symptome berichtet (Chang et al., 2003), während in Folge schwerer Waldbrände in Israel 12.3 % der Teilnehmer nach knapp einem Monat über dem Cut-off-Wert für eine mögliche PTBS nach der IES-R (Impact of Event Scale-Revised; Weiss & Marmar, 1997) lagen (Leykin et al., 2013). Eine mit lediglich zwei von 118 sehr geringe Anzahl an Feuerwehrleuten gab kurz nach einem Einsatz bei einem Erdbeben in Japan PTBS-Symptome über dem Cut-off-Wert an, die im folgenden Monat weiter nachließen. Allerdings führen die Autoren dieser Studie einschränkend an, dass die Teilnehmer darüber informiert worden waren, dass die Daten im Anschluss der Feuerwehrbehörde mitgeteilt wurden (Fushimi, 2012). In einer Untersuchung zu den Auswirkungen eines Großflächenbrandes in Griechenland wurde eine PTBS laut ICD-10-Kriterien für insgesamt 18.6 % der untersuchten Feuerwehrleute berichtet. Hier zeigten sich aber deutliche Unterschiede zwischen professionellen und saisonal beschäftigten Teilnehmern, insofern als die PTBS-Rate unter den professionellen Feuerwehrleuten weniger als halb so hoch war (Psarros et al., 2008).

Andere Erhebungen wurden nicht nach einem bestimmten Katastropheneinsatz durchgeführt, sondern konzentrieren sich auf den Alltag von Feuerwehrleuten. Hier fand sich eine testpsychometrische PTBS-Diagnose bei 9.7 % einer japanischen Stichprobe (Saijo et al., 2012). Eine deutsche prospektive Studie, die 34 Feuerwehrleute direkt nach ihrer Ausbildung und nach 6, 9, 12 und 24 Monaten untersucht hatte (Heinrichs et al., 2005), ermittelte nach zwei Jahren bei 16.3 % eine voll ausgebildete und bei 18.6 % eine subsyndromale PTBS.

Als Prädiktoren für die Ausbildung von PTBS-Symptomen nach 24 Monaten ergaben sich bei Heinrichs et al. (2005) eine hohe Ausprägung an Feindseligkeit und ein niedriger Grad an Selbstwirksamkeit zum Zeitpunkt der Baselinemessung, die zusammen 42 % der Varianz aufklärten. Die Variable, die in einer US-amerikanischen Studie die meiste Varianz erklärte, war die Angst vor der Unkontrollierbarkeit von Emotionen vor Parametern der sozialen Unterstützung und demographischen sowie ereignisbezogenen Variablen (Farnsworth & Sewell, 2011). Des Weiteren wurden bestimmte Copingstrategien, wie Distanzierung und Vermeidung (Chang et al., 2003), als Risikofaktoren identifiziert, außerdem eine hohe Anzahl an Gruppenkonflikten, eine starke Rollenambiguität, Depressivität und geringe soziale Unterstützung durch Vorgesetzte (Saijo et al., 2012). Bezüglich des Einflusses der Berufserfahrung liegen unterschiedliche Ergebnisse vor. So wirkte sich ein hoher Grad an Erfahrung in einer Studie positiv (Psarros et al., 2008) und in einer anderen negativ aus (Chang et al., 2003). Als Gegenpol zur PTBS konnte aber auch posttraumatisches Wachstum in Folge eines Feuerwehreinsatzes nachgewiesen werden, wobei Veränderungen in der Einschätzung der persönlichen Stärke und des Lebens an sich auftraten (Leykin et al., 2013).

15.3.3 Rettungswagenpersonal

Auch Rettungssanitäter, medizinische Assistenten und Rettungswagenfahrer weisen mit 60 bis 85 % eine hohe Expositionsrate mit potentiell traumatischen Ereignissen auf

(Jonsson et al., 2003; van der Ploeg & Kleber, 2003), wobei Erlebnisse, die den Tod von Kindern einschließen, von vielen als am belastendsten empfunden werden (Clohessy & Ehlers, 1999; van der Ploeg & Kleber, 2003). In einem Vergleich stellte sich ihre Tätigkeit zudem als emotional anspruchsvoller und als mehr belastet durch chronische arbeitsbezogene Stressfaktoren dar als die einer Gruppe von Mitarbeitern aus anderen Gesundheitsberufen (van der Ploeg & Kleber, 2003).

Die Prävalenzen für testpsychometrisch auffällige PTBS-Symptome schwanken wiederum zwischen verschiedenen Untersuchungen und liegen zwischen 4 und über 20 % (Bennett et al., 2005; Clohessy & Ehlers, 1999; Jonsson et al., 2003; Misra et al., 2009; van der Ploeg & Kleber, 2003). Dabei weisen Frauen in einer Studie eine signifikant niedrigere Rate auf als ihre männlichen Kollegen (Bennett et al., 2005). Begleitend wurden auch hohe Ausprägungen an Depressivität und Ängstlichkeit (Bennett et al., 2005), Fatigue und Burnout (van der Ploeg & Kleber, 2003) und anderen psychiatrischen Symptomen (Clohessy & Ehlers, 1999) gefunden.

Neben personen- und ereignisbezogenen Faktoren wie Alter, Kohärenzsinn (Jonsson et al., 2003) und Häufigkeit akuter Stressoren (van der Ploeg & Kleber, 2003), zeigten auch die beruflichen Bedingungen und organisationale Variablen Assoziationen mit der Ausprägung von PTBS-Symptomen. Während z. B. bei Bennett et al. (2005) die Anzahl belastender Ereignisse, Stress durch organisationale Faktoren, die Dauer der Berufsausübung und peritraumatische Dissoziation 48 % der Varianz in den PTBS-Symptomen erklärten, ergab sich als einziger signifikanter Prädiktor für die Verdachtsdiagnose einer PTBS die Belastung durch organisationale Faktoren. In einer anderen Studie (van der Ploeg & Kleber, 2003) stand zudem ein Mangel an sozialer Unterstützung durch Kollegen und Vorgesetzte sowie zu wenig Kommunikation am Arbeitsplatz in Beziehung mit PTBS-, Fatigue- und Burnout-Symptomen.

Clohessy und Ehlers (1999) untersuchten den Zusammenhang von Copingstrategien und der Reaktion auf Intrusionen mit PTBS-Symptomen und fanden heraus, dass sowohl mentale Loslösung und Wunschdenken als auch negative Interpretationen sowie Unterdrückung von Intrusionen, Rumination und Dissoziation mit der Schwere der Symptome assoziiert waren. Des Weiteren zeigte sich ein Anstieg von Zynismus unter den Rettungskräften im Zeitraum eines Jahres (van der Ploeg & Kleber, 2003).

15.3.4 Mitarbeiter im Gesundheitswesen

Mealer et al. (2009) untersuchten die Prävalenz posttraumatischer Symptome bei Krankenpflegern. Je nach Messinstrument zeigten 18 bzw. 22 % der 332 stationär oder ambulant arbeitenden Probanden stark ausgeprägte PTBS-Symptome. Die Rate war bei den stationär arbeitenden Pflegern signifikant höher als bei den ambulant arbeitenden. Zudem sank die Prävalenz einer potentiellen PTBS mit zunehmendem Alter und Berufserfahrung.

Neben PTBS leiden verschiedene Berufsgruppen im Gesundheitswesen, wie Pflegekräfte oder Therapeuten, aber auch unter einem Phänomen, das als **stellvertretende Traumatisierung** oder **compassion fatigue** bezeichnet wird (Beck, 2011; Motta, 2008). Viele Autoren verwenden diese Begriffe synonym, einige differenzieren jedoch klar zwischen ihnen (jedoch nicht immer in gleicher Weise; vgl. z. B. Beck, 2011 geg. Tabor, 2011). Tabor (2011) nimmt eine Konzeptanalyse des Begriffes stellvertretende Traumatisierung (**vicarious traumatization**) vor und grenzt ihn dabei klar von compassion fatigue, **Burnout** und **sekundärem traumatischem Stress** ab. Sie definiert stellvertretende

Traumatisierung als Folge einer empathischen Beschäftigung mit Traumaopfern, bei der die Betroffenen ähnliche Symptome ausbilden wie bei einer PTBS, ohne aber selbst ein traumatisches Ereignis erlebt zu haben. Compassion fatigue hingegen müsse nicht in Verbindung mit der Arbeit mit Traumaopfern auftreten, sondern könne z. B. durch das Kümmern um körperlich schwer erkrankte Patienten ausgelöst werden. Dieses Phänomen sei geprägt durch intensive Gefühle des Leidens und Sorgens bis zu einem Zustand der Erschöpfung mit dem starken Bedürfnis, die andere Person von ihrem Leid zu befreien. Sekundärer traumatischer Stress wiederum stellt laut Tabor (2011) eine Retraumatisierung einer bereits traumatisierten Person z. B. durch intensive Trigger dar. Burnout schließlich sei allgemeiner zu verstehen und werde durch ein Arbeitsumfeld gefördert, in dem beispielsweise ein Mangel an sozialer Unterstützung vorliege oder mit einem besonders schwierigen Klientel gearbeitet werde.

Von den Mitarbeitern auf einer onkologischen Station zeigten 16 bis 37 % auffällige Werte auf der Secondary Traumatic Stress Scale (STSS; Bride et al., 2004), wobei die Inanspruchnahme von Massagen prädiktiv für das Fehlen von entsprechenden Symptomen war (Quinal et al., 2009). In einer Stichprobe von Krankenpflegern mehrerer Intensivstationen erfüllten 15 % keine, jedoch 33 % alle der Kriterien der STSS. Hier war eine Teilnahme an Aktivitäten zum Stressmanagement mit dem Vorliegen einer geringeren Anzahl an Symptomen verbunden (Dominguez-Gomez & Rutledge, 2009). Cunningham (2003) untersuchte die kognitiven Schemata von Personen, die überwiegend mit Krebspatienten oder mit Opfern sexuellen Missbrauchs arbeiteten. Die Gruppe bestand zum größten Teil aus Sozialarbeitern. Teilnehmer, die mehr Kontakt zu Opfern sexuellen Missbrauchs als zu Krebspatienten hatten, zeigten stärkere Beeinträchtigungen in den Schemata bezüglich der Sicherheit ihrer eigenen Person, der Sicherheit anderer, der Einschätzung von anderen und dem Vertrauen in andere als Teilnehmer, deren Klientenverteilung entgegengesetzt war. Allerdings hatten Teilnehmer, die überwiegend mit sexuell missbrauchten Klienten arbeiteten, auch selbst häufiger sexuellen Missbrauch erfahren. Außerdem gab es einen Zusammenhang zwischen einer längeren Berufserfahrung und positiveren Schemata.

Tabor (2011) empfiehlt zur Prävention von stellvertretender Traumatisierung die Entwicklung und Stärkung von Selbstachtsamkeit. Warnhinweise seien u. a. eine verringerte Empathie gegenüber Klienten, ein Mangel an Interaktionen mit Freunden sowie Substanzmissbrauch, Ärger und chronische Müdigkeit. Als hilfreiche Copingstrategien nennt sie das Ansprechen und Diskutieren von Emotionen, Humor, Hobbys und emotionale soziale Unterstützung. Zudem sollte der Fokus auf die belohnenden Aspekte der Arbeit gerichtet werden.

Nach einem vierstündigen Seminar zum Thema compassion fatigue gaben Mitarbeiter einer Kinderklinik an, ein verstärktes Wissen über Warnsignale zu haben, das Gefühl, über mehr Ressourcen zu verfügen, um mit Stressoren bei der Arbeit und zu Hause umzugehen und sich entspannter und ruhiger zu fühlen. Diese Teilnehmer hatten vor dem Seminar im Mittel ein mildes bis moderates Stresslevel berichtet, jedoch mit einer großen Variabilität. Es ergaben sich Hinweise darauf, dass Personen, die unter mehr persönlichem Stress litten, auch mehr Anzeichen von compassion fatigue aufwiesen (Meadors & Lamson, 2008).

15.3.5 Rettungskräfte

In einer gemischten Gruppe von 723 italienischen Rettungskräften, die sich zu 70.3 % aus Rettungswagenpersonal zusammensetzte, zu denen aber auch Feuerwehrleute, Polizisten, Mitarbeiter des Katastrophenschutzes, Personal der Notaufnahme, Soldaten und andere gehörten, stellte sich als stärkster negativer Prädiktor für Intrusionen, Vermeidung und Hyperarousal im Rahmen einer stellvertretenden Traumatisierung die Rollenklarheit heraus. Weibliches Geschlecht und das Führen einer Ehe waren weitere Prädiktoren für Intrusionen, wenig Unterstützung durch Kollegen und Vorgesetzte sagte zusätzlich Vermeidungsverhalten voraus (Argentero & Setti, 2011).

Eine große Metaanalyse von Berger et al. (2012), in die 28 Studien mit 40 Stichproben und 20 424 Rettungskräften aus 14 Ländern aller Kontinente eingingen, untersuchte die weltweite Prävalenz von PTBS in dieser Population. Rettungskräfte als Gesamtgruppe zeigten eine PTBS-Prävalenz von 10 %, wobei die höchsten Raten in asiatischen Stichproben gefunden wurden. Die Autoren erklären diesen Befund damit, dass die meisten Studien aus Asien zu diesem Thema direkt nach einem Erdbeben durchgeführt worden waren und auf diesem Kontinent insgesamt die schwersten Naturkatastrophen stattgefunden haben. Eventuell bekommen asiatische Rettungskräfte auch weniger psychologische Unterstützung als dies auf anderen Kontinenten der Fall ist.

Ein weiteres Ergebnis ist die höhere PTBS-Prävalenz von Rettungswagenpersonal gegenüber Feuerwehrleuten und bei einer Großkatastrophe eingesetzten Polizisten. Vermutlich steht diese Gruppe unter einem größeren Stress und Druck während der Arbeit, ist an mehr Einsätzen beteiligt und hat intensiveren Kontakt zu den Opfern. Zudem findet bei Polizisten ein strengeres Auswahlverfahren statt, was zum einem zu einer größeren Resilienz in dieser Gruppe führen könnte, woraus zum anderen aber auch resultieren könnte, dass psychische Belastungen verschwiegen oder heruntergespielt werden aus Sorge um den Arbeitsplatz.

Eine Regressionsanalyse ergab, dass die Faktoren Geographie und Berufsgruppe zusammen 27 % der Varianz aufklärten. Kein Unterschied hingegen wurde zwischen professionellen Rettungskräften und Freiwilligen festgestellt, obwohl Training einen Schlüsselfaktor zur Förderung der Resilienz in dieser Berufsgruppe darstelle. Eventuell geht diese Vergleichbarkeit auf einen Effekt der Selbstselektion der Teilnehmer zurück. Ebenfalls zeigte sich kein Unterschied zwischen Probanden, die nach einer großen Katastrophe und denen, die mit Blick auf ihre alltägliche Arbeit untersucht worden waren. Hier wäre eigentlich eine stärkere Belastung nach einem Katastropheneinsatz zu erwarten gewesen, weswegen die Autoren als mögliche Erklärung auf die **Puffer-Hypothese** verweisen, nach der das hohe Ausmaß an sozialer Unterstützung nach solchen Ereignissen deren psychologische Auswirkungen reduziert (Koopman et al., 1998).

Berger et al. (2012) stellten auch fest, dass mit steigender Rücklaufquote der Fragebögen in den einzelnen Studien die PTBS-Prävalenz anstieg.

Aufgrund der Tatsache, dass nur aktuell aktive Rettungskräfte untersucht wurden, könnten die Ergebnisse dieser Studien allerdings insgesamt Verzerrungen unterliegen, da weniger resiliente Personen den Beruf vielleicht wegen psychischer Belastungen schon früher aufgegeben haben und daher in den untersuchten Stichproben fehlen.

15.4 PTBS bei Menschen mit Migrationshintergrund

15.4.1 Epidemiologie zu Migration und Gesundheit

Im Jahr 2014 lebten rund 16,5 Millionen Menschen mit Migrationshintergrund in Deutschland. Wie das Statistische Bundesamt (Statistisches Bundesamt, 2014) auf Basis des Mikrozensus 2014 weiter mitteilt, entspricht dies einem Bevölkerungsanteil von 20.5 %. Die Bevölkerung mit Migrationshintergrund besteht aus den seit 1950 nach Deutschland Zugewanderten und deren Nachkommen sowie der ausländischen Bevölkerung. Mit 9,7 Millionen hatte der Großteil der Bevölkerung mit Migrationshintergrund einen deutschen Pass, gut 6,8 Millionen waren Ausländerinnen und Ausländer. Es handelt sich dabei um eine wachsende, allerdings nicht homogene, sondern vielmehr sehr heterogene Gruppe. Insgesamt wird von ca. 200 verschiedenen Ethnien in Deutschland berichtet (Statistisches Bundesamt, 2014).

Es zeigt sich ein Defizit im psychosozialen Bereich sowohl in der Forschung als auch in den Anstrengungen seitens der Gesundheitssysteme, Migranten als besondere Patientengruppe zu berücksichtigen und ihnen spezielle Behandlungsangebote zu machen. Politik, Gesellschaft und das Gesundheitssystem greifen jedoch zunehmend die damit verbundenen Schwierigkeiten und Probleme, aber auch die Chancen und Herausforderungen auf (Wiedl & Marschalck, 2001; Machleidt & Calliess, 2005; Koch et al., 2011).

Eine **Migration** ist meist ein einschneidendes Lebensereignis und mit vielfältigen Stresssituationen verbunden, die unterschiedlich erlebt und verarbeitet werden. In der psychiatrisch-epidemiologischen Forschungsrichtung wurde die Migration zunächst als belastendes Lebensereignis verstanden (Erim, 2011). In vielen Arbeiten wurde von einer erhöhten Morbidität der Migranten für psychosomatische und psychiatrische Erkrankungen ausgegangen, wobei ein Vergleich mit der Bevölkerung des Herkunftslandes oder der Normalbevölkerung meistens ausblieb (Morawa & Erim, 2015), was die Aussagekraft dieser Arbeiten beeinträchtigte (Koch et al., 1998). Im Vergleich zu England oder USA gibt es im deutschsprachigen Raum kaum groß angelegte epidemiologische Studien über die Einwanderung und ihren Einfluss auf die psychische Gesundheit von Migranten. Insgesamt zeichnet sich aber in der Migrationsforschung eine Entwicklung von defizitorientierten zu ressourcenorientierten Konzepten ab (Lindert et al., 2008).

Bereits 1975 wies Riedesser darauf hin, dass aufgrund der Kultur-, Sprach- und Schichtbarrieren zwischen dem deutschen Arzt und ausländischen Patienten große diagnostische Schwierigkeiten auftreten. Entweder würden psychische Probleme übersehen oder erst gar nicht erkannt.

Günay und Haag (1990) untersuchten 80 türkische Patientinnen der ersten Auswanderungsgeneration in allgemeinärztlichen Praxen mit dem Gießener Beschwerdebogen (Brähler & Scheer, 1983). Die Untersuchung ergab eine signifikante Erhöhung gemütsbelastender Symptome (depressive Verstimmung, Interessenverlust, Überempfindlichkeit) bei den weniger akkulturierten Frauen. Akkulturierte Frauen gehen tendenziell häufiger zum Arzt und werden signifikant häufiger krankgeschrieben. Ein Vergleich der Beschwerden mit einer deutschen Vergleichsgruppe ergab eine signifikant höhere Prävalenz funktioneller Symptome bei den Türkinnen.

15.4.2 Migration und Trauma

Trauma und Migration können in zweifacher Hinsicht miteinander verknüpft sein. So sind

Betroffene z. T. in ihren Heimatländern mit Ereignissen konfrontiert, die mit Krieg, Flucht, Vertreibung und sehr häufig mit sexualisierter Gewalt einhergehen. Häufig sind diese Erlebnisse Grund für die Auswanderung in ein anderes Land. Zum anderen sind Menschen, die ihre Heimat verlassen, auch in der Folge dieser Auswanderung mit einer Reihe belastender Ereignisse konfrontiert.

Gilgen et al. (2005) untersuchten verschiedene Migrantengruppen in der Schweiz und konnten zeigen, dass Bedingungen und Ereignisse nach der Migration einen schwerwiegenden Einfluss auf die psychische Befindlichkeit der Betroffenen haben. So gaben 50 % der befragten türkischen und kurdischen Migranten an, nach der Migration Phasen extremer Verzweiflung und Suizidgedanken erlebt zu haben. Für die Zeit vor der Migration berichteten nur 12 % Belastungen dieser Art. Die negativen Migrationsfolgen hängen erheblich davon ab, ob es sich um eine freiwillige oder unfreiwillige Migration bzw. Flucht handelt. **Kasten 15.3** fasst die unterschiedlichen Migrationsformen und die damit verbundenen Folgen zusammen.

Kasten 15.3: Unterschiedliche Migrationsformen und damit verbundenen Folgen

Unterschiedliche Migrationsformen:

- Freiwillige Ausreise
- Unfreiwillige Ausreise / Flucht

Stress durch Migration/Flucht:

- unklare Zukunft, ungesicherte Aufenthaltssituation
- Identitätskrisen, Entwurzelungsgefühle
- Statusverlust, sozioökonomische Probleme
- geringes soziales Netzwerk
- Sprachbarrieren, Verständigungsprobleme
- Familienunstimmigkeiten, Generationenkonflikte
- kritische Lebensereignisse und chronisch anhaltender Stress
- Traumatisierungen vor, während und nach der Migration
- belastende Migrationsgeschichte, z. B. lange Trennung von den Eltern
- erlebte Diskriminierung im Aufnahmeland
- ...

15.4.3 Trauma- und PTBS-Prävalenz

Inzwischen liefern einige Studien Befunde dafür, dass Migranten ein erhöhtes Risiko in Bezug auf traumatische Erlebnisse und die Ausbildung einer PTBS aufweisen. Al-Saffar et al. (2001) untersuchten in Stockholm drei Migrantengruppen (Araber, Iraner, Türken) und verglichen diese mit schwedischen Staatsbürgern. Von allen Probanden hatten 89 % mindestens ein Trauma erlebt. Es zeigte sich, dass die PTBS-Prävalenz in Abhängigkeit von der Gruppenzugehörigkeit variierte. Bei 69 % der iranischen Migranten, 59 % der Araber, 53 % der Türken und nur 29 % der Schweden lag ein Verdacht auf PTBS vor. Den Ergebnissen zufolge erhöhen nicht nur mehrfache traumatische Erlebnisse die Wahrscheinlichkeit, eine PTBS auszubilden, sondern auch die Zugehörigkeit zu einer ethnischen Minderheit stellt einen Risikofaktor dar.

An einer Stichprobe von 195 türkischen und kurdischen Patienten der Primärversorgung aus sieben allgemeinärztlichen Praxen wurden die Trauma- und PTBS-Prävalenzen und deren Beziehung zu migrationsspezifischen Aspekten, Somatisierung, Depressivität und Ängstlichkeit untersucht. Bei 19.6 % wurde eine klinisch auffällige posttraumatische Symptomatik mit Verdacht auf eine PTBS festgestellt. Die Migrantengruppe zeigte gegenüber der deutschen Referenzgruppe höhere Werte bei Somatisierung, Depressivität und Ängstlichkeit (Tagay et al., 2008b).

Lindert und Kollegen (2008) gingen in ihrer systematischen Übersichtsarbeit auf die Prävalenz von Depressivität, Angst und PTBS bei Arbeitsmigranten, Asylbewerbern und Flüchtlingen ein. Die Prävalenzen streuen sehr stark, wobei PTBS bei Flüchtlingen und Asylbewerbern am häufigsten vorkommt:

- Prävalenz psychischer Störungen bei Migranten: 3 % bis 86 %
- PTBS bei Migranten: 3.5 % bis 68 %
- PTBS bei Flüchtlingen und Asylbewerbern: 4 % bis 84 %

15.4.4 Flüchtlinge

Anfang 2013 bezifferte der Hochkommissar der Vereinten Nationen für Flüchtlinge (engl. United Nations High Commissioner for Refugees, UNHCR) die Zahl der weltweiten Flüchtlinge, für die er zuständig ist, auf 51 Millionen Menschen (UNHCR, 2013).

Für Flüchtlinge werden konsistent sehr hohe Trauma- und PTBS-Prävalenzen berichtet. Gerade die Postmigrationsstressoren erhöhen die psychische Belastung zusätzlich besonders stark (Hocking et al., 2015; Teodorescu et al., 2012; Momartin et al., 2004).

De Jong und Kollegen (2003) untersuchten in einer Studie bei 3048 Personen aus ehemaligen Konfliktregionen, wie Algerien, Kambodscha, Äthiopien und Palästina, die Prävalenz von affektiven Störungen (Angst, Depression), Somatormen Störungen und PTBS. Die untersuchten Probanden hatten kriegerische Konflikte oder Massengewalt erlebt. PTBS wurde von allen untersuchten Störungsbildern in allen Konfliktregionen am häufigsten festgestellt. Gewalterfahrungen in Verbindung mit bewaffneten Konflikten hinterlassen massive psychische Schäden bei den Betroffenen.

1994 fand in Ruanda der größte Völkermord nach dem Zweiten Weltkrieg statt, der Völkermord an den Tutsi. Innerhalb von 100 Tagen wurden mehr als 800 000 Menschen ermordet (Dallaire & Beardsley, 2003). Roméo Alain Dallaire war von 1993 bis 1994 als General der kanadischen Truppen Kommandeur der Blauhelmtruppen der Vereinten Nationen bei der UNAMIR-Mission in Ruanda. Nach den Erlebnissen in Ruanda litt er jahrelang unter einer PTBS und schweren Depressionen. In der Überzeugung, eine Mitschuld am Genozid in Ruanda zu tragen, unternahm Dallaire zwei Selbstmordversuche. Zehn Jahre nach dem Völkermord schilderte er in einem Interview seine Eindrücke und Erlebnisse:

»Trotz Tabletten und Therapien passiert es noch manchmal, ganz plötzlich: Ich durchlebe die Traumata von 1994 wieder, hautnah, in Zeitlupe, mit digitaler Klarheit. Ich bin dann wieder in der Kampfzone. Ich rieche die Leichen. Ich höre die Schreie von Kindern. Sie werden ermordet, weil wir sie nicht retten. Augen starren mich an. Ich sehe nur noch schwarz und diese Augen. Müde, rot, traurig, panisch, unschuldig, tausende irre Augenpaare. Was geschieht da mit uns? Warum lasst ihr uns allein?« (Dallaire, 2004)

15.4.5 Sequentielle Traumatisierung

Hans Keilson (1979) prägte den Begriff der **Sequentiellen Traumatisierung**. Nach dem

Zweiten Weltkrieg gründete er eine Hilfsorganisation zur Betreuung jüdischer Waisen und behandelte als Psychoanalytiker Kinder, die ihre Eltern im Holocaust verloren hatten. In einer Langzeitstudie über jüdische Kriegswaisen zeigte der Psychiater Hans Keilson auf, dass die Art und Weise, wie mit den Kindern in den Jahren nach dem traumatisierenden Ereignis umgegangen wurde, eine größere Auswirkung auf die Entstehung von Traumasymptomen hatte als das auslösende Ereignis selbst. Keilson bezeichnete diesen Vorgang als sequentielle Traumatisierung. Die Traumatisierung endet nicht, wenn das Traumageschehen vorüber ist, vielmehr findet ein traumatischer Prozess statt, der in vier Phasen abläuft (▶ Tab. 15.2).

Tab. 15.2: Phasen der sequentiellen Traumatisierung (Keilson, 1979)

Phase 1	Phase 2	Phase 3	Phase 4
Traumatisierung im Heimatland	Verfolgung/Flucht	Exil	Erzwungene Rückkehr
• Diskriminierung • Krieg • Angst • Isolation • Misstrauen	• Traumatische Ereignisse • Lebensbedrohung • Entwurzelung	• Asylsituation • Neue Kultur • Angst • Intrusionen • Vermeidung • Übererregung	• Angst vor erneuter Verfolgung • Hohes Risiko der Retraumatisierung

Mehrere Studien untersuchten den Zusammenhang von Post-Migrationsstressoren, PTBS, Lebensqualität und affektiven Störungen (Teodorescu et al., 2015; Momartin et al., 2004; Lindert et al., 2008). In **Kasten 15.4** sind die wesentlichen Themen ausgehend von den Daten der Literatur in die drei Bereiche aufenthaltsrechtlicher Status, Gesundheit und Krankheit sowie familiäre Angelegenheiten eingeteilt.

Kasten 15.4: Asyl und Folgen im Exil

1. Aufenthaltsrechtlicher Status

- Dauer meist ungewiss
- Konflikte mit der Asylbehörde
- Aussagen im Asylverfahren besonders belastend
- Asylrechtliche Begutachtung
- Extreme Ängste vor Abschiebung

2. Gesundheit und Krankheit

- Schwere Traumafolgestörungen
- Depression
- Angststörungen
- Erhöhte Suizidalität
- Asylverfahrensangelegenheit besonders belastend
- fehlende Integration im Gesundheitssystem
- schlechte sozioökonomische Lebensbedingungen

3. Familiäre Angelegenheiten

- Verlust wichtiger Bezugspersonen
- Wenig bis kein Kontakt zur Familie
- Verbleib einzelner Familienmitglieder ungewiss
- Meist sehr beengte Wohnsituation
- Keine Arbeitserlaubnis

15.4.6 Psychotherapeutische Ansätze

Bei Flüchtlingen ist eine traumafokussierte Behandlung in Kombination mit multimodalen Ansätzen empfehlenswert, die aufenthaltsrechtliche Themen berücksichtigt (u. a. den laufenden Asylprozess, Behördengänge, Abschiebedrohungen, Residenzpflicht, Fragen der Familienzusammenführung), eine psychosoziale Integration fördert (z. B. durch Sprachkurse, Arbeitsvermittlung, Aktivitätenaufbau) und so neben dem Abbau der posttraumatischen Belastungssymptomatik gleichzeitig Bewältigungsressourcen und -kompetenzen im Kontext der anhaltenden Belastungen stärkt (Knaevelsrud et al., 2012). Eine enge Zusammenarbeit mit Medizinern, Pädagogen, Sozialarbeitern, Physiotherapeuten und Juristen ist daher essentiell für eine alle Lebensbereiche umfassende, empathische und stabile therapeutische Beziehung, in der der Patient Sicherheit, Kontrolle, Vertrauen und Wertschätzung erfahren kann.

Aufgrund mangelnder Sprachkenntnisse ist der Zugriff auf Dolmetscher oder Kulturvermittler unerlässlich. Kenntnisse über kulturelle Besonderheiten, Werthaltungen und Einstellungen von Menschen mit Migrationshintergrund sind weitere wichtige Aspekte für eine erfolgreiche Behandlung (Erim, 2011; Machleidt, 2013).

In einem aktuellen Review wurden sechs brauchbare Studien identifiziert, die deutlich aufzeigen, dass familiäre Angelegenheiten bei Flüchtlingen ganz entscheidend den Gesundheitsverlauf beeinflussen (Slobodin & de Jong, 2015). In einer weiteren Übersichtsarbeit zur Frage nach der Wirksamkeit von Psychotherapie bei Folterüberlebenden erbrachten neun randomisiert-kontrollierte Studien aufgrund limitierter Methodik und kleiner Stichproben keine konsistenten Erkenntnisse darüber, welche Verfahren spezifisch wirksam sind (Patel et al., 2014).

15.5 Trauma und PTBS bei Essstörungen

15.5.1 Epidemiologie

Hunderte Studien sind der Frage nachgegangen, wie die Essstörungssymptomatik mit Depressivität, Ängstlichkeit oder Persönlichkeitseigenschaften zusammenhängt. Jedoch wurde lange Zeit die Beziehung von Essstörungen und Trauma weitgehend vernachlässigt. Mittlerweile dokumentieren aber mehrere Studien Traumatisierungen in der Biographie von Personen mit Essstörungen (Dalle Grave et al., 1996; Reyes-Rodriguez et al., 2011; Mahon et al., 2001). Allerdings schwanken die Prävalenzen für traumatische

Ereignisse zwischen den einzelnen Studien sehr stark zwischen 37 und 100 % (Dalle Grave et al., 1996; Mitchell et al., 2012; Gleaves et al., 1998). Ebenso zeigen die PTBS-Prävalenzen bei Essstörungen eine große Streuung von 4 bis 52 % (Gleaves et al., 1998; Blinder et al., 2006; Tagay et al., 2013). Am häufigsten wurde der sexuelle Missbrauch bei Essstörungen untersucht (Wonderlich et al., 2001). Brewerton (2007) kommt in seiner Übersichtsarbeit zum Zusammenhang von Trauma und Essstörungen zu dem Schluss, dass sexueller Missbrauch ein unspezifischer Risikofaktor für Essstörungen ist. Daher sollte bei Patienten mit sexuellem Missbrauch in der Vorgeschichte die Essstörung als eine mögliche Folgeerkrankung eines komplexen posttraumatischen Geschehens gesehen werden (Wonderlich et al., 2001). In weiteren Studien wurden außerdem häufiger körperlicher und emotionaler Missbrauch bei Essstörungen gefunden (Kent et al., 1999). Die Studien berichten zudem mehr Traumata bei der Bulimia nervosa (BN) als bei der Anorexia nervosa (AN; Smolak & Murnen, 2002; Striegel-Moore et al., 2002).

In einer kolumbianischen Studie wurden bei essgestörten Patientinnen mit einer PTBS-Komorbidität hohe Therapieabbrüche, ein schlechteres Behandlungsergebnis und eine höhere Rückfallrate als bei nicht traumatisierten Patientinnen festgestellt (Rodriguez et al., 2005). In weiteren Studien konnte gezeigt werden, dass sexueller Missbrauch einen Einfluss auf das Essverhalten hatte (Zlotnick et al., 1996), selbst dann, wenn das Trauma viele Jahre zurücklag (Tobin et al., 1995).

Eine PTBS-Symptomatik korreliert zudem mit Depressionen, Ängstlichkeit und dissoziativen Erfahrungen bei Patienten mit Essstörungen und mit spezifischen Bereichen der Essstörungssymptomatik für AN und BN (Gleaves et al., 1998). Weitere Studien belegen signifikante Korrelationen mit somatoformen Beschwerden für AN und BN (Tagay et al., 2010). Zudem verfügen Patienten mit Essstörungen und einer komorbiden PTBS über weniger Ressourcen als Patienten mit Essstörungen ohne PTBS (Tagay et al., 2013).

Bei der Erklärung der ätiologischen Faktoren in der Entstehung einer Essstörung richtet sich der Fokus vor dem Hintergrund der zunehmenden Replikationsstudien auf Stressoren und potentiell traumatisierende Ereignisse in der Biographie der Betroffenen. In einer Studie an Studentinnen in den USA übten potentiell traumatische Ereignisse (z. B. Gewalterfahrungen, Verlust einer Bezugsperson) einen Einfluss auf die Ausprägung eines gestörten Essverhaltens aus (Smyth et al., 2008). Möglicherweise dient die Essstörungssymptomatik als Ventil für die massive Belastung aufgrund der Traumatisierung. Es ist zu vermuten, dass die Betroffenen über die Essstörungssymptomatik das Gefühl bekommen, wieder Orientierung und Kontrolle über das eigene Leben zu erlangen, die sie durch die Traumatisierung verloren haben. In **Tabelle 15.3** findet sich eine Zusammenstellung der Studien zur Trauma- und PTBS-Prävalenz bei Essstörungen.

Tab. 15.3: Trauma- und PTBS-Prävalenzen bei Essstörungen

	Stichprobe	Trauma	PTBS	Teilnehmer	Verfahren
Studien nur mit Traumaprävalenzen					
Dalle Grave et al. (1996; Italien)	N=103 ANR (n=30) ANB (n=12) BN (n=17) BED (n=30) AP (n=14)	37.8 % (mind. ein physisches oder sexuelles Trauma (Inzest, Vergewaltigung, physischer Missbrauch und schwerer psychischer Missbrauch) ANR: 20 %, ANB: 58 %, BN: 47 %, BED: 47 %, AP: 28 %		Stationäre Patienten	Interview Fragebögen
Claes & Vandereycken (2007; Belgien)	N=70 ANR (n=23) ANB (n=18) BN (n=29)	55.3 % mind. ein physisches oder sexuelles Trauma; Sexueller Missbrauch: 47.7 %, Physischer Missbrauch: 32.3 %		Stationäre Patienten	TEQ
Studien mit Trauma- und PTBS-Prävalenzen					
Dansky et al. (1997; USA)	N=3006 BN (n=72) KW (n=2934)	54.5 % Opfer direkter Kriminalität 26.6 % Vergewaltigung 22.0 % sexuelle Belästigung 10.7 % nicht-sexueller Kontakt / versuchter sexueller Übergriff 26.8 % schwere Körperverletzung	BN: 36.9 % PTBS-L 21.4 % PTBS-P KW: 11.8 % PTBS-L, 4.2 % PTBS-P	Repräsentativerhebung	Telefoninterview (DSM-IV)
Gleaves et al. (1998; USA)	N=294 AN (n=121) BN (n=103) EDNOS (n=70)	74 % PTE	52 % PTBS-P AN: 47 %, BN: 62 %	Ambulante Patienten	TSC-40, PSS
Matsunaga et al. (1999; USA)	BN (N=44)	45 % sexueller und/ oder physischer Missbrauch in der Vorgeschichte	20,5 % PTBS	Stationäre Patienten	SADS-L, DSM-III
Tagay et al. (2013; BRD)	N=103 AN = 52 BN = 51	95.1 % PTe	AN: 23.1 % BN: 25.5 %	Stationäre Patienten (88.3 %)	ETI, DSM-IV

15.5 Trauma und PTBS bei Essstörungen

Tab. 15.3: Trauma- und PTBS-Prävalenzen bei Essstörungen – Fortsetzung

	Stichprobe	Trauma	PTBS	Teilnehmer	Verfahren
Studien nur mit PTBS-Prävalenzen					
Turnbull et al. (1997; GB)	N=164 AN (n=90) BN (n=54) EDNOS (n=20)		4 % PTBS-P, 11 % PTBS-L; AN: 10 %, BN: 13 %, EDNOS: 10 %	Stationäre Patienten	SKID, DSM-III, Childhood adversity and trauma interview
Deep et al. (1999; USA)	N=117 ANR (n=26) BN (n=47) KW (n=44)		ANR: 8 %, BN: 30 %, KW: 7 % PTBS-L	Stationäre Patienten und Ambulante Patienten	SADS-L, DSM-III
Kaye et al. (2004; USA)	N=672 AN (n=97) BN (n=282) AN+BN (n=293)		13 % PTBS-L; AN: 5 %, BN: 13 %, AN+BN: 15 %	Einschlusskriterien: Lebenszeit-BN (aktuelle oder frühere AN wurde akzeptiert)	DSM-IV, SKID
Blinder et al. (2006; USA)	N=2436 ANR (n=520) ANB (n=436) BN (n=882) EDNOS (n=598)		Alle: 20 % ANR: 10 % P ANB: 25 % P BN: 23 % P EDNOS: 23 % P	Stationäre Patienten	Trauma Symptom Inventory, SKID (nur bei einem Teil der Stichprobe), DSM-IV

Beachte: PTE = potentiell traumatische Ereignisse, L = Lebenszeitprävalenz, P = Punktprävalenz, AN = Anorexia nervosa, BN = Bulimia nervosa, KW = weibliche Kontrollgruppe, ANR = Anorexia nervosa restriktiver Subtyp, ANB = Anorexia nervosa bulimischer Subtyp, ED = Eating Disorder, EDNOS = Eating Disorders not otherwise specified, BED = Binge Eating Disorder, AP = Adipositas Patienten; ETI = Essener Trauma-Inventar, TEQ = Traumatic Events Questionnaire, TSC-40 = *Trauma* Symptom Check-list 40, PSS = PTSD Symptom Scale, SADS-L = The Schedule for Affective Disorders and Schizophrenia-Lifetime

Zusammenfassung

Im deutschsprachigen Raum liegt kaum Forschung über die Beziehung von Trauma und Essstörungen vor (Tagay et al., 2013). Ebenso wenig kann über traumafokussierte Behandlungen bei Essstörungen berichtet werden, da weltweit keine randomisiert-kontrollierten Studien vorliegen. Die Behandlungserfolge für AN und BN mit den üblichen Verfahren für Essstörungen sind ernüchternd. Auch nach mehr als 100 Jahren intensiver Forschung über die AN kann bis heute keine Aussage darüber getroffen werden, welche spezifische Therapieform am wirksamsten für diese schwere und langanhaltende Störung ist, die mit einer Mortalitätsrate von 20 % im Langzeitverlauf einhergeht (Herpertz et al., 2011). So waren auch in der weltweit größten ambulanten randomisiert-kontrollierten Therapiestudie mit 242 anorektischen Patienten weder der kognitiv-behaviorale noch der psychodynamische Therapiearm gegenüber der herkömmlichen Psychotherapie »treatment as usal« im primären Outcome, dem BMI, signifikant überlegen (Zipfel et al., 2014). Es bleibt zu hoffen, dass zukünftige Studien intensiver der Frage nach dem Zusammenhang von Traumatisierung und Essstörungen nachgehen, um zum Einen wichtige Erkenntnisse über die Ätiologie der Essstörungen zu gewinnen, und zum Anderen auch mehr und dauerhafte Therapieerfolge zu erzielen.

16 Literatur

Acheson, D. T., Gresack, J. E., & Risbrough, V. B. (2012). Hippocampal dysfunction effects on context memory: Possible etiology for post-traumatic stress disorder. *Neuropharmacology, 62*(2), 674–685. DOI: 10.1016/j.neuropharm.2011.04.029.

Adler, A. (1943). Neuropsychiatric complications in victims of Boston's cocoanut grove disaster. *Journal of the American Medical Association, 123*(17), 1098–1101. DOI: 10.1001/jama.1943.02840520014004.

Admon, R., Milad, M. R., & Hendler, T. (2013). A causal model of post-traumatic stress disorder: disentangling predisposed from acquired neural abnormalities. *Trends in Cognitive Sciences, 17*(7), 337–347. DOI: 10.1016/j.tics.2013.05.005.

Agger, I., Raghuvanshi, L., Shabana, S., Polatin, P., & Laursen, L. K. (2009). Testimonial therapy. A pilot project to improve psychological wellbeing among survivors of torture in India. *Torture, 19*(3), 204–217.

Ahearn, E. P., Juergens, T., Cordes, T., Becker, T., & Krahn, D. (2011). A review of atypical antipsychotic medications for posttraumatic stress disorder. *International Clinical Psychopharmacology, 26*(4), 193–200. DOI: 10.1097/YIC.0b013e3283473738.

Albani, C., Gunzelmann, T., Bailer, H., Grulke, N. & Brähler, E. (2005). Religiosität und transpersonales Vertrauen als Ressource im Alter. In P. Bäurle, H. Förstl, D. Hell, H. Radebold, I. Riedel & K. Studer (Hrsg.), *Spiritualität und Kreativität in der Psychotherapie älterer Menschen* (S. 274–284). Bern: Hans Huber.

Alexander, D. A. (1993). Stress among police body handlers. A long-term follow-up. *British Journal of Psychiatry, 163*, 806–808. DOI: 10.1192/bjp.163.6.806.

Alexander, D. A., & Wells, A. (1991). Reactions of police officers to body-handling after a major disaster. A before-and-after comparison. *British Journal of Psychiatry, 159*, 547–555. DOI: 10.1192/bjp.159.4.547.

Alghamdi, M., Hunt, N., & Thomas, S. (2015). The effectiveness of Narrative Exposure Therapy with traumatised firefighters in Saudi Arabia: A randomized controlled study. *Behaviour Research and Therapy, 66*, 64–71. DOI: 10.1016/j.brat.2015.01.008.

Al-Saffar, S., Borga, P., Edman, G., & Hallstrom, T. (2001). The aetiology of posttraumatic stress disorder in four ethnic groups in outpatient psychiatry. *Social Psychiatry and Psychiatric Epidemiology, 38*(8), 456–462. DOI: 10.1007/s00127-003-0659-7.

Amann, G., & Wipplinger, R. (2005). *Sexueller Missbrauch. Überblick zu Forschung, Beratung und Therapie. Ein Handbuch.* Tübingen: dgvt Verlag.

Amery, J. (1966). *Jenseits von Schuld und Sühne: Bewältigungsversuche eines Überwältigten.* München: Szesny.

Amir, N., McNally, R. J., & Wiegartz, P. S. (1996). Implicit memory bias for threat in posttraumatic stress disorder. *Cognitive Therapy and Research, 20*(6), 625–635. DOI: 10.1007/Bf02227965.

Amnesty International (2015). *Report 2014/2015.* Frankfurt a. M.: Fischer.

Amos, T., Stein, D. J., & Ipser, J. C. (2014). Pharmacological interventions for preventing post-traumatic stress disorder (PTSD). *Cochrane Database of Systematic Reviews, 7*: CD006239. DOI: 10.1002/14651858.CD006239.pub2.

Andreski, P., Chilcoat, H., & Breslau, N. (1998). Post-traumatic stress disorder and somatization symptoms: a prospective study. *Psychiatry Research, 79*(2), 131–138. DOI: 10.1016/S0165-1781(98)00026-2.

Andrews, G., Slade, T., & Peters, L. (1999). Classification in psychiatry: ICD-10 versus DSM-IV. *British Journal of Psychiatry, 174*, 3–5. DOI: 10.1192/bjp.174.1.3.

Antonovsky, A. (1987). *Unraveling the mystery of health.* San Francisco: Jossey-Bass.

APA (American Psychiatric Association). (1952). *DSM-I: Diagnostic and statistical manual of mental disorders.* 1. Aufl. Washington, D.C.: American Psychiatric Association.

APA (American Psychiatric Association). (1975). *DSM-II: Diagnostic and statistical manual of*

mental disorders. Washington, D.C.: American Psychiatric Association.
APA (American Psychiatric Association). (1980). *Diagnostic and statistical manual of mental disorders. 3. Aufl. (DSM-III).* Washington D. C.: American Psychiatric Association.
APA (American Psychiatric Association). (1987). *DSM-III-R: Diagnostic and Statistical Manual of Mental Disorders, -revised.* Washington, D. C.: American Psychiatric Association.
APA (American Psychiatric Association). (1994). *Diagnostic and statistical manual of mental disorders. 4. Aufl. (DSM-IV).* Washington D. C.: American Psychiatric Association.
APA (American Psychiatric Association). (2013). *Diagnostic and statistical manual of mental disorders. 5. Aufl. (DSM-5).* Washington D. C.: American Psychiatric Association.
Apfel, B. A., Ross, J., Hlavin, J., Meyerhoff, D. J., Metzler, T. J., Marmar, C. R., ... & Neylan, T. C. (2011). Hippocampal Volume Differences in Gulf War Veterans with Current Versus Lifetime Posttraumatic Stress Disorder Symptoms. *Biological Psychiatry, 69*(6), 541–548. DOI: 10.1016/j.biopsych.2010.09.044.
Argentero, P., & Setti, I. (2011). Engagement and Vicarious Traumatization in rescue workers. *International Archives of Occupational and Environmental Health, 84*(1), 67–75. DOI: 10.1007/s00420-010-0601-8.
Arnetz, B. B., Nevedal, D. C., Lumley, M. A., Backman, L., & Lublin, A. (2009). Trauma resilience training for police: Psychophysiological and performance effects. *Journal of Police and Criminal Psychology, 24*(1), 1–9. DOI: 10.1007/s11896-008-9030-y.
Asnis, G. M., Kohn, S. R., Henderson, M., & Brown, N. L. (2004). SSRIs versus non-SSRIs in post-traumatic stress disorder – An update with recommendations. *Drugs, 64*(4), 383–404. DOI: 10.2165/00003495-200464040-00004.
Averill, P. M., & Beck, J. G. (2000). Posttraumatic stress disorder in older adults: a conceptual review. *Journal of Anxiety Disorders, 14*(2), 133–156. DOI: 10.1016/S0887-6185(99)00045-6.
Bajor, L. A., Lai, Z., Goodrich, D. E., Miller, C. J., Penfold, R. B., Myra Kim, H., ... & Kilbourne, A. M. (2013). Posttraumatic stress disorder, depression, and health-related quality of life in patients with bipolar disorder: review and new data from a multi-site community clinic sample. *Journal of Affective Disorders, 145*(2), 232–239. DOI: 10.1016/j.jad.2012.08.005.
Barabasz, A., Barabasz, M., Christensen, C., French, B., & Watkins, J. G. (2013). Efficacy of single-session abreactive ego state therapy for combat stress injury, PTSD, and ASD. *International Journal of Clinical and Experimental Hypnosis, 61*(1), 1–19. DOI: 10.1080/00207144.2013.729377.
Basoglu, M., Salcioglu, E., Livanou, M., Kalender, D., & Acar, G. (2005). Single-session behavioral treatment of earthquake-related posttraumatic stress disorder: A randomized waiting list controlled trial. *Journal of Traumatic Stress, 18*(1), 1–11. DOI: 10.1002/jts.20011.
Beck, A.T., Ward, C.H., Mendelson, M., Mock, J. E., & Erbaugh, J.K. (1961). An Inventory for measuring depression. *Archives of General Psychiatry, 4*(6), 561–571. DOI: 10.1001/archpsyc.1961.01710120031004.
Beck, C. T. (2011). Secondary traumatic stress in nurses: a systematic review. *Archives of Psychiatric Nursing, 25*(1), 1–10. DOI: 10.1016/j.apnu.2010.05.005.
Becker-Nehring, K., Witschen, I., & Bengel, J. (2012). Schutz- und Risikofaktoren für Traumafolgestörungen: Ein systematischer Review. *Zeitschrift für Klinische Psychologie und Psychotherapie, 41*, 148–165. DOI: 10.1026/1616-3443/a000150.
Beltran, R.O., Llewellyn, G.M., & Silove, D. (2008). Clinicians' understanding of International Statistical Classification of Diseases and Related Health Problems, 10th Revision diagnostic criteria: F62.0 enduring personality change after catastrophic experience. *Comprehensive Psychiatry, 49*(6), 593–602. DOI: 10.1016/j.comppsych.2008.04.006.
Benedek, D. M., & Ritchie, E. C. (2006). »Just-in-time« mental health training and surveillance for the Project HOPE mission. *Military Medicine, 171*(10 Suppl 1), 63–65.
Bennett, P., Williams, Y., Page, N., Hood, K., Woollard, M., & Vetter, N. (2005). Associations between organizational and incident factors and emotional distress in emergency ambulance personnel. *British Journal of Clinical Psychology, 44*(2), 215–226. DOI: 10.1348/014466505x29639.
Berger, W., Coutinho, E. S. F., Figueira, I., Marques-Portella, C., Luz, M. P., Neylan, T. C., ... & Mendlowicz, M. V. (2012). Rescuers at risk: a systematic review and meta-regression analysis of the worldwide current prevalence and correlates of PTSD in rescue workers. *Social Psychiatry and Psychiatric Epidemiology, 47* (6), 1001–1011. DOI: 10.1007/s00127-011-0408-2.
Berlin, H. A. (2007). Antiepileptic drugs for the treatment of post-traumatic stress disorder. *Current Psychiatry Reports, 9*(4), 291–300. DOI: 10.1007/s11920-007-0035-5.

Bernstein, E. M., & Putnam, F. W. (1986). Development, reliability, and validity of a dissociation scale. *Journal of Nervous and Mental Disease, 174*(12), 727–735.

Binder, E. B., Bradley, R. G., Liu, W., Epstein, M. P., Deveau, T. C., Mercer, K. B., ... & Ressler, K. J. (2008). Association of FKBP5 polymorphisms and childhood abuse with risk of posttraumatic stress disorder symptoms in adults. *Jama – Journal of the American Medical Association, 299*(11), 1291–1305. DOI: 10.1001/jama. 299.11.1291.

Biondi, M. (2001). Effects of stress on immune functions: an overview. In R. Ader, D. L. Felten & N. Cohen (Hrsg.), *Psychoneuroimmunology* (S. 189–226). San Diego: Academic Press.

Birbaumer, N., & Schmidt, R. F. (2006). *Biologische Psychologie* (6. Aufl.). Berlin, Heidelberg: Springer.

Bisson, J. I., Roberts, N. P., Andrew, M., Cooper, R., & Lewis, C. (2013). Psychological therapies for chronic post-traumatic stress disorder (PTSD) in adults. *Cochrane Database of Systemtatic Reviews, 12*:CD003388. DOI: 10.1002/14651858.CD003388.pub4.

Bisson, J., & Andrew, M. (2007). Psychological treatment of post-traumatic stress disorder (PTSD). *Cochrane Database of Systematic Reviews,* (3):CD003388. DOI: 10.1002/14651858.CD003388.pub3.

Bisson, J. I., Jenkins, P. L., Alexander, J., & Bannister, C. (1997). Randomised controlled trial of psychological debriefing for victims of acute burn trauma. *British Journal of Psychiatry, 171* (1), 78–81. DOI: 10.1192/bjp.171.1.78.

Bisson, J. I., Shepherd, J. P., Joy, D., Probert, R., & Newcombe, R. G. (2004). Early cognitive-behavioural therapy for post-traumatic stress symptoms after physical injury. Randomised controlled trial. *British Journal of Psychiatry, 184*(1), 63–69. DOI: 10.1192/bjp.184.1.63.

Blake, D. D., Weathers, F. W., Nagy, L. M., Kaloupek, D. G., Gusman, F. D., Charney, D. S., & Keane, T. M. (1995). The development of a Clinician-Administered PTSD Scale. *Journal of Traumatic Stress, 8*(1), 75–90. DOI: 10.1002/jts.2490080106.

Blanchard, E. B., Jones-Alexander, J., Buckley, T. C., & Forneris, C. A. (1996). Psychometric properties of the PTSD Checklist (PCL). *Behaviour Research and Therapy, 34*(8), 669–673. DOI: 10.1016/0005-7967(96)00033-2.

Blinder, B. J., Cumella, E. J., & Sanathara, V. A. (2006). Psychiatric comorbidities of female inpatients with eating disorders. *Psychosomatic Medicine, 68*(3), 454–462. DOI: 10.1097/01.psy.0000221254.77675.f5.

Boals, A., & Hathaway, L. M. (2010). The importance of the DSM-IV E and F criteria in self-report assessments of PTSD. *Journal of Anxiety Disorders, 24*(1), 161–166. DOI: 10.1016/j.janxdis.2009.10.004.

Bohleber, W. (2000). Die Entwicklung der Traumatheorie in der Psychoanalyse. *Psyche, 9*(10), 797–839.

Bohus, M., & Wolf, M. (2012). *Interaktives Skills-Training für Borderline-Patienten. Das Therapeutenmanual* (2. Aufl.). Stuttgart: Schattauer.

Boney-McCoy, S., & Finkelhor, D. (1995). Psychosocial sequelae of violent victimization in a national youth sample. *Journal of Consulting and Clinical Psychology, 63*(5), 726–736. DOI: 10.1037/0022-006X.63.5.726.

Bonne, O., Brandes, D., Gilboa, A., Gomori, J. M., Shenton, M. E., Pitman, R. K., & Shalev, A. Y. (2001). Longitudinal MRI study of hippocampal volume in trauma survivors with PTSD. *American Journal of Psychiatry, 158*(8), 1248–1251. DOI: 10.1176/appi.ajp.158.8.1248.

Boroske-Leiner, K., Hofmann, A., & Sack, M. (2008). Ergebnisse zur internen und externen Validität des Interviews zur komplexen Posttraumatischen Belastungsstörung (I-kPTBS). *Psychotherapie Psychosomatik Medizinische Psychologie, 58,* 192–199. DOI: 10.1055/s-2007-971011.

Bradley, R., Greene, J., Russ, E., Dutra, L., & Westen, D. (2005). A multidimensional meta-analysis of psychotherapy for PTSD. *American Journal of Psychiatry, 162*(2), 214–227. DOI: 10.1176/appi.ajp.162.2.214.

Brady, K. T., Killeen, T. K., Brewerton, T., & Lucerini, S. (2000). Comorbidity of psychiatric disorders and posttraumatic stress disorder. *Journal of Clinical Psychiatry, 61*(Suppl 7), 22–32.

Brähler, E., Decker, O., & Radebold, H. (2004). Ausgebombt, vertrieben, vaterlos – Langzeitfolgen bei den Geburtsjahrgängen 1930–1945 in Deutschland. In H. Radebold (Hrsg.), *Kindheiten im II. Weltkrieg und ihre Folgen* (S. 111–136). Gießen: Psychosozial-Verlag.

Brähler, E., & Scheer, J. W. (1983). *Der Gießener Beschwerdebogen (GBB). Handbuch.* Bern: Huber.

Braun, P., Greenberg, D., Dasberg, H., & Lerer, B. (1990). Core symptoms of posttraumatic stress disorder unimproved by alprazolam treatment. *Journal of Clinical Psychiatry, 51*(6), 236–238.

Bremner, J. D., Randall, P., Scott, T. M., Bronen, R. A., Seibyl, J. P., Southwick, S. M., ... & Innis, R. B. (1995). MRI-based measurement of hippocampal volume in patients with combat-related posttraumatic stress disorder. *American Journal of Psychiatry, 152*(7), 973–981.

Bremner, J. D., Vythilingam, M., Vermetten, E., Southwick, S. M., McGlashan, T., Nazeer, A., ... & Charney, D. S. (2003). MRI and PET study of deficits in hippocampal structure and function in women with childhood sexual abuse and posttraumatic stress disorder. *American Journal of Psychiatry, 160*(5), 924–932. DOI: 10.1176/appi.ajp.160.5.924.

Breslau, N., Davis, G. C., & Andreski, P. (1995). Risk-Factors for PTSD-Related Traumatic Events – A Prospective Analysis. *American Journal of Psychiatry, 152*(4), 529–535.

Breslau, N., Davis, G. C., Andreski, P., & Peterson, E. (1991). Traumatic events and posttraumatic stress disorder in an urban population of young adults. *Archives of General Psychiatry, 48*(3), 216–222. DOI: 10.1001/archpsyc.1991.01810270028003.

Breslau, N., Davis, G. C., Andreski, P., Peterson, E. L., & Schultz, L. R. (1997). Sex differences in posttraumatic stress disorder. *Archives of General Psychiatry, 54*(11), 1044–1048. DOI: 10.1001/archpsyc.1997.01830230082012.

Breslau, N., Peterson, E.L., Kessler, R.C., & Schultz, L.R. (1999). Short screening scale for DSM-IV posttraumatic stress disorder. *The American Journal of Psychiatry, 156*(6), 908-911. DOI: 10.1176/ajp.156.6.908.

Breslau, N., Davis, G. C., Peterson, E. L., & Schultz, L. R. (2000). A second look at comorbidity in victims of trauma: the posttraumatic stress disorder-major depression connection. *Biological Psychiatry, 48*(9), 902–909. DOI: 10.1016/S0006-3223(00)00933-1.

Breslau, N., & Kessler, R. C. (2001). The stressor criterion in DSM-IV posttraumatic stress disorder: an empirical investigation. *Biological Psychiatry, 50*(9), 699–704. DOI: 10.1016/S0006-3223(01)01167-2.

Breslau, N., Kessler, R. C., Chilcoat, H. D., Schultz, L. R., Davis, G. C., & Andreski, P. (1998). Trauma and posttraumatic stress disorder in the community: the 1996 Detroit Area Survey of Trauma. *Archives of General Psychiatry, 55*(7), 626–632. DOI: 10.1001/archpsyc.55.7.626.

Breslau, N., Peterson, E. L., & Schultz, L. R. (2008). A second look at prior trauma and the posttraumatic stress disorder effects of subsequent trauma: a prospective epidemiological study. *Archives of General Psychiatry, 65*(4), 431–437. DOI: 10.1001/archpsyc.65.4.431.

Breuer, J., & Freud, S. (1895). Studien über Hysterie. In S. Freud (Hrsg.), *Gesammelte Werke. Bd. I* (S. 77–312). Frankfurt a. M.: Fischer.

Brewerton, T. D. (2007). Eating disorders, trauma, and comorbidity: Focus on PTSD. *Eating Disorders, 15*(4), 285–304. DOI: 10.1080/10640260701454311.

Brewin, C. R., Andrews, B., & Valentine, J. D. (2000). Meta-analysis of risk factors for posttraumatic stress disorder in trauma-exposed adults. *Journal of Consulting and Clinical Psychology, 68*(5), 748–766. DOI: 10.1037/0022-006x.68.5.748.

Brewin, C. R., & Burgess, N. (2014). Contextualisation in the revised dual representation theory of PTSD: A response to Pearson and colleagues. *Journal of Behavior Therapy and Experimental Psychiatry, 45*(1), 217–219. DOI: 10.1016/j.jbtep.2013.07.011.

Brewin, C. R., Dalgleish, T., & Joseph, S. (1996). A dual representation theory of posttraumatic stress disorder. *Psychological Review, 103*(4), 670–686. DOI: 10.1037//0033-295x.103.4.670.

Brewin, C. R., Gregory, J. D., Lipton, M., & Burgess, N. (2010). Intrusive Images in Psychological Disorders: Characteristics, Neural Mechanisms, and Treatment Implications. *Psychological Review, 117*(1), 210–232. DOI: 10.1037/a0018113.

Brewin, C. R., & Holmes, E. A. (2003). Psychological theories of posttraumatic stress disorder. *Clinical Psychology Review, 23*(3), 339–376. DOI: 10.1016/S0272-7358(03)00033-3.

Bride, B. E., Robinson, M. M., Yegidis, B., & Figley, C. R. (2004). Development and validation of the secondary traumatic stress scale. *Research on Social Work Practice, 14*(1), 27–35. DOI: 10.1177/1049731503254106.

Briere, J. (1996). *Trauma Symptom Checklist for Children (TSCC). Professional manual*. Odessa, FL: Psychological Assessment Resources.

Briquet, P. (1859). *Traité clinique et thérapeutique de l'hystérie*. Paris: Balliere.

Brom, D., Kleber, R. J., & Defares, P. B. (1989). Brief psychotherapy for posttraumatic stress disorders. *Journal of Consulting and Clinical Psychology, 57*(5), 607–612. DOI: 10.1037/0022-006X.57.5.607.

Brunner, R., Plener, P. L., & Resch, F. (2012). Posttraumatische Belastungsstörung, Anpassungsstörungen und Selbstbeschädigungserkrankungen. In J. M. Fegert, C. Eggers & F. Resch (Hrsg.), *Psychiatrie und Psychotherapie des Kindes- und Jugendalters* (S. 597–619). Berlin, Heidelberg: Springer.

Bryant, R. A. (2005). Predicting posttraumatic stress disorder from acute reactions. *Journal of Trauma & Dissociation, 6*(2), 5–15. DOI: 10.1300/J229v06n02_02.

Bryant, R. A. (2011). Acute Stress Disorder as a Predictor of Posttraumatic Stress Disorder: A Systematic Review. *Journal of Clinical Psychiatry, 72*(2), 233–239. DOI: 10.4088/JCP.09r05072blu.

Bryant, R. A., & Harvey, A. G. (1995). Processing Threatening Information in Posttraumatic Stress Disorder. *Journal of Abnormal Psychology, 104*(3), 537–541. DOI: 10.1037//0021-843x.104.3.537.

Bryant, R. A., & Harvey, A. G. (1997). Acute Stress Disorder: a critical review of diagnostic issues. *Clinical Psychology Review, 17*(7), 757–773. DOI: 10.1016/S0272-7358(97)00052-4.

Bryant, R. A., & Harvey, A. G. (2003). Gender differences in the relationship between acute stress disorder and posttraumatic stress disorder following motor vehicle accidents. *Australian & New Zealand Journal of Psychiatry, 37*(2), 226–229. DOI: 10.1046/j.1440-1614.2003.01130.x.

Bryant, R. A., Harvey, A. G., Dang, S. T., Sackville, T., & Basten, C. (1998). Treatment of acute stress disorder: A comparison of cognitive-behavioral therapy and supportive counseling. *Journal of Consulting and Clinical Psychology, 66*(5), 862–866. DOI: 10.1037/0022-006x.66.5.862.

Bryant, R. A., Mastrodomenico, J., Felmingham, K. L., Hopwood, S., Kenny, L., Kandris, E., ... & Creamer, M. (2008). Treatment of acute stress disorder: a randomized controlled trial. *Archives of General Psychiatry, 65*(6), 659–667. DOI: 10.1001/archpsyc.65.6.659.

Bryant, R. A., Moulds, M. L., Guthrie, R. M., Dang, S. T., & Nixon, R. D. V. (2003). Imaginal exposure alone and imaginal exposure with cognitive restructuring in treatment of posttraumatic stress disorder. *Journal of Consulting and Clinical Psychology, 71*(4), 706–712. DOI: 10.1037/0022-006x.71.4.706.

Bryant, R. A., Sackville, T., Dang, S. T., Moulds, M., & Guthrie, R. (1999). Treating acute stress disorder: An evaluation of cognitive behavior therapy and supportive counseling technique. *American Journal of Psychiatry, 156*(11), 1780–1786.

Brymer, M., Jacobs, A.,Layne, C., Pynoos, R., Ruzek, J., Steinberg, A., ... & Watson, P. (2006). *Psychological First Aid: Field operations guide* (2. Aufl.). USA: National Child Traumatic Stress Network & National Center for PTSD.

Bullinger, M., & Kirchberger, I. (1998). *SF-36. Fragebogen zum Gesundheitszustand.* Göttingen: Hogrefe.

Bullinger, M. (2000). Erfassung der gesundheitsbezogenen Lebensqualität mit dem SF-36-Health Survey. *Bundesgesundheitsblatt-Gesundheitsforschung-Gesundheitsschutz, 43*(3), 190–197. DOI: 10.1007/s001030050034.

Burgess, A.W., & Holmstrom, L.L. (1974). Rape-trauma syndrome. *American Journal of Psychiatry, 131*(9), 981–986.

Bush, G., Vogt, B. A., Holmes, J., Dale, A. M., Greve, D., Jenike, M. A., & Rosen, B. R. (2002). Dorsal anterior cingulate cortex: A role in reward-based decision making. *Proceedings of the National Academy of Sciences of the United States of America, 99*(1), 523–528. DOI: 10.1073/pnas.012470999.

Butcher, J. N. (1989). Minnesota Multiphasic Personality Inventory. *Corsini Encyclopedia of Psychology.* DOI: 10.1002/9780470479216.corpsy0573.

Butler, R. N. (1963). The life review: an interpretation of reminiscence in the aged. *Psychiatry, 26*(1), 65–76. DOI: 10.1521/00332747.1963.11023339.

Carey, P., Suliman, S., Ganesan, K., Seedat, S., & Stein, D. J. (2012). Olanzapine monotherapy in posttraumatic stress disorder: efficacy in a randomized, double-blind, placebo-controlled study. *Human Psychopharmacology, 27*(4), 386–391. DOI: 10.1002/hup.2238.

Carlier, I. V., Lamberts, R. D., & Gersons, B. P. (1997). Risk factors for posttraumatic stress symptomatology in police officers: a prospective analysis. *The Journal of Nervous and Mental Disease, 185*(8), 498–506.

Carlier, I. V., Lamberts, R. D., Van Uchelen, A. J., & Gersons, B. P. (1998). Clinical utility of a brief diagnostic test for posttraumatic stress disorder. *Psychosomatic Medicine, 60*(1), 42–47.

Carlson, J. G., Chemtob, C. M., Rusnak, K., Hedlund, N. L., & Muraoka, M. Y. (1998). Eye movement desensitization and reprocessing (EMDR) treatment for combat-related posttraumatic stress disorder. *Journal of Traumatic Stress, 11*(1), 3–24. DOI: 10.1023/A:1024448814268.

Casey, B. J., Craddock, N., Cuthbert, B. N., Hyman, S. E., Lee, F. S., & Ressler, K. J. (2013). DSM-5 and RDoC: progress in psychiatry research? *Nature Reviews Neuroscience, 14* (11), 810–814. DOI: 10.1038/nrn3621.

Casey, E. A., & Lindhorst, T. P. (2009). Toward a multi-level, ecological approach to the primary prevention of sexual assault: prevention in peer and community contexts. *Trauma, Violence & Abuse, 10*(2), 91–114. DOI: 10.1177/1524838009334129.

Cassiday, K. L., McNally, R. J., & Zeitlin, S. B. (1992). Cognitive Processing of Trauma Cues in Rape Victims with Post-Traumatic-Stress-Disorder. *Cognitive Therapy and Research, 16*(3), 283–295. DOI: 10.1007/Bf01183282.

Chang, C. M., Lee, L. C., Connor, K. M., Davidson, J. R. T., Jeffries, K., & Lai, T. J. (2003). Posttraumatic distress and coping strategies among rescue workers after an earthquake. *The Journal of Nervous and Mental Disease, 191*(6), 391–398. DOI: 10.1097/01.Nmd.0000071588.73571.3d.

Chao, L., Weiner, M., & Neylan, T. (2013). Regional cerebral volumes in veterans with current versus remitted posttraumatic stress disorder. *Psychiatry Research-Neuroimaging, 213*(3), 193–201. DOI: 10.1016/j.pscychresns.2013.02.005.

Charcot, J. M., & Richer, P. M. L. P. (1887). *Les démoniaques dans l'art*. Paris: Delahaye & Lecrosnier.

Chard, K. M. (2005). An evaluation of cognitive processing therapy for the treatment of posttraumatic stress disorder related to childhood sexual abuse. *Journal of Consulting and Clinical Psychology, 73*(5), 965–971. DOI: 10.1037/0022-006x.73.5.965.

Christman, S. D., Garvey, K. J., Propper, R. E., & Phaneuf, K. A. (2003). Bilateral eye movements enhance the retrieval of episodic memories. *Neuropsychology, 17*(2), 221–229. DOI: 10.1037/0894-4105.17.2.221.

Cienfuegos, A. J., & Monelli, C. (1983). The testimony of political repression as a therapeutic instrument. *American Journal of Orthopsychiatry, 53*(1), 43–51. DOI: 10.1111/j.1939-0025.1983.tb03348.x.

Claes, L., & Vandereycken, W. (2007). Is there a link between traumatic experiences and self-injurious behaviors in eating-disordered patients? *Eating Disorders, 15*(4), 305–315. DOI: 10.1080/10640260701454329.

Clark, A. A., & Owens, G. P. (2012). Attachment, personality characteristics, and posttraumatic stress disorder in U.S. veterans of Iraq and Afghanistan. *Journal of Traumatic Stress, 25*(6), 657–664. DOI: 10.1002/jts.21760.

Classen, C., Koopman, C., Hales, R., & Spiegel, D. (1998). Acute stress disorder as a predictor of posttraumatic stress symptoms. *The American Journal of Psychiatry, 155*(5), 620–624. DOI: 10.1176/ajp.155.5.620.

Clohessy, S., & Ehlers, A. (1999). PTSD symptoms, response to intrusive memories and coping in ambulance service workers. *British Journal of Clinical Psychology, 38*(3), 251–265. DOI: 10.1348/014466599162836.

Cloitre, M. (2009). Effective psychotherapies for posttraumatic stress disorder: A review and critique. *CNS Spectrums, 14*(1 Suppl 1), 32–43.

Cohen, J. A., & the Work Group on Quality Issues (1998). Practice parameters for the assessment and treatment of children and adolescents with posttraumatic stress disorder. *Journal of the American Academy of Child & Adolescent Psychiatry, 37*(10 Suppl), 4S–26S. DOI: 10.1097/00004583-199810001-00002.

Cohen, J. A., & Mannarino, A. P. (2015). Trauma-focused Cognitive Behavior Therapy for Traumatized Children and Families. *Child and Adolescent Psychiatric Clinics of North America, 24*(3), 557–570. DOI: 10.1016/j.chc.2015.02.005.

Connor, K. M., & Davidson, J. R. (1997). Familial risk factors in posttraumatic stress disorder. *Annals of the New York Academy of Science, 821*, 35–51. DOI: 10.1111/j.1749-6632.1997.tb48267.x.

Cook, J. M., & O'Donnell, C. (2005). Assessment and psychological treatment of posttraumatic stress disorder in older adults. *Journal of Geriatric Psychiatry and Neurology, 18*(2), 61–71. DOI: 10.1177/0891988705276052.

Copeland, W. E., Keeler, G., Angold, A., & Costello, E. J. (2007). Traumatic events and posttraumatic stress in childhood. *Archives of General Psychiatry, 64*(5), 577–584. DOI: 10.1001/archpsyc.64.5.577.

Courtois, C. A. (2004). Complex trauma, complex reactions: Assessment and treatment. *Psychotherapy: Theory, Research, Practice, Training, 41*(4), 412–425. DOI: 10.1037/0033-3204.41.4.412.

Creamer, M., Burgess, P., & McFarlane, A. C. (2001). Post-traumatic stress disorder: findings from the Australian National Survey of Mental Health and Well-being. *Psychological Medicine, 31*(7), 1237–1247. DOI: 10.1017/S0033291701004287.

Creamer, M. & Parslow, R. (2008). Trauma Exposure and Posttraumatic Stress Disorder in the Elderly: A Community Prevalence Study. *American Journal of Geriatric Psychiatry, 16*(10), 853-856. DOI: 10.1097/01.JGP.0000310785.36837.85.

Cuffe, S. P., Addy, C. L., Garrison, C. Z., Waller, J. L., Jackson, K. L., McKeown, R. E., & Chilappagari, S. (1998). Prevalence of PTSD in a community sample of older adolescents. *Journal of the American Academy of Child and

Adolescent Psychiatry, 37(2), 147–154. DOI: 10.1097/00004583-199802000-00006.

Cunningham, M. (2003). Impact of trauma work on social work clinicians: empirical findings. *Journal of Social Work, 48*(4), 451–459. DOI: 10.1093/sw/48.4.451.

Da Costa, J. M. (1871). Art. I.-On Irritable Heart. A Clinical Study of a Form of Functional Cardiac Disorder and its Consequences. *The American Journal of the Medical Sciences,* 121 (1), 2–52.

Dallaire, R. A. (07.04.2004). Denn sie wussten, was sie taten. Zugriff am 04.02.2016 unter http://www.stern.de/politik/ausland/voelkermord-in-ruanda-denn-sie-wussten--was-sie-taten-3067506.html.

Dallaire, R., & Beardsley, B. (2003). *Shake hands with the devil. The failure of humanity in Rwanda.* Toronto: Random House.

Dalle Grave, R., Rigamonti, R., Todisco, P., & Oliosi, E. (1996). Dissociation and traumatic experiences in eating disorders. *European Eating Disorders Review, 4*(4), 232–240. DOI: 10.1002/(SICI)1099-0968(199612)4:4<232: AID-ERV145>3.0.CO;2-Z.

Daly, R.J. (1983). Samuel Pepys and post-traumatic stress disorder. *The British Journal of Psychiatry, 143*(1), 64–68. DOI: 10.1192/bjp.143.1.64.

Dansky, B. S., Brewerton, T. D., Kilpatrick, D. G., & O'Neil, P. M. (1997). The National Women's Study: Relationship of victimization and post-traumatic stress disorder to bulimia nervosa. *International Journal of Eating Disorders, 21* (3), 213–228. DOI: 10.1002/(Sici)1098-108x (199704)21:3<213::Aid-Eat2>3.0.Co;2-N.

Davidson, J., Roth, S., & Newman, E. (1991b). Fluoxetine in post-traumatic stress disorder. *Journal of Traumatic Stress, 4*(3), 419–423. DOI: 10.1007/BF00974559.

Davidson, J. R., Malik, M. A., & Travers, J. (1997a). Structured interview for PTSD (SIP): psychometric validation for DSM-IV criteria. *Depression and Anxiety, 5*(3), 127–129. DOI: 10.1002/(SICI)1520-6394(1997)5:3<127:: AID-DA3>3. 0.CO;2-B.

Davidson, J. R., Book, S. W., Colket, J. T., Tupler, L. A., Roth, S., David, D., ... & Feldman, M. E. (1997b). Assessment of a new self-rating scale for post-traumatic stress disorder. *Psychological Medicine, 27*(1), 153–160.

Davidson, J. R., Hughes, D., Blazer, D. G., & George, L. K. (1991a). Post-traumatic stress disorder in the community: an epidemiological study. *Psychological Medicine, 21*(3), 713–721. DOI: 10.1017/S0033291700022352.

Davidson, J. R. T. (2006). Pharmacologic treatment of acute and chronic stress following trauma: 2006. *Journal of Clinical Psychiatry, 67*(Suppl 2), 34–39.

Davidson, P. R., & Parker, K. C. H. (2001). Eye movement desensitization and reprocessing (EMDR): A meta-analysis. *Journal of Consulting and Clinical Psychology, 69*(2), 305–316. DOI: 10.1037//0022-006x.69.2.305.

de Arellano, M. A., Lyman, D. R., Jobe-Shields, L., George, P., Dougherty, R. H., Daniels, A. S., ... & Delphin-Rittmon, M. E. (2014). Trauma-focused cognitive-behavioral therapy for children and adolescents: assessing the evidence. *Psychiatric Services, 65*(5), 591–602. DOI: 10.1176/appi.ps.201300255.

de Jong, J. T., Komproe, I. H., & Van Ommeren, M. (2003). Common mental disorders in postconflict settings. *Lancet, 361*(9375), 2128-2130. DOI: 10.1016/S0140-6736(03)13692-6.

de Vries, G. J., & Olff, M. (2009). The lifetime prevalence of traumatic events and posttraumatic stress disorder in the Netherlands. *Journal of Traumatic Stress, 22*(4), 259–267. DOI: 10.1002/jts.20429.

Deahl, M., Srinivasan, M., Jones, N., Thomas, J., Neblett, C., & Jolly, A. (2000). Preventing psychological trauma in soldiers: the role of operational stress training and psychological debriefing. *British Journal of Medical Psychology, 73*(1), 77–85. DOI: 10.1348/ 000711200160318.

Deep, A. L., Lilenfeld, L. R., Plotnicov, K. H., Pollice, C., & Kaye, W. H. (1999). Sexual abuse in eating disorder subtypes and control women: The role of comorbid substance dependence in bulimia nervosa. *International Journal of Eating Disorders, 25*(1), 1–10. DOI: 10.1002/ (SICI)1098-108X(199901)25:13.0.CO;2-R.

Dekel, R., Solomon, Z., Elklit, A., & Ginzburg, K. (2004). World assumptions and combat-related posttraumatic stress disorder. *The Journal of Social Psychology, 144*(4), 407–420. DOI: 10.3200/Socp.144.4.407-420.

Delahanty, D. L., Raimonde, A. J., & Spoonster, E. (2000). Initial posttraumatic urinary cortisol levels predict subsequent PTSD symptoms in motor vehicle accident victims. *Biological Psychiatry, 48*(9), 940–947. DOI: 10.1016/S0006-3223(00)00896-9.

Derogatis, L. R., & Cleary, P. A. (1977). Confirmation of Dimensional Structure of SCL-90 – Study in Construct-Validation. *Journal of Clinical Psychology, 33*(4), 981–989. DOI: 10.1002/1097-4679(197710)33:4<981::Aid-Jclp2270330412>3.0.Co;2-0.

Descilo, T., Vedamurtachar, A., Gerbarg, P. L., Nagaraja, D., Gangadhar, B. N., Damodaran, B., ... & Brown, R. P. (2010). Effects of a yoga breath intervention alone and in combination with an exposure therapy for post-traumatic stress disorder and depression in survivors of the 2004 South-East Asia tsunami. *Acta Psychiatrica Scandinavica, 121*(4), 289–300. DOI: 10.1111/j.1600-0447.2009.01466.x.

Devilly, G. J., & Spence, S. H. (1999). The Relative Efficacy and Treatment Distress of EMDR and a Cognitive-Behavior Trauma Treatment Protocol in the Amelioration of Posttraumatic Stress Disorder. *Journal of Anxiety Disorders, 13*(1–2), 131–157. DOI: 10.1016/S0887-6185(98)00044-9.

DiGangi, J. A., Gomez, D., Mendoza, L., Jason, L. A., Keys, C. B., & Koenen, K. C. (2013). Pretrauma risk factors for posttraumatic stress disorder: A systematic review of the literature. *Clinical Psychology Review, 33*(6), 728–744. DOI: 10.1016/j.cpr.2013.05.002.

Dilling, H., Mombour, W., Schmidt, M. H. & Schulte-Markwort, E. (Hrsg.) (2011). *Internationale Klassifikation psychischer Störungen. ICD-10 Kapitel V (F). Klinisch-diagnostische Leitlinien* (5. Aufl.) Bern: Huber.

Dominguez-Gomez, E., & Rutledge, D. N. (2009). Prevalence of secondary traumatic stress among emergency nurses. *Journal of Emergency Nursing, 35*(3), 199–204. DOI: 10.1016/j.jen.2008.05.003.

Dudek, B., & Koniarek, J. (2000). Relationship between sense of coherence and post-traumatic stress disorder symptoms among firefighters. *International Journal of Occupational Medicine and Environmental Health, 13*(4), 299–305.

Duffy, M., Gillespie, K., & Clark, D. M. (2007). Post-traumatic stress disorder in the context of terrorism and other civil conflict in Northern Ireland: randomised controlled trial. *British Medical Journal, 334*(7604), 1147–1150. DOI: 10.1136/bmj.39021.846852.BE.

Duncan, J., & Owen, A. M. (2000). Common regions of the human frontal lobe recruited by diverse cognitive demands. *Trends in Neurosciences, 23*(10), 475–483. DOI: 10.1016/S0166-2236(00)01633-7.

Ehlers, A. (1999). *Posttraumatische Belastungsstörung*. Göttingen: Hogrefe.

Ehlers, A., & Clark, D. M. (2000). A cognitive model of posttraumatic stress disorder. *Behaviour Research and Therapy, 38*(4), 319–345. DOI: 10.1016/S0005-7967(99)00123-0.

Ehlers, A., Clark, D. M., Hackmann, A., McManus, F., & Fennell, M. (2005). Cognitive therapy for post-traumatic stress disorder: development and evaluation. *Behaviour Research and Therapy, 43*(4), 413–431. DOI: 10.1016/j.brat.2004.03.006.

Ehlers, A., Clark, D. M., Hackmann, A., McManus, F., Fennell, M., Herbert, C., & Mayou, R. (2003). A randomized controlled trial of cognitive therapy, a self-help booklet, and repeated assessments as early interventions for post-traumatic stress disorder. *Archives of General Psychiatry, 60*(10), 1024–1032. DOI: 10.1001/archpsyc.60.10.1024.

Ehlers, A., Maercker, A., & Boos, A. (2000). Posttraumatic stress disorder following political imprisonment: The role of mental defeat, alienation, and perceived permanent change. *Journal of Abnormal Psychology, 109*(1), 45–55. DOI: 10.1037/0021-843x.109.1.45.

Elklit, A. (2002). Victimization and PTSD in a Danish national youth probability sample. *Journal of the American Academy of Child and Adolescent Psychiatry, 41*(2), 174–181. DOI: 10.1097/00004583-200202000-00011.

Elzinga, B. M., Schmahl, C. G., Vermetten, E., van Dyck, R., & Bremner, J. D. (2003). Higher cortisol levels following exposure to traumatic reminders in abuse-related PTSD. *Neuropsychopharmacology, 28*(9), 1656–1665. DOI: 10.1038/sj.npp.1300226.

Erichsen, J. E. (1866). *On railway and other injuries of the nervous system*. London: Walton & Maberly.

Eriksson, M., & Lindström, B. (2007). Antonovsky's sense of coherence scale and its relation with quality of life: a systematic review. *Journal of Epidemiology & Community Health, 61*(11), 938–944. DOI: 10.1136/jech.2006.056028.

Erim, Y. (2011). Psychotherapie mit Migranten – Aspekte der interkulturellen Psychotherapie. In W. Senf & M. Broda (Hrsg.), *Praxis der Psychotherapie: ein integratives Lehrbuch* (S. 640–647). Stuttgart: Georg Thieme Verlag.

Essau, C. A., Conradt, J., & Petermann, F. (1999). Häufigkeit der Posttraumatischen Belastungsstörung bei Jugendlichen: Ergebnisse der Bremer Jugendstudie. *Zeitschrift für Kinder- und Jugendpsychiatrie und Psychotherapie, 27*(1), 37–45. DOI: 10.1024//1422-4917.27.1.37.

Fairbrother, N., & Rachman, S. (2006). PTSD in victims of sexual assault: test of a major component of the Ehlers-Clark theory. *Journal of Behavior Therapy and Experimental Psychiatry, 37*(2), 74–93. DOI: 10.1016/j.jbtep.2004.08.004.

Famularo, R., Fenton, T., Kinscherff, R., & Augustyn, M. (1996). Psychiatric comorbidity in childhood post traumatic stress disorder. *Child*

Abuse & Neglect, 20(10), 953–961. DOI: 10.1016/0145-2134(96)00084-1.

Farnsworth, J. K., & Sewell, K. W. (2011). Fear of emotion as a moderator between PTSD and firefighter social interactions. *Journal of Traumatic Stress, 24*(4), 444–450. DOI: 10.1002/jts.20657.

Favaro, A., Tenconi, E., Colombo, G., & Santonastaso, P. (2006). Full and partial post-traumatic stress disorder among World War II prisoners of war. *Psychopathology, 39*(4), 187–191. DOI: 10.1159/000093522.

Fayers, P.M. (2004). Quality-of-life measurement in clinical trials – the impact of causal variables. *Journal of Biopharmaceutical Statistics, 14*(1), 155–176. DOI: 10.1081/BIP-120028512.

Fecteau, G., & Nicki, R. (1999). Cognitive behavioural treatment of post traumatic stress disorder after motor vehicle accident. *Behavioural and Cognitive Psychotherapy, 27*(3), 201–214.

Fischer, C. J., Struwe, J., & Lemke, M. R. (2006). Langfristige Auswirkungen traumatischer Ereignisse auf somatische und psychische Beschwerden. *Der Nervenarzt, 77*(1), 58–63.

Fischer, G. (2000). *Mehrdimensionale Psychodynamische Traumatherapie MPTT. Manual zur Behandlung psychotraumatischer Störungen.* Heidelberg: Asanger.

Fischer, G. (2001). Psychoanalytische Perspektiven in der Behandlung schwerer akuter Traumatisierung. Forschungsergebnisse und Praxisempfehlungen aus dem Kölner Opferhilfe Modellprojekt. In W. Bohelber (Hrsg.), *Die Gegenwart der Psychoanalyse – die Psychoanalyse der Gegenwart* (S. 435–449). Stuttgart: Klett-Cotta.

Fischer, G. (2007). *Kausale Psychotherapie: Manual zur ätiologieorientierten Behandlung psychotraumatischer und neurotischer Störungen.* Kröning: Asanger.

Fischer, G., & Riedesser, P. (1998). *Lehrbuch der Psychotraumatologie.* München: Reinhardt.

Fischer, G., & Schedlich, C. (1995). *Kölner Trauma-Inventar (KTI).* Köln/Much: Verlag Deutsches Institut für Psychotraumatologie.

Flatten, G., Bär, O., Becker, K., Bengel, J., Frommberger U., Hofmann, A., Lempa, W., & Möllering, A. (2011b). S2-Leitlinie Diagnostik und Behandlung von akuten Folgen psychischer Traumatisierung. *Trauma & Gewalt, 5*(3), 214–221.

Flatten, G., Gast, U., Hofmann, A., Knaevelsrud, C., Lampe, A., Liebermann, P., ... & Wöllern, W. (2011a). S3-Leitlinie Posttraumatische Belastungsstörung ICD-10: F43.1. *Trauma & Gewalt, 5*(3), 202–210.

Flatten, G., Jünger, S., & Wälte, D. (1998). *Aachener Fragebogen zur Traumaverarbeitung (AFT).* Abteilung Psychosomatik der RWTH Aachen.

Fletcher, S., Creamer, M., & Forbes, D. (2010). Preventing post traumatic stress disorder: are drugs the answer? *Australian & New Zealand Journal of Psychiatry, 44*(12), 1064–1071. DOI: 10.3109/00048674.2010.509858.

Foa, E. B., Riggs, D. S., Dancu C. V., & Rothbaum B. O. (1993). Reliability and validity of a brief instrument for assessing post-traumatic stress disorder. *Journal of Traumatic Stress, 6*(4), 459–473. DOI: 10.1007/BF00974317.

Foa, E. B., Cashman, L., Jaycox, L., & Perry, K. (1997). The validation of a self-report measure of posttraumatic stress disorder: The Posttraumatic Diagnostic Scale. *Psychological Assessment, 9*(4), 445–451. DOI: 10.1037/1040-3590.9.4.445.

Foa, E., Hembree, E., & Rothbaum, B. O. (2007). *Prolonged Exposure Therapy for PTSD: Emotional Processing of Traumatic Experiences Therapist Guide.* Oxford: Oxford University Press.

Foa, E. B., Hembree, E. A., Cahill, S. P., Rauch, S. A. M., Riggs, D. S., Feeny, N. C., & Yadin, E. (2005). Randomized trial of prolonged exposure for posttraumatic stress disorder with and without cognitive restructuring: Outcome at academic and community clinics. *Journal of Consulting and Clinical Psychology, 73*(5), 953–964. DOI: 10.1037/0022-006x.73.5.953.

Foa, E. B., Johnson, K. M., Feeny, N. C., & Treadwell, K. R. (2001). The child PTSD Symptom Scale: a preliminary examination of its psychometric properties. *Journal of Clinical Child and Adolescent Psychology, 30*(3), 376–384. DOI: 10.1207/S15374424JCCP3003_9.

Foa, E. B., Keane, T. M., & Friedman, M. J. (2000). *Effective Treatments for PTSD: Practice Guidelines from the International Society for Traumatic Stress Studies.* New York: Guilford Publications.

Foa, E. B., & Kozak, M. J. (1986). Emotional Processing of Fear – Exposure to Corrective Information. *Psychological Bulletin, 99*(1), 20–35. DOI: 10.1037//0033-2909.99.1.20.

Foa, E. B., & Rothbaum, B. O. (2001). *Treating the Trauma of Rape: Cognitive-Behavioral Therapy for PTSD.* New York: Guilford Press.

Foa, E. B., Steketee, G., & Rothbaum, B. O. (1989). Behavioral Cognitive Conceptualizations of Post-Traumatic Stress Disorder. *Behavior Therapy, 20*(2), 155–176. DOI: 10.1016/S0005-7894(89)80067-X.

Fonagy, P., Gergely, G., Jurist, E.L., & Target, M. (2004). *Affektregulierung, Mentalisierung und die Entwicklung des Selbst*. Stuttgart: Klett-Cotta.

Ford, J. D., Racusin, R., Rogers, K., Ellis, C., Schiffman, J., Ribbe, D., ... & Edwards, J. (2002). *Traumatic Events Screening Inventory for Children (TESI-C) Version 8.4*. Dartmouth, VT: National Center for PTSD and Dartmouth Child Psychiatry Research Group.

Forneris, C. A., Gartlehner, G., Brownley, K. A., Gaynes, B. N., Sonis, J., Coker-Schwimmer, E., ... & Lohr, K. N. (2013). Interventions to prevent post-traumatic stress disorder: a systematic review. *American Journal of Preventive Medicine, 44*(6), 635–650. DOI: 10.1016/j.amepre.2013.02.013.

Frank, J. B., Kosten, T. R., Giller, E. L., & Dan, E. (1988). A randomized clinical trial of phenelzine and imipramine for posttraumatic stress disorder. *American Journal of Psychiatry, 145* (10), 1289–1291. DOI: 10.1176/ajp.145.10.1289.

Franke, G. H. (1995). *Symptom-Checkliste von Derogatis (SCL-90-R)*. Göttingen: Beltz Test.

Frankl, V. E. (1973). *Der Mensch auf der Suche nach Sinn: Zur Rehumanisierung der Psychotherapie*. Freiburg: Herder.

Frankl, V. E. (1998). *... trotzdem Ja zum Leben sagen: Ein Psychologe erlebt das Konzentrationslager*. München: Kösel-Verlag.

Frans, Ö., Rimmö, P. A., Aberg, L., & Fredrikson, M. (2005). Trauma exposure and post-traumatic stress disorder in the general population. *Acta Psychiatrica Scandinavica, 111*(4), 291–299. DOI: 10.1111/j.1600-0447.2004.00463.x.

Frederick, C., Pynoss, R. S., & Nader, K. O. (1992). *Childhood Posttraumatic Stress Reaction Index (CPTS-RI)*. Los Angeles: University of California.

Freud, S. (1921). *Massenpsychologie und Ich-Analyse. Gesammelte Werke, Bd. VIII*. Frankfurt a. M.: Fischer.

Freyberger, H. J., Spitzer, C., Striglitz, R. D., Kuhn, G., Magdedeburg, N., & Bernstein-Carlson, E. (1999). *Der Fragebogen zu dissoziativen Symptomen (FDS). Deutsche Adaption, Reliabilität und Validität der amerikanischen Dissociative Experience Scale (DES)*. Göttingen: Hogrefe.

Friborg, O., Martinussen, M., Kaiser, S., Overgard, K. T., & Rosenvinge, J. H. (2013). Comorbidity of personality disorders in anxiety disorders: a meta-analysis of 30 years of research. *Journal of Affective Disorders, 145*(2), 143–155. DOI: 10.1016/j.jad.2012.07.004.

Friedman, M. J. (1988). Toward rational pharmacotherapy for posttraumatic stress disorder: an interim report. *American Journal of Psychiatry, 145*(3), 281–285. DOI: 10.1176/ajp.145.3.281.

Friedmann, A., Hofmann, P., Lueger-Schuster, B., & Vyssoki, D. (2004). *Psychotrauma: Die Posttraumatische Belastungsstörung*. Wien: Springer.

Frommberger, U. (2004). Akute und chronische Posttraumatische Belastungsstörung. *Fortschritte der Neurologie, Psychiatrie, 72*(7), 411–424. DOI: 10.1055/s-2004-818455.

Frommberger, U., Angenendt, J., & Berger, M. (2014). Post-traumatic stress disorder – a diagnostic and therapeutic challenge. *Deutsches Ärzteblatt International, 111*(5), 59–65. DOI: 10.3238/arztebl.2014.0059.

Fushimi, M. (2012). Posttraumatic stress in professional firefighters in Japan: rescue efforts after the Great East Japan Earthquake (Higashi Nihon Dai-Shinsai). *Prehospital and Disaster Medicine, 27*(5), 416–418. DOI: 10.1017/S1049023X12001070.

Gast, U., Oswald, T., Zuendorf, F., & Hofmann, A. (2000). *SKID-D: Strukturiertes Klinisches Interview für DSM-IV Dissoziative Störungen*. Göttingen: Hogrefe.

Geer, J. H., & Maisel, E. (1972). Evaluating the effects of the prediction-control confound. *Journal of Personality and Social Psychology, 23*(3), 314–319. DOI: 10.1037/h0033122.

Gelpin, E., Bonne, O., Peri, T., Brandes, D., & Shalev, A. Y. (1996). Treatment of recent trauma survivors with benzodiazepines: a prospective study. *Journal of Clinical Psychiatry, 57*(9), 390–394.

Gendlin, E. T. (1981). *Focusing* (2. Aufl.). Salzburg: Müller.

Gentes, E. L., Dennis, P. A., Kimbrel, N. A., Rissling, M. B., Beckham, J. C., VA Mid-Atlantic MIRECC Workgroup, & Calhoun, P. S. (2014). DSM-5 posttraumatic stress disorder: factor structure and rates of diagnosis. *Journal of Psychiatric Research, 59*, 60–67. DOI: 10.1016/j.jpsychires.2014.08.014.

Gersons, B. P. R., & Carlier, I. V. E. (1992). Posttraumatic stress disorder: The history of a recent concept. *British Journal of Psychiatry, 161*(6), 742–748. DOI: 10.1192/bjp.161.6.742.

Giaconia, R. M., Reinherz, H. Z., Silverman, A. B., Pakiz, B., Frost, A. K., & Cohen, E. (1995). Trauma and posttraumatic stress disorder in a community population of older adolescents. *Journal of the American Academy of Child Adolescent Psychiatry, 34*

(10), 1369–1380. DOI: 10.1097/00004583-199510000-00023.
Gilbertson, M. W., Shenton, M. E., Ciszewski, A., Kasai, K., Lasko, N. B., Orr, S. P., & Pitman, R. K. (2002). Smaller hippocampal volume predicts pathologic vulnerability to psychological trauma. *Nature Neuroscience*, 5(11), 1242–1247. DOI: 10.1038/nn958.
Gilgen, D., Maeusezahl, D., Gross, C. S., Battegay, E., Flubacher, P., Tanner, M., ... & Hatz, C. (2005). Impact of migration on illness experience and help-seeking strategies of patients from Turkey and Bosnia in primary health care in Basel. *Health & Place*, 11(3), 261–273.
Gillies, D., Taylor, F., Gray, C., O'Brien, L., & D'Abrew, N. (2012). Psychological therapies for the treatment of post-traumatic stress disorder in children and adolescents. *Cochrane Database of Systematic Reviews*, 12:CD006726. DOI: 10.1002/14651858. CD006726.pub2.
Gleaves, D. H., Eberenz, K. P., & May, M. C. (1998). Scope and significance of posttraumatic symptomatology among women hospitalized for an eating disorder. *International Journal of Eating Disorders*, 24(2), 147–156. DOI: 10.1002/(SICI)1098-108X(199809)24:23.0.CO;2-E.
Goenjian, A. K., Pynoos, R. S., Steinberg, A. M., Najarian, L. M., Asarnow, J. R., Karayan, I., ... & Fairbanks, L. A. (1995). Psychiatric comorbidity in children after the 1988: earthquake in Armenia. *Journal of the American Academy of Child & Adolescent Psychiatry*, 34(9), 1174–1184. DOI: 10.1097/00004583-199509000-00015.
Goldberg, D., & Williams, P. (1988). *General health questionnaire (GHQ)*. Swindon, Wiltshire, UK: nferNelson.
Goldstein, D. S., & Kopin, I. J. (2007). Evolution of concepts of stress. *Stress*, 10(2), 109–120. DOI: 10.1080/10253890701288935.
Gómez-Beneyeto, M., Salazar-Fraile, J., Marti-Sanjuan, V., & Gonzales-Lujan, L. (2006). Posttraumatic stress disorder in primary care with special reference to personality disorder comorbidity. *British Journal of General Practice*, 56(526), 349–354.
Grawe, K. (2004). *Neuropsychotherapie*. Göttingen: Hogrefe.
Gray, M. J., & Litz, B. T. (2005). Behavioral interventions for recent trauma: empirically informed practice guidelines. *Behavior Modification*, 29(1), 189–215. DOI: 10.1177/0145445504270884.

Green, B. L. (1996). Trauma History Questionnaire. In B. H. Stamm (Hrsg.), *Measurement of Stress, Self-Report Trauma, and Adaptation* (S. 366–368). Lutherville, MD: Sidran Press.
Greenberg, N., Brooks, S., & Dunn, R. (2015). Latest developments in post-traumatic stress disorder: diagnosis and treatment. *British Medical Bulletin*, 114(1), 147–155. DOI: 10.1093/bmb/ldv014.
Greenwald, R., & Rubin, A. (1999). Assessment of posttraumatic symptoms in children: Development and preliminary validation of parent and child scales. *Research on Social Work Practice*, 9(1), 61–75. DOI: 10.1177/104973159900900105.
Griesel, D., Wessa, M., & Flor, H. (2006). Psychometric qualities of the German version of the Posttraumatic Diagnostic Scale (PTDS). *Psychological Assessment*, 18(3), 262–268. DOI: 10.1037/1040-3590.18.3.262.
Grinker, R. R., & Spiegel, J. P. (1945). *Men under stress*. Philadelphia: Blakiston.
Günay, E., & Haag, A. (1990). Krankheit in der Emigration. Eine Studie an Türkischen Patientinnen in der Allgemeinpraxis aus psychosomatischer Sicht. *Psychotherapie, Psychosomatik, medizinische Psychologie*, 40(11), 417-422.
Gurvits, T. V., Shenton, M. E., Hokama, H., Ohta, H., Lasko, N. B., Gilbertson, M. W., ... & Pitman, R. K. (1996). Magnetic resonance imaging study of hippocampal volume in chronic, combat-related posttraumatic stress disorder. *Biological Psychiatry*, 40(11), 1091–1099. DOI: 10.1016/S0006-3223(96)00229-6.
Haagsma, J. A., Polinder, S., Olff, M., Toet, H., Bonsel, G. J., & van Beeck, E. F. (2012). Posttraumatic stress symptoms and health-related quality of life: a two year follow up study of injury treated at the emergency department. *BMC Psychiatry*, 12(1). DOI: 10.1186/1471-244X-12-1.
Häcker, H. O., & Stapf, K.-H. (2009). *Dorsch Psychologisches Wörterbuch* (15. Aufl.). Bern: Verlag Hans Huber.
Hammarberg, M. (1992). Penn Inventory for Posttraumatic Stress Disorder: Psychometric properties. *Psychological Assessment*, 4(1), 67–76. DOI: 10.1037/1040-3590.4.1.67.
Harvey, A. G., Bryant, R. A., & Rapee, R. M. (1996). Preconscious processing of threat in posttraumatic stress disorder. *Cognitive Therapy and Research*, 20(6), 613–623. DOI: 10.1007/Bf02227964.
Harvey, A. G., & Bryant, R. A. (1999). Predictors of acute Stress following Motor vehicle acci-

dents. *Journal of Traumatic Stress, 12*(3), 519–525. DOI: 10.1023/A:1024723205259.

Hasenbring, M. (1994). *Kieler Schmerz-Inventar (KSI). Handanweisung*. Bern: Verlag Hans Huber.

Hasford, J. (1991). Kriterium Lebensqualität. In H. Tüchler, & D. Lutz (Hrsg.), *Lebensqualität und Krankheit. Auf dem Weg zu einem medizinischen Kriterium Lebensqualität* (S. 25–32). Köln: Deutscher Ärzte-Verlag.

Hassard, A. (1996). Reverse learning and the physiological basis of eye movement desensitization. *Medical Hypotheses, 47*(4), 277–282.

Hauffa, R., Biesold, K.-H., Braehler, E., Tagay, S., & Roth, M. (2010). Das Essener Trauma Inventar – Validierung an einer Stichprobe von Bundeswehrsoldaten. *Zeitschrift für Medizinische Psychologie, 19*(2), 81–87.

Hautzinger, M., Bailer, M., Worall, H., & Keller, F. (1994). *Beck-Depressions-Inventar (BDI). Bearbeitung der deutschen Ausgabe. Testhandbuch*. Bern: Huber.

Heinrichs, M., Wagner, D., Schoch, W., Soravia, L. M., Hellhammer, D. H., & Ehlert, U. (2005). Predicting posttraumatic stress symptoms from pretraumatic risk factors: a 2-year prospective follow-up study in firefighters. *American Journal of Psychiatry, 162*(12), 2276–2286. DOI: 10.1176/appi.ajp.162.12.2276.

Helgeson, V. S., Reynolds, K. A., & Tomich, P. L. (2006). A meta-analytic review of benefit finding and growth. *Journal of Consulting and Clinical Psychology, 74*(5), 797–816. DOI: 10.1037/0022-006x.74.5.797.

Hellmann, J., Heuser, I., & Kronenberg, G. (2011). Prophylaxe der posttraumatischen Belastungsstörung. *Nervenarzt, 82*(7), 834–842. DOI: 10.1007/s00115-010-3064-y.

Helzer, J. E., Robins, L. N., & McEnvoy, L. (1987). Post-traumatic stress disorder in the general population. *The New England Journal of Medicine, 317*, 1630–1634. DOI: 10.1056/NEJM198712243172604.

Hensel-Dittmann, D., Schauer, M., Ruf, M., Catani, C., Odenwald, M., Elbert, T., & Neuner, F. (2011). Treatment of traumatized victims of war and torture: a randomized controlled comparison of narrative exposure therapy and stress inoculation training. *Psychotherapy and Psychosomatics, 80*(6), 345–352. DOI: 10.1159/000327253.

Henrich, G., & Herschbach, P. (1998). *FLZ M. Fragen zur Lebenszufriedenheit. Kurzbeschreibung/Normdaten*. Unveröffentlichtes Manuskript. München: Max Planck Institut.

Herman, J. L. (1992a). Complex PTSD – a Syndrome in Survivors of Prolonged and Repeated Trauma. *Journal of Traumatic Stress, 5* (3), 377–391. DOI: 10.1002/jts.2490050305.

Herman, J. L. (1992b). *Trauma and Recovery. The Aftermath of Violence from Domestic Abuse to Political Terror*. New York: Basic Books.

Herpertz, S., Herpertz-Dahlmann, B., Fichter, M., Tuschen-Caffier, B., & Zeeck, A. (2011). *S3-Leitlinie Diagnostik und Behandlung der Essstörungen*. Heidelberg: Springer.

Herringa, R., Phillips, M., Almeida, J., Insana, S., & Germain, A. (2012). Post-traumatic stress symptoms correlate with smaller subgenual cingulate, caudate, and insula volumes in unmedicated combat veterans. *Psychiatry Research: Neuroimaging, 203*(2–3), 139–145. DOI: 10.1016/j.pscychresns.2012.02.005.

Herrmann, C. H., & Buss, U. (1994). Vorstellung und Validierung einer deutschen Version der »Hospital Anxiety and Depression Scale« (HAD-Skala). Ein Fragebogen zur Erfassung des psychischen Befindens bei Patienten mit körperlichen Beschwerden. *Diagnostica, 40*(2), 143–154.

Hertzberg, M. A., Butterfield, M. I., Feldman, M. E., Beckham, J. C., Sutherland, S. M., Connor, K. M., & Davidson, J. R. T. (1999). A preliminary study of lamotrigine for the treatment of posttraumatic stress disorder. *Biological Psychiatry, 45*(9), 1226–1229. DOI: 10.1016/S0006-3223(99)00011-6.

Heuft, G., Kruse, A., & Radebold, H. (2006). *Lehrbuch der Gerontopsychosomatik und Alterspsychotherapie*. München: Reinhardt.

Hiller, W., Zaudig, M., & Mombour, W. (1997). *IDCL – Internationale Diagnosen Checklisten für DSM-IV und ICD-10 (Manual, 31 Checklisten nach DSM-IV und Screening-Blatt)*. Göttingen: Hogrefe.

Hinton, D. E., Hofmann, S. G., Rivera, E., Otto, M. W., & Pollack, M. H. (2011). Culturally adapted CBT (CA-CBT) for Latino women with treatment-resistant PTSD: a pilot study comparing CA-CBT to applied muscle relaxation. *Behaviour Research and Therapy, 49*(4), 275–280. DOI: 10.1016/j.brat.2011.01.005.

Hirsch, R. D. (2004). Gewalt gegen alte Menschen – aktuelle Traumatisierungen. *Psychotherapie im Alter, 3*, 111–122.

Hobfoll, S. E., Watson, P., Bell, C. C., Bryant, R. A., Brymer, M. J., Friedman, M. J., ... & Ursano, R. J. (2007). Five essential elements of immediate and mid-term mass trauma intervention: empirical evidence. *Psychiatry, 70*(4), 283–315. DOI: 10.1521/psyc.2007.70.4.283.

Hocking, D. C., Kennedy, G. A., & Sundram, S. (2015). Mental disorders in asylum seekers: the role of the refugee determination process and employment. *Journal of Nervous and Mental Disease, 203*(1), 28–32. DOI: 10.1097/NMD.0000000000000230.

Hogberg, G., Pagani, M., Sundin, O., Soares, J., Aberg-Wistedt, A., Tarnell, B., & Hallstrom, T. (2007). On treatment with eye movement desensitization and reprocessing of chronic post-traumatic stress disorder in public transportation workers – A randomized controlled trial. *Nordic Journal of Psychiatry, 61*(1), 54–61. DOI: 10.1080/08039480601129408.

Holmes, T. H., & Rahe, R. H. (1967). Social Readjustment Rating Scale. *Journal of Psychosomatic Research, 11*(2), 213–218. DOI: 10.1016/0022-3999(67)90010-4.

Horowitz, M. (1974). Stress Response Syndromes – Character Style and Dynamic Psychotherapy. *Archives of General Psychiatry, 31*(6), 768–781. DOI: 10.1001/archpsyc.1974.01760180012002.

Horowitz, M. (1997). Persönlichkeitsstile und Belastungsfolgen. Integrative psychodynamisch-kognitive Psychotherapie. In A. Maercker (Hrsg.), *Therapie der posttraumatischen Belastungsstörungen* (S. 145–177). Berlin: Springer.

Horowitz, M., Wilner, N., & Alvarez, W. (1979). Impact of Event Scale: a measure of subjective stress. *Psychosomatic Medicine, 41*(3), 209–218.

Horowitz, M. J. (1976). *Stress response syndromes*. New York: Aronson.

Hourani, L. L., Council, C. L., Hubal, R. C., & Strange, L. B. (2011). Approaches to the primary prevention of posttraumatic stress disorder in the military: a review of the stress control literature. *Military Medicine, 176*(7), 721–730. DOI: 10.7205/MILMED-D-09-00227.

Hunt, N., & Robbins, I. (2001). The long-term consequences of war: the experience of World War II. *Aging & mental health, 5*(2), 183–190. DOI: 10.1080/13607860120038393.

Ipser, J. C., & Stein, D. J. (2012). Evidence-based pharmacotherapy of post-traumatic stress disorder (PTSD). *International Journal of Neuropsychopharmacology, 15*(6), 825–840. DOI: 10.1017/S1461145711001209.

Ironson, G., Freund, B., Strauss, J. L., & Williams, J. (2002). Comparison of two treatments for traumatic stress: A community-based study of EMDR and prolonged exposure. *Journal of Clinical Psychology, 58*(1), 113–128. DOI: 10.1002/jclp.1132.

Jacobi, C., & Esser, G. (2003). Zur Einteilung von Risikofaktoren bei psychischen Störungen. *Zeitschrift für Klinische Psychologie und Psychotherapie, 32*(4), 257–266. DOI: 10.1026/0084-5345.32.4.257.

Jacoby, L. L., Allan, L. G., Collins, J. C., & Larwill, L. K. (1988). Memory Influences Subjective Experience: Noise Judgments. *Journal of Experimental Psychology-Learning Memory and Cognition, 14*(2), 240–247. DOI: 10.1037//0278-7393.14.2.240.

Janet, P. (1889). *L'automatisme psychologique: essai de psychologie expérimentale sur les formes inférieures de l'activité humaine*. Paris: Félix Alcan.

Janoff-Bulman, R. (1989). Assumptive worlds and the stress of traumatic events: Applications of the schema construct. *Social Cognition, 7*(2), 113–136. DOI: 10.1521/soco.1989.7.2.113.

Janoff-Bulman, R. (1992). *Shattered Assumptions*. New York: Free Press.

Jeffries, F.W., & Davis P. (2013). What is the role of eye movements in eye movement desensitization and reprocessing (EMDR) for post-traumatic stress disorder (PTSD)? A review. *Behavioural and Cognitive Psychotherapy, 41*(3), 290–300. DOI: 10.1017/S1352465812000793.

Jensen, J. A. (1994). An investigation of eye movement desensitization and reprocessing (EMD/R) as a treatment for posttraumatic-stress disorder (PTSD) symptoms of Vietnam combat veterans. *Behavior Therapy, 25*(2), 311–325. DOI: 10.1016/S0005-7894(05)80290-4.

Jind, L. (2001). Do traumatic events influence cognitive schemata? *Scandinavian Journal of Psychology, 42*(2), 113–120. DOI: 10.1111/1467-9450.00220.

Jind, L., Elklit, A., & Christiansen, D. (2010). Cognitive Schemata and Processing Among Parents Bereaved by Infant Death. *Journal of Clinical Psychology in Medical Settings, 17*(4), 366–377. DOI: 10.1007/s10880-010-9216-1.

Jongedijk, R. A. (2014). Narrative exposure therapy: an evidence-based treatment for multiple and complex trauma. *European Journal of Psychotraumatology, 5*:26522. DOI: 10.3402/ejpt.v5.26522.

Jonsson, A., Segesten, K., & Mattsson, B. (2003). Post-traumatic stress among Swedish ambulance personnel. *Emergency Medicine Journal, 20*(1), 79–84. DOI: 10.1136/emj.20.1.79.

Kapfhammer, H. P. (2014). Trauma- und stressorbezogene Störungen. *Der Nervenarzt, 85*

(5), 553-563. DOI: 10.1007/s00115-013-3988-0.

Kardiner, A. (1941). *The traumatic neuroses of war*. New York: Hoeber.

Karl, A., Schaefer, M., Malta, L. S., Dörfel, D., Rohleder, N., & Werner, A. (2006). A meta-analysis of structural brain abnormalities in PTSD. *Neuroscience and Biobehavioral Reviews, 30*(7), 1004–1031. DOI: 10.1016/j.neubiorev.2006.03.004.

Kasai, K., Yamasue, H., Gilbertson, M. W., Shenton, M. E., Rauch, S. L., & Pitman, R. K. (2008). Evidence for acquired pregenual anterior cingulate gray matter loss from a twin study of combat-related posttraumatic stress disorder. *Biological Psychiatry, 63*(6), 550–556. DOI: 10.1016/j.biopsych.2007.06.022.

Kaspi, S. P., Mcnally, R. J., & Amir, N. (1995). Cognitive Processing of Emotional Information in Posttraumatic-Stress-Disorder. *Cognitive Therapy and Research, 19*(4), 433–444. DOI: 10.1007/Bf02230410.

Kaye, W. H., Bulik, C. M., Thornton, L., Barbarich, N., & Masters, K. (2004). Comorbidity of anxiety disorders with anorexia and bulimia nervosa. *American Journal of Psychiatry, 161*(12), 2215–2221. DOI: 10.1176/appi.ajp.161.12.2215.

Keane T. M., Caddell, J. M., & Taylor, K. L. (1988). Mississippi Scale for Combat-Related Posttraumatic Stress Disorder: three studies in reliability and validity. *Journal of Consulting and Clinical Psychology, 56*(1), 85–90.

Keane, T. M., Fairbank, J. A., Caddell, J. M., & Zimering, R. T. (1989). Implosive (flooding) therapy reduces symptoms of PTSD in Vietnam combat veterans. *Behavior Therapy, 20*(2), 245–260. DOI: 10.1016/S0005-7894(89)80072-3.

Keane, T. M., Fisher, L. M., Krinsley, K. E., & Niles, B. L. (1994). Posttraumatic stress disorder. In M. Hersen & R. T. Ammerman (Hrsg.). *Handbook of prescriptive treatments for adults* (S. 237-260). New York: Plenum Press.

Keane, T. M., Zimering, R. T., & Caddell, J. M. (1985). A behavioral formulation of posttraumatic stress disorder in Vietnam veterans. *The Behavior Therapist, 8*(1), 9–12.

Kearns, M. C., Ressler, K. J., Zatzick, D., & Rothbaum, B. O. (2012). Early interventions for PTSD: a review. *Depression and Anxiety, 29*(10), 833–842. DOI: 10.1002/da.21997.

Keilson, H. (1979). *Sequentielle Traumatisierung bei Kindern. Deskriptiv-klinische und quantifizierend-statistische Follow-up Untersuchung zum Schicksal der jüdischen Kriegswaisen in den Niederlanden*. Stuttgart: Enke.

Kendler, K. S., Karkowski, L. M., & Prescott, C. A. (1999). Causal relationship between stressful life events and the onset of major depression. *The American Journal of Psychiatry, 156*(6), 837–841. DOI: 10.1176/ajp.156.6.837.

Kent, A., Waller, G., & Dagnan, D. (1999). A greater role of emotional than physical or sexual abuse in predicting disordered eating attitudes: the role of mediating variables. *International Journal of Eating Disorders, 25*(2), 159–167. DOI: 10.1002/(SICI)1098-108X(199903)25:2<159::AID-EAT5>3.0.CO;2-F.

Kessler, R. C., Sonnega, A., Bromet, E., Hughes, M., & Nelson, C. B. (1995). Posttraumatic stress disorder in the National Comorbidity Survey. *Archives of General Psychiatry, 52*(12), 1048–1060. DOI: 10.1001/archpsyc.1995.03950240066012.

Kiecolt-Glaser, J. K., McGuire, L., Robles, T. F., & Glaser, R. (2002). Psychoneuroimmunology: psychological influences on immune function and health. *Journal of Consulting and Clinical Psychology, 70*(3), 537–547. DOI: 10.1037/0022-006X.70.3.537.

Kindt, M., van den Hout, M., Arntz, A., & Drost, J. (2008). The influence of data-driven versus conceptually-driven processing on the development of PTSD-like symptoms. *Journal of Behavior Therapy and Experimental Psychiatry, 39*(4), 546–557. DOI: 10.1016/j.jbtep.2007.12.003.

King, L. A., King, D. W., Salgado, D. M., & Shalev, A. Y. (2003). Contemporary longitudinal methods for the study of trauma and posttraumatic stress disorder. *CNS Spectrums, 8*(9), 686-692. DOI: 10.1017/S1092852900008877.

Kipp, J. (2008). *Psychotherapie im Alter*. Gießen: Psychosozial-Verlag.

Kitayama, N., Vaccarino, V., Kutner, M., Weiss, P., & Bremner, J. D. (2005). Magnetic resonance imaging (MRI) measurement of hippocampal volume in posttraumatic stress disorder: A meta-analysis. *Journal of Affective Disorders, 88*(1), 79–86. DOI: 10.1016/j.jad.2005.05.014.

Klauer, T., & Filipp, S. H. (1993). *Trierer Skalen zur Krankheitsverarbeitung (TSK)*. Göttingen: Hogrefe.

Klemanski, D. H., Mennin, D. S., Borelli, J. L., Morrissey, P. M., & Aikins, D. E. (2012). Emotion-related regulatory difficulties contribute to negative psychological outcomes in active-duty Iraq war soldiers with and without posttraumatic stress disorder. *Depression and Anxiety, 29*(7), 621–628. DOI: 10.1002/da.21914.

Klengel, T., Mehta, D., Anacker, C., Rex-Haffner, M., Pruessner, J. C., Pariante, C. M., ... & Binder, E. B. (2013). Allele-specific FKBP5 DNA demethylation mediates gene-childhood trauma interactions. *Nature Neuroscience, 16* (1), 33–41. DOI: 10.1038/nn.3275.

Klengel, T., Pape, J., Binder, E. B., & Mehta, D. (2014). The role of DNA methylation in stress-related psychiatric disorders. *Neuropharmacology, 80,* 115–132. DOI: 10.1016/j.neuropharm.2014.01.013.

Knaevelsrud, C., Liedl, A., & Stammel, N. (2012). *Posttraumatische Belastungsstörungen: Herausforderungen in der Therapie der PTBS.* Weinheim: Beltz.

Knoll, N., & Schwarzer, R. (2005). Soziale Unterstützung. In R. Schwarzer (Hrsg.), *Enzyklopädie der Psychologie: Gesundheitspsychologie* (S. 333–349). Göttingen: Hogrefe.

Koch, E., Küchenhoff, B., & Schouler-Ocak, M. (2011). Inanspruchnahme psychiatrischer Einrichtungen von psychisch kranken Migranten in Deutschland und der Schweiz. In W. Machleidt & A. Heinz (Hrsg.), *Praxis der Interkulturellen Psychiatrie und Psychotherapie* (S. 489–498). München: Elsevier

Koch, E., Özek, M., Pfeiffer, W., & Schepker, R. (1998). *Chancen und Risiken von Migration.* Freiburg: Lambertus.

Kolassa, I. T., Kolassa, S., Ertl, V., Papassotiropoulos, A., & De Quervain, D. J. (2010). The Risk of Posttraumatic Stress Disorder After Trauma Depends on Traumatic Load and the Catechol-O-Methyltransferase Val(158) Met Polymorphism. *Biological Psychiatry, 67*(4), 304–308. DOI: 10.1016/j.biopsych.2009.10.009.

Koopman, C., Hermanson, K., Diamond, S., Angell, K., & Spiegel, D. (1998). Social support, life stress, pain and emotional adjustment to advanced breast cancer. *Psychooncology, 7* (2), 101–111. DOI: 10.1002/(SICI)1099-1611(199803/04)7:2<101::AID-PON299>3.0.CO;2-3.

Korol, M., Green, B. L., & Gleser, G. C. (1999). Children's responses to a nuclear waste disaster: PTSD symptoms and outcome prediction. *Journal of the American Academy of Child & Adolescent Psychiatry, 38*(4), 368–375. DOI: 10.1097/00004583-199904000-00008.

Kosten, T. R., Frank, J. B., Dan, E., Mcdougle, C. J., & Giller, E. L. (1991). Pharmacotherapy for Posttraumatic Stress Disorder Using Phenelzine or Imipramine. *Journal of Nervous and Mental Disease, 179*(6), 366–370. DOI: 10.1097/00005053-199106000-00011.

Kosten, T. R., Mason, J. W., Giller, E. L., Ostroff, R. B., & Harkness, L. (1987). Sustained Urinary Norepinephrine and Epinephrine Elevation in Post-traumatic-Stress-Disorder. *Psychoneuroendocrinology, 12*(1), 13–20. DOI: 10.1016/0306-4530(87)90017-5.

Krysinska K. (2010). Polish studies on the KZ Syndrome might shed additional light on the diagnostic category of 'enduring personality change after catastrophic experience': A comment on Beltran et al. (2009). *Psychopathology, 43*(3), 205–206. DOI:10.1159/000304177.

Kubany, E. S., Leisen, M. B., Kaplan, A. S., & Kelly, M. P. (2000). Validation of a brief measure of posttraumatic stress disorder: the Distressing Event Questionnaire (DEQ). *Psychological Assessment, 12*(2), 197–209. DOI: 10.1037/1040-3590.12.2.197.

Kuhn, T. S. (1962). *The structure of scientific revolutions.* Chicago: The University of Chicago Press.

Kultalahti, T. T., & Rosner, R. (2008). Risikofaktoren der Posttraumatischen Belastungsstörung nach Trauma-Typ-I bei Kindern und Jugendlichen. *Kindheit und Entwicklung, 17* (4), 210–218. DOI: 10.1026/0942-5403.

Kuwert, P. D. P., Hornung, S., Freyberger, H., Glaesmer, H., & Klauer, T. (2015). Trauma und posttraumatische Belastungssymptome bei Patienten in deutschen Hausarztpraxen. *Der Nervenarzt, 86*(7), 807–817. DOI: 10.1007/s00115-014-4236-y.

Kuwert, P., Spitzer, C., Träder, A., Freyberger, H. J., & Ermann, M. (2007). Sixty years later: post-traumatic stress symptoms and current psychopathology in former German children of World War II. *International Psychogeriatrics, 19*(5), 955–961. DOI: 10.1017/S104161020600442X.

Labonté, B., Azoulay, N., Yerko, V., Turecki, G., & Brunet, A. (2014). Epigenetic modulation of glucocorticoid receptors in posttraumatic stress disorder. *Translational Psychiatry, 4.* e368. DOI: 10.1038/tp.2014.3.

Lamarche, L. J., & De Koninck, J. (2007). Sleep disturbance in adults with posttraumatic stress disorder: a review. *Journal of Clinical Psychiatry, 68*(8), 1257–1270.

Lampe, A., Mitmansgruber, H., Gast, U., Schüssler, G., & Reddemann, L. (2008). Therapieevaluation der Psychodynamisch Imaginativen Traumatherapie (PITT) im stationären Setting. *Neuropsychiatrie, 22*(3), 189–197.

Lamprecht, F., & Sack, M. (2002). Posttraumatic stress disorder revisited. *Psychosomatic Medicine, 64*(2), 222–237.

Lancaster, S. L., Rodriguez, B. F., & Weston, R. (2011). Path analytic examination of a cognitive model of PTSD. *Behaviour Research and Therapy, 49*(3), 194–201. DOI: 10.1016/j.brat.2011.01.002.

Landolt, M. (2004). *Psychotraumatologie des Kindesalters*. Göttingen: Hogrefe.

Lang, P. J. (1977). Imagery in Therapy: An Information Processing Analysis of Fear. *Behavior Therapy, 8*(5), 862–886. DOI: 10.1016/S0005-7894(77)80157-3.

Lang, P. J. (1979). A Bio-Informational Theory of Emotional Imagery. *Psychophysiology, 16*(6), 495–512. DOI: 10.1111/j.1469-8986.1979.tb01511.x.

Laposa, J. M., & Alden, L. E. (2003). Posttraumatic stress disorder in the emergency room: exploration of a cognitive model. *Behaviour Research and Therapy, 41*(1), 49–65. DOI: 10.1016/S0005-7967(01)00123-1.

Laucht, M., Esser, G., & Schmidt, M. H. (1997). Wovor schützen Schutzfaktoren? Anmerkungen zu einem populären Konzept der modernen Gesundheitsforschung. *Zeitschrift für Entwicklungspsychologie und Pädagogische Psychologie, 29*, 260–270.

Laux, L., Glanzmann, P., Schaffner, P., & Spielberger, C. D. (1981). *STAI. State-Trait-Angstinventar*. Göttingen: Hogrefe.

Lazarus, R. S., & Folkman, S. (1984). *Stress, appraisal and coping*. New York: Springer.

Lee, C., Gavriel, H., Drummond, P., Richards, J., & Greenwald, R. (2002). Treatment of PTSD: stress inoculation training with prolonged exposure compared to EMDR. *Journal of Clinical Psychology, 58*(9), 1071–1089. DOI: 10.1002/jclp.10039.

Lee, K. A., Vaillant, G. E., Torrey, W. C., & Elder, G. H. (1995). A 50-Year Prospective Study of the Psychological Sequelae of World War II Combat. *American Journal of Psychiatry, 152*(4), 516–522.

Leer, A., Engelhard, I. M., & van den Hout, M. A. (2014). How eye movements in EMDR work: changes in memory vividness and emotionality. *Journal of Behavior Therapy and Experimental Psychiatry, 45*(3), 396–401. DOI: 10.1016/j.jbtep.2014.04.004.

Lees-Haley, P. R., Price, J. R., Williams, C. W., & Betz, B. P. (2001). Use of the Impact of Events Scale in the assessment of emotional distress and PTSD may produce misleading results. *Journal of Forensic Neuropsychology, 2*(2), 45–52. DOI: 10.1300/J151v02n02_04.

Lerner, M. J. (1980). *The belief in a just world*. New York: Plenum.

Levine, P. A. (1976). *Accumulated Stress, Reserve Capacity, and Disease*. Berkeley, CA: University of California.

Levine, P. A. (1986). Stress. In M. Coles, E. Donchin & S. Porges (Hrsg.), *Psychophysiology: Systems, Processes, and Applications* (S. 351–353). New York: Guilford Press.

Levine, P. A. (1997). *Waking the Tiger: Healing Trauma: the Innate Capacity to Transform Overwhelming Experiences*. Berkeley, CA: North Atlantic Books.

Levine, P. A., & Mate, G. (2010). *In an Unspoken Voice: How the Body Releases Trauma and Restores Goodness*. Berkeley, CA: North Atlantic Books.

Levy-Gigi, E., Szabó, C., Kelemen, O., & Kéri, S. (2013). Association among clinical response, hippocampal volume, and FKBP5 gene expression in individuals with Posttraumatic Stress Disorder receiving cognitive behavioral therapy. *Biological Psychiatry, 74*(11), 793–800. DOI: 10.1016/j.biopsych.2013.05.017.

Leykin, D., Lahad, M., & Bonneh, N. (2013). Posttraumatic Symptoms and Posttraumatic Growth of Israeli Firefighters, at One Month following the Carmel Fire Disaster. *Psychiatry Journal*, 274121. DOI: 10.1155/2013/274121.

Lindert, J., Priebe, S., Penka, S., Napo, F., Schouler-Ocak, M., & Heinz, A. (2008). Versorgung psychisch kranker Patienten mit Migrationshintergrund. *Psychotherapie Psychosomatik Medizinische Psychologie, 58*(3–4), 123–129.

Lipschitz, D. S., Winegar, R. K., Hartnick, E., Foote, B., & Southwick, S. M. (2000). Posttraumatic stress disorder in hospitalized adolescents: Psychiatric comorbidity and clinical correlates. *Journal of the American Academy of Child & Adolescent Psychiatry, 38*(4), 385–392.

Lösel, F., & Bender, D. (1996). Risiko- und Schutzfaktoren in der Entwicklungspsychopathologie: Zur Kontroverse um patho - versus salutogenetische Modelle. In *Bericht über den 40. Kongress der Deutschen Gesellschaft für Psychologie* (S. 154–161).

Löwe, B. P. (2001). *Gesundheitsfragebogen für Patienten PHQ-D: Manual; Komplettversion und Kurzform*. Karlsruhe: Pfizer GmbH.

Lohaus, A., & Schmitt, G. M. (1989). *Fragebogen zur Erhebung von Kontrollüberzeugungen zu Krankheit und Gesundheit (KKG): Handanweisung*. Göttingen: Hogrefe.

Ludewig-Kedmi, R., Spiegel, M. V. & Tyrangiel, S. (2002). *Das Trauma des Holocaust zwischen Psychologie und Geschichte*. Zürich: Chronos.

Luszczynska, A., & Schwarzer, R. (2005). Social cognitive theory. In M. Connor & P. Norman (Hrsg.), *Predicting Health Behaviour* (2. Aufl.; S. 127–169). Buckingham: Open University Press.

Luthar, S. S., Cicchetti, D., & Becker, B. (2000). The construct of resilience: a critical evaluation and guidelines for future work. *Child Development, 71*(3), 543–562.

Luxenberg, T., Spinazzola, J., & van der Kolk, B. A. (2001). Complex Trauma and Disorders of Extreme Stress (DESNOS) Diagnosis, Part One: Assessment. *Directions in Psychiatry, 21* (25), 373–392.

Lyttle, N., Dorahy, M. J., Hanna, D., & Huntjens, R. J. C. (2010). Conceptual and Perceptual Priming and Dissociation in Chronic Posttraumatic Stress Disorder. *Journal of Abnormal Psychology, 119*(4), 777–790. DOI: 10.1037/a0020894.

Macdonald, G., Higgins, J. P., Ramchandani, P., Valentine, J. C., Bronger, L. P., Klein, P., ... & Taylor, M. (2012). Cognitive-behavioural interventions for children who have been sexually abused. *Cochrane Database of Systematic Reviews, 5,* CD001930. DOI: 10.1002/14651858.CD001930.pub3.

Machleidt, W. (2013). *Migration, Kultur und psychische Gesundheit: dem Fremden begegnen.* Stuttgart: Kohlhammer.

Machleidt, W., & Calliess, I. T. (2005). Transkulturelle Psychiatrie und Migration – Psychische Erkrankungen aus ethnischer Sicht. *Die Psychiatrie, 2*(2), 77–84.

Maercker, A. (1997). *Therapie der posttraumatischen Belastungsstörungen.* Berlin: Springer.

Maercker, A. (1998). *Kohärenzsinn und persönliche Reifung als salutogenetische Variablen.* In J. Margraf, S. Neumer & J. Siegrist (Hrsg.), *Gesundheits-oder Krankheitstheorie? Saluto-versus pathogenetische Ansätze im Gesundheitswesen* (S. 187–199). Berlin: Springer.

Maercker, A. (2002). *Alterspsychotherapie und klinische Gerontopsychologie.* Berlin: Springer.

Maercker, A. (2003). Psychologische Modelle. In A. Maercker (Hrsg.), *Therapie der posttraumatischen Belastungsstörungen* (S. 35–49). Berlin: Springer.

Maercker, A., Forstmeier, S., Wagner, B., Glaesmer, H., & Brähler, E. (2008). Posttraumatische Belastungsstörungen in Deutschland. *Der Nervenarzt, 79*(5), 577–586. DOI: 10.1007/s00115-008-2467-5.

Maercker, A., & Karl, A. (2005). Posttraumatische Belastungsstörung. In M. Perrez & U. Baumann (Hrsg.), *Lehrbuch Klinische Psychologie – Psychotherapie* (3. Aufl.; S. 970–1009). Bern: Huber.

Maercker, A., & Langner, R. (2001). Persönliche Reifung durch Belastungen und Traumata: Ein Vergleich zweier Fragebogen zur Erfassung selbstwahrgenommener Reifung nach traumatischen Erlebnissen. *Diagnostica, 47*(3), 153–162.

Maercker, A., & Schützwohl, M. (1998). Erfassung von psychischen Belastungsfolgen: Die Impact of Event Scale – revidierte Version (IES-R). *Diagnostica, 44*(3), 130–141.

Magarinos, A. M., & McEwen, B. S. (1995). Stress-Induced Atrophy of Apical Dendrites of Hippocampal CA3C Neurons: Involvement of Glucocorticoid Secretion and Excitatory Amino Acid Receptors. *Neuroscience, 69*(1), 89–98. DOI: 10.1016/0306-4522(95)00259-L.

Magarinos, A. M., McEwen, B. S., Flügge, G., & Fuchs, E. (1996). Chronic psychosocial stress causes apical dendritic atrophy of hippocampal CA3 pyramidal neurons in subordinate tree shrews. The *Journal of Neuroscience, 16*(10), 3534–3540.

Maguen, S., Metzler, T. J., McCaslin, S. E., Inslicht, S. S., Henn-Haase, C., Neylan, T. C., & Marmar, C. R. (2009). Routine work environment stress and PTSD symptoms in police officers. *Journal of Nervous and Mental Disease, 197*(10), 754–760. DOI: 10.1097/NMD.0b013e3181b975f8.

Magwaza, A. S. (1999). Assumptive world of traumatized South African adults. *The Journal of Social Psychology, 139*(5), 622–630. DOI: 10.1080/00224549909598422.

Mahon, J., Bradley, S. N., Harvey, P. K., Winston, A. P., & Palmer, R. L. (2001). Childhood trauma has dose-effect relationship with dropping out from psychotherapeutic treatment for bulimia nervosa: a replication. *International Journal of Eating Disorders, 30*(2), 138–148.

Malik, M. L., Connor, K. M., Sutherland, S. M., Smith, R. D., Davison, R. M., & Davidson, J. R. (1999). Quality of life and posttraumatic stress disorder: a pilot study assessing changes in SF-36 scores before and after treatment in a placebo-controlled trial of fluoxetine. *Journal of Traumatic Stress, 12*(2), 387–393.

March, J. S. (1993). What constitutes a stressor? In J. R. Davidson & E. Foa (Hrsg.), *PTSD: DSM-IV and Beyond* (S. 37–54). London: American Psychiatric Press.

Marcus, S. V., Marquis, P., & Sakai, C. (1997). Controlled study of treatment of PTSD using EMDR in an HMO setting. *Psychotherapy, 34* (3), 307–315. DOI: 10.1037/h0087791.

Margraf, J., Schneider, S., Ehlers, A., DiNardo, P., & Barlow, D. (1994). *DIPS – Diagnostisches Interview bei psychischen Störungen* (2. Aufl.). Berlin: Springer.

Marks, I., Lovell, K., Noshirvani, H., & Livanou, M. (1998). Treatment of posttraumatic stress disorder by exposure and/or cognitive restructuring – A controlled study. *Archives of General Psychiatry, 55*(4), 317–325. DOI: 10.1001/archpsyc.55.4.317.

Marmar, C. R., Weiss, D. S., Schlenger, W. E., Fairbank, J. A., Jordan, B. K., Kulka, R. A., & Hough, R. L. (1994). Peritraumatic dissociation and posttraumatic stress in male Vietnam theater veterans. *American journal of Psychiatry, 151*(6), 902–907.

Marmar, C. R., McCaslin, S. E., Metzler, T. J., Best, S., Weiss, D. S., Fagan, J., ... & Neylan, T. (2006). Predictors of posttraumatic stress in police and other first responders. *Annals of the New York Academy of Sciences, 1071*, 1–18. DOI: 10.1196/annals.1364.001.

Marshall, R. D., Spitzer, R., & Liebowitz, M. R. (1999). Review and critique of the new DSM-IV diagnosis of acute stress disorder. *American Journal of Psychiatry, 156*(11), 1677–1685.

Martin, M., Marchand, A., & Boyer, R. (2009). Traumatic events in the workplace: impact on psychopathology and healthcare use of police officers. *International Journal of Emergency Mental Health, 11*(3), 165–176.

Matsunaga, H., Kaye, W. H., McConaha, C., Plotnicov, K., Pollice, C., Rao, R., & Stein, D. (1999). Psychopathological characteristics of recovered bulimics who have a history of physical or sexual abuse. *The Journal of Nervous and Mental Disease, 187*(8), 472–477.

Mayou, R. A., Ehlers, A., & Hobbs, M. (2000). Psychological debriefing for road traffic accident victims. Three-year follow-up of a randomised controlled trial. *British Journal of Psychiatry, 176*(6), 589–593. DOI: 10.1192/bjp.176.6.589.

Mazza, M., Giusti, L., Albanese, A., Mariano, M., Pino, M. C., & Roncone, R. (2012). Social cognition disorders in military police officers affected by posttraumatic stress disorder after the attack of An-Nasiriyah in Iraq 2006. *Psychiatry Research, 198*(2), 248–252. DOI: 10.1016/j.psychres.2011.11.027.

McGowan, P. O., Sasaki, A., D'Alessio, A. C., Dymov, S., Labonté, B., Szyf, M., Turecki, G., & Meaney, M. J. (2009). Epigenetic regulation of the glucocorticoid receptor in human brain associates with childhood abuse. *Nature Neuroscience, 12*(3), 342–348. DOI: 10.1038/nn.2270.

McGuire, T. M., Lee, C. W., & Drummond, P. D. (2014). Potential of eye movement desensitization and reprocessing therapy in the treatment of post-traumatic stress disorder. *Psychology Research and Behavior Management, 7*, 273–283. DOI: 10.2147/PRBM.S52268.

McNally, R. J. (1996). Assessment of posttraumatic stress disorder in children and adolescents. *Journal of School Psychology, 34*(2), 147–161. DOI: 10.1016/0022-4405(96)00004-0.

McNally, R. J. (2003). Progress and controversy in the study of posttraumatic stress disorder. *Annual Review of Psychology, 54*, 229–252. DOI: 10.1146/annurev.psych.54.101601.145112.

McNally, R. J., Bryant, R., & Ehlers, A. (2003). Does early psychological intervention promote recovery from posttraumatic stress? *Psychological Science in the Public Interest, 4*(2), 45–79.

McNally, R. J., English, G. E., & Lipke, H. J. (1993). Assessment of Intrusive Cognition in PTSD: Use of the Modified Stroop Paradigm. *Journal of Traumatic Stress, 6*(1), 33–41.

McNally, R. J., Kaspi, S. P., Riemann, B. C., & Zeitlin, S. B. (1990). Selective processing of threat cues in posttraumatic stress disorder. *Journal of Abnormal Psychology, 99*(4), 398–402. DOI: 10.1037//0021-843x.99.4.398.

Meadors, P., & Lamson, A. (2008). Compassion fatigue and secondary traumatization: provider self care on intensive care units for children. *Journal of Pediatric Health Care, 22*(1), 24–34. DOI: 10.1016/j.pedhc.2007.01.006.

Mealer, M., Burnham, E. L., Goode, C. J., Rothbaum, B., & Moss, M. (2009). The prevalence and impact of post traumatic stress disorder and burnout syndrome in nurses. *Depression and Anxiety, 26*(12), 1118–1126. DOI: 10.1002/da.20631.

Meaney, M. J., & Szyf, M. (2005). Environmental programming of stress responses through DNA methylation: life at the interface between a dynamic environment and a fixed genome. *Dialogues in Clinical Neuroscience, 7*(2), 103–123.

Meewisse, M. L., Reitsma, J. B., de Vries, G. J., Gersons, B. P., & Olff, M. (2007). Cortisol and post-traumatic stress disorder in adults: systematic review and meta-analysis. *British Journal of Psychiatry, 191*(5), 387–392. DOI: 10.1192/bjp.bp.106.024877.

Mehta, D., Klengel, T., Conneely, K. N., Smith, A. K., Altmann, A., Pace, T. W., ... & Binder, E. B. (2013). Childhood maltreatment is associated with distinct genomic and epigenetic profiles in posttraumatic stress disorder. *Proceedings of the National Academy of Sciences of the United States of America, 110*(20), 8302–8307. DOI: 10.1073/pnas.1217750110.

Meichenbaum, D. (1985). *Stress inoculation training*. New York: Pergamon.

Meltzer-Brody, S., Churchill, E., & Davidson, J. R. (1999). Derivation of the SPAN, a brief diagnostic screening test for post-traumatic stress disorder. *Psychiatry Research, 88*(1), 63–70. DOI: 10.1016/S0165-1781(99)00070-0.

Miller, G. E., Chen, E., & Zhou, E. S. (2007). If it goes up, must it come down? Chronic stress and the hypothalamic-pituitary-adrenocortical axis in humans. *Psychological Bulletin, 133*(1), 25–45. DOI: 10.1037/0033-2909.133.1.25.

Miller, M. A., & Rahe, R. H. (1997). Life changes scaling for the 1990s. *Journal of Psychosomatic Research, 43*(3), 279–292.

Misra, M., Greenberg, N., Hutchinson, C., Brain, A., & Glozier, N. (2009). Psychological impact upon London ambulance service of the 2005 bombings. *Occupational Medicine, 59*(6), 428–433. DOI: 10.1093/occmed/kqp100.

Mitchell, A. M., Sakraida, T. J., & Kameg, K. (2003). Critical incident stress debriefing: implications for best practice. *Disaster Management and Response, 1*(2), 46–51.

Mitchell, J. T. (1983). When disaster strikes: the critical incident stress debriefing process. *Journal of Emergency Medical Services, 8*(1), 36–39.

Mitchell, K. S., Mazzeo, S. E., Schlesinger, M. R., Brewerton, T. D., & Smith, B. N. (2012). Comorbidity of partial and subthreshold PTSD among men and women with eating disorders in the national comorbidity survey-replication study. *International Journal of Eating Disorders, 45*(3), 307–315. DOI: 10.1002/eat.20965.

Moeller-Bertram, T., Afari, N., Mostoufi, S., Fink, D. S., Johnson Wright, L., & Baker, D. G. (2014). Specific pain complaints in Iraq and Afghanistan veterans screening positive for post-traumatic stress disorder. *Psychosomatics, 55*(2), 172–178. DOI: 10.1016/j.psym.2013.01.011.

Momartin, S., Silove, D., Manicavasagar, V., & Steel, Z. (2004). Comorbidity of PTSD and depression: associations with trauma exposure, symptom severity and functional impairment in Bosnian refugees resettled in Australia. *Journal of Affective Disorders, 80*(2–3), 231–238. DOI: 10.1016/S0165-0327(03)00131-9.

Monson, C. M., Schnurr, P. P., Resick, P. A., Friedman, M. J., Young-Xu, Y., & Stevens, S. P. (2006). Cognitive processing therapy for veterans with military-related posttraumatic stress disorder. *Journal of Consulting and Clinical Psychology, 74*(5), 898–907. DOI: 10.1037/0022-006X.74.5.898.

Montazeri, A., Harirchi, I., Vahdani, M., Khaleghi, F., Jarvandi, S., Ebrahimi, M., & Haji-Mahmoodi, M. (1999). The European Organization for Research and Treatment of Cancer Quality of Life Questionnaire (EORTC QLQ-C30): translation and validation study of the Iranian version. *Supportive Care in Cancer, 7* (6), 400–406.

Morawa, E., & Erim, Y. (2015). Health-related quality of life and sense of coherence among Polish immigrants in Germany and indigenous Poles. *Transcultural Psychiatry, 52*(3), 376–395.

Morey, R. A., Gold, A. L., LaBar, K. S., Beall, S. K., Brown, V. M., Haswell, C. C., ... & McCarthy, G. (2012). Amygdala volume changes with posttraumatic stress disorder in a large case-controlled veterans group. *Archives of General Psychiatry, 69*(11), 1169–1178. DOI: 10.1001/archgenpsychiatry.2012.50.

Morris, M. C., Compas, B. E., & Garber, J. (2012). Relations among posttraumatic stress disorder, comorbid major depression, and HPA function: A systematic review and meta-analysis. *Clinical Psychology Review, 32*(4), 301–315. DOI: 10.1016/j.cpr.2012.02.002.

Mott, F. W. (1917). The microscopic examination of the brains of two men dead of commotio cerebri (shell shock) without visible external injury. *British Medical Journal, 2*(2967), 612.

Mott, F. W. (1919). *Ware neuroses and shell shock*. London: Oxford Medical Publications.

Motta, R. W. (2008). Secondary trauma. *International Journal of Emergency Mental Health, 10* (4), 291–298.

Mowrer, O. H. (1939). A stimulus-response analysis of anxiety and its role as a reinforcing agent. *Psychological Review, 46*(6), 553–565. DOI: 10.1037/h0054288.

Mueser, K. T., Rosenberg, S. D., Xie, H., Jankowski, M. K., Bolton, E. E., Lu, W., ... & Wolfe, R. (2008). A randomized controlled trial of cognitive-behavioral treatment for posttraumatic stress disorder in severe mental illness. *Journal of Consulting and Clinical Psychology, 76*(2), 259–271. DOI: 10.1037/0022-006x.76.2.259.

Muthny, F. A. (1989). *Freiburger Fragebogen zur Krankheitsverarbeitung: Manual*. Weinheim: Beltz-Test.

Nacasch, N., Foa, E. B., Huppert, J. D., Tzur, D., Fostick, L., Dinstein, Y., ... & Zohar, J. (2011). Prolonged Exposure Therapy for Combat- and Terror-Related Posttraumatic Stress Disorder: A Randomized Control Comparison With Treatment as Usual. *Journal of Clinical Psychiatry, 72*(9), 1174–1180. DOI: 10.4088/JCP.09m05682blu.

Nader, K. (2008). *Understanding and Assessing Trauma in Children and Adolescents: Measures, Methods, and Youth in Context*. London: Routledge.

Nagel, B., Gerbershagen, H. U., Lindena, G., & Pfingsten, M. (2002). Entwicklung und empirische Überprüfung des Deutschen Schmerzfragebogens der DGSS. *Der Schmerz, 16*(4), 263–270.

Nakell, L. (2007). Adult post-traumatic stress disorder: screening and treating in primary care. *Primary Care, 34*(3), 593–610. DOI: 10.1016/j.pop.2007.05.010.

National Collaborating Centre for Mental Health (2005). *Post-Traumatic Stress Disorder: The Management of PTSD in Adults and Children in Primary and Secondary Care*. National Clinical Practice Guideline Number 26. Leicester (UK): Gaskell.

Neuner, F. (2008). Stabilisierung vor Konfrontation in der Traumatherapie –Grundregel oder Mythos? *Verhaltenstherapie, 18*(2), 109–118.

Neuner, F., Schauer, M., Karunakara, U., Klaschik, C., Robert, C., & Elbert, T. (2004a). Psychological trauma and evidence for enhanced vulnerability for posttraumatic stress disorder through previous trauma among West Nile refugees. *BMC Psychiatry, 4*. ARTN 34. DOI: 10.1186/1471-244x-4-34.

Neuner, F., Schauer, M., Klaschik, C., Karunakara, U., & Elbert, T. (2004b). A comparison of narrative exposure therapy, supportive counseling, and psychoeducation for treating posttraumatic stress disorder in an African refugee settlement. *Journal of Consulting and Clinical Psychology, 72*(4), 579–587. DOI: 10.1037/0022-006x.72.4.579.

Newman, E., Riggs, D. S., & Roth, S. (1997). Thematic resolution, PTSD, and complex PTSD: the relationship between meaning and trauma-related diagnoses. *Journal of Traumatic Stress, 10*(2), 197–213.

Niederland, W.G. (1968). Clinical observations on the survivor syndrome. *International Journal of Psychoanalysis, 49*, 313–315.

Niederland, W.G. (1980). *Folgen der Verfolgung: Das Überlebenden-Syndrom – Seelenmord*. Frankfurt a. M.: Suhrkamp.

Niedtfeld, I., Schulze, L., Krause-Utz, A., Demirakca, T., Bohus, M., & Schmahl, C. (2013). Voxel-Based Morphometry in Women with Borderline Personality Disorder with and without Comorbid Posttraumatic Stress Disorder. *PloS One, 8*(6). e65824. DOI: 10.1371/journal.pone.0065824.

Nijenhuis, E. R. (2001). Somatoform dissociation: Major symptoms of dissociative disorders. *Journal of Trauma & Dissociation, 1*(4), 7–32.

Noeker, M., & Petermann, F. (2008). Resilience: Functional adaptation to environmental adversity. *Zeitschrift für Psychiatrie Psychologie und Psychotherapie, 56*(4), 255–263.

Noelen-Hoeksema, S., & Morrow, J. (1991). A Prospective Study of Depression and Posttraumatic Stress Symptoms after a Natural Disaster: the 1989 Loma Prieta Earthquake. *Journal of Personality and Social Psychology, 61*(1), 115–121. DOI: 10.1037/0022-3514.61.1.115.

Norris, F. H. (1990). Screening for traumatic stress: A scale of use in the general population. *Journal of Applied Social Psychology, 20*(20), 1704–1715. DOI: 10.1111/j.1559-1816.1990.tb01505.x.

Norris, F. H. (1992). Epidemiology of trauma: Frequency and impact of different potentially traumatic events on different demographic groups. *Journal of Consulting and Clinical Psychology, 60*(3), 409–418.

O'Donnell, M. L., Creamer, M., Pattison, P., & Atkin, C. (2004). Psychiatric morbidity following injury. *American Journal of Psychiatry, 161*(3), 507–514.

Olff, M., Langeland, W., Draijer, N., & Gersons, B. P. (2007). Gender differences in posttraumatic stress disorder. *Psychological Bulletin, 133*(2), 183–204. DOI: 10.1037/0033-2909.133.2.183.

Olweus, D. (2008). *Gewalt in der Schule. Was Lehrer und Eltern wissen sollten – und tun könnten* (4. Aufl.). Bern: Huber.

Oppenheim, H. (1889). *Die traumatischen Neurosen*. Berlin: Hirschwald.

Ozer, E. J., Best, S. R., Lipsey, T. L., & Weiss, D. S. (2003). Predictors of posttraumatic stress disorder and symptoms in adults: a meta-analysis. *Psychological Bulletin, 129*(1), 52–73.

Pae, C. U., Lim, H. K., Peindl, K., Ajwani, N., Serretti, A., Patkar, A. A., & Lee, C. (2008). The atypical antipsychotics olanzapine and risperidone in the treatment of posttraumatic stress disorder: a meta-analysis of randomized, double-blind, placebo-controlled clinical trials. *International Clinical Psychopharmacology, 23*(1), 1–8. DOI: 10.1097/YIC.0b013e32825ea324.

Page, H. W. (1883). *Injuries of the soine and spinal cord without apparent chanical lesion, and nervous shock, in their surgical and medico-legal aspects*. London: Churchill.

Pape, J. C. & Binder, E. B. (2014). Psychotrauma als Risiko für spätere psychische Störungen.

Epigenetische Mechanismen, 85(11), 1382–1389.

Patel, N., Kellezi, B., & Williams, A. C. (2014). Psychological, social and welfare interventions for psychological health and well-being of torture survivors. *Cochrane Database of Systematic Reviews, 11,* CD009317. DOI: 10.1002/14651858.CD009317.pub2.

Payne, P., Levine, P. A., & Crane-Godreau, M. A. (2015). Somatic experiencing: using interoception and proprioception as core elements of trauma therapy. *Frontiers in Psychology, 6,* 93. DOI: 10.3389/fpsyg.2015.00093.

Pearson, D. G. (2012). Contextual representations increase analogue traumatic intrusions: Evidence against a dual-representation account of peri-traumatic processing. *Journal of Behavior Therapy and Experimental Psychiatry, 43*(4), 1026–1031. DOI: 10.1016/j.jbtep.2012.04.002.

Pearson, D. G. (2014). Are C-reps contextual representations? A reply to Brewin and Burgess. *Journal of Behavior Therapy and Experimental Psychiatry, 45*(1), 220–222. DOI: 10.1016/j.jbtep.2013.07.010.

Pearson, D. G., Ross, F. D. C., & Webster, V. L. (2012). The importance of context: Evidence that contextual representations increase intrusive memories. *Journal of Behavior Therapy and Experimental Psychiatry, 43*(1), 573–580. DOI: 10.1016/j.jbtep.2011.07.009.

Pelcovitz, D., van der Kolk, B., Roth, S., Mandel, F., Kaplan, S., & Resick, P. (1997). Development of a criteria set and a structured interview for disorders of extreme stress (SIDES). *Journal of Traumatic Stress, 10*(1), 3–16.

Perkonigg, A., Kessler, R. C., Storz, S., & Wittchen, H. U. (2000). Traumatic events and post-traumatic stress disorder in the community: prevalence, risk factors and comorbidity. *Acta Psychiatrica Scandinavica, 101*(1), 46–59. DOI: 10.1034/j.1600-0447.2000.101001046.x.

Perrin, S., Smith, P., & Yule, W. (2000). Practitioner review: The assessment and treatment of post-traumatic stress disorder in children and adolescents. *Journal of Child Psychology and Psychiatry and Allied Disciplines, 41*(3), 277–289. DOI: 10.1017/S0021963099005454.

Pervanidou, P., Kolaitis, G., Charitaki, S., Lazaropoulou, C., Papassotiriou, L., Hindmarsh, P., ... & Chrousos, G. P. (2007). The natural history of neuroendocrine changes in pediatric posttraumatic stress disorder (PTSD) after motor vehicle accidents: Progressive divergence of noradrenaline and cortisol concentrations over time. *Biological Psychiatry, 62*(10), 1095–1102. DOI: 10.1016/j.biopsych.2007.02.008.

Peterson, K. C., Prout, M. F., & Schwarz, R. A. (1991). *Post-traumatic stress disorder. A clinician's guide.* New York: Plenum Press.

Peterson, C., & Seligman, M. E. P. (1983). Learned helplessness and victimization. *Journal of Social Issues, 39*(2), 103–116.

Pfefferbaum, B. (1997). Posttraumatic stress disorder in children: A review of the past 10 years. *Journal of the American Academy of Child and Adolescent Psychiatry, 36*(11), 1503–1511. DOI: 10.1016/S0890-8567(09)66558-8.

Pitman, R. K., Altman, B., Greenwald, E., Longpre, R. E., Macklin, M. L., Poire, R. E., & Steketee, G. S. (1991). Psychiatric complications during flooding therapy for posttraumatic stress disorder. *Journal of Clinical Psychiatry, 52*(1), 17–20.

Plana, I., Lavoie, M. A., Battaglia, M., & Achim, A. M. (2014). A meta-analysis and scoping review of social cognition performance in social phobia, posttraumatic stress disorder and other anxiety disorders. *Journal of Anxiety Disorders, 28*(2), 169–177. DOI: 10.1016/j.janxdis.2013.09.005.

Ponniah, K., & Hollon, S. D. (2009). Empirically supported psychological treatments for adult acute stress disorder and posttraumatic stress disorder: a review. *Depression and Anxiety, 26*(12), 1086–1109. DOI: 10.1002/da.20635.

Powell, S., Rosner, R., Butollo, W., Tedeschi, R. G., & Calhoun, L. G. (2003). Posttraumatic growth after war: a study with former refugees and displaced people in Sarajevo. *Journal of Clinical Psychology, 59*(1), 71–83. DOI: 10.1002/jclp.10117.

Power, K., McGoldrick, T., Brown, K., Buchanan, R., Sharp, D., Swanson, V., & Karatzias, A. (2002). A controlled comparison of eye movement desensitization and reprocessing versus exposure plus cognitive restructuring versus waiting list in the treatment of post-traumatic stress disorder. *Clinical Psychology & Psychotherapy, 9*(5), 299–318. DOI: 10.1002/cpp.341.

Powers, M. B., Halpern, J. M., Ferenschak, M. P., Gillihan, S. J., & Foa, E. B. (2010). A meta-analytic review of prolonged exposure for posttraumatic stress disorder. *Clinical Psychology Review, 30*(6), 635–641. DOI: 10.1016/j.cpr.2010.04.007.

Psarros, C., Theleritis, C. G., Martinaki, S., & Bergiannaki, I. D. (2008). Traumatic reactions in firefighters after wildfires in Greece. *Lancet, 371*(9609), 301. DOI: 10.1016/S0140-6736(08)60163-4.

Pupo, M. C., Serafim, P. M., & de Mello, M. F. (2015). Health-related quality of life in posttraumatic stress disorder: 4 years follow-up study of individuals exposed to urban violence. *Psychiatry Research, 228*(3), 741–745. DOI: 10.1016/j.psychres.2015.05.030.

Pyevich, C. M., Newman, E., & Daleiden, E. (2003). The relationship among cognitive schemas, job-related traumatic exposure, and posttraumatic stress disorder in journalists. *Journal of Traumatic Stress, 16*(4), 325–328. DOI: 10.1023/A:1024405716529.

Pynoos, R. S., Steinberg, A. M., & Piacentini, J. C. (1999). A developmental psychopathology model of childhood traumatic stress and intersection with anxiety disorders. *Biological psychiatry, 46*(11), 1542–1554.

Quinal, L., Harford, S., & Rutledge, D. N. (2009). Secondary traumatic stress in oncology staff. *Cancer Nursing, 32*(4), E1–7. DOI: 10.1097/NCC.0b013e31819ca65a.

Radebold, H. (2000). *Abwesende Väter: Folgen der Kriegskindheit in Psychoanalysen.* Göttingen: Vandenhoeck & Ruprecht.

Radebold, H. (2004). *Kindheiten im II. Weltkrieg und ihre Folgen.* Gießen: Psychosozial Verlag.

Ramm, G. C., & Hasenbring, M. (2003). Die deutsche Adaptation der Illness-specific Social Support Scale und ihre teststatistische Überprüfung beim Einsatz an Patienten vor und nach Knochenmarktransplantation. *Zeitschrift für Medizinische Psychologie, 12*(1), 29–38.

Raphael, B., Lundin, T., & Weisaeth, L. (1989). A research method for the study of psychological and psychiatric aspects of disaster. *Acta Psychiatrica Scandinavica Supplement, 80*(S353), 1–75.

Reddemann, L. (2009). Psychodynamisch-imaginative Traumatherapie (PITT). In A. Maercker (Hrsg.), *Posttraumatische Belastungsstörungen* (S. 259–274). Berlin: Springer.

Reddemann, L. (2012). *Imagination als heilsame Kraft* (16. Aufl.). Stuttgart: Pfeiffer bei Klett-Cotta.

Reddemann, L. (2014). *Psychodynamisch Imaginative Traumatherapie PITT – Das Manual: Ein resilienzorientierter Ansatz in der Psychotraumatologie.* Stuttgart: Klett-Cotta.

Regambal, M. J., & Alden, L. E. (2012). The contribution of threat probability estimates to reexperiencing symptoms: A prospective analog study. *Journal of Behavior Therapy and Experimental Psychiatry, 43*(3), 947–951. DOI: 10.1016/j.jbtep.2012.02.003.

Reist, C., Kauffmann, C. D., Haier, R. J., Sangdahl, C., Demet, E. M., Chiczdemet, A., & Nelson, J. N. (1989). A controlled trial of desipramine in 18 men with posttraumatic stress disorder. *American Journal of Psychiatry, 146*(4), 513–516.

Resch, F., & Brunner, R. (2004). Posttraumatische Belastungsstörung, Anpassungsstörungen und Selbstbeschädigungserkrankungen. In C. Eggers, J. M. Fegert & F. Resch (Hrsg.), *Psychiatrie und Psychotherapie des Kindes- und Jugendalters* (S. 517–540). Berlin: Springer.

Resick, P. A., Nishith, P., Weaver, T. L., Astin, M. C., & Feuer, C. A. (2002). A comparison of cognitive-processing therapy with prolonged exposure and a waiting condition for the treatment of chronic posttraumatic stress disorder in female rape victims. *Journal of Consulting and Clinical Psychology, 70*(4), 867–879. DOI: 10.1037//0022-006x.70.4.867.

Resick, P. A., & Schnicke, M. K. (1993). *Cognitive Processing Therapy for Rape Victims: A Treatment Manual.* Thousand Oaks, CA: Sage.

Resick, P. A., & Schnicke, M. K. (1992). Cognitive processing therapy for sexual assault victims. *Journal of Consulting and Clinical Psychology, 60*(5), 748–756. DOI: 10.1037//0022-006x.60.5.748.

Resnick, H. S., Kilpatrick, D. G., Dansky, B. S., Saunders, B. E., & Best, C. L. (1993). Prevalence of civilian trauma and posttraumatic stress disorder in a representative national sample of women. *Journal of Consulting and Clinical Psychology, 61*(6), 984–991.

Resnick, H. S., Yehuda, R., Pitman, R. K., & Foy, D. W. (1995). Effect of Previous Trauma on Acute Plasma-Cortisol Level Following Rape. *American Journal of Psychiatry, 152*(11), 1675–1677.

Ressler, K. J., Mercer, K. B., Bradley, B., Jovanovic, T., Mahan, A., Kerley, K., & May, V. (2011). Post-traumatic stress disorder is associated with PACAP and the PAC1 receptor. *Nature, 470*(7335), 492–497. DOI: 10.1038/nature09856.

Reyes-Rodriguez, M. L., Von Holle, A., Ulman, T. F., Thornton, L. M., Klump, K. L., Brandt, H., … & Bulik, C. M. (2011). Posttraumatic Stress Disorder in Anorexia Nervosa. *Psychosomatic Medicine, 73*(6), 491–497. DOI: 10.1097/PSY.0b013e31822232bb.

Riedesser, P. (1975). Psychische Störungen bei ausländischen Arbeitern in der Bundesrepublik Deutschland. *Medizinische Klinik, 70*(21), 954–959.

Rief, W., & Hiller, W. (2008). *Screening für somatoforme Störungen (SOMS).* Göttingen: Hogrefe.

Roberts, N. P., Kitchiner, N. J., Kenardy, J., & Bisson, J. I. (2009). Systematic review and meta-analysis of multiple-session early interventions following traumatic events. *American Journal of Psychiatry, 166*(3), 293–301. DOI: 10.1176/appi.ajp.2008.08040590.

Roberts, N. P., Kitchiner, N. J., Kenardy, J., & Bisson, J. I. (2010). Early psychological interventions to treat acute traumatic stress symptoms (Review). *Cochrane Database of Systematic Reviews, 3*, Art. No.: CD007944. DOI: 10.1002/14651858.CD007944.pub2.

Robins, L. N., Helzer, J. E., Croughan, J., & Ratcliff, K. S. (1981). National Institute of Mental Health Diagnostic Interview Schedule. Its history, characteristics, and validity. *Archives of General Psychiatry, 38*(4), 381–389.

Robjant, K., & Fazel, M. (2010). The emerging evidence for Narrative Exposure Therapy: a review. *Clinical Psychological Review, 30*(8), 1030–1039. DOI: 10.1016/j.cpr.2010.07.004.

Rocha-Rego, V., Pereira, M. G., Oliveira, L., Mendlowicz, M. V., Fiszman, A., Marques-Portella, C., ... & Volchan, E. (2012). Decreased Premotor Cortex Volume in Victims of Urban Violence with Posttraumatic Stress Disorder. *PloS One, 7*(8). e42560. DOI: 10.1371/journal.pone.0042560.

Rodriguez, M., Perez, V., & Garcia, Y. (2005). Impact of traumatic experiences and violent acts upon response to treatment of a sample of Colombian women with eating disorders. *International Journal of Eating Disorders, 37*(4), 299–306. DOI: 10.1002/eat.20091.

Rose, S., Bisson, J., Churchill, R., & Wessely, S. (2002). Psychological debriefing for preventing post traumatic stress disorder (PTSD). *Cochrane Database of Systematic Reviews* (2), CD000560. DOI: 10.1002/14651858.CD000560.

Rosen, C. S., Greenbaum, M. A., Schnurr, P. P., Holmes, T. H., Brennan, P. L., & Friedman, M. J. (2013). Do Benzodiazepines Reduce the Effectiveness of Exposure Therapy for Posttraumatic Stress Disorder? *Journal of Clinical Psychiatry, 74*(12), 1241–1247. DOI: 10.4088/JCP.13m08592.

Rosen, G. M. (2006). DSM's cautionary guideline to rule out malingering can protect the PTSD data base. *Journal of Anxiety Disorders, 20*(4), 530–535. DOI: 10.1016/j.janxdis.2005.03.004.

Rosenman, S. (2002).Trauma and posttraumatic stress disorder in Australia: findings in the population sample of the Australian National Survey of Mental Health and Wellbeing. *Australian New Zealand Journal of Psychiatry, 36*(4), 515–520.

Rosner, R., Henkel, C, Ginkel, K., & Mestel, R. (2010). Was passiert nach der stationären Stabilisierung mit komplextraumatisierten PTB-Patientinnen? *Zeitschrift für Psychiatrie, Psychologie und Psychotherapie, 58*(2), 127–135. DOI: 10.1024/1661-4747/a000017.

Rosner, R., & Hagl, M. (2008). Posttraumatische Belastungsstörung. *Kindheit und Entwicklung, 17*(4), 205–209. DOI: 10.1026/0942-5403.17.4.205.

Roth, S., Newman, E., Pelcovitz, D., van der Kolk, B., & Mandel, F. S. (1997). Complex PTSD in victims exposed to sexual and physical abuse: results from the DSM-IV Field Trial for Posttraumatic Stress Disorder. *Journal of Traumatic Stress, 10*(4), 539–555.

Rothbaum, B. O. (1997). A controlled study of eye movement desensitization and reprocessing in the treatment of posttraumatic stress disordered sexual assault victims. *Bulletin of the Menninger Clinic, 61*(3), 317–334.

Rothbaum, B. O., Astin, M. C., & Marsteller, F. (2005). Prolonged exposure versus eye movement desensitization and reprocessing (EMDR) for PTSD rape victims. *Journal of Traumatic Stress, 18*(6), 607–616. DOI: 10.1002/jts.20069.

Ruggiero, K. J., Rheingold, A. A., Resnick, H. S., Kilpatrick, D. G., & Galea, S. (2006). Comparison of two widely used PTSD-screening instruments: implications for public mental health planning. *Journal of Traumatic Stress, 19*(5), 699–707. DOI: 10.1002/jts.20141.

Rutten, B. P., Hammels, C., Geschwind, N., Menne-Lothmann, C., Pishva, E., Schruers, K., ... & Wichers, M. (2013). Resilience in mental health: linking psychological and neurobiological perspectives. *Acta Psychiatrica Scandinavica, 128*(1), 3–20. DOI: 10.1111/acps.12095.

Rutter, M. (2006). Implications of resilience concepts for scientific understanding. *Annals of the New York Academy of Sciences, 1094*(1), 1–12.

Sack, M., Lempa, W., Steinmetz, A., Lamprecht, F., & Hofmann, A. (2008). Alterations in autonomic tone during trauma exposure using eye movement desensitization and reprocessing (EMDR) – Results of a preliminary investigation. *Journal of Anxiety Disorders, 22*(7), 1264–1271. DOI: 10.1016/j.janxdis.2008.01.007.

Saigh, P. A., Yasik, A. E., Oberfield, R. A., Green, B. L., Halamandaris, P. V., Rubenstein, H., ... & McHugh, M. (2000). The Children's PTSD Inventory: development and reliability. *Journal of Traumatic Stress, 13*(3), 369–380. DOI: 10.1023/A:1007750021626.

Saijo, Y., Ueno, T., & Hashimoto, Y. (2012). Post-traumatic stress disorder and job stress among firefighters of urban Japan. *Prehospital and Disaster Medicine, 27(1), 59–63. DOI: 10.1017/S1049023X12000222.

Salmon, K., & Bryant, R. A. (2002). Posttraumatic stress disorder in children: The influence of developmental factors. Clinical Psychology Review, 22(2), 163–188.

Salmon, T. W. (1919). The war neuroses and their lessons. New York State Medical Journal, 59, 993–994.

Sapolsky, R. M., Uno, H., Rebert, C. S., & Finch, C. E. (1990). Hippocampal Damage Associated with Prolonged Glucocorticoid Exposure in Primates. The Journal of Neuroscience, 10(9), 2897–2902.

Sarason, I. G., Johnson, J. H., Berberich, J. P., & Siegel, J. M. (1979). Helping police officers to cope with stress: a cognitive-behavioral approach. American Journal of Community Psychology, 7(6), 593–603.

Sartor, C. E., Grant, J. D., Lynskey, M. T., McCutcheon, V. V., Waldron, M., Statham, D. J., ... & Nelson, E. C. (2012). Common Heritable Contributions to Low-Risk Trauma, High-Risk Trauma, Posttraumatic Stress Disorder, and Major Depression. Archives of General Psychiatry, 69(3), 293–299.

Saß, H., Wittchen, H. U., & Zaudig, Z. (1998). Diagnostisches und statistisches Manual psychischer Störungen DSM-IV. Göttingen: Hogrefe.

Schäfer, I., Barkmann, C., Riedesser, P., & Schulte-Markwort, M. (2006). Posttraumatic syndromes in children and adolescents after road traffic accidents – a prospective cohort study. Psychopathology, 39(4), 159–164.

Schauer, M., Neuner, F., & Elbert, T. (2011). Narrative Exposure Therapy: A Short-Term Treatment for Traumatic Stress Disorders. Göttingen: Hogrefe.

Scheck, M. M., Schaeffer, J. A., & Gillette, C. (1998). Brief psychological intervention with traumatized young women: The efficacy of eye movement desensitization and reprocessing. Journal of Traumatic Stress, 11(1), 25–44. DOI: 10.1023/A:1024400931106.

Schnurr, P. P., Friedman, M. J., Engel, C. C., Foa, E. B., Shea, M. T., Chow, B. K., ... & Bernardy, N. (2007). Cognitive behavioral therapy for posttraumatic stress disorder in women – A randomized controlled trial. Jama –Journal of the American Medical Association, 297(8), 820–830. DOI: 10.1001/jama.297.8.820.

Schnyder, U. (2014). Treating intrusions, promoting resilience: an overview of therapies for trauma-related psychological disorders. European Journal of Psychotraumatology, 5. ARTN 26520. DOI: 10.3402/ejpt.v5.26520.

Schnyder, U., & Cloitre, M. (2015). Evidence Based Treatments for Trauma-Related Psychological Disorders: A Practical Guide for Clinicians. Cham: Springer International Publishing.

Schnyder, U., & Moergeli, H. (2002). German version of Clinician-Administered PTSD Scale. Journal of Traumatic Stress, 15(6), 487–492. DOI: 10.1023/A:1020922023090.

Schottenbauer, M. A., Glass, C. R., Arnkoff, D. B., & Gray, S. H. (2008). Contributions of psychodynamic approaches to treatment of PTSD and trauma: a review of the empirical treatment and psychopathology literature. Psychiatry, 71 (1), 13–34. DOI: 10.1521/psyc.2008.71.1.13.

Schubbe, O. (2014). EMDR, Brainspotting und Somatic Experiencing in der Behandlung von Traumafolgestörungen. Psychotherapeutenjournal, 13(2), 156–163.

Schubert, S. J., Lee, C. W., & Drummond, P. D. (2011). The efficacy and psychophysiological correlates of dual-attention tasks in eye movement desensitization and reprocessing (EMDR). Journal of Anxiety Disorders, 25(1), 1–11. DOI: 10.1016/j.janxdis.2010.06.024.

Seidler, G. H. (2013). Psychotraumatologie. Stuttgart: Kohlhammer.

Seidler, G. H., & Wagner, F. E. (2006). Comparing the efficacy of EMDR and trauma-focused cognitive-behavioral therapy in the treatment of PTSD: a meta-analytic study. Psychological Medicine, 36(11), 1515–1522. DOI: 10.1017/S0033291706007963.

Selye, H. (1984). The stress of life. New York: McGraw-Hill.

Sendera, A., & Sendera, M. (2012). Skills-Training bei Borderline- und Posttraumatischer Belastungsstörung (3. Aufl.). Wien: Springer.

Senf, W., Tagay S., & Langkafel, M. (2012). Entwicklungstheorien. In W. Senf & M. Broda (Hrsg.), Praxis der Psychotherapie: ein integratives Lehrbuch (5. Aufl.; S. 86–96). Suttgart: Georg Thieme Verlag.

Shakespeare-Finch, J., & Lurie-Beck, J. (2014). A meta-analytic clarification of the relationship between posttraumatic growth and symptoms of posttraumatic distress disorder. Journal of Anxiety Disorders, 28(2), 223–229. DOI: 10.1016/j.janxdis.2013.10.005.

Shalev, A. Y., Ankri, Y., Israeli-Shalev, Y., Peleg, T., Adessky, R., & Freedman, S. (2012). Prevention of posttraumatic stress disorder by early treatment: results from the Jerusalem Trauma Outreach and Prevention study. Archives of General Psychiatry, 69(2), 166–176. DOI: 10.1001/archgenpsychiatry.2011.127.

Shalev, A. Y., Peri, T., Canetti, L., & Schreiber, S. (1996). Predictors of PTSD in injured trauma survivors: a prospective study. *American Journal of Psychiatry, 153*(2), 219–225.

Shapiro, F. (1989). Eye movement desensitization: a new treatment for post-traumatic stress disorder. *Journal of Behavior Therapy and Experimental Psychiatry, 20*(3), 211–217.

Shapiro, F. (2012). *EMDR – Grundlagen und Praxis: Handbuch zur Behandlung traumatisierter Menschen*. Paderborn: Junfermann.

Shapiro, F. (2014). The role of eye movement desensitization and reprocessing (EMDR) therapy in medicine: addressing the psychological and physical symptoms stemming from adverse life experiences. *Permante Journal, 18*(1), 71–77. DOI: 10.7812/TPP/13-098.

Sharpley, J. G., Fear, N. T., Greenberg, N., Jones, M., & Wessely, S. (2008). Pre-deployment stress briefing: does it have an effect? *Occupational Medicine (Lond), 58*(1), 30–34. DOI: 10.1093/occmed/kqm118.

Sherin, J. E., & Nemeroff, C. B. (2011). Posttraumatic stress disorder: the neurobiological impact of psychological trauma. *Dialogues in Clinical Neurosciences, 13*(3), 263–278.

Shu, X. J., Xue, L., Liu, W., Chen, F. Y., Zhu, C., Sun, X. H., ... & Zhao, H. (2013). More vulnerability of left than right hippocampal damage in right-handed patients with posttraumatic stress disorder. *Psychiatry Research-Neuroimaging, 212*(3), 237–244. DOI: 10.1016/j.pscychresns.2012.04.009.

Sijaric-Voloder, S., & Capin, D. (2008). Application of cognitive behavior therapeutic techniques for prevention of psychological disorders in police officers. *Healthmed, 2*(4), 288–292.

Silver, S. M., Brooks, A., & Obenchain, J. (1995). Treatment of Vietnam War veterans with PTSD: a comparison of eye movement desensitization and reprocessing, biofeedback, and relaxation training. *Journal of Traumatic Stress, 8*(2), 337–342.

Simons, M., & Herpertz-Dahlmann, B. (2008). Traumata und Traumafolgestörungen bei Kindern und Jugendlichen – eine kritische Übersicht zu Klassifikationen und diagnostischen Kriterien. *Zeitschrift für Kinder- und Jugendpsychiatrie und Psychotherapie, 36*(3), 151–161. DOI: 10.1024/1422-4917.36.3.151.

Skeffington, P. M., Rees, C. S., & Kane, R. (2013). The primary prevention of PTSD: a systematic review. *Journal of Trauma & Dissociation, 14*(4), 404–422. DOI: 10.1080/15299732.2012.753653.

Skelton, K., Ressler, K. J., Norrholm, S. D., Jovanovic, T., & Bradley-Davino, B. (2012). PTSD and gene variants: New pathways and new thinking. *Neuropharmacology, 62*(2), 628–637. DOI: 10.1016/j.neuropharm.2011.02.013.

Slobodin, O., & de Jong, J. T. V. M. (2015). Family interventions in traumatized immigrants and refugees: A systematic review. *Transcultural Psychiatry, 52*(6), 723–742. DOI: 10.1177/1363461515588855.

Smith, E. E., & Grabowski, J. (2007). *Atkinsons und Hilgards Einführung in die Psychologie*. Berlin, Heidelberg: Spektrum Akademischer Verlag.

Smolak, L., & Murnen, S. K. (2002). A meta-analytic examination of the relationship between child sexual abuse and eating disorders. *International Journal of Eating Disorders, 31*(2), 136–150. DOI: 10.1002/eat.10008.

Smyth, J. M., Heron, K. E., Wonderlich, S. A., Crosby, R. D., & Thompson, K. M. (2008). The influence of reported trauma and adverse events on eating disturbance in young adults. *International Journal of Eating Disorders, 41*(3), 195–202.

Solomon, Z., Iancu, I., & Tyano, S. (1997). World assumptions following disaster. *Journal of Applied Social Psychology, 27*(20), 1785–1798. DOI: 10.1111/j.1559-1816.1997.tb01625.x.

Sommer, G., & Fydrich, T. (1991). Entwicklung und Überprüfung eines Fragebogens zur sozialen Unterstützung (F-SOZU). *Diagnostica, 37*(2), 160–178.

Sorenson, S. B. (2002). Preventing traumatic stress: public health approaches. *Journal of Traumatic Stress, 15*(1), 3–7. DOI: 10.1023/a:1014381925423.

Southard, E. E. (1919). *Shell shock and other neuropsychiatric problems*. Boston: Leonard.

Soyer, J. (2006). Sozialarbeiterische Begleitung von traumatisierten Menschen. In A. Maercker & R. Rosner (Hrsg.), *Psychotherapie der posttraumatischen Belastungsstörungen* (S. 228–240). Stuttgart: Georg Thieme.

Spitzer, C., Barnow, S., Völzke, H., John, U., Freyberger, H.J. & Grabe, H. J. (2008). Trauma and posttraumatic stress disorder in the elderly: findings from a German community study. *Journal of Clinical Psychiatry, 69*(5), 693–700.

Starcevic, A., Postic, S., Radojicic, Z., Starcevic, B., Milovanovic, S., Ilankovic, A., ... & Radonjic, V. (2014). Volumetric analysis of amygdala, hippocampus, and prefrontal cortex in Therapy-Naive PTSD participants. *BioMed Research International, 2014:968495*. DOI: 10.1155/2014/968495.

Statistisches Bundesamt. (2014). *Bevölkerung und Entwicklung*. Wiesbaden.

Staub, E., Tursky, B., & Schwartz, G. E. (1971). Self-control and predictability: their effects on reactions to aversive stimulation. *Journal of Personality and Social Psychology, 18*(2), 157–162.

Steel, Z., Chey, T., Silove, D., Marnane, C., Bryant, R. A., & van Ommeren, M. (2009). Association of torture and other potentially traumatic events with mental health outcomes among populations exposed to mass conflict and displacement: a systematic review and meta-analysis. *JAMA – Journal of the American Medical Association, 302*(5), 537–549. DOI: 10.1001/jama.2009.1132.

Steil, R., & Ehlers, A. (2000). Dysfunctional meaning of posttraumatic intrusions in chronic PTSD. *Behaviour Research and Therapy, 38* (6), 537–558. DOI: 10.1016/S0005-7967(99)00069-8.

Steil, R., & Füchsel, G. (2006). *IBS-KJ (Interviews zu Belastungsstörungen bei Kindern und Jugendlichen)*. Göttingen: Hogrefe.

Stein, D. J., Ipser, J. C., & Seedat, S. (2006). Pharmacotherapy for post traumatic stress disorder (PTSD). *Cochrane Database of Systematic Reviews* (1). ARTN CD002795. DOI: 10.1002/14651858.CD002795.pub2.

Stein, M. B., Jang, K. L., Taylor, S., Vernon, P. A., & Livesley, W. J. (2002). Genetic and environmental influences on trauma exposure and posttraumatic stress disorder symptoms: A twin study. *American Journal of Psychiatry, 159*(10), 1675–1681. DOI: 10.1176/appi.ajp.159.10.1675.

Stein, M. B., Kerridge, C., Dimsdale, J. E., & Hoyt, D. B. (2007). Pharmacotherapy to prevent PTSD: Results from a randomized controlled proof-of-concept trial in physically injured patients. *Journal of Traumatic Stress, 20* (6), 923–932. DOI: 10.1002/jts.20270.

Stein, M. B., Koverola, C., Hanna, C., Torchia, M. G., & McClarty, B. (1997b). Hippocampal volume in women victimized by childhood sexual abuse. *Psychological Medicine, 27*(4), 951–959. DOI: 10.1017/S0033291797005242.

Stein, M. B., Walker, J. R., Hazen, A. L., & Forde, D. R. (1997a). Full and partial posttraumatic stress disorder: findings from a community survey. *American Journal of Psychiatry, 154* (8), 1114–1119.

Stenmark, H., Catani, C., Neuner, F., Elbert, T., & Holen, A. (2013). Treating PTSD in refugees and asylum seekers within the general health care system. A randomized controlled multicenter study. *Behaviour Research and Therapy, 51*(10), 641–647. DOI: 10.1016/j.brat.2013.07.002.

Stickgold, R. (2002). EMDR: a putative neurobiological mechanism of action. *Journal of Clinical Psychology, 58*(1), 61–75.

Stierlin, E. (1909). Über psycho-neuropathische Folgezustände bei den überlebenden der Katastrophe von Courrières am 10. März 1906. *European Neurology, 25*(Suppl. 1), 185–197.

Stoll, C., Kapfhammer, H. P., Rothenhausler, H. B., Haller, M., Briegel, J., Schmidt, M., ... Schelling, G. (1999). Sensitivity and specificity of a screening test to document traumatic experiences and to diagnose post-traumatic stress disorder in ARDS patients after intensive care treatment. *Intensive Care Med, 25*(7), 697–704.

Strauß, B. (2004). Vernachlässigung und Misshandlung aus Sicht der Bindungstheorie. In U. Egle, S. Hoffmann & P. Joraschky (Hrsg.), *Sexueller Missbrauch, Misshandlung, Vernachlässigung. Erkennung, Therapie und Prävention der Folgen früher Stresserfahrungen* (S. 105–115). Stuttgart: Schattauer.

Striegel-Moore, R. H., Dohm, F. A., Pike, K. M., Wilfley, D. E., & Fairburn, C. G. (2002). Abuse, bullying, and discrimination as risk factors for binge eating disorder. *American Journal of Psychiatry, 159*(11), 1902–1907. DOI: 10.1176/appi.ajp.159.11.1902.

Switzer, G. E., Dew, M. A., Thompson, K., Goycoolea, J. M., Derricott, T., & Mullins, S. D. (1999). Posttraumatic stress disorder and service utilization among urban mental health center clients. *Journal of Traumatic Stress, 12* (1), 25–39. DOI: 10.1023/A:1024738114428.

Tabor, P. D. (2011). Vicarious traumatization: concept analysis. *Journal of Forensic Nursing, 7*(4), 203–208. DOI: 10.1111/j.1939-3938.2011.01115.x.

Tagay, S. (2013). Salutogenesis. In M. Gellmann & J. R. Turner (Hrsg.), *Encyclopedia of Behavioral Medicine* (S. 1707–1709). New York: Springer.

Tagay, S., Arntzen, E., Mewes, R., & Senf, W. (2008a). Zusammenhang zwischen dem Tod wichtiger Bezugspersonen und posttraumatischer Belastungsstörung. *Zeitschrift für Psychosomatische Medizin und Psychotherapie, 54*(2), 164–173. DOI: 10.13109/zptm.2008.54.2.1642307/23871570.

Tagay, S., Düllmann, S., Hermans, E., Hiller, R., & Senf, W. (2011). Das Essener Trauma-Inventar für Kinder und Jugendliche (ETI-KJ). *Zeitschrift für Kinder- und Jugendpsychiatrie und Psychotherapie, 61*(7), 319–327.

Tagay, S., Erim, Y., Brähler, E. & Senf, W. (2006). Religiosity and sense of coherence – Protective factors of mental health and well-being? *Zeit-*

schrift für Medizinische Psychologie, 15(4), 165–171.

Tagay, S., Erim, Y., & Stoelk, B. (2007). Das Essener Trauma-Inventar (ETI) – Ein Screeninginstrument zur Identifikation traumatischer Ereignisse und posttraumatischer Störungen. *Zeitschrift für Psychotraumatologie, Psychotherapiewissenschaft, psychologische Medizin, 1*, 75–89.

Tagay, S., Herpertz, S., Langkafel, M., & Senf, W. (2004). Trauma, posttraumatische Belastungsstörung und Somatisierung. *Psychotherapie Psychosomatik Medizinische Psychologie, 54*(5), 198–205. DOI: 10.1055/s-2003-814866.

Tagay, S., Herpertz, S., Langkafel, M., & Senf, W. (2005). Posttraumatic stress disorder in a psychosomatic outpatient clinic. Gender effects, psychosocial functioning, sense of coherence, and service utilization. *Journal of Psychosomatic Research, 58*(5), 439–446. DOI: 10.1016/j.jpsychores.2004.09.007.

Tagay, S., Mewes, R., Brahler, E., & Senf, W. (2009). Sense of Coherence bei Bulimie-Patientinnen: ein protektiver Faktor für psychische Gesundheit? *Psychiatrische Praxis, 36*(1), 30–34. DOI: 10.1055/s-2008-1067461.

Tagay, S., Repic, N., & Senf, W. (2013). Traumafolgestörungen bei Erwachsenen, Kindern und Jugendlichen. *Psychotherapeut, 58*(1), 44–55.

Tagay, S., Schlegl, S., & Senf, W. (2010). Traumatic events, posttraumatic stress symptomatology and somatoform symptoms in eating disorder patients. *European Eating Disorders Review, 18*(2), 124–132. DOI: 10.1002/erv.972.

Tagay, S., & Senf, W. (2014). *ETI – Essener Trauma-Inventar*. Göttingen: Hogrefe.

Tagay, S., Zararsiz, R., Erim, Y., Düllmann, S., Schlegl, S., Brähler, E., & Senf, W. (2008b). Traumatische Ereignisse und Posttraumatische Belastungsstörung bei türkischsprachigen Patienten in der Primärversorgung. *Psychotherapie Psychosomatik Medizinische Psychologie, 58*, 155–161. DOI: 10.1055/s-2008-1067357.

Taku, K., Cann, A., Tedeschi, R. G., & Calhoun, L. G. (2015). Core beliefs shaken by an earthquake correlate with posttraumatic growth. *Psychological Trauma, 7*(6), 563–569. DOI: 10.1037/tra0000054.

Tarrier, N., Pilgrim, H., Sommerfield, C., Faragher, B., Reynolds, M., Graham, E., & Barrowclough, C. (1999). A randomized trial of cognitive therapy and imaginal exposure in the treatment of chronic posttraumatic stress disorder. *Journal of Consulting and Clinical Psychology, 67*(1), 13–18. DOI: 10.1037/0022-006x.67.1.13.

Taylor, S., Thordarson, D. S., Maxfield, L., Fedoroff, I. C., Lovell, K., & Ogrodniczuk, J. (2003). Comparative efficacy, speed, and adverse effects of three PTSD treatments: Exposure therapy, EMDR, and relaxation training. *Journal of Consulting and Clinical Psychology, 71*(2), 330–338. DOI: 10.1037/0022-006x.71.2.330.

Taylor, S. E., Lichtman, R. R., & Wood, J. V. (1984). Attributions, beliefs about control, and adjustment to breast-cancer. *Journal of Personality and Social Psychology, 46*(3), 489–502. DOI: 10.1037/0022-3514.46.3.489.

Tedeschi, R. G., & Calhoun, L. G. (1995). *Trauma & transformation: growing in the aftermath of suffering*. Thousand Oaks: Sage.

Tedeschi, R. G., & Calhoun, L. G. (1996). The posttraumatic growth inventory: Measuring the positive legacy of trauma. *Journal of Traumatic Stress, 9*(3), 455–471. DOI: 10.1007/Bf02103658.

Tedeschi, R. G., & Calhoun, L. G. (2004). Posttraumatic Growth: Conceptual Foundations and Empirical Evidence. *Psychological Inquiry, 15*(1), 1–18. DOI: 10.1207/s15327965pli1501_01.

Teegen, F., & Meister, V. (2000). Traumatische Erfahrungen deutscher Flüchtlinge am Ende des II. Weltkrieges und heutige Belastungsstörungen. *Zeitschrift für Gerontopsychologie & -psychiatrie, 13*(3), 112–124.

Telles, S., Singh, N., Joshi, M., & Balkrishna, A. (2010). Post traumatic stress symptoms and heart rate variability in Bihar flood survivors following yoga: a randomized controlled study. *BMC Psychiatry, 10*(1), 18. DOI: 10.1186/1471-244X-10-18.

Teodorescu, D. S., Heir, T., Siqveland, J., Hauff, E., Wentzel-Larsen, T., & Lien, L. (2015). Chronic pain in multi-traumatized outpatients with a refugee background resettled in Norway: a cross-sectional study. *BMC Psychology, 3*(1), 7. DOI: 10.1186/s40359-015-0064-5.

Teodorescu, D. S., Siqveland, J., Heir, T., Hauff, E., Wentzel-Larsen, T., & Lien, L. (2012). Posttraumatic growth, depressive symptoms, posttraumatic stress symptoms, post-migration stressors and quality of life in multi-traumatized psychiatric outpatients with a refugee background in Norway. *Health and Quality of Life Outcomes, 10*(1), 84. DOI: 10.1186/1477-7525-10-84.

Terr, L. C. (1991). Childhood Traumas – an Outline and Overview. *American Journal of Psychiatry, 148*(1), 10–20.

Thomaes, K., Dorrepaal, E., Draijer, N., Jansma, E. P., Veltman, D. J., & van Balkom, A. J.

(2014). Can pharmacological and psychological treatment change brain structure and function in PTSD? A systematic review. *Journal of Psychiatric Research, 50,* 1–15. DOI: 10.1016/j.jpsychires.2013.11.002.

Thrasher, S. M., Dalgleish, T., & Yule, W. (1994). Information processing in post-traumatic stress disorder. *Behaviour Research and Therapy, 32* (2), 247–254. DOI: 10.1016/0005-7967(94)90119-8.

Tobin, D. L., Molteni, A. L., & Elin, M. R. (1995). Early trauma, dissociation, and late onset in the eating disorders. *International Journal of Eating Disorders, 17*(3), 305–308.

Tolin, D. F., & Foa, E. B. (2006). Sex differences in trauma and posttraumatic stress disorder: a quantitative review of 25 years of research. *Psychological Bulletin, 132*(6), 959–992. DOI: 10.1037/0033-2909.132.6.959.

True, W. R., Rice, J., Eisen, S. A., Heath, A. C., Goldberg, J., Lyons, M. J., & Nowak, J. (1993). A Twin Study of Genetic and Environmental Contributions to Liability for Posttraumatic Stress Symptoms. *Archives of General Psychiatry, 50*(4), 257–264.

Tsai, J., Armour, C., Southwick, S. M., & Pietrzak, R. H. (2015a). Dissociative subtype of DSM-5 posttraumatic stress disorder in U.S. veterans. *Journal of Psychiatric Research, 66–67,* 67–74. DOI: 10.1016/j.jpsychires.2015.04.017.

Tsai, J., Harpaz-Rotem, I., Armour, C., Southwick, S. M., Krystal, J. H., & Pietrzak, R. H. (2015b). Dimensional structure of DSM-5 posttraumatic stress disorder symptoms: results from the National Health and Resilience in Veterans Study. *Journal of Clinical Psychiatry, 76*(5), 546–553. DOI: 10.4088/JCP.14m09091.

Turnbull, S. J., Troop, N. A., & Treasure, J. L. (1997). The prevalence of post-traumatic stress disorder and its relation to childhood adversity in subjects with eating disorders. *European Eating Disorders Review, 5*(4), 270–277.

Uddin, M., Aiello, A. E., Wildman, D. E., Koenen, K. C., Pawelec, G., de los Santos, R., ... & Galea, S. (2010). Epigenetic and immune function profiles associated with posttraumatic stress disorder. *Proceedings of the National Academy of Sciences of the United States of America, 107*(20), 9470–9475. DOI: 10.1073/pnas.0910794107.

Ulich, D. (1987). *Krise und Entwicklung.* München: Psychologie-Verlags-Union.

UNHCR (2013). *2013 Global trends.* Geneva: UNHCR.

Van Ameringen, M., Mancini, C., Patterson, B., & Boyle, M. H. (2008). Post-traumatic stress disorder in Canada. *CNS Neuroscience & Therapeutics, 14*(3), 171–181. DOI: 10.1111/j.1755-5949.2008.00049.x.

van der Kolk, B. A. (2003). Posttraumatic stress disorder and the nature of trauma. In M. Salomon & D. J. Siegel (Hrsg.), *Healing Trauma* (S. 168–195). New York: W.W. Norton.

van der Kolk, B. A. (2009). Entwicklungstrauma-Störung. Auf dem Weg zu einer sinnvollen Diagnostik für chronisch traumatisierte Kinder. *Praxis der Kinderpsychologie und Kinderpsychiatrie, 58*(8), 572–586.

van der Kolk, B. A., Pelcovitz, D., Roth, S., Mandel, F. S., McFarlane, A., & Herman, J. L. (1996). Dissociation, somatization, and affect dysregulation: the complexity of adaptation of trauma. *American Journal of Psychiatry, 153*(7 Suppl), 83–93.

van der Kolk, B. A., Spinazzola, J., Blaustein, M. E., Hopper, J. W., Hopper, E. K., Korn, D. L., & Simpson, W. B. (2007). A randomized clinical trial of eye movement desensitization and reprocessing (EMDR), fluoxetine, and pill placebo in the treatment of posttraumatic stress disorder: Treatment effects and long-term maintenance. *Journal of Clinical Psychiatry, 68*(1), 37–46.

van der Ploeg, E., & Kleber, R. J. (2003). Acute and chronic job stressors among ambulance personnel: predictors of health symptoms. *Occupational and Environmental Medicine, 60* (1), 40–46.

van Dijk, J. A., Schoutrop, M. J., & Spinhoven, P. (2003). Testimony therapy: treatment method for traumatized victims of organized violence. *American Journal of Psychotherapy, 57*(3), 361–373.

Van Etten, M. L., & Taylor, S. (1998). Comparative efficacy of treatments for post-traumatic stress disorder: a meta-analysis. *Clinical Psychology & Psychotherapy, 5*(3), 126–144. DOI: 10.1002/(Sici)1099-0879(199809)5:3<126::Aid-Cpp153>3.3.Co;2-8.

van Minnen, A., & Hagenaars, M. (2002). Fear activation and habituation patterns as early process predictors of response to prolonged exposure treatment in PTSD. *Journal of Traumatic Stress, 15*(5), 359–367. DOI: 10.1023/A:1020177023209.

van Minnen, A., Zoellner, L. A., Harned, M. S., & Mills, K. (2015). Changes in Comorbid Conditions after Prolonged Exposure for PTSD: a Literature Review. *Current Psychiatry Reports, 17*(3). ARTN 17. DOI: 10.1007/s11920-015-0549-1.

van Zelst, W. H., de Beurs, E., Beekman, A. T., Deeg, D. J., & van Dyck, R. (2003). Prevalence and risk factors of posttraumatic stress disorder in older adults. *Psychotherapy and Psychosommatics, 72*(6), 333–342. DOI: 10.1159/000073030.

Vaughan, K., Armstrong, M. S., Gold, R., O'Connor, N., Jenneke, W., & Tarrier, N. (1994). A trial of eye movement desensitization compared to image habituation training and applied muscle relaxation in post-traumatic stress disorder. *Journal of Behavior Therapy and Experimental Psychiatry, 25*(4), 283–291.

Vermetten, E., Dorahy, M. J., & Spiegel, D. (2007). *Traumatic dissociation: Neurobiology and treatment*. Washington, DC: American Psychiatric Publishing, Inc.

Villarreal, G., & King, C. Y. (2001). Brain imaging in posttraumatic stress disorder. *Seminars in Clinical Neuropsychiatry, 6*(2), 131–145.

von Zerssen, D. (1976). *Die Beschwerden-Liste*. Weinheim: Beltz.

Vrana, S. R., Roodman, A., & Beckham, J. C. (1995). Selective Processing of Trauma-Relevant Words in Posttraumatic Stress Disorder. *Journal of Anxiety Disorders, 9*(6), 515–530. DOI: 10.1016/0887-6185(95)00028-M.

Vrana, S., & Lauterbach, D. (1994). Prevalence of traumatic events and post-traumatic psychological symptoms in a nonclinical sample of college students. *Journal of Traumatic Stress, 7*(2), 289–302.

Vyssoki, D., Tauber, T., Strusievici, S., & Schürmann-Emanuely, A. (2004). Trauma bei den Opfern der NS-Verfolgung. In A. Friedmann, P. Hofmann, B. Lueger-Schuster, M. Steinbauer & D. Vyssoki (Hrsg.), *Psychotrauma. Die Posttraumatische Belastungsstörung* (S. 197–211). Wien: Springer.

Watkins, J. G., & Watkins, H. H. (1997). *Ego States: Theory and Therapy*. New York: W.W. Norton.

Watson, C.G., Juba, M.P., Manifold, V., Kucala, T., & Anderson, P.E. (1991). The PTSD interview: rationale, description, reliability, and concurrent validity of a DSM-III-based technique. *Journal of Clinical Psychology, 47*(2), 179–188.

Watson, P. J., & Shalev, A. Y. (2005). Assessment and treatment of adult acute responses to traumatic stress following mass traumatic events. *CNS Spectrums, 10*(02), 123–131.

Weathers, F. W., & Keane, T. M. (2007). The Criterion A problem revisited: controversies and challenges in defining and measuring psychological trauma. *Journal of Traumatic Stress, 20*(2), 107–121. DOI: 10.1002/jts.20210.

Weathers, F. W., Litz, B. T., Herman, D. S., Huska, J. A., & Keane, T. M. (1993). *The PTSD Checklist: Description, use, and psychometric properties*. Unpublished manuscript.

Weaver, I. C. G., Cervoni, N., Champagne, F. A., D'Alessio, A. C., Sharma, S., Seckl, J. R., ... & Meaney, M. J. (2004). Epigenetic programming by maternal behavior. *Nature Neuroscience, 7*(8), 847–854. DOI: 10.1038/nn1276.

Weine, S. M., Kulenovic, A. D., Pavkovic, I., & Gibbons, R. (1998). Testimony psychotherapy in Bosnian refugees: a pilot study. *American Journal of Psychiatry, 155*(12), 1720–1726.

Weintraub, D. & Ruskin, P.E. (1999). Posttraumatic stress disorder in the elderly: A review. *Harvard Review of Psychiatry, 7*(3), 144–152.

Weisaeth, L. (1989). Torture of a Norwegian ship's crew. The torture, stress reactions and psychiatric after-effects. *Acta Psychiatrica Scandinavica, 80*(Supplement s355), 63–72.

Weiss, D. S., & Marmar, C. R. (1997). The Impact of Event Scale – Revised. In J. P. Wilson & T. M. Keane (Hrsg.), *Assessing psychological trauma and PTSD* (S. 399–411). New York: Guilford Press.

Werner, E. E., & Smith, R. S. (1982). *Vulnerable but invincible: A study of resilient children*. New York: McGraw Hill.

WHO. (1993). *The ICD-10 Classification of Mental and Behavioural Disorders*. Geneva: World Health Organization.

WHO. (2013). *Global and regional estimates of violence against women: prevalence and health effects of intimate partner violence and non-partner sexual violence*. Genf: WHO Press.

WHOQOL Group. (1994). The development of the World Health Organization quality of life assessment instrument (the WHOQOL). In J. Orley & W. Kuyken (Hrsg.), *Quality of life assessment: International perspectives* (S. 41–57). Berlin: Springer.

Wiedl, K. H., & Marschalck, P. (2001). Migration, Krankheit und Gesundheit: Probleme der Forschung, Probleme der Versorgung – eine Einführung. In K. H. Wiedl & P. Marschalck (Hrsg.), *Migration und Krankheit.IMIS-Schriften 10* (S. 9–37). Osnabrück: Universitätsverlag Rasch.

Williams, J. W. Jr., Noel, P. H., Cordes, J. A., Ramirez, G., & Pignone, M. (2002). Is this patient clinically depressed? *JAMA – Journal of the American Medical Association, 287*(9), 1160–1170.

Wilson, J. P., & Keane, T. M. (2004). *Assessing Psychological Trauma and PTSD*. New York: Guilford Press.

Witherspoon, D., & Allan, L. G. (1985). The effect of a prior presentation on temporal judgments in a perceptual identification task. *Memory & Cognition, 13*(2), 101–111.

Wittchen, H. U. & Pfister H. (1997). *DIA-X-Interviews: Manual für Screening-Verfahren und Interview*. Frankfurt: Swets & Zeitlinger.

Wittchen, H. U., Robins, L. N., Cottler, L. B., Sartorius, N., Burke, J. D., & Regier, D. (1991). Cross-cultural feasibility, reliability and sources of variance of the Composite International Diagnostic Interview (CIDI). The Multicentre WHO/ADAMHA Field Trials. *The British Journal of Psychiatry, 159*(5), 645–653. DOI: 10.1192/bjp.159.5.645.

Wittchen, H., Zaudig, M., & Fydrich, T. (1997). *SKID. Strukturiertes Klinisches Interview für DSM-IV, Achse 1*. Göttingen: Hogrefe.

Wittchen, H. U., Gloster, A., Beesdo, K., Schonfeld, S., & Perkonigg, A. (2009). Posttraumatic stress disorder: diagnostic and epidemiological perspectives. *CNS Spectrums, 14*(1 Suppl 1), 5–12.

Wittchen, H. U., Lachner, G., Perkonigg, A., Schuster, P., Pfister, H., Beloch, E., & Holly, A. (1996). *Münchener Composite International Diagnostic Interview (M-CIDI)*. Frankfurt: Swets & Zeitlinger.

Wolfe, V. V., Gentile, C., Michienzi, T., Sas, L., & Wolfe, D. A. (1991). The Children's Impact of Traumatic Events Scale – a Measure of Post-Sexual-Abuse PTSD Symptoms. *Behavioral Assessment, 13*(4), 359–383.

Wolmer, L., Hamiel, D., & Laor, N. (2011). Preventing children's posttraumatic stress after disaster with teacher-based intervention: a controlled study. *Journal of the American Academy of Child & Adolescent Psychiatry, 50*(4), 340–348.e2. DOI: 10.1016/j.jaac.2011.01.002.

Wonderlich, S. A., Crosby, R. D., Mitchell, J. E., Thompson, K. M., Redlin, J., Demuth, G., ... & Haseltine, B. (2001). Eating disturbance and sexual trauma in childhood and adulthood. *International Journal of Eating Disorders, 30*(4), 401–412.

Xian, H., Chantarujikapong, S. I., Scherrer, J. F., Eisen, S. A., Lyons, M. J., Goldberg, J., ... & True, W. R. (2000). Genetic and environmental influences on posttraumatic stress disorder, alcohol and drug dependence in twin pairs. *Drug and Alcohol Dependence, 61*(1), 95–102. DOI: 10.1016/S0376-8716(00)00127-7.

Xie, P., Kranzler, H. R., Poling, J., Stein, M. B., Anton, R. F., Brady, K., ... & Gelernter, J. (2009). Interactive Effect of Stressful Life Events and the Serotonin Transporter 5-HTTLPR Genotype on Posttraumatic Stress Disorder Diagnosis in 2 Independent Populations. *Archives of General Psychiatry, 66*(11), 1201–1209.

Yehuda, R. (2002). Post-traumatic stress disorder. Reply. *New England Journal of Medicine, 346* (19), 1497–1497.

Yehuda, R., Bierer, L. M., Sarapas, C., Makotkine, I., Andrew, R., & Seckl, J. R. (2009). Cortisol metabolic predictors of response to psychotherapy for symptoms of PTSD in survivors of the World Trade Center attacks on September 11, 2001. *Psychoneuroendocrinology, 34*(9), 1304–1013.

Yehuda, R., Daskalakis, N. P., Desarnaud, F., Makotkine, I., Lehrner, A. L., Koch, E., ... & Bierer, L. M. (2013). Epigenetic Biomarkers as Predictors and Correlates of Symptom Improvement Following Psychotherapy in Combat Veterans with PTSD. *Front Psychiatry, 27(4)*, 118. DOI: 10.3389/fpsyt.2013.00118.

Yehuda, R., Daskalakis, N. P., Lehrner, A., Desarnaud, F., Bader, H. N., Makotkine, I., ... & Meaney, M. J. (2014). Influences of Maternal and Paternal PTSD on Epigenetic Regulation of the Glucocorticoid Receptor Gene in Holocaust Survivor Offspring. *American Journal of Psychiatry, 171*(8), 872–880. DOI: 10.1176/appi.ajp.2014.13121571.

Yehuda, R., Flory, J. D., Bierer, L. M., Henn-Haase, C., Lehrner, A., Desarnaud, F., ... & Meaney, M. J. (2015). Lower Methylation of Glucocorticoid Receptor Gene Promoter 1(F) in Peripheral Blood of Veterans with Posttraumatic Stress Disorder. *Biological Psychiatry, 77*(4), 356–364. DOI: 10.1016/j.biopsych.2014.02.006.

Yehuda, R., McFarlane, A. C., & Shalev, A. Y. (1998). Predicting the development of post-traumatic stress disorder from the acute response to a traumatic event. *Biological Psychiatry, 44*(12), 1305–1313. DOI: 10.1016/S0006-3223(98)00276-5.

Yehuda, R., Southwick, S., Giller, E. L., Ma, X., & Mason, J. W. (1992). Urinary Catecholamine Excretion and Severity of PTSD Symptoms in Vietnam Combat Veterans. *Journal of Nervous and Mental Disease, 180*(5), 321–325. DOI: 10.1097/00005053-199205000-00006.

Zaun, S. (2002). *Psychometrische Überprüfung und Weiterentwicklung des Dealing with Illness Inventory-Revised an einer Stichprobe aus einer onkologischen Rehabilitationsklinik*. Dissertation. Hamburg/Saar.

Zelazny, K., & Simms, L. J. (2015). Confirmatory factor analyses of DSM-5 posttraumatic stress disorder symptoms in psychiatric samples differing in Criterion A status. *Journal of Anxiety Disorders, 34*, 15–23. DOI: 10.1016/j.janxdis.2015.05.009.

Zhang, J., Tan, Q., Yin, H., Zhang, X., Huan, Y., Tang, L., ... & Li, L. (2011). Decreased gray matter volume in the left hippocampus and bilateral calcarine cortex in coal mine flood disaster survivors with recent onset PTSD. *Psychiatry Research: Neuroimaging, 192*(2), 84–90. DOI: 10.1016/j.pscychresns.2010.09.001.

Zigmond, A. S., & Snaith, R. P. (1983). The hospital anxiety and depression scale. *Acta Psychiatrica Scandinavica, 67*(6), 361–370.

Zimmerman, M., & Mattia, J. I. (1999). Is posttraumatic stress disorder underdiagnosed in routine clinical settings? *Journal of Nervous and Mental Disease, 187*(7), 420–428.

Zimmermann, P., Guse, U., Barre, K., & Biesold, K. H. (2005). EMDR-Therapie in der Bundeswehr – Untersuchung zur Wirksamkeit bei posttraumatischer Belastungsstörung. *Krankenhauspsychiatrie, 16*(2), 57–63.

Zipfel, S., Wild, B., Groß, G., Friederich, H. C., Teufel, M., Schellberg, D., ... & Burgmer, M. (2014). Focal psychodynamic therapy, cognitive behaviour therapy, and optimised treatment as usual in outpatients with anorexia nervosa (ANTOP study): randomised controlled trial. *The Lancet, 383*(9912), 127–137.

Zlotnick, C., Zakriski, A. L., Shea, M. T., Costello, E., Begin, A., Pearlstein, T., & Simpson, E. (1996). The long-term sequelae of sexual abuse: Support for a complex posttraumatic stress disorder. *Journal of Traumatic Stress, 9* (2), 195–205.

Zoellner, T., & Maercker, A. (2006). Posttraumatic growth in clinical psychology – A critical review and introduction of a two component model. *Clinical Psychology Review, 26*(5), 626–653. DOI: 10.1016/j.cpr.2006.01.008.

Zohar, J., Yahalom, H., Kozlovsky, N., Cwikel-Hamzany, S., Matar, M. A., Kaplan, Z., Yehuda, R., & Cohen, H. (2011). High dose hydrocortisone immediately after trauma may alter the trajectory of PTSD: Interplay between clinical and animal studies. *European Neuropsychopharmacology, 21* (11), 796–809. DOI: 10.1016/j.euroneuro.2011.06.001.

17 Stichwortverzeichnis

A

Aachener Fragebogen zur Traumaverarbeitung (AFT) 66
Achtsamkeitsübungen 116
Adrenocorticotropin-releasing Hormon (ACTH) 103
Akute Belastungsreaktion (ABR) 55
Akute Belastungsstörung (ABS) 55
Akuthilfe 143, 145, 151
Amygdala 105, 107–108
Analogstudie 77, 88
Andauernde Persönlichkeitsänderung nach Extrembelastung 59
Angstbewältigungstraining 119, 149
Aufgeben, mentales 76
Autogenes Training 132

B

Bostoner Cocoanut Grove-Brand 18
Burnout 163

C

Child PTSD Symptom Scale (CPSS) 156
Child Report of Posttraumatic Symptoms (CROPS) 156
Childhood Posttraumatic Stress Reaction Index (CPTS-RI) 156
Children's Impact of Traumatic Events Scale-Revised (CITES-R) 156
Children's PTSD Inventory (CPTSD) 156
Clinician Administered PTSD-Scale (CAPS) 61
compassion fatigue 163–164
Composite International Diagnostic Interview (CIDI) 61, 62
contextual memory (C-memory) 87
Copingstrategien 75
Corticotropin-releasing Hormon (CRH) 103
C-rep 87–89

D

Depersonalisation 41
Derealisation 41
Dexamethason-Suppresionstest 104
Diagnostic Interview Schedule (DIS) 62
Diagnostisches Interview bei Psychischen Störungen (DIPS) 61
Dissoziation 17, 57, 75, 77–78, 87, 98, 110, 119, 161, 163
DNA-Methylierung 110
Dosis-Wirkungsbeziehung 97, 109
Duale Repräsentationstheorie 84

E

Ego-State-Therapie 131
Eye Movement Desensitization and Reprocessing (EMDR) 113, 117, 121, 123–127, 131–132, 137
Emotionsregulation 112, 129–131
Entspannungsverfahren 132
Erfahrung, korrigierende 75
Essener Trauma-Inventar (ETI) 37, 66
Essener Trauma-Inventar für Kinder und Jugendliche (ETI-KJ) 157
Exposition, in sensu 118
Exposition, in vivo 118
Exposition, prolongierte 118
Expositionsbehandlung 117

F

Felt Sense 133
Frühintervention 143, 146, 148
Furchtstruktur 78–80, 82–83

G

Gen-Umwelt-Interaktion 109
Gefechtsneurosen 19

gesundheitsbezogene Lebensqualität (HRQOL) 68
Glukokortikoide 103, 107
Glukokortikoidrezeptor (GR) 109–111
Großschadensfälle 143, 150–151
gross stress reaction 21
Grundannahmen 41, 93
Grundnahmen, zerstörte 42

H

Habituation 80, 83, 86, 118–119
Hilflosigkeit, erlernte 79
Hippocampus 87, 101, 105–108, 110
Hot Spots 128
Hyperkortisolismus 101, 104
Hypokortisolismus 101, 104
Hypothalamus-Hypophysen-Nebennierenrinden-Achse (HHNA) 103

I

Imaginationsübungen 116, 125, 130
Impact of Event Scale (IES-R) 65
Informationsüberlastung 90
Integration 74–75, 85, 88, 92, 95, 112, 128–129, 135, 144
Intrusionen 44

J

just world theory 93

K

Kampf- oder Kriegsneurose 19
Kohärenzgefühl 140
Kohärenzsinn 98, 100, 163
Kognitive Therapie 119, 123, 149
Kölner Trauma-Inventar (KTI) 66
Komorbidität 53, 68, 154
Konditionierung, klassische 72
Konditionierung, operante 72
Konfrontation 112, 117
Konfrontationsbehandlung 82, 112, 117
Kontraindikation, absolut 114
Kontraindikation, relativ 114
Konzentrationslager-Syndrom 19
Körpertherapie 132
Kortisol 103–104, 107, 111

L

Lebensereignisse, kritische 24
Life-Review Therapy 128

M

Mentalisierung 141
Mehrdimensionale psychodynamische Traumatherapie (MPTT) 130
Migration 166
Modell, kognitives 73
Münchener Composite International Diagnostic Interview (M-CIDI) 62
Multifaktorielles Rahmenmodell 97

N

Narrativ 127
Narrative Expositionstherapie (NET) 128
negative Feedback-Sensitivität 104
Neuorientierung 113, 135
Neurose, traumatische 14
noise judgement task 83
Noradrenalin 104

O

Ort, innerer sicherer 116

P

Pharmakotherapie 133
Phasenmodell 89
Posttraumatic Diagnostic Scale (PDS) 66
Posttraumatische Reifung 98, 136–137
Posttraumatische Stress Skala (PTSS-10) 66
Prävention 143–151, 164
Prävention, primäre 143
Prävention, sekundäre 143, 146
Prävention, tertiäre 143, 150
Progressive Muskelentspannung 132
Psychodynamisch imaginative Traumatherapie (PITT) 130
Psychological Debriefing 146–147, 149
PTSD-Checklist (PCL) 66
Puffer-Hypothese 165

R

railway spine syndrome 15
Resilienz 100, 139
Ressourcen 98, 100, 112, 117, 139–140, 143–144, 150, 164
Risikofaktoren 40, 97, 99–100, 103, 144, 146, 154, 161–162

S

Salutogenese 140
Schutzfaktoren 97, 99–100, 144
Sekundärer traumatischer Stress 163–164
Selbstheilungskräfte 129, 160
sensation based memory (S-memory) 87
Sense of Coherence 140
Sicherheitsverhalten 75, 101, 119
situational accesssible memory (SAM) 84
Skills 116–117, 144
Social Readjustment Rating Scale 25
Sokratischer Dialog 120
Somatic experiencing 133
S-rep 87–89
Stabilisierung 112–117, 125, 129–130, 145
Stress 24, 76, 103, 107, 110, 129, 144, 147, 161, 163–165
Stressorereignis 47
Strukturiertes Klinisches Interview für DSM-IV (SKID) 61
SUD (subjective units of disturbance)-Skala 124
sympathische Nervensystem 104

T

Taubheit, emotionale 79
Testimony Therapy 127–129
transient situational disturbance 22
Trauma Symptom Checklist for Children (TSCC) 156
Trauma, man-made 35, 100
Trauma, non-made-made 100
Traumabearbeitung 129
Traumagedächtnis 73

Traumatic Events Screening Inventory for Children (TESI-C) 156
Traumatisierung, kriegsbedingte 19
Traumatisierung, kumulative 100
Traumatisierung, sequentielle 168
Traumatisierung, stellvertretende 163
Tresor-Übung 116
Typ-I-Traumata 36
Typ-II-Traumata 36

U

Übererregung 44
Überlebenden-Syndrom 19
Überlebensschuld 98

V

Verarbeitung, chronische emotionale 86
Verarbeitung, frühzeitige Hemmung von 86
Verarbeitung, informationsgeleitete 76
Verarbeitung, kontextuelle 76
verbally accessible memory (VAM) 84
Verfahren, narrative 127
Vergewaltigungstraumasyndrom 20
Verleugnung 89
Vermeidung 44, 72, 80, 82, 86, 88, 90, 92, 108, 113, 118–119, 129–131, 133, 135, 137, 162, 165
vicarious traumatization 163
VoC (validity of cognition)-Skala 124
Vulnerabilität 139
Vulnerabilitätsmodell, diathetisches 54

W

World Assumptions Scale 95

Z

Zwei-Faktoren-Theorie des Lernens 72

Ursula Gast/Pascal Wabnitz

Dissoziative Störungen erkennen und behandeln

2014. 154 Seiten mit 5 Abb. und 7 Tab. Kart.
€ 28,90
ISBN 978-3-17-021619-8

Lindauer Beiträge zur Psychotherapie und Psychosomatik

Dissoziative Störungen sind mögliche Folgeerkrankungen bei Menschen, die als Kind seelische, körperliche oder sexuelle Gewalt oder Bindungstraumata erlebt haben. Aufgrund ihrer unterschiedlichen, oft diskreten Ausprägung werden sie im klinischen Alltag häufig übersehen.

Dieses Buch gibt dem Leser einen ausführlichen und praxisnahen Überblick zum gegenwärtigen Stand der Theorie sowie zur Diagnostik und Behandlung Dissoziativer Störungen. Dies geschieht vor dem Hintergrund klinischer Fallbeispiele, aktueller neurobiologischer und diagnostischer Konzepte und der Einordnung in das Spektrum posttraumatischer Störungen.

Besonderes Augenmerk wird auf die komplexen Dissoziativen Störungen gelegt – einschließlich der Dissoziativen Identitätsstörung, die auch Multiple Persönlichkeit genannt wird.

Leseproben und weitere Informationen unter www.kohlhammer.de

W. Kohlhammer GmbH · 70549 Stuttgart
Fax 0711/7863 - 8430 · vertrieb@kohlhammer.de

Stephan Kupferschmid/Irène Koch

Psychisch belastete Eltern und ihre Kinder stärken

Ein Therapiemanual

2014. 104 Seiten mit 4 Abb. und 3 Tab.
Inkl. ContentPLUS. Kart.
€ 49,90
ISBN 978-3-17-023639-4

Die Kinder psychisch belasteter Eltern sind mit besonderen Entwicklungsaufgaben konfrontiert und die Gefahr, selbst eine psychische Störung zu entwickeln, ist bei diesen Kindern deutlich erhöht. Durch gezielte Interventionen kann dieses Risiko jedoch gesenkt werden. Das vorliegende Manual hilft bei der Beratung psychisch belasteter Eltern und ihrer Kinder auf wissenschaftlich fundierter Basis. Es gibt einen Überblick über die aktuelle Forschung und zeigt verschiedene Aspekte der Situation psychisch erkrankter Eltern auf. Den Schwerpunkt bildet ein Gruppentherapiemanual, in dem relevante Inhalte behandelt und zwischen den einzelnen Sitzungen in Hausaufgaben vertieft werden. Tipps zum Umgang mit schwierigen Situationen runden das praxisorientierte Programm ab.

Leseproben und weitere Informationen unter www.kohlhammer.de

W. Kohlhammer GmbH · 70549 Stuttgart
Fax 0711/7863 - 8430 · vertrieb@kohlhammer.de

Constanze Winter

Tausend Tode und ein Leben

Sexualisierte Gewalt gegen Kinder – Ursachen, Folgen und Therapie

2015. 211 Seiten mit 4 Abb. Kart.
€ 24,99
ISBN 978-3-17-029076-1

„Voller Würde, Humor und Klugheit ist dieses Buch geschrieben."
So charakterisiert Prof. Luise Reddemann das Werk, das sich in drei Teile untergliedert. Im ersten Teil werden Zahlen, Daten und Fakten zusammengestellt und sinnvolle Präventionsmöglichkeiten vorgestellt. Der zweite Teil erläutert, wie ein Trauma entsteht und welche langfristigen Folgen es haben kann. Die Autorin verknüpft dabei aktuelle Forschungsergebnisse mit ihren eigenen Erfahrungen; komplexe Zusammenhänge werden so einleuchtend und nachvollziehbar erklärt. Der dritte Teil beschreibt die erfolgreiche Traumatherapie. Das Buch gibt Betroffenen Mut, Hoffnung und Expertise. Fachleute profitieren von dem authentischen Fallbeispiel.

Leseproben und weitere Informationen unter www.kohlhammer.de

W. Kohlhammer GmbH · 70549 Stuttgart
Fax 0711/7863 - 8430 · vertrieb@kohlhammer.de